승자와 패자의 갈림길 (10)

제 10대 총선이야기

(1978. 12. 12)

장 맹 수 편저

선 암 각

| 승자와 패자의 갈림길(10) |

제 10대 총선이야기

(1978. 12. 12)

초판인쇄 : 2020년 4월 10일

편저자 : 장맹수

발행처 : 선암각

등록번호 : 제 25100-2010-000037호

주소 : 서울특별시 노원구 마들로 31

전화번호 : (02) 949 -8153

값 20000원

승자와 패자의 갈림길 (10)

제 10대 총선이야기

(1978. 12. 12)

장 맹 수 편저

선 암 각

목 차

책을 펴내며   4

{제1부} 박정희 대통령의 유신독재정치   9

1. 박정희 대통령 18년 집권의 회고   10
2. 유신독재체제 존속의 빌미가 된 월남 패망   51
3. 영구미제사건으로 남겨진 김대중 납치   58
4. 광복절 경축식전에서 육영수 영부인 피살   67
5. 한미관계의 뜨거운 감자 박동선 게이트   80
6. 국내정치에 적극 활용된 대북한(북괴)관계   93
7. 유신체제의 주춧돌인 통일주체국민회의   108

{제2부} 유신독재체제에 대한 부질없는 저항   119

1. 유신통치체제의 상징인 긴급조치   120
2. 유신체제비판으로 의원직을 사퇴한 김옥선   136

3. 유신체제의 정당성을 확보하기 위한 국민투표 143

4. 유신체제에 길들여진 신민당 지도부 152

5. 박정희 유신통치시대의 세태만상 174

{제3부} 제 10대 국회의원 선거 이모저모 201

1. 최장 6년 임기를 향유한 9대 국회의원들 202

2. 공천이 곧 당선인 공화당 후보공천 215

3. 무소속 후보들을 대거 당선시킨 신민당 후보 공천 223

4. 이슈 없이 고요하고 조용한 선거전 241

{제4부} 지역구별 불꽃 튀는 격전의 현장들 261

1. 되살아난 여촌야도 – 수도권 262

2. 박 대통령의 영원한 고향 – 영남권 319

3. 뭐래도 공화당을 오롯이 지지 – 비영남권 401

_책을 펴내며

지난해 12월에 제13대 (1988. 4. 26) 와 제14대 (1992. 2. 24) 총선이야기 4권이 속간됨에 따라 이제 가까스로 5부 능선(稜線)을 넘어섰다.

우리나라의 고질적인 지역감정과 지역갈등을 영원히 종식(終熄)시키기 위해서는 지방행정구역을 과감하게 재편(再編)해야 한다는 지론(持論)을 펼치기 위해 승자와 패자의 갈림길, 제18대 총선 이야기를 구상(構想)한 것이 지난 2008년이었다.

그동안 제13대 (1988년), 제14대 (1992년)는 물론 제15대 (1996년), 제16대 (2000년), 제17대 (2004년), 제18대 (2008년), 제19대 (2012년), 제20대 (2016년) 총선이야기와 제헌의원에서 20대 국회의원 선거이야기를 요약한 역대 총선이야기까지 18권을 엮어냈다.

1만여 쪽에 달하는 방대한 자료를 정리하다 보니, 일부는 전재(轉載)하거나 오자(誤字)가 듬성듬성하는 부끄러움도 있으나 잊혀 지기 쉬운 역사적 사건과 선거에 관한 진면목(眞面目)을 나름대로 집대성했다고 자부해 본다.

이번엔 여야 동반(同伴)당선의 기록을 가진 제9대 (1973년), 제10대 (1978년), 제11대 (1981년), 제12대 (1985년) 총선이야기 4권을 상·하권이 아닌 단권(單卷)으로 함께 출간했다.

제9대와 제10대 국회는 유신독재체제에서 국회의원 정수의 3분의 1을 대통령이 임명하여 국회의 안정을 확보할 수 있었고, 신군부세력이 정권을 탈취한 제5공화국 치하의 제11대와 제12대 국회는 제1당인 민주정의당(민정당)에게 전국구의 3분의 2를 특별 배려하여 야당의 숨통을 조일 수 있었다.

제 10대 총선이야기 제 1부에서는 박정희 대통령의 유신통치 체제의 70년대에 일어났던 약사(略史)를 박정희 대통령 18년 집권의 회고로 정리했고, 유신체제의 정당성을 확보하는데 빌미가 된 월남 패망에 대해서도 기술했다.

중앙정보부가 동경의 한복판에서 백주에 김대중을 납치하여 살해하려다 여의치 아니하자 동교동 자택에 연금하고 발뺌한 박 대통령도 광복절 기념식전에서 재일교포 문세광의 흉탄에 육영수 여사의 쓰러져가는 것을 보아야 하는 아픔으로 일본과는 장군멍군으로의 관계를 유지할 수밖에 없었다.

김형욱 전 중앙정보부장의 폭로로 야기된 박동선 게이트는 한미관계를 뜨겁게 달구었으나 18개월만에 박동선의 증언으로 일단락되었고, 박정희 정부는 미국 대통령들이 한미동맹을 굳건하게 지킬 것임을 몇 번이나 약속했음에도 불구하고 북한의 침공이 다가오고 있음을 내비치어 국민들에게 경각심을 부여하여 국민들의 반공의식을 고취한 가운데 남북적십자사 회담과 7·4 공동성명에 의한 남북회담은 흐지부지되고 북한군의 판문점에서 도끼만행으로 미군장교를 살해한 미루나무 사건, 연이어 발각된 땅굴, 끊임없이 도발한 무장공비와 간첩들의 활동을 국내 정치에 적극적으로 활용했다.

미·소의 적대관계가 완화되고 중공이 등장하는 변화된 국제 상황에서 김대중의 4대국 보장론을 이적행위라고 규탄했던 박정희 정부는 남북 동시 유엔가입을 추진했으나 여건의 미비로 좌절됐다.

유신헌법의 중추기관인 통일주체국민회의를 활용한 박정희 대통령은 통대 대의원의 99.2%의 찬성으로 제 9대 대통령에, 99.9%의 찬성으로 제 10대 대통령에 당선됐다.

제왕적 대통령에 취임한 박 대통령은 1973년에는 73명의 제 1기 유정회 국회의원을, 1976년에도 73명의 제2기 유정회 국회의원을 임명했다.

1984년까지 임기가 보장된 박 대통령은 1978년에도 77명의 통일주체국민회의 대의원이 선출하는 국회의원을 세 번째 임명했다.

제2부에서는 박정희 대통령의 유신독재체제에 대한 부질없는 저항을 기술했다.

박정희 대통령의 유신헌법에 대한 개헌 청원운동을 원천적으로 봉쇄하기 위해 대한민국 헌법을 부정, 반대, 왜곡, 비방하는 일체의 행위와 헌법의 개정을 주장, 발의, 청원하는 행위의 일체를 금하며 이를 위반할 경우 15년 이하의 징역에 처한다는 긴급조치 제 1호를 1974년 1월 발령하고서 연이어 전국민주청년학생총연맹 (민청학련)에 가입하거나 수업이나 시험을 거부하는 행위를 하는 경우에는 5년 이상의 징역에 처할 수 있는 긴급조치 4호를 발령했다.

고려대 휴교조치를 위한 긴급조치 7호를 발령하고 헌법을 비방하거나 개정을 주장하는 일체의 행위를 금지하는 긴급조치 9호를 발령하여 시해될 때까지 통치의 수단으로 활용했다.

유신체제를 비판하고 전쟁 위협 경고는 정권연장의 수단이라고 유신체제에 도전한 김옥선 의원이 사퇴했고, 박 대통령은 유신체제의 정당성을 확보하기 위한 편법으로 국민투표를 실시했다.

유신체제 속에 융화된 신민당은 중도통합론의 이철승이 기세를 올렸으나 김영삼 총재가 2년 6개월 만에 복귀했다.

재야인사들은 개헌청원 1백만 서명운동, 명동성당 구국선언, 민주회복국민회의 결성으로 반체제운동을 펼쳤다.

제3부에서는 10대 국회의원 선거의 이모저모를 기술했다.

역대 국회의원들 가운데 최장 6년의 임기를 향유한 9대 국회의원들의 변동상황과 그동안의 정치상황을 약술했고, 공천이 곧 당선으로 직결되는 공화당의 공천은 경쟁률은 4대 1에 불과했지만 현역의원 24명을 공천에서 탈락시켰다.

8두체제를 구성하여 공천 신청부터 삐거덕거린 신민당은 평균 3대 1의 경쟁률 속에서 현역의원 5명을 탈락시키고 4개 지역구에 복수공천했지만 결과적으로 무소속 후보들을 대거 당선시킨 계보정치의 진면목을 보여줬다.

무소속 후보들이 255명이나 출전한 이슈 없이 고요하고 조용한 선거전에서 신민당이 의석수에서는 공화당에 68석 대 61석으로 열세였지만 득표율에서는 32.8% 대 31.7%로 1.1% 앞섰다.

이는 유권자들에게 유보된 유일한 정치 참여 수단인 국회의원 선거에의 자발적인 참여와 적극적 비판의 소산이었다.

제4부에서는 수도권, 영남권, 비영남권으로 구분된 77개 선거구 별로 선거개황과 후보자의 면모, 승패의 갈림길을 기술했다.

아무쪼록 영·호남의 지역갈등이라는 업보가 우리의 후손들에게 유산으로 남겨지지 않도록 과감하고 전면적인 지방행정구역 개편의 계기가 마련되기를 간절하게 기원하면서 정치인은 어떠한 어려운 상황에서도 가벼운 언행을 경계해야 한다는 교훈을 새겨주고 싶을 뿐이다.

2020년 4월

장맹수

[제1부]   박정희 대통령의 유신독재정치

1. 박정희 대통령 18년 집권의 회고

2. 유신독재체제 존속의 빌미가 된 월남 패망

3. 영구미제사건으로 남겨진 김대중 납치

4. 광복절 경축식전에서 육영수 영부인 피살

5. 한미관계의 뜨거운 감자 박동선 게이트

6. 국내정치에 적극 활용된 대북한(북괴) 관계

7. 유신체제의 주춧돌인 통일주체 국민회의

1. 박정희 대통령 18년 집권의 회고

(1) 거사 후 장도영 육군참모총장을 반혁명분자로 처단

○ 1961. 5. 16 군부 쿠데타가 발생하여 서울을 완전 점령하고 행정, 입법, 사법부를 장악했다. 장도영 육군참모총장 명의로 전국에 비상계엄령을 선포하고 장면 국무총리는 피신하여 행방이 묘연

○1961. 5. 19 군사혁명위원회의장 장도영 중장이 참석한 가운데 장면 국무총리는 국무회의를 주재하여 군사혁명에 대한 정치적, 도의적 책임을 느끼고 총사퇴하고 군사혁명위원회가 발령한 계엄령을 추인

○1961. 5. 20 윤보선 대통령이 하야를 선언하고 군사혁명위원회를 국가재건 최고회의로 개칭

○1961. 5. 21 미국 국무성이 국가재건최고회의의 목표가 우리들의 목표와 상부(相符)한다며 쿠데타를 사실상 승인했고, 행정수반엔 장도영, 외무장관 김홍일, 내무장관 한신, 농림장관 장경순, 상공장관 정래혁 등 혁명내각 구성

○1961. 5. 28 비상계엄을 경비계엄으로 변경하고 언론, 출판물에 대한 검열제를 폐지

○1961. 5. 29 이병철, 이정림, 정재호, 백두진, 양국진 등 부정축

재자 26명을 구속

○1961. 6. 7 현행 헌법 일부 조항을 효력 정지하고 국가재건 최고회의가 최고통치기관으로 규정한 국가재건비상조치법을 공포

○1961. 6. 9 미국 케네디 대통령은 "우리는 역사의 혼란 속에서 인류가 추구하여 온 바를 향하여 매진할 것"이라며 한국의 오늘이 더 낳은 장래를 건설하기 위한 한 단계 시험기에 불과하기를 희망

○1961. 7. 4 장도영 내각수반이 "국내외적으로 신망이 두터운 인물이 요망됨을 느끼고 사임한다"는 성명을 발표하고 국가재건최고회의 의장과 내각수반을 사퇴. 박정희 부의장이 의장직을 승계

○1961. 7. 5 박정희 국가재건최고회의 의장은 제2대 내각수반인 송요찬 장군에게 임명장을 수여하며 "어려운 시기에 중책을 맡아 혁명과업 완수와 국가재건을 위해 성공이 있기를 바란다"고 훈시

○1961. 7. 9 장도영 중장을 중심으로 한 44명의 장교를 반혁명분자로 규정하고 구속하여 문초, 최고위원회는 송찬호, 박치옥, 문재준, 김제민 등은 혁명정부 내에 파벌을 조성하고 혁명주체세력을 모함하여 암살제거까지 음모했다고 발표

○1961. 8. 10 부정축재 처분액은 477억환이며 이병철 242억환, 정재호 100억환, 이정림 55억환, 설경동 33억환, 김성곤 24억환, 박흥식 9억 7천만 환, 김상홍 8억 8천만환 등을 통고했음을 발표

○1961. 9. 21 혁명재판부는 3·15 부정선거 관련 28명에 대한 판결에서 최인규, 이강학, 한희석 등에 사형을 선고하고, 박용익에게 무기징역을 언도

○1961. 11. 4 혁명재판 상고심은 고대생 습격사건과 관련하여 임화수, 유지광의 사형을 확정하고 신도환에게 징역 20년을 선고

○1961. 11. 12 박정희 최고회의의장은 KNA로 향일하여 일본 다께다 수상과 회견에서 청구권에 성의를 표시하면 평화선에 신축적일 수 있다고 표명

○1961. 11. 16 박정희 최고회의의장은 케네디 미국 대통령과 요담하고 미국은 방대한 원조를 확약하고 한국은 1963년에 민정 이양, 군인은 원대 복귀 공약을 다짐

○1961. 12. 7 3·15 부정선거 상고심에서 최인규, 한희석 사형을 확정하고 이강학, 박용익에 무기징역 등 26명의 피고인에게 실형 언도

○1961. 12. 17 중화인민공화국(중공) 유엔 가입 부결 ; 찬성 36표, 반대 48표, 기권 20표로

○1961. 12. 22 3·15 부정선거와 관련한 최인규, 발포 책임자 곽영주, 정치깡패 이정재 등을 처단하고 민족일보 사장 조영수를 반국가죄로 처형, 한희석, 유지광, 송지영 등은 무기징역으로 감형

○1961. 12. 24 혁명검찰부는 장도영, 김일환, 이회영, 송찬호 등은 사형을, 방자명, 박치옥, 문재준 등은 무기징역 구형

○1962. 1. 11 혁명재판부는 군내 반혁명 사건 관련하여 장도영, 이회영에게 사형을, 박치옥, 문재준 등에 무기징역을 선고

○1962. 1. 14 경제개발 5개년 계획 발표, 2차산업에 중점을 두고 3조 2천억환을 투입하여 연 7.1% 성장을 유도

○1962. 3. 17 정치정화위원회가 민주당 정부 시절 주요인사에 대한 정치규제를 위한 정치활동 정화법을 최고회의에서 의결

○1962. 3. 23 "올 것이 왔다"며 군사 쿠데타의 필연성을 인정하는 발언으로 논란을 일으켰고 하야를 선언했다가 번복한 윤보선 대통령이 "이 자리를 물러갈 결심에 가중된 중요한 동기는 정치활동정화법"이라며 이 자리를 지켜야 할 명분이 없다며 하야성명서 발표

○1962. 3. 25 국가재건최고회의에서 윤 대통령의 사임을 허가하고 박정희 의장이 대통령 권한을 대행토록 관련법을 개정

○1962. 3. 31 국가재건최고회의는 정치활동 적격심판 대상자를 제 1차 1,285명을, 2차로 2,907명을 공고, 추후에 407명 추가하여 4,192명을 정치규제대상자로 선정

○1962. 5. 3 박정희 최고회의의장은 반혁명사건의 장도영, 박치옥, 문재준, 송찬호, 김제민 등의 형을 면제하고, 반혁명사건등 27건 102명은 형 집행 확인조치

○1962. 5. 31 국가재건최고회의는 5대 민의원 22명을 포함하여 정치활동적격자 1,336명을 구제하여 공고

○1962. 6. 2 김종필 중앙정보부장은 김상돈 전 서울시장, 조중서, 김대중 등 74명이 6월 13일을 기해 쿠데타를 일으키고 8월 15일을 목표로 한 반국가음모사건에 대한 진상을 발표

○1962. 6. 11 화폐개혁을 단행하여 전국이 일제히 화폐교환으로 일대 혼잡, 10환을 1원으로 변경.

○1962. 6. 17 최고회의는 송요찬 내각수반의 사표를 수리하고 박

병권, 김정열이 후보로 거론됐으나 박정희 의장이 내각수반까지 겸임

○1962. 7. 11　최고회의는 내각수반에 김현철, 기획원장관에 김유택, 상공부 장관에 유창순을 기용

○1962. 8. 17　군법회의 검찰부는 구이주당사건과 관련하여 장면 전 국무총리를 쿠데타 거사자금 1백만원을 제공한 혐의로 불구속 기소

○1962. 9. 27　구이주당계 반혁명사건과 관련하여 안병도, 이용환은 사형, 장면은 10년 징역형 선고했다가 형을 면제

○1962. 9. 29　민주당계 반혁명사건 관련하여 조중서에게 사형을 선고하고 김상돈 전 서울시장, 김대중 등 5명은 무죄

○1962. 10. 23　미국 케네디 대통령이 소련의 쿠바에 핵공격기지 구축을 방지하기 위해 쿠바해상 봉쇄를 선언하여 미·소 대결 임박

○1962. 10. 29　소련이 굴복하여 흐루시쵸프 수상이 쿠바의 핵공격 기지 철거를 명령

○1962. 11. 5　전문 5장 121조 부칙 9조로 된 강력한 대통령 중심제에 단원제의 국회인 제3공화국 근간인 헌법개정안이 공고

○1962. 11. 14　국가재건최고회의는 1963년도 예산안 768억원 심의 의결, 정부안보다 17억원 삭감

○1962. 11. 14　행정구역 개편안을 최고회의에서 의결, 부산을 직

할시로 하되 전북 금산군을 충남으로, 강원 울진군을 경북에 편입하여 호남 관할구역을 축소하고 영남 관할구역 확대

○1962. 12. 6   계엄선포 1년 6개월 만에 정치 분위기 완화 목적으로 계엄령을 일방적으로 해제

○1962. 12. 18   개헌안에 대한 국민투표 결과 투표율 85%에 찬성률 78.6%의 압도적인 지지율로 확정

○1962. 12. 21   윤보선 전 대통령은 범야당 형성이 긴요하다면서 정쟁법 해당자를 모두 풀어주면 내년 대통령 선거에 출마하지 않겠다고 기자회견

(2) 오락가락하다 민정이양 후 제 5대 대통령에 당선

○1963. 1. 1   국가재건최고회의는 곽상훈, 박순천, 윤치영 등 171명을 추가로 구제하여 정치활동을 허용

○1963. 1. 12   국회의원 정수를 지역구 131명, 비례대표 44명 등 175명으로 하되 제1당에 비례대표 절반인 22명을 할애한 국회의원 선거법 최고회의에서 의결

○1963. 1. 18   민주공화당 창당선언, 발기인 78명으로 임시의장에 김종필 선임

○1963. 1. 24   민정당 창당 발기인으로 김병로, 윤보선, 이인, 김법린, 전진환, 서정귀 등 150명을 발표

○1963. 1. 28   민정당 발기인 대회를 개최하고 6인 지도위원제를 채택하며 임시의장에 김병로 선출

○1963. 2. 1   국가재건최고회의는 허정, 백남훈, 권중돈, 이갑식, 민관식 등 275명을 추가 구제하여 저명인사 거의 구제

○1963. 2. 1   민주당 창당준비대회를 개최하고 군사통치연장을 반대하며 대표위원에 노진설, 박순천 선임

○1963. 2. 18   박정희 최고회의의장은 군의 정치적 중립, 정치적 보복 금지 등 9가지 방안을 제시하고 국내 정치 지도자들이 수락하면 자신은 민정이양에 참여하지 않고 정쟁법을 전면 해금하는 한편 선거를 5월 이후로 연기하겠다고 선언

○1963. 2. 21   공화당 산파역은 내가 맡을 소임이 못된다며 김종필 당직을 사퇴, 박 의장의 특명전권대사로 50일간 자의반 타의반 외유

○1963. 2. 25   공화당 창당대회를 1,399명이 참가하여 개최하고 총재엔 정구영, 당 의장엔 김정열을 선임하고 대통령 후보지명은 당분간 유보

○1963. 2. 27   정당대표, 각군 참모총장, 정치지도자들이 정국수습에 역사적 선서를 하는 조건으로 박 의장은 민정불참을 공식적으로 천명

○1963. 3. 11   정부를 전복하고 박정희 의장 등 암살을 기도한 박

임항, 김동하, 박창암, 이규광 등 19명을 쿠데타 음모 혐의로 구속, 김윤근, 최주종 등 10명을 추가 검거

○1963. 3. 16   박정희 의장은 "현 시국은 과도적 군정이 필요하다"는 이유로 4년 간 군정연장을 국민투표에 부치겠다며 민정 불참 선언을 번복

○1963. 3. 26   미국 국무성은 케네디 대통령의 승인을 얻어 군정연장은 안정을 위협하므로 합리적 민정이양을 희망한다고 한국에 통고

○1963. 5. 1   윤보선 전 대통령은 "박정희 의장이 대통령 선거에 출마한다면 3·16 성명에 못지 않게 국민을 우롱, 기만한 것"이라고 통박

○1963. 5. 14   민정당 창당대회 개최, 대표에 김병로, 대통령후보에 윤보선 추대, 백남훈, 김도연, 이인, 전진한, 김법린, 서정귀를 최고위원에 선임

○1963. 5. 22   쿠데타 음모사건 공판정에서 김동하, 박임항계 피고석에서 모든 혐의가 조작이라고 항의 소동

○1963. 5. 27   공화당은 대통령 후보에 박정희 의장 지명, 박 의장도 수락의사 표명

○1963. 7. 5   윤보선 민정당 대통령 후보 재야 단일후보 논의를 위해 후보직 사퇴

○1963. 7. 18   민주당 창당대회, 총재에 박순천, 박정희의장 출마하면 야권 단일 후보 지원을 위해 대통령 후보 안 내기로 결의

○1963. 7. 27 박정희 의장은 대통령 선거는 10월 중순, 국회의원 선거는 11월 하순으로 하는 민정이양 일정을 발표

○1963. 8. 10 군법회의는 박임항, 이규광, 정진 등에게 혁명과업 방해죄 등을 적용하여 사형선고

○1963. 8. 12 송요찬 전 내각수반을 4·19 때 발포지시 등과 관련하여 살인 및 살인교사 혐의로 구속

○1963. 8. 15 정부는 대통령 선거는 10월 15일, 국회의원 선거는 11월 26일, 대통령 후보등록은 9월 15일로 결정

○1963. 8. 29 정민회 창당대회, 변영태 총재를 대통령 후보로 지명

○1963. 8. 30 박정희 육군대장 17년 군생활을 마감한 전역식, "다시는 이 땅에 나와 같이 불행한 군인이 없어야 겠다"는 박 의장은 대통령 권한 대행, 최고회의 의장직을 지닌 채 대통령 선거에 나설 예정

○1963. 9. 3 자민당 창당대회, 대표는 김도연으로 소선규, 송요찬, 김봉재, 김재춘을 최고위원으로 추대, 대통령 후보는 송요찬으로 결정

○1963. 9. 15 대통령 후보 난립, 신흥당 장이석, 자민당 송요찬, 공화당 박정희, 추풍회 오재영, 민정당 윤보선, 국민의당 허정, 정민회 변영태 등록

○1963. 9. 30 공화당 당의장 윤치영은 "구 정치인이 정권을 잡는다면 또 혁명이 일어난다" "송요찬, 김재춘은 총살 마땅" 등 발언

으로 야권이 반발

○1963. 10. 2   국민의당 허정 대통령 후보 사퇴하며 야권 단일후보 성취에 앞장

○1963. 10. 7   자민당 송요찬 후보도 후보 사퇴, 윤보선 민정당 후보 지지 표명

○1963. 10. 17   470만 2천표 득표로 박정희 후보 당선 확정, 윤보선 후보와 15만 6천여 표 차, 표의 남북현상으로 영남과 호남에서 박정희 후보가 앞선 것이 승리의 밑거름이 됨

○1963. 11. 11   박정희 공화당 총재는 "지난 대선 때 나를 여순반란사건에 관여된 빨갱이로 몰았으나 나는 반란군 토벌을 위한 참모로 활약했다"고 해명

○1963. 11. 23   케네디 미국 대통령 달라스에서 피격으로 사망, 박정희 의장 장례식 참석하여 존슨 대통령과 회담

○1963. 11. 26   제 6대 국회의원선거에서 공화당 압승, 공화당 110석, 민정당 41석, 민주당 13석, 자민당 9석, 국민의당 2석으로 야권은 65석 차지

○1963. 12. 13   제3공화국 초대내각(국무총리 최두선, 부총리 김유택, 외무 정일권, 내무 엄민영) 발표

○1963. 12. 14   정쟁법 해당자 192명 추가 해금, 장면, 김상돈, 이철승 등 74명은 제외

○1963. 12. 17   박정희 제5대 대통령에 취임하면서 "국민 앞에 군

림하지 않고 겨레의 충복으로 봉사할 것"을 맹세, 제6대 국회도 개원하여 이효상 의장, 장경순, 나용균 부의장 선출

○1964. 5. 11 제2대 내각(정일권 국무총리, 장기영 부총리, 양찬우 내무) 출범

○1964. 6. 2 박정희 대통령 하야와 공포정치 중지를 요구하며 1만 5천여 명의 대학생이 데모

○1964. 6. 4 서울에 비상계엄 선포, 각급 학교는 무기 휴교

○1964. 10. 9 민정당 중앙위원회에서 189대 171표로 유진산 의원 제명 확정, 제1차 진산 파동

○1964. 12. 12 민주당은 국민의당과의 통합전당대회를 개최하여 박순천을 대표, 허정을 최고위원, 홍익표, 조재천, 정일형을 지도위원으로 선출

○1965. 1. 8 월남정부의 요청에 따라 공병, 수송부대 등 비전투원 2천명 파견키로 국무회의에서 의결

○1965. 1. 26 민정당의 반대에도 불구하고 월남 파병동의안 찬성 106표로 통과. 공화당은 공산국의 침략저지는 우리의 의무라고 주장

○1965. 2. 20 "과거를 깊이 반성한다"는 시이나 일본외상의 사과를 강조하며 굴욕외교 반대의 여론이 높은 가운데 한ㆍ일 외상이 기본조약을 가조인

○1965. 4. 2 "국민은 매국외교 저지를 외친다"는 윤보선의 절규와

평화선 사수를 위해 투쟁위원회를 결성한 대학생의 데모를 뒤로한 채 어업, 청구권, 재일교포 법적지위에 대한 현안 타결

○1965. 5. 3 민정당과 삼민회(민주, 자민, 국민)를 통합한 민중당 창당을 선언하고 한일회담 저지결의, 재야세력 참여를 호소

○1965. 5. 10 원충연, 이인수 대령 등이 주동한 반정부행동을 모의한 현역장교 13명 구속, 반정부 음모사건 관련 김형일 의원 구속

○1965. 5. 18 워싱턴에서 한·미 정상회담 개최, 사단규모 전투부대 파월 합의

○1965. 6. 14 민중당 전당대회에서 박순천이 513표로 윤보선 전 대선 후보를 53표 차로 꺾고 대표에 당선, 서민호, 허정은 최고위원에 선출

○1965. 6. 22 야당, 학생들의 맹렬한 반대 속에 이동원 외무와 시이나 외상이 14년간 끌어온 한일 협정 조인, 야당은 실력투쟁에 돌입

○1965. 7. 20 이승만 초대 대통령 운명, 향년 90세로 하와이 망명 5년 만에 국민장으로 거행하여 국립묘지에 안장

○1965. 8. 14 공화당 단독으로 54일 만에 한일협정 비준안 통과, 민중당 의원 총사퇴하여 의정사상 최초의 일당국회 운영

○1965. 8. 26 학생들의 데모가 계속되어 서울 일원에 위수령 발동, 무장군인들이 고려대, 연세대에 난입, 데모주동자, 배후조종자 일제 검거에 착수

○1965. 8. 30   김홍일, 박병권, 김재춘, 박원빈 예비역 장성들을 국군장병에 보내는 호소문과 관련하여 전격구속

○1965. 10. 11   민중당 의원 33명 50일 만에 출석하여 일당국회 모면, 민중당은 비준 재심 요구

○1965. 11. 10   한일협정을 반대하며 의원직을 사퇴한 정일형, 김재광, 윤제술, 서민호, 정성태 의원들의 뒷자리를 메운 보궐선거에 신인우(중구), 김상현(서대문 갑), 홍영기(서대문 을), 김두한(마포), 유수현(광주 갑) 후보들이 당선

○1965. 12. 16   공화당 비주류 반발, 국회의장 제1차 투표에서 정구영 69표, 이효상 55표, 제2차 투표에서 이효상 의장, 장경순, 이상철 부의장 선출

○1965. 12. 24   공화당은 항명파동의 주역인 김용태, 민관식, 김종갑, 신형식의원 징계

○1965. 12. 27   공화당 전당대회에서 박정희 총재, 김종필 당의장 체제 확립

○1966. 2. 15   주월한국군 군단규모로 2만명 증파, 험프리 미국 부통령 방한 후 공표

○1966. 3. 30   '민족 얼 되찾고 민족사회 재건'을 가치로 내걸고 신한민주당 창당, 총재와 대통령 후보로 윤보선 추대

○1966. 8. 22   길재호 공화당 사무총장은 반공국시를 변질시킬 우려가 있어 혁신계 정치활동은 계속 규제가 필요하다고 역설

○1966. 9. 16   국회에서 삼성 밀수 신랄히 규탄, 한국비료가 자재 가장하여 사카린 원료 58톤 밀수, 삼성 회장 이병철 소환

○1966. 9. 23   공화당은 김두한 의원, 국회에서 정일권 국무총리에게 오물 투척은 헌정유린이라고 규탄, 김두한 의원의 사직원 수리

○1966. 10. 22   민중당은 대통령 후보에 유진오 지명, 유진오 후보는 야권 단일화에 최선을 다하겠다고 약속

○1966. 12. 30   국회는 밀수사건 조사위원회에 출석을 거부한 이병철 한국비료사장, 서갑호 판본사장을 검찰에 고발

○1967. 1. 9   중공 문화혁명으로 내전상태, 친모, 반모파 살육충돌로 남경에서 6천명 체포, 1천명 살상, 반모파 숙청선풍

○1967. 1. 20   해군 함정이 동해에서 어로선박 보호 중에 북괴의 해안 포격으로 침몰되어 53명 사상

○1967. 2. 7   민중당과 신한당이 통합하여 정권교체를 이룩해야 할 수임정당인 신민당 발족, 당수엔 유진오, 대통령 후보는 윤보선 추대

○1967. 3. 23   북괴 중앙통신 부사장 이수근 판문점에서 경비병 사격 뚫고 남하하여 극적 탈출 성공

(3) 윤보선과 재대결에서 승리하고 제 6대 대통령에 취임

○1967. 4. 4 대통령 후보 정의당 이세진, 한독당 전진한, 신민당 윤보선, 대중당 서민호, 민중당 김준연. 공화당 박정희, 통한당 오재영 등록, 정책 내걸고 공방 치열

○1967. 4. 27 박정희 후보는 광주유세에서 "공화당 정부는 호남지방을 푸대접한 일이 없다"고 강조

○1967. 4. 28 정권교체 열망에 부응하고자 대중당 서민호 후보직 사퇴, 윤보선 후보 지지 표명

○1967. 5. 3 박정희 후보 경남북, 부산에서 압승, 116만 2천여표 차로 윤보선 후보 제압, 영남권에서 표차가 무려 136만 7,896표. 그리하여 영남대통령으로 회자

○1967. 5. 8 반공법, 대통령 선거법 등 위반혐의로 서민호, 장준하, 오재영등 구속, 박기출과 조종호등을 전국에 수배

○1967. 5. 10 국무위원 등의 선거운동 합법화로 총선 앞둔 정계에 새 쟁점, 장기집권을 염두로 두고 개헌선 돌파를 위해 전 행정력 동원 하여 총선 압승 기도

○1967. 5. 26 박 대통령 목포에서 유세 "3선 위한 개헌 않겠다"고 공약

○1967. 5. 30 선거법 사실상 사문화되고 선심 지나쳐 금권선거 난무, 즉흥적으로 지역사업 공약하는 등 말단 행정기관까지 공화

당 후보들을 총력 지원

○1967. 6. 3 신민당에 조총련계 불법자금 침투됐다고 김재화 신민당비례대표 후보 구속

○1967. 6. 8 공개투표 성행하고 폭행도 다반사인 불법선거에서 공화당 개헌선 돌파(130석), 사상최악의 부정선거라고 신민당(44석)은 규탄

○1967. 6. 16 박 대통령이 부정선거에 대한 특별담화, 화성(권오석), 보성(양달승), 평택(이윤용), 군산 – 옥구(차형근), 영천(이원우), 고창(신용남), 서천 – 보령(이원장), 화순 – 곡성(기세풍) 당선자를 공화당에서 제명조치, 화성은 당락번복(권오석 → 김형일)

○1967. 8. 1 박 대통령은 6·8 부정선거 미안하게 생각한다. 그러나 단안을 내릴 게 없다고 발뺌

○1967. 9. 25 공화당은 단독국회의 오명을 벗기 위해 무소속 교섭단체 구성을 위해 박병선, 이호범, 양찬우, 최석림 의원등을 제명

○1967. 11. 29 신민당 의원 첫 등원하여 단독국회 마침내 정상화, 유진오 당수는 부정선거는 다시는 없어야 한다고 강조

○1967. 12. 6 서울지법은 동베를린 거점 북괴 대남간첩단 사건과 관련하여 윤이상 피고 등 6명에게 사형 등 피고 34명에게 구형

○1968. 1. 22 서울에 김신조 등 북괴무장 간첩단 31명 출현, 종로경찰서장 등 5명 피살

○1968. 1. 24   북괴에서 미 장병 83명을 태운 미국 군함 푸에블로호 납북, 미국 핵항공모함 원산 앞바다에 긴급 항진

○1968. 1. 31   베트공, 월남대로에서 일제히 공공기관 기습, 사이곤 미국대사관도 점령, 월남전역에 계엄령 선포

○1968. 2. 7   박 대통령 향토예비군 250만명 무장토록 특별지시, 전장병 제대 당분간 보류

○1968. 4. 1   향토예비군 창설, "일하며 싸우고 싸우며 일하자"는 민방위의 결의를 다짐

○1968. 5. 23   신민당 전당대회에서 유진오 당수를 총재로 추대하고 유진산, 정일형, 이재형 부총재 선출

○1968. 5. 25   다음 대통령 김종필 공작에 관여한 것으로 알려진 한국복지회 파동으로 김용태, 최영두, 송상남 공화당에서 제명. 김종필은 공화당 탈당 및 의원직 사퇴

○1968. 6. 25   정일권 국무총리는 "3선개헌은 전혀 생각해 본 바가 없으며 대통령의 임기는 헌법에 규정되어 있기 때문에 논의할 여지가 없다"고 딴청

○1968. 8. 22   체코국민 소련군에 피의항쟁, "이젠 더 물러설 수 없다"며 소련군 탱크에 육탄전, 두브체크 등은 소련군에 체포

○1968. 9. 25   보궐선거에서 김종익(부여), 신용남(고창), 양회수(화순 - 곡성) 후보 당선

○1968. 12. 5   "우리는 민족 중흥의 역사적 사명을 띠고 이 땅에

태어났다"는 국민교육헌장 선포

○1968. 12. 23 납북됐던 미국 해군정보함 푸에블로호가 336일 만에 승무원 82명과 함께 귀환

○1969. 1. 9 공화당은 개헌정족수 117명을 확보하기 위해 친김종필계, 무소속 의원 모임인 정우회 의원 포섭공작

○1969. 1. 10 박 대통령은 "임기 중 개헌할 의사는 없으나 필요하다면 연말에 논의해도 늦지 않다"고 애드벌룬

○1969. 2. 13 이수근 베트남에서 체포하여 압송, 간첩사명 띠고 위장 귀순이 들통나자 변장하고 북괴로 탈출기도 했다고 발표

○1969. 4. 8 권오병 문교부 장관 해임건의안이 재석 152명 중 가 89표로 가결, 공화당 소속 40여 명이 당 방침에 불복하고 야당에 동조, 공화당은 양순직, 예춘호, 박종태, 정태성, 김달수 등 항명의원 5명을 제명

○1969. 4. 16 미국 정보기 동해에서 북괴에 피격 추락으로 31명 사망. 구축함 2척 급파하여 긴장 고조

○1969. 5. 14 유럽·일본 통한 북괴간첩단 사건 발표, 공작금 갖고 반미, 민중봉기 획책, 김규남 의원 등 18명 구속

○1969. 7. 21 달에 착륙한 암스트롱 "이것은 인간을 위한 하나의 작은 일보지만 인류를 위해선 거대한 도약의 일보"라고 환호

○1969. 7. 25 박 대통령 "개헌 국민투표로 신임 묻겠다" "부결되면 즉각 물러나겠다"고 선언하며 공화당에 개헌안 조기발의토록

지시

○1969. 8. 7 박 대통령 3선의 길을 트기 위한 개헌안이 공화당 108명, 정우회는 양찬우 의원을 제외한 11명, 신민당에서 변절한 성낙현, 조흥만, 연주흠 의원 등 122명이 발의, 신민당은 개헌 중단의 용단을 촉구

○1969. 9. 8 신민당 해산, 변절한 성낙현, 조흥만, 연주흠 의원을 제외한 44명의 의원 제명 조치, 개헌안을 발의한 3 의원은 의원직 상실

○1969. 9. 15 개헌안 제3별관에서 새벽에 극비리에 변칙처리, 122명 찬성(발의자 118명, 김용태, 박종태, 정태성, 양찬우 의원)으로 통과

○1969. 9. 2 신민당 재창당. 유진오 총재 재추대. 개헌저지 전열을 강화

○1969. 10. 18 개헌안 국민투표에서 투표율 77%, 찬성율 65%로 가결, 신민당은 무효화 투쟁을 선언

○1969. 10. 21 개헌 후 민심을 달래기 위해 중앙정보부장(김형욱 → 김계원), 비서실장(이후락 → 김정렴)과 6부 장관 교체

○1969. 12. 11 동해 상공에서 51명을 태운 KAL기가 간첩인 최만덕 주도에 의해 강제 납북, 전국에서 북괴만행 규탄대회 개최

○1970. 1. 26 신민당 전당대회에서 유진산 대표 선출, 정무회의 부의장엔 양일동, 홍익표 임명

○1970. 2. 16 KAL기 납북 승객 39명 판문점 통해 귀환, 승무원 4명 등 12명은 북괴에 억류

○1970. 3. 31 피납 JAL기 기장은 "여기가 평양이다"고 속여 김포공항 착륙, 일본은 운수차관 인질로 승객 102명 구출

○1970. 6. 6 어선을 보호중인 해군 방송선이 서해해상에서 북괴 포격함에게 기습당하여 납북

○1970. 7. 10 박 대통령은 우리 군사력은 북괴와 대등하며 주월 국군 철수는 전혀 고려하지 않고 있다고 밝혀 북괴의 남침은 사실상 불가능하다고 천명

○1970. 9. 25 유진산 대표는 40대 기수론자의 대통령 후보 택일권 요구, 김영삼, 이철승은 수락했으나 김대중은 거절

○1970. 9. 29 신민당 전당대회에서 대통령 후보로 김대중 지명, 2차 투표에서 이철승과 제휴하여 김영삼 후보를 410표 대 458표로 앞서

○1970. 11. 21 중공 유엔가입 이번에도 좌절, 찬성 51대 반대 49로, 그러나 최초로 찬성이 반대를 앞서

○1970. 12. 19 1971년도 새해 예산 5,242억원 의결 통과. 당시 인구는 3,146만 994명

○1970. 12. 21 국무총리를 정일권에서 백두진으로 교체. 중앙정보부장에 김계원을 경질하고 이후락 임명

○1971. 1. 16 공화당 8대 총선 후보자 공천, 김택수, 최치환, 김주

인, 김용순, 박종태 등 현역의원 61명 공천 탈락

(4) 3선개헌 강행하고 영남표의 결집으로 대통령에 당선

○1971. 3. 17   공화당은 박정희 총재를 대통령 후보로 지명하고 김대중 후보에 대응코자 부총재에 김종필 선임

○1971. 3. 31   대통령 후보 7명 등록, 박정희(공화당), 김대중(신민당), 박기출(국민당), 성보경(민중당), 이종윤(자민당), 진복기(정의당), 김 철(통사당)

○1971. 4. 3   김종필 공화당 부총재는 "75년까지만 연임할 수 있다는 것이 분명함에도 신민당이 총통제 운운하는 것은 그들이 총통제를 원해서 그런지 모르겠다"고 비아냥

○1971. 4. 26   박정희 후보는 "이번이 대통령으로 출마하는 마지막 기회로서 다음 선거에는 출마하지 아니하고 정권을 계승할 유능한 후계인물을 육성하겠다"고 국민 앞에 공언

○1971. 4. 27   박정희 대통령 634만 표를 득표하여 대통령에 당선, 김대중 후보에게 94만여표 앞섰으며 영남권에서만 141만 8천여표 앞서 영남권 압승이 승리의 밑거름

○1971. 5. 6   유진산 대표 전국구 파동, 영등포 갑구를 포기하고 전국구 1번으로 등록하여 '검은 이미지'로 총선체제에 먹칠

○1971. 5. 8 고흥문, 홍익표, 정일형 등은 김대중을 당수권한대행으로 결정, 유진산 대표는 "6인위 결정은 불법"이라고 맞섬

○1971. 5. 10 양일동, 고흥문, 홍익표 정무회의 부의장이 사퇴하고 김홍일 전당대회의장을 당수권한 대행으로 내분 수습

○1971. 5. 25 제 8대 총선에서 신민당 예상 외 강세, 현역의원 86명 낙선. 공화당 113석, 신민당 89석으로 안정·견제로 균형 이뤄, 신민당이 호헌선 확보

○1971. 6. 4 공화당 의장직 사퇴 3년만에 국무총리에 김종필 발탁, 8부 장관 경질하여 내무 오치성, 문교 민관식, 건설 태완선 등용

○1971. 6. 9 공화당의장 백두진, 사무총장 길전식, 중앙위의장 김성곤, 재정위원장 김진만으로 개편

○1971. 6. 11 박정희 대통령은 "75년 대선에 출마하지 않겠다" "공화당이 사람을 바꾸면 장기집권이란 국민의 염증을 없앨 수 있다"고 불출마를 재천명

○1971. 7. 21 신민당은 전당대회에서 김홍일 당수 선출, 3차 투표에서 444표를 득표하여 370표인 김대중 눌러

○1971. 7. 26 8대 국회 개원되어 국회의장 백두진, 부의장 장경순, 정해영 선출

○1971. 7. 31 "공공연한 압력으로 공정재판 불능"이라며 서울 민사지법 판사 44명 사표 제출하여 사법파동 발발

○1971. 8. 20 남북적십자사 판문점에서 역사적 대면, 가족 찾기 운동 합의문서 교환

○1971. 8. 23 무장괴한 21명 경인가도에서 총질 난동, 이들은 실미도에서 훈련 중인 북한 파견군으로 전원 집단 자살

○1971. 9. 20 남북 적십자 대표 남북 가족 찾기 예비회담 개막, 연락사무소와 직통전화 설치키로 합의

○1971. 10. 2 오치성 내무부장관 해임안 가 107표, 부 90표로 가결. 이 표결에서 공화당 의원은 최소한 18명이 이탈. 길재호와 김성곤 의원 탈당조치로 의원직 상실

○1971. 10. 15 박 대통령은 학원의 난동행위 엄단지시, 무장군인들이 각 대학에 투입, 서울시 일원에 위수령 발동

○1971. 10. 18 데모학생 125명 제적, 교련 거부 학생 5천명 징집, 서클 40개 해체 등 학원가에 강경조치

○1971. 10. 26 유엔 중공가입, 중화민국 축출 가결 76표 대 25표로, 중화민국은 유엔 탈퇴 선언. 사토 일본 수상은 "대만은 중국의 일부"라고 동조. 중공이 중국의 대표권을 확보하여 상임이사국이 됨

○1971. 11. 9 서울 지역의 위수령 발동 해제. 병력 전원 원대 복귀

○1971. 12. 6 미 · 소가 냉전체제 종식을 선언하며 화해분위기가 조성되어가고 있는 상황에서 박 대통령은 국가비상태 선언코 정부시책 안보에 최우선. 사회 불안요소 일체 불용납을 천명

○1971. 12. 27 공화당은 제4별관에서 국가보위에 관한 특별조치법을 변칙 통과시켜 대통령에 비상권한을 부여하여 유신독재체제 출범을 위한 기반 마련

○1972. 1. 14 닉슨 미국 대통령은 주월 미군의 7만명을 3개월 이내에 철수하고 6만 9천명 만을 잔류시킬 것이라고 선언

○1972. 2. 17 닉슨 미국 대통령이 중국을 방문하여 모택동과 회담하며 역사적인 중국방문은 평화를 위한 여행이라고 자찬

○1972. 4. 3 월맹군이 대거 남침하여 동하시가 함락되자 미국은 대규모 월맹폭격을 단행하고 한국군도 월맹군과 격전을 전개

○1972. 5. 23 닉슨 대통령과 소련 브레즈네프 서기장이 전격 회담하여 미국과 소련은 경쟁자일지라도 적은 아니라고 선언하여 냉전체제 허물어져

(5) 초헌법적인 10 · 17 대통령선언으로 유신체제 출범

○1972. 7. 4 남북통일은 자주 · 평화 원칙을 남북이 합의. 4반세기만의 정치대화에서 타결. 남북직통전화 개설. 남북조절위원회(남쪽 이후락, 북쪽 김영주) 구성

○1972. 8. 3 대통령 긴급명령 발동. 모든 기업 사채 동결. 3년거치 5년 분할 상환토록 조치. 은행 대출금리도 19%에서 15.5%로 인하

○1972. 8. 30 남북적십자 역사적 본회담을 평양에서 개최. 이범석, 김태희 수석대표는 통일의 디딤돌이 될 합의문서 교환.

○1972. 9. 13 남북적십자사 2차 본회담을 서울에서 개최했으나 3, 4차 회담 장소와 일정을 합의했을 뿐 합의문서 없이 폐막

○1972. 9. 26 신민당 전당대회를 진산계만으로 강행하여 분당상태, 반진산계 따로 전당대회 진행

○1972. 10. 12 남북조절위원장 제 1차 회의를 판문점에서 개최하여 7·4 공동성명정신 재확인

○1972. 10. 17 박 대통령 초헌법적인 특별선언. 전국에 비상계엄을 선포하고 헌법기능을 비상국무회의에서 수행토록 지시. 정치활동을 중지하고 평화통일을 지향하기 위한 개헌 천명. 전국 대학 휴교조치

○1972. 10. 24 남북적십자사 3차 회담 평양에서 개최

○1972. 10. 27 유신적 개혁의 기초인 헌법개정안 공고, 한국적 민주주의를 토착화한다는 명분과 조국의 평화통일지향이라는 이념을 바탕

○1972. 11. 2 남북조절위원장 제2차 회의를 평양에서 개최, 이후락 위원장은 유신헌법은 우리 나름의 체제정비라고 강변

○1972. 11. 21 비상계엄 하에서 유신헌법에 대한 국민투표실시. 투표율 91.9%와 찬성률 91.5%로 유신 헌법 확정, 유신헌법 확정 후 대학 휴교 해제

○1972. 12. 14 정치활동은 새 헌법 공포시까지 중지하되 비상계엄은 해제

○1972. 12. 15 통일주체국민회의 대의원 선거 실시. 전국에서 2,359명의 대의원 선출. 투표율 70.3%. 그러나 서울은 57%

○1972. 12. 23 박정희 대통령은 통일주체국민회의 대의원 99.9%의 득표율로 6년 임기의 제 8대 대통령에 당선, 박 대통령은 곽상훈, 조중훈 등 50명의 운영위원 지명

○1972. 12. 29 대통령의 추천으로 국민회의에서 국회의원 73명을 선출하고 국민이 146명을 선출하는 219명 국회의원 정수의 국회의원선거법 국무회의에서 의결

○1973. 1. 10 조윤형, 김상현, 조연하 전 의원들을 뇌물수수, 공갈 혐의 등으로 구속

(6) 대통령 긴급조치 발동으로 유신독재체제를 유지

○1973. 1. 24 닉슨 대통령은 월맹과 휴전협정에 합의했다고 발표, 이로써 12년간 지속된 월남전의 종식을 선언

○1973. 1. 27 월남 휴전의 역사적 조인, 4개국 외상이 서명, . 60일 내 미군철수하고 포로 석방. 주월 한국군 철수 개시

○1973. 1. 27 민주통일당 창당, 대표에 양일동. "헌정질서 수호" 결의문 채택

○1973. 2. 12 공화당 8대 의원 구태회, 현오봉, 오치성, 김재순 등 61명 공천에서 탈락. 복수구는 7개구, 신민당은 심한 당내 진통으로 복수구는 14개구로 확대

○1973. 2. 15 제9대 총선 경쟁률은 2.3 대 1. 무투표 당선구도 2곳. 339명의 후보들이 출마

○1973. 2. 27 총선 결과 양일동, 김홍일 낙선. 공화당 73석. 신민당 52석. 통당일 2석. 무소속 19석으로 공화당·신민당이 대세를 분점.

○1973. 3. 5 박 대통령이 추천하여 통일주체 국민회의에서 김종필, 백두진, 김진만, 김재순, 갈봉근, 한태연 등 73명의 의원 선출

○1973. 3. 8 불법선거가 폭로된 강상욱(동대문), 강기천(목포)의원 공화당에서 제명

○1973. 3. 12 제9대 국회 개원하여 의장 정일권, 부의장 김진만, 이철승 선출, 146일만에 의정 부활

○1973. 3. 20 박 대통령 지시로 데모 제적 학생 167명 복교 조치, 다만 실형 복무자 18명 제외

○1973. 3. 24 박 대통령은 대법원 판사 9명 등 49명을 제외한 390명의 법관 임명. 이는 입법, 사법, 행정이 대통령 수중에 있음을 선포

○1973. 4. 28 전 수도경비사령관 윤필용 소장에게 징역 15년 선고. 손영길, 신재기 등 8명에게도 실형 선고

○1973. 5. 7 신민당 전당대회에서 총재에 유진산 추대

○1973. 8. 9 동경 그랜드 팔레스 호텔에서 김대중 전 신민당 대선 후보가 한국말을 하는 신원을 알 수 없는 5명의 괴한에게 납치. 일본 경찰은 수사본부를 설치, 8.14일 김대중 전 대선후보는 자택에 출현

○1973. 8. 29 북한 측에서 "이후락 위원장과는 조절위 진행 못하겠다"고 선언하자, 이후락 위원장은 "김대중 사건은 중앙정보부와는 무관하다"며 즉시 철회를 촉구

○1973. 9. 19 유엔은 동독과 서독의 유엔 동시가입을 만장일치로 승인, 남북한도 무조건 동시 초청키로 만장일치 결의

○1973. 11. 1 김대중 사건으로 인한 한·일 관계의 매듭을 풀기 위해 김종필 국무총리 방일, 김동운 서기관은 면직시키고 김대중의 해외언동은 불문에 부치기로 합의

○1973. 12. 3 이후락 중앙정보부장을 신직수 법무부 장관으로 교체. 외무부장관 등 11개 부처 장관 경질. 이후락 남북조절위원장 사임

○1973. 12. 20 김종필 국무총리는 "유신체제의 도전은 불용" "우리 경제는 축적의 단계이지 분배의 단계는 아니다"라고 주장

○1973. 12. 29 박정희 대통령은 우리의 생존과 독립과 자유를 수호하기 위해 유신체제가 불가피하며 유신체제를 부정하고 뒤집어

엎으려는 개헌청원 서명운동을 즉각 중지할 것을 엄중경고

○1974. 1. 9 개헌 언동을 금지한 긴급조치 1호 선포. 유신헌법의 개헌을 발의, 청원, 선동, 보도하면 15년 이하의 징역. 긴급조치 2호로 비상 군법회의도 설치

○1974. 1. 14 박 대통령은 물가안정과 부당이득세 신설 등 국민생활 안정을 위한 긴급조치 3호를 발령

○1974. 1. 16 긴급조치 위반혐의로 장준하, 백기완 첫 구속, 비상군법회의에서 15년 징역형 선고

○1974. 1. 22 검찰은 도시산업선교회 김경락 목사 등 11명을 긴급조치 1호 위반으로 구속

○1974. 2. 5 검찰은 작가 이호철 등 문인 5명을 반정부 투쟁을 선동하고 간첩활동을 한 혐의로 구속

○1974. 2. 12 고재일 국세청장은 공무원 숙정의 일환으로 사무관 이상 113명을 면직하고 627명의 세무공무원을 숙정

○1974. 4. 4 전국민주청년학생 총연맹(민청학련)에 가입하거나 수업을 거부하는 행위를 발본색원코자 긴급조치 4호 선포. 데모 주동자는 사형, 위반학교는 폐교 조치토록 지시

○1974. 4. 25 폭력적인 데모로 노동자·농민 정권 수립을 기도한 민청학련 사건 수사 결과 발표. 민중봉기로 청와대 점거 계획도 수립한 240명 조사. 배후엔 도예종 인혁당 당수와 일본인 2명도 관련

○1974. 5. 15 김구 선생 살해는 배후 있는 조직적 범행이라고 25년 만에 행동대원 홍종만 폭로, 김지웅의 각본에 장은산 포병사령관이 지휘했다고

○1974. 5. 27 학원 내에 적화기지 구축을 모색한 민청학련 관련하여 54명을 기소. 인민혁명당 지원, 일본 공산당과 제휴했으며 시인 김지하 등이 이철, 유인태 등 지도부에 자금지원, 군법회의에서 이철, 유인태, 여정남, 나병식 등 7명에게 사형 언도

○1974. 7. 16 군법회의는 민청학련 배후 지원 혐의로 윤보선, 김동길, 김찬국, 박형규 등 4명을 기소

○1974. 7. 29 미국 닉슨 대통령 탄핵안 가결. 공화당 의원 6명도 가세. 닉슨 대통령이 결국 사임하고 포드 제 38대 대통령 취임

○1974. 8. 1 신민당과 통일당 의원 합동으로 긴급조치 해제안 제출하여 국회 파란 예고, 공화당에선 "철회 않은 한 국회 정상화 못한다"고 반발

○1974. 8. 12 군법회의에서 김동길, 박형규, 지학순 징역 15년, 윤보선 징역 3년 선고

○1974. 8. 15 육영수 여사 8·15 경축식전에서 총격으로 운명. 저격범은 재일교포 문세광. 북괴의 지령으로 1년 전부터 계획된 조직범행으로 판명

○1974. 8. 23 박 대통령은 긴급조치 1호와 4호 해제. 법원에 계류중인 사건은 계속 재판권 행사토록 지시

○1974. 8. 23 신민당 총재에 김영삼 당선. 결선 앞서 김의택 사퇴.

1차 투표에선 김영삼 197표, 김의택 142표, 정해영 126표, 고흥문 111표, 이철승 107표 득표

○1974. 9. 19 일본 시이나 진사사절 내한하여 박 대통령에게 친서 전달. 조총련 단체 규제 불가피하다고 구두 약속하고 한일관계 일단락

○1974. 10. 3 삼성문화재단 세무조사. 설립목적과 달리 산하기업체 지주회사로 변질되고 사실상 변칙상속, 탈세혐의도 포착

○1974. 10. 9 박 대통령은 현행 유신헌법이 비민주적이라며 가두선동, 서명 등 어떤 도전도 불용하며 엄단할 것을 천명

○1974. 10. 21 신민당은 자유민주적 기본질서의 확립을 위해 개헌심의위원회 구성안 국회에 제출

○1974. 11. 16 경기도 파주 부근의 비무장 지대에서 북괴가 구축한 높이 2m의 지하 땅굴을 발견했다고 주한 UN군사령부가 발표

○1974. 11. 23 미국 포드 대통령은 박 대통령과 정상회담에서 한국에 대한 공격이 가해질 경우 미국은 이를 격퇴하기 위해 즉각적인 원조의 결의를 재확인하고 미군의 감축계획은 없다는 점을 명백히 표명

○1974. 12. 5 신민당 의원들 개헌을 요구하며 국회에서 농성 돌입

○1974. 12. 14 미국인 오클 목사에게 종교 외 활동을 한 이유를 들어 출국명령으로 추방

○1974. 12. 25   윤보선, 김대중 등이 합류한 민주회복국민회의 창립 총회 개최

○1974. 12. 28   상이군경 200여 명이 김영삼 총재가 묵은 호텔을 점거하고 경북도지부 신민당사에서 난동으로 11명 중상

○1975. 1. 10   명동성당 기도회서 개헌 청원 서명운동 전개. 1천 2백명 호응. 윤반웅 목사 서명가방 든 채 연행

○1975. 1. 22   박 대통령은 현행 헌법 찬반 국민투표를 실시하여 국민이 유신철폐를 원한다면 즉시 물러나겠다고 엄포

○1975. 1. 30   신민당은 국민투표의 결과는 자명하고 무의미하다며 국민투표 거부키로 당론 확정

○1975. 2. 13   국민투표 가결, 투표율 79.7%, 찬성율 73.2%로 확정. 그러나 대리·공개투표가 연이어 폭로. 사실상 불법투표를 현장에서 직접 확인

○1975. 2. 15   박 대통령은 긴급조치 1호와 4호 위반자 전원(공산주의자 제외)을 즉각 석방하겠다고 선언하여 170명을 석방

○1975. 3. 21   휴전선 여러 곳에 땅굴을 팠다고 북한군 김부성이 폭로했고 철원 동북방에서 제2의 땅굴 발견

○1975. 3. 31   야당세력 통합원칙 합의, 개헌 투쟁과 수권태세 확립 위해 윤보선, 김영삼, 김대중, 양일동 회동

○1975. 4. 9   인민혁명당 관련자 8명 사형 집행. 서울구치소에서 교수형으로, 화장 후 유족에게 시신 인도

○1975. 4. 10   대통령 긴급조치 7호 발동. 고려대에 휴교 조치. 긴급조치 위반으로 석방됐던 민청학련 관련자 12명 재수감

○1975. 4. 30   월남정부 무조건 항복. 공산군 탱크 독립궁 광장 진입. 관청은 백기 내걸어, 베트콩이 정권 인수

○1975. 5. 13   국가안전과 공공질서를 위한 긴급조치 9호 선포, 헌법을 비방하거나 반대 금지, 유언비어와 학생들의 정치관여는 물론 각종 집회도 금지

○1975. 5. 20   전국 고교와 대학에 학도호국단 조직, 대학군사교육 대폭 강화

○1975. 5. 21   박정희, 김영삼 비밀 회동. 다음 정권은 김영삼에게 라는 정권인계 묵계설로 김영삼 총재 곤욕

○1975. 6. 17   민방위대를 조직하여 남자 17세에서 50세까지 강제 편입, 30명이상 직장에도 민방위대 편성

○1975. 8. 9   주민등록을 일제 갱신하여 주민등록번호는 생년월일, 남녀, 거주지, 난수표 숫자로 부여

○1975. 10. 10   김옥선 원내발언으로 제명징계안 발의. 김옥선 의원 사퇴서 제출로 마무리. 신민당 사무총장, 원내총무 등 3역 모두 사표 제출

○1975. 12. 10   박 대통령은 "새마을 운동은 근대화의 촉진제" "실천과 행동이 뒤따라야"라고 유시

○1975. 12. 19   국무총리 김종필에서 최규하로, 내각 대폭 개편.

외무 박동진, 내무 김치열, 보사 신현확 등 TK출신들 중용

○1976. 1. 15   영일만 부근에서 석유 발견, 이달부터 본격시추 탐사하겠다고 발표. 포항서 대규모 유황온천도 발견됐다고 홍보

○1976. 1. 26   북한 측의 무반응을 예견하면서도 비방, 도발행위를 중지하고 남북조절위원회의 무조건 정상화를 촉구

○1976. 2. 14   김종필, 백두진 의원 등을 연임한 제2기 유정회 의원 73명 추천, 신규 23명으로 재추천 의원은 50명, 임기는 3년

○1976. 3. 1   명동성당에서 윤보선, 김대중 등 재야인사들이 유신헌법 개헌촉구 성명서, 소위 3.1 구국선언문 발표

○1976. 3. 12   제2기 유정회 의원 등원, 정일권 의장, 구태회·이민우 부의장 선출

○1976. 3. 15   박 대통령은 명동사건은 학생데모 촉발을 기도했으며 범법행위를 방치하면 폭력사태가 발생하게 된다고 발표

○1976. 5. 25   신민당 양파는 두 갈래 전당대회. 주류는 김영삼 총재를 재선출하고, 비주류는 집단지도체제 채택. 선관위에서는 신민당의 주류와 비주류의 대표변경 모두 각하

○1976. 6. 10   중앙선관위는 김영삼 신민당 총재는 임기가 끝나 권한행사를 할 수 없다고 지위소멸 유권해석, 김영삼은 총재직 사퇴선언

○1976. 7. 21   바이킹 1호 화성 연착에 성공. 표면은 화산암 자갈로 덮여 화성에 생명존재 가능성 높다고 발표

○1976. 8. 2   캐나다 몬트리올 올림픽에서 양정모 선수 건국 후 첫 금메달 낭보

○1976. 8. 19   북괴군 판문점서 미군 장교 2명을 참살, 도끼와 곡갱이 휘두르며 백주에 만행을, 한·미군 9명도 중경상, 미군은 문제의 미루나무를 절단 제거

○1976. 9. 15   신민당 집단지도체제 당헌을 채택. 대표에 이철승, 최고위원은 신도환, 고흥문, 이충환, 유치송, 김재광 당선

○1976. 11. 11   카터 외교 브레인 트레가이즈는 "한반도 위험상태 계속되는 한 주한미군 철수 않는다" "핵전술무기도 계속 유지"를 표명하여 사실상 북괴 남침 봉쇄

○1976. 12. 4   중앙정보부장을 신직수에서 김재규로 교체. 문교에 황산덕 등 5부 장관도 경질

○1977. 1. 12   박 대통령은 북한이 원한다면 식량을 원조할 용의가 있으며 남북한 불가침협정이 체결되면 주한미군 철수에 반대하지 않겠다고 선언

○1977. 2. 4   박 대통령은 국민대다수는 유신체제를 지지하고 있으나 아직도 깨닫지 못하고 이러쿵 저러쿵 말하는 사람들은 엄벌에 처하도록 지시

○1977. 2. 22   김성주 치안본부장은 강공익 목사 등 10명을 유언비어 유포 등 긴급조치 위반혐의로 구속했다고 발표

○1977. 3. 3   미·소의 200해리 선포에 따라 북양어선단 80척 귀환길에, 미국 수역에서도 우리 어선 모두 철수, 향후에는 미국의

허가를 받고 조업 가능

○1977. 4. 15 박 대통령은 전투기와 모든 무기 국내 생산으로 양산체제 갖춰 이미 북괴를 압도하고 있다고 선전

○1977. 5. 18 미국 의회는 "미군이 철수할지라도 한국군에 현대무기 제공 등으로 주한미군의 변동에 따른 한반도의 균형은 불변할 것"이라고 전망

○1977. 6. 11 공화당, 신민당의 공천후보가 없는 종로 – 중구 보궐선거에서 무소속 오제도, 정대철 후보가 당선

○1977. 6. 23 "박동선은 유급정보원이 아니다"며 도청, 미국 의회의원에 자금 제공을 미국 의회에서 김형욱 전 중앙정보부장은 부인

○1977. 7. 27 미국 브라운 국방장관은 "한국이 북괴의 침략을 받는다면 미국이 즉각 개입할 것이며 한국은 미국의 핵우산에 의해 계속 보호를 받을 것"이라고 확약

○1977. 9. 10 미국은 박동선의 미국으로의 송환을 요구하고 한국은 협조를 다짐하면서도 송환을 강요할 수 없다는 입장으로 긴장이 유지

○1977. 9. 17 한국 고상돈 등반 팀 에베레스트 등정에 성공. 세계 8번째 나라. 등정에 36일로 최단기록

○1977. 11. 9 한일 공동개발구역인 제7광구에 최소 12억배럴 내지 최대 62억 배럴의 원유매장량이 추정된다고 대대적으로 보도

○1977. 11. 12 전북 이리역에서 한국화약의 위험물을 실은 화물열차가 폭발하여 이리역 주변 500m 내 건물이 완파하여 1천여 명이 사상하고 주택 9,500여 채가 파손되는 대참사 발생

○1977. 11. 29 서울 도봉, 강서, 강남, 부산 남구를 신설하여 현행 국회의원 선거구를 73개구에서 77개구로 조정

○1978. 3. 8 서울지하철 순환선(제2호선) 기공. 총연장 48.8km로 1991년 완공 목표

○1978. 3. 20 남북대화는 무기한 단절. 북한적십자사는 유일한 대화장구인 남북적십자사 실무회의마저 일방적 연기 통보

○1978. 4. 21 KAL 여객기 소련에 강제 착륙. 핀란드부근 소련 상공에서 소련 공군제트기에 끌려가 승객 2명 사망, 승객 111명 송환

○1978. 5. 19 제2기 통일주체 국민회의 대의원선거, 투표율 78.9%로 2,583명의 대의원 선출

○1978. 5. 29 미국 기지유지선에서 한국 제외. 한반도 안보는 기동타격대로 지원. 중국에 이러한 내용의 카터 각서 설명

(7) 1984년까지 임기가 보장된 제9대 대통령 당선

○1978. 7. 6 박정희 후보 1984년까지 임기 6년의 9대 대통령에 당선. 2,578명의 대의원이 참석하여 99.3%의 득표율로 당선. 박 후보는 조국의 평화적 통일에 박차를 가겠다고 선언

○1978. 7. 20 1천 560억원을 투입하여 고리 원자력 발전 1호기 준공. 세계 21번째 핵발전국으로 발돋움

○1978. 9. 27 한국형 장거리 지대지(地對地) 유도탄의 시험발사에 성공하여 미사일 생산국으로 성장

○1978. 10. 27 북괴의 판문점 제3땅굴 발견. 길이 1.6km, 폭과 깊이는 2m로 무장병 4열의 통과가 가능. 북괴 땅굴 규탄 200만 시민 궐기대회 여의도 광장에서 개최

○1978. 11. 30 재10대 총선 후보 473명으로 3.1 대 1. 무소속 255명으로 54% 점유

○1978. 12. 3 신민당 총선득표율에서 공화당 1.1% 앞질러. 의석은 공화당 68석, 신민당 61석, 통일당 3석, 무소속 22석으로 무소속이 예상 외로 저조

○1978. 12. 20 유정회 3기 의원 77명 선출. 재추천 25명에 불과하고 신규로 52명 추천. 백두진, 태완선, 조홍래, 조일제 등 포함

○1978. 12. 23 최규하 국무총리는 유임하고 신현확 부총리 등용. 구차춘 내무. 김치열 법무 등 11부장관 경질

○1978. 12. 23 긴급조치 위반자 106명 포함하여 5,378명을 특별사면 또는 감형. 김대중 석방, 김지하는 무기에서 20년 징역으로 감형

○1979. 1. 1 미국과 중국 수교, 자유 중국과는 단교 선언. 동북아 힘의 다극화로 한반도 운명의 시대가 열릴 지 촉각을 세움

○1979. 2. 17 민관식 남북조절위 부위원장 과 권민준 북괴노동당 중앙위 부부장이 판문점에서 남북당국자 대표회담을 80분간 개최

○1979. 3. 17 국회 진통 끝에 개회하여 의장 백두진, 부의장 민관식, 고흥문 선출. 최고위원과 송원영 총무만 참석하되 신민당 전의원 퇴장. 공화당 · 유정회의 퇴장 불용 방침에 따라 7명 참석에 대해 신민당 비주류는 인형극 연상시킨 무책의 지도부라고 맹비난

○1979. 4. 2 북한은 남북대화에 책임 있는 당국자가 아닌 단체임원 파견을 고집하여 남북대화 중단을 선언

○1979. 5. 30 신민당 전당대회 총재 선거 1차전에서 이철승 292표, 김영삼 267표, 이기택 92표, 신도환 87표였으나 2차 투표에서 김영삼 후보가 378표 로 이철승 367표에게 역전승

○1979. 6. 2 김영삼 총재는 윤보선, 김대중을 고문으로 이민우, 박영록, 조윤형, 이기택을 부총재로 지명

○1979. 6. 8 신민당이 무소속 의원 7명을 영입한데 자극받은 공화당은 무소속 의원 15명을 무더기로 영입. 변정일, 임호 의원은 신민당 입당을 선언했다가 공화당으로 변절

○1979. 6. 21 김영삼 총재의 김일성과의 면담 용의 발언에 대한 항의 표시로 상이군경, 반공청년회원 120여 명이 신민당사를 점거하고 농성, 5명 부상

○1979. 7. 17 박형규, 윤반웅, 양성우, 송기숙 등 긴급조치 위반으

로 구속된 86명 석방

○1979. 7. 23   김영삼 총재는 모든 양심범의 석방을 요구하며 국회에 헌법관계 특별위원회 구성을 제의

○1979. 7. 25   신민당에서 헌법특위구성 결의안을 제출하자 국회 사무처에서 접수를 거부하여 실랑이. 공화당은 불상정 방침을 고수하고 신민당은 상임위 불참으로 맞서

○1979. 8. 11   신민당사에서 농성중인 여공들을 새벽에 경찰이 진입하여 의원들을 구타하고 여공 172명을 연행, 김경숙 양이 투신자살, 경찰당국은 여공 보호를 위해 불가피했다고 해명. 신민당 의원들은 당사에서 농성

○1979. 8. 15   유기준, 윤완중, 조일환 원외위원장들은 "조윤형 등은 당원 자격이 없다"는 이유로 신민당 김영삼 총재단 직무정지 가처분 신청

○1979. 8. 17   YH농성사건 배후조종혐의로 인명진, 문동환, 서경석, 이문영, 고은 등 8명을 구속

○1979. 9. 8   서울지법 조언 부장판사는 신민당 김영삼 총재단 직무정지를 결정하고 직무대행에 정운갑 전당대회의장을 지명

○1979. 9. 10   김영삼 총재는 "정당은 민사소송 대상이 안 된다. 가처분 결정 인정 안 한다"면서 민주회복운동 펼치겠다고 선언

○1979. 9. 14   박 대통령은 노사와 종교는 법의 테두리 내에서 한국적 협조체제를 강조하고 도시산업선교회는 공공단체는 아니지만 불법활동을 조장했다고 규정

○1979. 9. 17 정운갑 총재대행직 수락. 수습위와 중진회의 두고 당직 전면 교체 밝혀, 신민당 분당상태로 지리멸렬

○1979. 9. 19 김영삼 총재 NYT회견. 사대논쟁과 왜곡선전으로 정치 쟁점화

○1979. 9. 25 두 갈래의 신민당 치열한 정통다툼. 의원 67명 중 42명이 김영삼 총재가 유일한 법통으로 준여당화 획책투쟁 선언, 25명만이 정운갑 대행 수습안 지지

○1979. 10. 4 박 대통령의 김영삼 총재의 언동은 현실 잊은 민심 선동이라고 개탄 이후 공화당·유정회는 김영삼 총재 제명을 변칙 발의하여 기습 처리, 신민당 의원 총사퇴서 제출

○1979. 10. 18 대학생들의 데모로 부산에 불순 분자들의 경거망동을 발본색원하기 위해 부산에 비상계엄 선포, 뒤이어 마산·창원 일원에도 위수령 발동

○1979. 10. 26 박 대통령 궁정동 중앙정보부 안가에서 김재규 중정부장의 피격으로 사망. 최규하 국무총리가 대통령권한대행으로 취임, 전국에 비상계엄 선포, 계엄사령관은 육군참모총장 정승화.

2. 유신독재체제 존속의 빌미가 된 월남 패망

(1) 지구상에서 사라진 월남(베트남)의 슬픈 역사

지금은 베트남으로 불리워지고 있지만 1970년대에는 베트남보다는 월남과 베트콩, 월맹으로 회자됐고 국민들의 뇌리 속에는 월남 참전, 월남에서 돌아온 김상사로 박혀 있다.

1945년 제 2차 세계대전 종전과 더불어 월남이 다시 프랑스의 통치를 받게 되자 호자명이 이끄는 베트남 독립동맹이 궐기하여 베트남민주공화국의 독립을 선포하고 항불투쟁을 전개하던 중 1946년 12월 하노이에서 무력충돌이 발생하여 제1차 월남전쟁이 일어났다.

1954년 5월 프랑스군의 요새 다엔비엔푸의 함락을 계기로 제네바에서 휴전협정이 체결되고 그로부터 월남은 북위 17도선을 중심으로 남북으로 월남과 월맹으로 양분되었다.

제네바 휴전협정 이후 프랑스의 세력이 물러가자 미국이 월남의 고딘디엠 정부를 지원하기 시작했고, 1960년 12월 월남 내 공산주의자들이 베트콩 월남민족 해방전선을 결성하여 전투활동을 전개하자 미국의 케네디 대통령이 미군을 투입하기로 결정했다.

1964년 8월 통킹만을 초계하던 미국 구축함 매독스호가 월맹군의 공격을 받자 미국은 월맹기지에 대한 보복공격을 감행하며 미국과 월맹 과의 전쟁으로 확대됐다.

박정희 정권은 야당과 국민의 반대에도 불구하고 미국의 요청으로 월남전의 참전을 결정하고 참전했다.

월남전의 참전은 청나라의 요청으로 소규모 부대의 참전은 있었으나 30만명 이상의 참전은 우리나라 역사상 처음 있는 해외전쟁의 참여라고 할 수 있다.

(2) 경제적 이익과 후유증을 안겨준 월남전 참전

한국군이 처음으로 월남전에 투입된 것은 1963년 9월이었으며 이 때는 130명 규모의 의무부대와 10명의 태권도 교관이었다.

고딘디엠 월남 대통령의 요청으로 1964년 2월에는 2천명 규모의 비전투부대인 공병대 중심의 비둘기부대를 편성하여 파견했다.

1965년 6월 월남과 미국 정부의 요청으로 전투부대 파병동의안이 국회에 제출되자, 야당은 물론 일반국민과 학생들의 반대의견이 적지 않았다.

정부에서는 6·25 때 자유우방의 도움으로 공산침략을 격퇴시킨 우리가 우리의 우방국이 공산침략에 희생되는 것을 바라보고만 있을 수 없고 6·25 이래의 혈맹인 미국을 도와 월남전을 승리로 이끄는 것이 우리의 도리라는 주장을 파병의 명분으로 내세웠다.

우리나라는 월남에 평균 5만명 수준의 병력을 유지했으며 교대근무를 통해 월남에 파견된 우리나라 군인의 총수는 32만명을 넘어섰다.

파병의 대가로 한국군의 전투력 증강, 경제개발에 소요되는 차관 공여를 약속한 미국의 뿌리칠 수 없는 요청으로 육군 맹호부대, 해병인 청룡부대, 2만명에 달하는 백마부대의 파견이 이뤄졌다.

우리나라 국군은 월남전에서 월맹군 4만 1천여 명을 사살하고, 7,438 km^2 지역을 평정했으나 5천여 명의 사상자를 냈다.

전쟁기간 동안 군납, 파월장병 송금, 파월 기술자 파견 등으로 10억달러 이상의 수익을 올린 소위 월남특수 현상을 맛보기도 했다.

우리나라는 월남전의 참전으로 제2차 경제개발 5개년 계획의 수행에 필요한 외자를 충당하여 연평균 12%의 경제성장을 달성할 수 있었으나, 새로운 독점자본과 신흥재벌의 출현은 물론 고엽제 등으로 본인들은 물론 후세들의 질환 등 심각한 후유증도 남겨줬다.

(3) 월남 패망의 참담함이 우리 국민들에게 경각심을

1975년 4월 30일 두웅반민 월남대통령은 월남의 무조건 항복을 발표하고 정부군에 전투를 중지하라고 명령했다.

이로써 30년 간에 걸친 월남전은 공산군의 승리로 끝장이 났다.

민 대통령의 연설이 있는 뒤 경찰서를 포함한 정부관청 건물에는 백기가 내걸렸으며 미국 대사관 건물은 불탔다.

대부분의 월남거주 미국인들의 철수가 완료되고 사이공주재 미국 대사관은 이미 폐쇄됐다.

월남의 수도 사이공은 모든 수단을 동원해서 든지 마지막 미군 해병철수 헬리콥터 속에 기어들어가려는 수만명의 월남인들과 거리를 휩쓸며 약탈에 여념이 없는 청소년 갱집단, 무기를 버리고 사복으로 갈아입은 채 약탈에 가담한 군인과 경찰관들로 무법과 혼란의 수라장으로 변했다.

2천 5백 명에 달하는 마지막 철수민들을 태운 차량행렬이 버스의 호송을 받으며 탄손누트 공항에 들어갈 때 마지막 철수의 기회를 놓친 수천 군중들은 울며 발을 굴렸으며, 사복을 한 군 장교들과 모터 사이클을 탄 소년들은 차량을 뒤따르며 태워 달라고 애원했다.

일부 폭력배들은 철수해 버린 미국 대사관 건물 속으로 쳐들어가 집기와 가구를 약탈했다.

부유층 가족들은 봇짐을 챙겨 미쳐 철수하지 못한 외국인들과 함께 호텔로 몰려 들었으며 붕타우로 가려는 많은 피난민들은 사이공 강을 이용하여 수백 척의 선박이 인산인해를 만들었다.

카오반 비엔 전 월남군 참모총장은 해외로 탈출했으나 새로운 월남군 참모총장은 "국가를 수호하는 의무를 다하여 월남군의 빛나는 전통을 지키자"고 호소했고 "월남군은 자존심을 가져야 하며 구엔반 티우 전 대통령과 같이 도망치는 생쥐처럼 행동해서는 안 된다고 말했다.

그러나 그의 호소는 허무 그 자체였다.

월남이 공산군에 항복하기 직전에 철수한 한국교민과 월남피난민 등 1,364명을 실은 우리 해군 함정 두 척이 월남 뉴포트 항을 떠난 16일 만에 부산에 도착하여 난민대기소에 수용됐다.

사이공에서 미군 항공모함으로 대피한 한국인은 97명으로 판명됐다.

필리핀에서 상륙이 불허된 100여 명의 한국 교민들이 괌에 도착하면 한국으로의 직송문제를 미국과 협의하여 전용기를 파견하여 씁쓸한 귀국길을 도왔다.

그러나 나라를 잃은 월남인들은 각국의 상륙불허로 보트 피플이라는 신조어를 만들고서 남태평양을 떠돌았다.

월남의 패망은 우리 국민들에게 안보의 중요성을 실감하게 됐고, 이는 박정희 대통령이 유신체제를 유지할 수 있는 원동력이 됐다.

(4) 미국의 한계를 드러낸 주월남 미군의 철수

미국이 전쟁에서 패배한 것은 미국 역사상 처음이다.

1천 5백억 달러를 낭비했던 월남에 대한 미국의 군사개입은 끝나게 됐다.

월남전에서 소모된 미국의 막대한 경비가 수백만의 미국인을 실업자로 만든 경제침체의 일부 원인이 되었다는 것이 정설이다.

지난 30년 동안 피로 물들었던 월남전쟁은 이제 사이공 정부의 무조건 항복으로 비극 속에 막을 내리고 또 하나의 아시아의 우방이 공산권 수중에 넘어가고 말았다.

헤아릴 수 없이 많은 인명을 앗아 간 월남전쟁의 초기 10년은 식민통치에 항거하는 민족적 투쟁이었지만, 후기 20년은 미국과 소련, 중공 등 강대국들의 입김과 이해관계가 얽히고 설킨 처절한 동족상잔의 싸움이었다.

그동안 5만 6천여 명의 미군과 73만 여명의 월남 군인 및 민간인 그리고 1백여 만명의 월맹군인 및 민간인 사망자를 냈고 미국으로부터 1천 5백억 달러, 소련 및 중공으로부터 75억 달러의 군사 경제원조가 쏟아졌다.

5만 5천명의 전사로 분노한 미국인들은 미국의 노력이 종국적으로 승리를 가져오지 못함을 의미한다면 미국은 전쟁에 빠져 들어가지 말았어야 했다고 분노했다.

1964년 통킹만 사건으로 국제전으로 치달은 월남전쟁은 계속 확대되어 1969년 3월에는 주월미군이 54만 1천 5백명에 다다랐다.

월남전은 교착상태에서 막대한 군비 출연으로 허덕인 미국은

1971년UN에서 중공을 가입시키고 중화민국 정부를 축출하고서 1972년에는 닉슨 미국 대통령이 중공을 방문하여 모택동과 회담하는 화해분위기를 조성했다.

1972년 10월 11일에는 미국의 커신저 보좌관과 월맹의 토 대표 간의 협상이 진전되면서 전면 휴전을 선언했다.

1973년 1월 드디어 미국과 월맹이 평화협정을 조인하여 12년간 지속되어 온 월남전에 종지부를 찍었다.

닉슨 미국대통령은 월남전 종결을 위해 어떠한 평화협정이 맺어지든 간에 사이공에 공산정권을 수립하는 것이 포함되지 않으리라는 종전의 입장을 다시 강조했다.

미국 닉슨 대통령은 24일 정오를 기해 "전쟁을 종결시키고 월남 및 동남아시아에 명예로운 평화를 가져오는 협정을 매듭지었다"고 발표했다.

박정희 대통령은 주월국군의 파월목적이 성취되었으므로 월남에 있는 모든 잔여병력의 명예로운 철수를 즉각 개시하기로 결정했다고 선언했다.

미국이 3월에 주월미군 철수를 완료하자 공산측은 휴전협정을 무시하면서 병력과 군비증강에 몰두하여 1975년 3월 본격적인 대공세를 시작하여 4월에는 월남의 44개 성 가운데 23개 성을 장악했다.

이와 같이 걷잡을 수 없는 사태에 직면하게 되자 티우 월남 대통령은 사임하고 후옹 대통령에게 이양했으나 후옹 대통령도 사임하고 두옹반민 장군에게 이양했다.

민 장군이 대통령에 취임한 다음 날 미국은 월남전 개입에서 완전히 손을 떼고 철수했다.

1975년 4월 30일 민 장군은 공산군에 무조건 항복을 선언하고 정권을 넘겨주었다.

이로써 30년 동안에 걸친 월남전은 허무하게 막을 내렸고 대통령 관저 독립궁에는 월남기 대신 베트콩기가 걸리게 됐다.

월남전은 평화협정 체결이후 미국이 명예롭게 물러난 이후 공산 월맹이 휴전협정을 위반하고 월남을 침공하여 통일을 이룩한 것으로 기록되고 있으나 확실한 것은 미국이 전쟁의 수렁에서 빠져나오지 못하자 협상이란 허울을 뒤집어쓰고 패전을 모면했을 뿐이었다.

그리고 사이공은 호치민으로 개명되어 번창하고 있을뿐이다.

3. 영구미제사건으로 남겨진 김대중 납치

(1) 동경에서 납치되어 동교동 자택에 연금된 김대중

사실상 망명생활을 계속하고 있는 신민당 대선후보였던 김대중이 동경의 그랜드 팔레스호텔에서 양일당 통일당 대표, 김경인 의원과 점심 식사 후 괴한에게 납치되어 행방이 묘연했다.

이호 주일본대사는 "이번 김대중 실종사건에 대해 한국정부는 전혀 아는 바 없으며 관련도 없다" "일본정부 당국이 철저히 조사하여 진상을 규명해 줄 것"이라고 발뺌했다.

일본 다나까 수상은 김대중 실종사건에 대해 "백주에 이 같은 사건이 발생한 것은 일본 정부의 권위에도 관련되는 만큼 인명존중 면에서 조속한 수색과 수사를 지시했다"고 의회에서 밝혔다.

양일동 대표는 납치현장에서 괴한들에게 "당신들 정체가 무엇이냐"고 묻자 그들은 서울말씨로 "여기서 떠들면 나라의 수치며 국제적으로도 곤란해지니 조금만 참아 달라"고 말했다고 밝혔다.

오른쪽 아랫입술과 왼쪽 눈썹 위가 터져 피멍이 맺혔고 오른쪽 발목에 두 줄의 깊은 상처를 입은 채 집에 돌아온 김대중은 "8일 팔레스 호텔에서 5명의 건장한 청년들에게 납치되어 온 몸이 묶인 채로 자동차로 오사카까지 왔고 오사카 부근에서 모터보트에 실려 큰 배에 옮겨진 다음 해상으로 끌려갔다가 천사일생(千死一生)으로 한국해안에 상륙하여 감금되어 있다가 붕대로 눈을 가리운 채 집 근방에 내려주어 돌아왔다"고 그동안의 경위를 설명했다.

일본 경찰은 납치장소에서 범인이 남긴 지문을 채취했고 그것이 주일한국대사관 1등서기관 김동운의 것임을 밝혀 냈고, 범행장소에서 오사카까지 이동한 차량의 주인은 요코하마 주재 한국총영사관 유영목 부영사 것으로 밝혀졌다.

납치범들은 오사카 근처 안가에서 김대중을 작업복으로 갈아 입히고 얼굴을 포장용 테이프로 감은 다음 모터보트에 태워 30분쯤 항해한 뒤 대형선박의 선원들에게 인계했다.

이 선박은 중앙정보부의 공작선인 536톤짜리 용금호로 알려졌다.

김대중을 인수한 용금호 선원들은 김대중을 새롭게 묶고 오른손목과 왼발목에 각각 수십 킬로그램이 되는 돌을 달았다. 선원들은 등에 판자를 몸과 함께 묶으면서 "던질 때 풀어지지 않도록 단단히 묶어" "이불을 씌워 던지면 떠오르지 않는다"는 등의 말을 주고받았다.

얼마 후 김대중은 눈이 번쩍이는 불빛을 느낌과 동시에 굉음을 들었다. 그 순간 선원들은 "비행기다"하면서 소리쳤고 비행기의 폭음소리는 30분 정도 계속되었다.

이런 과정을 거쳐 김대중은 어느 항구에 도착하여 앰뷸런스에 태워지고 수면제에 의해 잠이 들었으며 납치범들은 "우리는 구국동맹행동대이며 구국동맹행동대는 자유민주주의를 수호하고 반공하는 단체"라고 설명했다고 전했다.

사건 후 박 대통령은 미국의 칼럼니스트 잭 앤더슨에게 "나는 하느님에게 맹세코 납치사건과 관계가 없다. 사건은 아마 이후락 중앙정보부장의 소행일 것"이라고 말했다.

그러나 이후락 중앙정보부장은 뒷날 "1973년 봄 박정희가 나를 불러 김대중을 죽이라고 지시했다. 나는 곤혹스러운 나머지 실행을 미루고 있었는데 박정희는 김종필 국무총리 와도 이야기가 되었다면서 다시 명령을 내렸다. 김대중을 납치한 것도 나지만 살려준

것도 나다"라고 밝혀 어느 것이 진실인지는 알 수 없지만 이 사건의 본질은 추악한 권력의 정적제거 음모임은 확실한 것으로 보여진다.

(2) 한일간의 갈등은 김종필 국무총리 진사사절로

그동안 몇 차례에 걸쳐 김대중 씨가 일본 국외로 빠져나간 흔적이 없다고 공식 발표한 일본 당국은 "결과적으로 일본 수사망을 빠져나간 것은 유감이다"면서 쇼크를 받은 표정을 지었다

일본 나까이도 관방장관은 "새로운 정보는 아무것도 없으며 호텔 엘리베이터에서 김대중 씨가 만났다는 일본인 남녀의 행방수사와 김씨가 어느 항구에서 끌려갔는가 하는 점이 당면수사의 초점이다"라면서 사건의 진상을 밝히는 것이 급선무라고 말했다.

납치사건이 발생하자 박정희 정부는 처음부터 한국정부의 개입설을 완강히 부정했다. 그러나 일본 경시청이 사건현장에서 김동운 서기관의 지문을 채취하는 등 움직일 수 없는 증거를 포착하고 사건 관련자의 출두를 요구하자 이를 완강히 거부했다.

김동조 외무부장관은 우세로쿠 주한 일본대사를 불러 "김대중씨 사건 수사를 상당히 장기간 여러 방면에 걸쳐 동시단계적으로 계속해 왔으나 현 단계에서 용의자들이 범행에 가담했다는 아무런 증거를 찾지 못했으므로 이 사건 수사를 중지키로 결정했다"는 문

서를 전달했다.

일본 정부는 한국정부의 김대중씨 사건 수사중지 통고에 대해 예상 밖의 일이라는 반응을 보이면서 충격적인 일로 받아들이고 있다.

일본은 수사결과를 무시한 한국측의 통고내용에 불만이며 납득이 가지 않는다는 입장이며, 타카하사 경찰청 장관은 진상이 해명되지 않는 한 일본측의 수사는 계속 종결 짓지 않을 것이며 정치, 외교상의 일과 한국의 국내사정은 수사와는 별개의 것이라고 말했다.

일본 야당과 일부여론의 일본 정부에 대한 비판은 상당히 거세게 일 것으로 보이며 한일간의 마찰요인이 될 전망이다.

이에 따라 일본내에서는 국권침해에 대한 비난여론이 대두되어 한일정기 각료회의 연기, 대륙붕 석유탐사를 위한 한일교섭 취소, 경제협력의 중단 등 오랫동안 밀월 관계를 유지해오던 한일관계가 냉각상태에 빠져들었다.

이후 미국의 영향력 행사와 한일간의 막후절충을 통해 관계 정상화가 시도되어 김동운 1등서기관의 해임, 김대중의 해외체류 중 언동에 대한 면책, 김종필 총리의 진사방일 등에 합의하여 이 사건은 정치적으로 결말지어졌다.

김용식 외무부 장관은 김대중씨 사건의 관련 혐의를 받고 있는 김동운 주일대사관 서기관을 직권면직하고 "수사 결과에 따라 의법 처리하고, 김대중씨가 귀국 전 일본 체재중에 행한 언동에 대해 책임을 묻지 않으며 김종필 국무총리가 김씨 사건이 일본 동경의 한복판에서 발생했고 피해자와 가해자가 모두 한국인이며 이 사건으로 물의를 야기한 점에 대해 일본 정부와 일본 국민에게 유감의 뜻을 전달할 것"이라고 발표했다.

김종필 국무총리는 다나까 일본 수상에게 "청천벽력 같은 김대중씨 사건이 발생하여 일본정부 지도자와 일본 국민들에게 폐를 끼치게 된 점을 미안하게 생각한다"고 말하고, 한국 정부는 사건의 진상규명에 최선을 다해 "한일양국이 쌓아온 깊은 유대에 균열이 생기지 않도록 하겠다"고 다짐하는 박 대통령의 친서를 전달했다.

일본 오히라 외상은 김대중씨 사건과 관련하여 "한일간의 불화가 이 이상 오래 계속되는 것이 바람직한 일이 못된다고 판단하여 한국정부가 취한 조치를 평가하고 외교적인 매듭을 지었다"고 말했다.

다나까 일본 수상도 "이번 사건은 참으로 불행한 사건이었지만 사건 수습을 위해 김종필 국무총리가 일부러 일본까지 온 것을 기쁘게 생각하며 앞으로 한일양국은 한일관계의 유지발전을 위해 노력하자"고 화답했다.

김종필 국무총리는 김대중씨 사건을 둘러싼 한일간의 모든 외교적인 문제는 완전 종결됐다면서 김동운 서기관에 대한 지속적인 수사와 김대중씨의 여권목적 외의 정치활동을 앞으로 일본에서 허용하지 않는다는데 합의했다고 발표했다.

(3) 미국의 반응과 북한의 남북 대화 단절 선언

미국 정부는 김대중씨 사건에 대해 깊은 관심을 표명하고 있다고 밝히면서 "김씨가 살아서 건강하게 잘 돌아간데 대해 안도의 뜻을 표한다"고 말했다. 또한 "불법적 납치행위나 테러행위에 대해 한탄을 금치 못하며 한국의 검찰총장이 범인의 색출과 처벌에 노력을 다하겠다고 약속한 점에 주목한다"고 덧붙였다.

김대중 납치사건은 중앙정보부 소행일 것이라고 밝힌 미국의 저명한 칼럼니스트인 잭 앤더슨은 "박 대통령이 전 중앙정보부장 이후락을 이 사건에 책임이 있는 것으로 보고 그를 해임시켰다"고 박 대통령이 말했으며, 북한이 김대중씨 납치사건을 주도한 이후락 위원장의 경질을 요구한데 대해 "북한측의 트집은 적반하장이고 그 목적은 남북 대화를 기피하려는 속셈이지만 남북대화에 감정을 개입시키는 것은 극히 위험하며 앞으로 인내와 성의로 대화를 계속하겠다"고 말했다고 밝혔다.

그러나 이후락 위원장은 "중앙정보부는 전혀 관여한 사실이 없으며 만약 있더라도 중앙정보부의 한 사람이라도 끼여 있다면 모든 책임을, 어떠한 책임이라도 내가 지겠다"고 밝혔다.

김대중 납치사건을 계기로 남북대화무드는 갑자기 시들해졌고 성의 없는 남북대화가 이어졌다.

북한은 김일성 유일독재체제 확립과 유일사상 전파, 동토왕국 건설에 매진했고 남한은 유신독재체제 확립에 가일층 정치력을 쏟았다.

(4) 법원은 김대중에 대해 선거법 위반으로 금고 1년 선고

일본의 다나까 수상은 "김대중 씨의 방미 실현이 바람직하다"는 의견을 개진했고, 오히라 외상은 "한일간의 양해의 취지로 김대중 씨의 출국을 인정한다든지 인정하지 않는다는 것이 아니고 요컨대 그가 보통사람으로 한국 국내법 밖에 있는 사람이 아니라는 것"이라고 의미 있는 말을 하면서 법원 소환에 대해 일본 언론에서는 대서특필했지만 관망 자세를 취했다.

김동조 외무부 장관은 "김대중 씨를 국내법 절차에 따라 일반인과 똑같은 대우를 한다는 것이 정부의 변함없는 방침이라면서 김대중 씨가 선거법 위반사건으로 재판을 받고 있는 현단계로서는 여권을 발급하지 않겠다"는 뜻을 시사했다.

김동조 장관은 "김대중 씨에 대한 법원소환은 우리 사법부에서 하는 일로 행정부에서 관여할 수도 영향력을 줄 수도 없는 것이며 더욱이 우리 국내 사법권 행사에 일본이 왜 그 같은 관심을 표명하는지 이해할 수 없다"고 일본 각계에서 김대중 씨의 법원소환에 문제를 삼는데 대해 일본 우시로꾸 대사를 불러 유감을 표명했다.

김동조 외무부장관은 "김대중씨의 귀국 전 일본 체재중의 언동에 대해 문책하지 않겠다는 양해사건은 어디까지나 과거의 공소사건이나 장래에 기소될 수 있는 사건 등에 대한 면책을 의미하는 것은 아니므로 이는 양해사건의 위반이 아님은 분명하다"면서 이번 소환은 과거 선거법 위반사건에 의한 것이라고 밝혔다.

김대중 납치사건으로 질문과 답변이 오간 정기국회에서 고재필 의

원은 "정일권 의원은 납치범을 자기도 알고 국민도 알고 외국사람도 알고 있다고 말했는데 그렇다면 정확한 범인의 명단을 내놓아야 할 것"이라며 발언의 취소를 요청하는 해프닝도 있었다.

김대중은 돌연 기자회견을 자청하여 "현재와 같은 여건 아래서 나는 정치활동을 할 생각이 없으며, 해외에 나갈 생각도 없다" "내 사건으로 한일 양국간의 우호에 금이 가는 것을 원하지 않아 성명을 내게 됐다"고 말했다.

김대중은 "내가 마치 미군철수, 군원(軍援) 중단, 망명정부 수립과 김일성의 연방제를 지지한 것처럼 돼 있었으나 나는 그런 주장을 한 일이 없으며 설사 그런 얘기가 나왔더라도 나는 반대했을 것"이라고 덧붙였다.

서울형사지법은 김대중 피고인의 대통령, 국회의원 선거법 위반 공소사실을 모두 유죄로 인정하고 금고1년을 선고했다.

김 피고인은 지난 1967년 기소되어 1970년 6월 첫 공판이 열렸으나 변호인의 요청으로 연기됐었다.

김대중은 해외에서 유신체제를 비판하면서 1973년 7월 재미교포들의 반정부 단체인 한국민주회복 통일촉진회의(한민통)을 결성하여 초대회장이 됐고 일본에서도 8월 한민통 결성을 준비하다가 납치당했으며, 일본에서 한민통 결성과 준비는 전두환 신군부 세력이 사형으로 압박하는 빌미가 됐다.

4. 광복절 경축식전에서 육영수 영부인 피살

(1) 제 29회 광복절 기념식전에서의 불상사

김성진 청와대 대변인은 국립극장에서 거행중인 제 29회 광복절경축기념식전에서 경축사를 낭독중인 박정희 대통령을 괴청년이 저격했으나 좌절되었으며 저격범은 현장에서 즉시 체포됐다고 밝혔다.

김성진 대변인은 "경축식전의 앞줄 좌석에 자리잡고 있는 이 저격범은 좌석에서 갑자기 일어서 경축사를 낭독 중이던 박 대통령을 저격했다" "제1탄은 불발됐으며 제2탄은 연설대 우측에 맞고 빗나갔으며 저격범은 단상에 앉아있던 대통령 영부인 육영수 여사를 저격했다"고 밝혔다.

"박 대통령은 저격범 체포 뒤 즉각 태연히 경축사를 계속 낭독했으며 광복절 경축식전은 예정대로 끝났다" "대통령 영부인은 머리에 총상을 입었으며 경호원들과 장내에 있던 여자 합창단의 부축을 받고 퇴장하여 서울대 부속병원에 입원해 치료를 받았다" "경호원에 의해 현장에서 즉각 체포된 저격범은 현재 경찰당국에 의해 조사받고 있으며 이 저격범은 일본국 여권을 소지하고 있다"고 발표했다.

이 총격사고로 합창단원으로 식에 참석했던 성동여자 실업고교 2학년생인 장봉화 양이 총에 맞아 숨졌으나 진상은 밝혀지지 않았다.

육영수 여사는 5시간에 걸친 수술을 받았으나 향년 49세를 일기로 운명했다.

정부는 국민장으로 결정하고 19일 중앙청 광장에서 영결식을 갖기로 했다. 김종필 국무총리를 장례위원장으로 결정하고 713명으로 장의위원회를 구성했다.

영결식이 거행되는 19일은 공휴일로 지정하고 전국 방방곡곡에 조기를 달기로 했다. 그리고 장지는 국립묘지로 결정했다.

김일두 대통령 저격사건 수사본부장은 범인은 일본에서 출생하여 성장한 교포2세인 문세광으로 나이는 23세이며, 문세광이 사용한 권총은 미제 5연발 스미드앤드 웨손으로 입국할 때 트랜지스타 라디오 케이스 안에 숨겨 들어온 것이라고 중간수사결과를 발표했다.

(2) 국민의 애도 속에 치러진 육영수 여사 영결식

언제나 잔잔한 미소를 잃지 않으면서 자신을 앞세우지 않고 조용히 처신해 온 육영수 여사의 인품은 한국적인 내조자의 전형으로 많은 사람의 추앙을 받아왔다.

특히 가엾은 일을 보고는 외면을 하지 못했고 어린이와 노인들을 끔찍하게 위했던 육 여사의 인정 많은 모습은 많은 사람들의 가슴을 아프게 하고 있다.

1925년 충북 옥천 농가의 집안에서 육종관 씨의 차녀로 태어나 서울 배화여고를 졸업한 후 옥천의 중학교에서 교편생활도 했다.

1950년 6·25 동란으로 부산으로 피난 가 있을 때 당시 육군 소령이었던 박 대통령을 만나 결혼했다.

박 대통령의 정치적 견해에 대한 내조자로서의 진언자의 역할도 수행했다.

박 대통령은 지만군에게 "어머니는 내 대신에 저승에 간 것이다"며 눈물을 흘리면서 근혜, 근영 두 딸을 꼭 껴안아 주며 위로했다.

국민장 또는 국장의 대상자는 국가 또는 사회에 현저한 공훈을 남김으로써 국민의 추앙을 받는 자로 규정돼 있어 국장을 치르게 됐다.

8월 19일 중앙청 정면광장에서 거행된 영결식에는 박지만군, 박근혜, 박근영양을 비롯한 유가족과 다나카 일본수상을 비롯한 각국 조문사절 및 국내외 각계인사 3천여명이 참석하여 애도했다.

소설가 박종화 씨는 "영부인께서는 지금까지 수양을 쌓아 온 그대로 몸을 피하지 않고 의연한 태도를 취했기 때문에 흉탄에 맞은 것"이라고 조사했다.

운구차가 시야에서 사라지자 박 대통령은 정문 옆 벚꽃나무 밑에서 흐느껴 울었다. 접견실에서도 박 대통령의 소리 내어 우는 소리가 들려왔다.

박 대통령은 육 여사가 평소에 좋아하던 노랑과 빨강 빛의 국화꽃으로 덮인 운구차를 어루만지며 운구차를 한 바퀴 돌고 육 여사의 영전 앞에서 감회어린 묵념을 올렸다.

박 대통령은 정성 어린 조문에 깊은 사의를 표하며 "조국의 평화통일과 민족중흥에 헌신할 것을 이 기회에 다시 한번 굳게 다짐한다"고 특별담화를 발표했다.

(3) 김일두 수사본부장의 육영수 여사 사건전모 발표

김일두 박 대통령 저격사건 수사본부장은 문세광은 조총련 직할 선박인 만경봉호의 북괴 공작지도원과 재일조총련 오오사카 이쿠노 지부 김호룡 정치부장으로부터 암살지령을 받았으며 작년 3·1절 기념행사 때 거행코자 무기구입을 서둘렀으나 실패했다고 발표했다.

김일두 본부장은 문세광은 거사 자금으로 일화 130만원을 전달받았다고 밝혔다.

수사본부는 문세광을 살인 및 살인미수, 반공법 및 출입국관리법 위반 혐의로 구속했다.

문세광은 초청장과 참석자의 리본이 없었지만 특별한 조사나 제제를 받지 않고 입장한 것을 밝혀낸 수사본부는 사건당일 장내 경비를 맡았던 서울 중부경찰서 최종환 정보과장을 구속했다.

사건 당시 문세광이 달려나간 통로 좌우에는 사복경찰관 12명이 곳곳에 배치되어 있었으나 이들이 미처 손을 쓰기 전에 문세광은 앞으로 달려 나갔다.

최종환 정보과장은 문세광을 불심검문했으나 일본대사관 직원이라는 말에 그냥 넘겨주어 천재일우의 기회를 놓쳤다.

첫 총성이 들리고 6초 뒤 두 번째 총성이 들릴 때까지 단상이나 단 아래에 있던 경호원이나 경찰관 가운데 육 여사에게 달려가 보호조치를 취한 경호요원은 아무도 없었다.

저격사건에서 7발의 총알이 발사됐으며 문세광이 네 발, 경호원들이 세 발 발사된 것으로 확인됐다.

첫 번째는 불발이었고, 두 번째는 기적적으로 연설대 오른쪽에 맞았다. 3발과 4발은 뛰어나온 박종규 경호실장을 향해 발사했다.

사건당일 장봉화 양이 범인의 총에 맞았다는 수사본부의 발표에 백남억 공화당 고문은 "앉은뱅이 정치는 지양돼야 할 것"을 강조하며 "결국 그런 사소한 일로 인해 국민들의 의혹이 누적된다면 큰 일을 그르치게 되는 것 아니냐"고 정치와 행정의 정도(正道)를 역설했다.

그리하여 세간에는 육영수 여사의 피살과 장봉화 양의 죽음에 대해 온갖 억측과 유언비어가 난무했으나 수사본부의 명확한 해명은 없었다.

(4) 문세광의 행적과 김대중과의 관련 발표와 반박

문세광은 경남 진주 출신으로 해방 전 일본으로 이주한 문병태의 아들로 태어났으며, 문병태는 주로 공원생활을 하며 3남 1녀의 자녀를 부양했으며 경제적으로 넉넉지 못한 생활을 하다가 1968년 50세로 사망했다.

문세광은 어릴 때 말이 적은 편이었고 일에 열중하는 순수한 일면도 있었으며 격정적이고 흥분을 잘하는 편이었다.

생도회 부회장인 문세광은 고등학교 2학년 때 학교를 그만둘 무렵 정치활동에 흥미를 갖거나 학교에서 스트라이크를 벌이려고 한 일도 있었다.

재일거류민단에 가입한 문세광은 대한청년회 일을 도왔으나 활동상황은 두드러진 것이 없었다.

문세광은 고교재학시부터 김일성 전집, 모택동 어록 등 공산주의 서적을 탐독하고 공산주의 사상을 가지고 있었으며, 1968년에는 재일한국청년동맹 오오사카 지구 동맹원으로 가입하여 반정부활동을 해 왔으며 김대중의 일본국내 각 지방 강연회와 초청연설회 등에 참석했으며 김대중 구출위원회 오오사카지구 사무차장으로 반정부활동을 펴왔다고 수사본부는 발표했다.

그러나 문세광은 재일거류민단 한국청년회에도 가입하여 간부로 활동하다가 '반정부 활동을 중지하고 반성하라'는 한청의 촉구를 거절하여 제명된 것으로 알려졌다.

한청 간부들은 문세광이 무정부주의자적인 성격이 없지 않았다고 증언했다.

한청 이코노지부 부위원장으로 활동한 문세광은 한청이 반정부 불법조직으로 단정되어 민단의 산하 단체로서의 인가가 취소됐다.

문세광은 거류민단 동경본부 습격사건때 가담하여 선봉에 서서 부상을 당하기도 했다.

한청은 반한국 정부계의 '한국민주회복통일촉진 국민회의' 와 '김대중선생 구출위원회'의 주요 구성단체이며 행동대 역할을 했다.

한청에서는 1972년 5월 문세광이 탈퇴계를 냈다고 주장했다.

문세광의 집을 수색한 일본경찰은 '전투선언'이란 메모에는 "일년 동안 준비해 왔으니 죽음이냐 승리냐는 총구가 보증한다"는 문구로 있었고 서가에는 '모택동 전집', '김일성 저작집' 등 철학사상계 책이 많았으며 범행을 1년 전부터 계획된 조직범행이라고 밝혔다.

문세광은 사무실에 '박 정권 타도' '통일성취' 등의 표어를 붙여놓고 있었다고 알려 왔다고 발표했다.

부인 강성숙과는 4년 전에 결혼했으며 가정이 어려워 여러가지 일을 했으며 최근에는 방에 에어컨을 달고 카아핏을 까는 등의 일로 이웃 사람들 중에는 무엇인가 이상하게 느꼈다고 말하는 이도 있었다고 밝혔다.

수사본부에서는 조총련계의 청년집회 때나 오오사카에서 개최되는 김대중 구출대회에서 참석하였으며 김대중 연설을 일본 곳곳을 찾아 다니며 들었다고 발표했다.

그러나 김대중은 문세광이 자기의 연설을 열 번 들었다고 주장했으나 자신은 오오사카가 아닌 동경과 하코네에서 두 번 연설했을 뿐이라고 주장하여 수사본부의 발표와 김대중의 주장은 사실관계가 어긋났으나 진실이 규명되지는 않았다.

(5) 형장의 이슬로 사라진 문세광

정치근 부장검사와 정경식, 김영수 검사 관여로 문세광을 내란목적의 살인, 국가보안법 위반, 반공법위반, 특수절도, 출입국관리법 위반, 총포화약류 단속법 위반 등으로 기소했다.

검찰에서는 문세광은 대남적화통일이 성취되기를 희구하고 있는 열성공산주의자로서 조총련 오오사카 서부지부 정치부장 김호룡과 북괴 공작선 만경봉호 공작 지도원으로부터 한국의 공산혁명을 완수하기 위해서 박 대통령을 암살하는 길 밖에 없으며 이는 김일성의 직접지시에 따라 수행했다고 발표했다.

검찰에서는 문세광이 일본인 유키오 부부와 공모하여 요시이 명의의 여권을 발급받아 입국한 뒤 8·15 기념식장에서 박 대통령을 저격코자 하였으나 육영수 여사를 절명케 한 공소사실을 문세광이 대부분 시인했다고 발표했다.

문세광은 입국 직전 권총을 훔쳤으며 여권도 요시이(吉井)라는 다른 사람의 명의로 된 여권과 비자를 가지고 입국했으며 비자는 관광비자인 것으로 밝혀졌다.

정치근 부장검사는 논고를 통해 "국가원수를 향해 총을 쏜 것은 여느 총격과는 전혀 그 의미가 다르며 이는 곧 국가에 대한, 국민 전체에 대한 총격"이라며 자유민주주의에 대한 범법자이기 때문에 사형을 구형한다고 설파했다.

서울형사지법 합의부는 8·15 저격사건 선고 공판에서 검찰의 공소사실을 모두 유죄로 인정하고 문세광 피고인에게 사형을 선고했다.

대법원은 문세광에 대한 상고심 판결공판에서 "피고측의 상고 이유는 인정되지 않는다"고 판시하고 사형을 선고한 원심판결을 확정시켰다.

사형이 확정된 지 3일 만에 서울 구치소에서 사건 발생 후 125일 만에 사형이 집행됐다.

문세광은 "내가 한국에서 태어났더라면 이 같은 범죄는 저지르지 않았을 것이다. 조총련에 속아 이러한 과오를 범한 나는 바보였으므로 사형을 당해도 당연하다"고 유언한 것으로 보도됐다.

(6) 일본정부의 미온적이고 비협조적인 태도

일본 외무성은 사건의 배후에 조총련이 개입됐다는 수사당국의 발표에 대해 "재일한국인의 범죄로서 일본정부는 법률적, 도의적 책임이 없다"는 입장을 밝혔다.

이에 이병도 역사학자는 "옛날에 민비 시해사건 때에도 일본은 우리나라 조정과 국민에게 사과한 일이 없다"고 비난하고, 시민들은 "일본이 하는 짓을 보면 때리는 시어머니보다 말리는 시누이가 더 밉다는 식으로 일본의 태도가 가증스러워진다"고 입을 모았다.

일본 외무성은 박 대통령의 저격 사건의 범행 준비가 일본에서 이루어 진 것은 유감이며 그런 뜻에서 일본 정부는 전혀 책임이 없다고 말할 수 없다고 종전의 태도를 돌변하여 유감을 표명했다.

타나카 일본 수상은 김종필 국무총리의 친서를 받고 "일본 국내 수사는 엄중히 하겠으며 양국의 우호를 저해하는 이런 사건이 일본 국내에서 일어나지 않도록 하겠다"고 약속했다.

이는 김종필 국무총리의 일본 정부에 대한 비난과 한국 내의 반일 데모 등을 고려하여 한국의 반일 감정을 누그러뜨리고 한일관계의 악화를 방지하겠다는 배려에서 나온 것이다.

타나카 수상은 육영수 여사 서거에 대한 조의와 저격 사건이 일본에서 준비된 데 대한 유감의 뜻을 표명하고, 국내법 테두리 안에서의 최대한 수사협력을 약속하는 친서를 시이나 부총재가 들고 내한하여 한일의 불편한 관계의 매듭을 풀기로 했다.

우리나라는 일본의 조총련 활동에 대한 규제와 사죄문항이 없으면 주일대사를 소환하겠다고 으름장을 놓자 미국의 중재로 가까스로 일본이 수락의 의사를 내비쳤다.

친서를 둘러싸고 진통을 거듭하는 한·일 외교부서는 친서의 내용은 그대로 받아들이되 조총련 규제, 진사문제는 별도의 양해 사항으로 처리하기로 극적인 타결을 보았다.

국내여론을 의식하여 양해사항을 "구두로 했다" "문서를 받았다"고 각기 편리하게 해석할 수 있도록 절충한 결과였다.

시이나 진사특사가 내한하여 메모문안은 한국 측 요구대로 하되 시이나 특사가 조총련이 일본 국내법에 저촉되는 행위를 했을 때는 이를 규제 또는 방지한다는 약속을 구두설명하고 기록하여 서명하는 형식을 취했다.

일본경찰은 저격범 문세광의 배후에 조총련뿐만 아니라 거류민단 민주수호위원장이며 민족통일협의회의장인 배동호와 곽동의도 개입된 것으로 보고 조사중이라고 알려졌다.

일본정부는 서울에서의 반일데모대의 일본대사관 난입사건에 대해 재발방지를 위한 한국측의 경비강화, 난동자의 처벌, 피해보상 등을 요구했다.

일본경찰은 한청본부 사무실을 수색하고 김군부 위원장의 자택을 수색했다.

그러나 일본의 경찰에 체포된 김호룡은 "문세광과는 지난 2년간에 세 번 만난 일이 있다" "그러나 박 대통령 저격에 자금원조나 암살지령을 내린 일은 없다"고 극구 부인했다.

김호룡은 "만경봉 호에 올라가 구경은 했지만 배안에서 일본인이나 한국 국적을 가진 사람은 만난 일이 없다"고 덧붙였다.

조총련 본부 윤상철 국제부장은 "조총련이 이번 사건에 관계됐다는 수사본부의 발표는 조작된 것으로 조총련은 이번 사건에 아무 관련이 없다"고 억지를 부렸다.

일본 수사본부는 김호룡의 배후조종 여부와 아카후토 병원이 저격훈련 준비 장소였다는 사실여부를 밝혀낼 수 없다면서 130일 만에 수사본부를 해체했다.

따라서 조총련의 지령설, 한청의 배후설, 배동호의 개입설 등은 아무것도 밝혀지지 아니한 채 우리나라 수사본부의 발표만 있었을 뿐이다.

(7) 사건에 대한 책임과 북한에 대한 규탄

김종필 국무총리를 비롯한 국무위원 전원은 저격사건에 대한 인책 차원에서 박 대통령에게 일괄사표를 제출했다.

내각 일괄사표와 때를 같이하며 김정렴 청와대 비서실장과 수석비서관, 박종규 경호실장과 경호실 간부들도 "경호 책임을 제대로 완수하지 못한 데 대해 책임을 느낀다"며 사표를 제출했다.

한편 이효상 공화당 당의장서리와 정무위원 전원, 양탁식 서울특별시장, 김영선 주일대사도 사표를 제출했다.

가장 철저히 보호되어야 할 대통령 주변에 범인이 접근하여 흉탄을 쏠 수 있는 틈이 주어졌다는 사실은 경호에 큰 허점을 드러낸 것으로 분석되고 있다.

박 대통령은 김종규 경호실장 사표를 수리하고 차지철 의원을 임명했고, 홍성철 내무부장관의 사표도 수리하고 박경원 전 내무부장관을 임명하고 김종필 국무총리, 이효상 당의장 서리등의 사표는 모두 반려했다.

장기영 남북조절위 부위원장은 "대통령 영부인의 생명을 앗아간 이번의 8·15 저격사건은 범인의 진술과 사건 수사의 결과에 의해 북한당국의 치밀한 계획 아래 무려 2년여의 시간을 두고 일본을 무대로 하여 조총련 조직을 통해 모의, 조직, 훈련되고 강행된 것임이 명백히 입증됐다"면서 사건에 관여했던 책임자들은 민족의 이름으로 처단하라고 북한측에 요구했다.

북한의 지령이 남에서 버젓이 이행될 수 있었는가 하는 점은 경악과 분노를 금할 수 없게 했다.

한편 여의도 광장에서는 박정희 대통령 저격을 지령한 김일성에 대한 화형식 등을 거행하는 1백만 명의 서울시민들의 북괴규탄 궐기대회를 개최했다.

5. 한미관계의 뜨거운 감자 박동선 게이트

(1) 김형욱의 폭로가 박동선게이트의 단서로

전 중앙정보부장 김형욱은 워싱턴포스트지와의 인터뷰에서 박동선은 중앙정보부 공작원이었으며 그가 직접 박동선을 지휘했다고 말했다.

또한 그는 "한국정부가 미군철수를 찬성하고 있으며 철수의 대가로 다액의 군사원조를 요구하고 있다" "박 대통령이 1972년부터 북한과 대화를 함에 있어서 북한을 기만했다" "박동선의 뒤를 이어 김한조, 문선명을 유명하게 만든 인물인 박보희, 유엔대표부 대사인 한병기도 중앙정보부 요원으로 활동했다"고 폭로했다.

이에 공화당의 강병규 의원은 "김형욱씨의 망언은 한마디로 반국가범죄에 속하는 일"이라고 강조했고, 유정회 송효순 의원은 "국가기밀은 무덤까지 가져가야 된다는 것은 상식이며 특히 남북회담에 대한 김형욱의 왜곡은 천인공노할 일"이라고 규탄했다.

김형욱은 의회 청문회에서는 한국정부가 미국 의회에 대한 지지를 얻기 위해 공작에 자금을 제공했다고 주장했으나 박동선을 통해 처음부터 계획적인 대미활동을 시도한 것은 아니라고 증언했다.

정부는 미국에서 반한활동을 벌이고 있는 김형욱 전 중앙정보부장을 반공법 위반, 명예훼손 혐의 등으로 입건하는 한편 미국정부에 김형욱을 송환해 줄 것을 협조 요청했다.

그러나 미국은 송환요청에 반응을 보이지 아니하면서 김형욱이 폭로한 박동선, 김한조 등의 증언을 요구하면서 만약 한국정부가 협조하지 아니하면 군사원조의 삭감 등을 들먹이면서 한국 정부를 협박했다.

(2) 박동선 조사를 위한 미국조사관 파한하여 심문

1976년 10월 21일 워싱턴포스트가 한국정부가 박동선을 내세워 20명의 전·현직 의원들에게 한국정부를 위한 의회활동을 기대하며 50만 ~100만 달러의 금품을 전달했다고 보도했다.

미국 법무성은 박동선을 증뢰, 우편사기 등 6가지 불법혐의로 기소하고 리처드 해너 전 미국하원의원 등 전·현직 의원 30여 명을 수뢰자로 지목하는 배심기소문을 발표했다.

이들 의원들은 박동선으로부터 선거자금 명목으로 수뢰했다고 밝혔다.

미국 의회에서는 박동선 사건에 관한 한국정부의 협력을 촉구하는 결의안을 통과시켰다.

결의안이 쉽게 통과된 것은 워터게이트 사건으로 치명상을 입은 공화당은 민주당 출신 의원들이 대부분 관련되어 있는 박동선 사건을 대민주당 공격무기로 삼고 있기 때문이다.

일찌감치 손을 써 불을 끄지 못한 박동선 사건은 무엇이든 대상을 찾아 시비하려는 워싱턴의 새로운 정치바람에 휘말려 불타고 있게 됐다.

미국 하원 운영위원회는 박동선 사건 조사결의안을 본회의에 상정하여 윤리위에서 진상조사토록 결의했고, 워싱턴포스트는 박동선이 미국 미곡 수출상으로부터 대한곡물판매촉진 협조 명목으로 780만 달러를 받았다고 보도했다.

지금까지 미국은 박동선의 미국으로의 송환을 은밀히 한국정부에 요구해 왔고, 한국 측은 가능한 협조를 다짐하면서도 송환 자체에 대해선 본인의사에 반해 강요할 수 없다고 완곡하게 거절해 왔다.

박동진 외무부 장관은 "박동선 사건은 한국정부와 아무런 관련이 없다"고 거듭 밝히고 "따라서 정부가 이 사건에 책임져야 할 것이 아무것도 없다"고 반발했다.

"박동선이 한국정부의 에이전트인가"라는 기자들의 물음에 박동진 장관은 미국 미곡상인들의 에이전트 아니냐고 반문했다.

미국 의회에서 한국을 위한 로비활동과 관련하여 물의를 빚어 오다 귀국한 박동선을 검찰은 국내법 저촉 여부를 조사하기 위해 소환했다.

한미양국은 끈질긴 물밑협상 끝에 미국 법무성 대표와 윤리위원회 위원들이 한국에 와서 한국의 법무부 관리들과 함께 박동선을 심문하기로 합의했다.

이종원 법무부 차관은 "미국 측은 박동선이 의회에 출두하지 않고 한국에서의 심문기록 등본을 의회에 제출하는 것으로 대신하도록 윤리위와 교섭하여 박동선이 의회에 소환되지 않도록 최선을 다하겠다고 약속했다"고 말했다.

박동선은 미국 대사관에 개설된 한미 검찰공조 법정에서 미국 하원 윤리위에서 파견된 조사관의 심문에 응하고 대검찰청 회의실에서 한미 공조 수사팀의 수사를 받기로 했다.

시벨레티 법무차관, 미첼, 코텔리 검사가 심문에 참여했으며 미국 하원 윤리위원회의 카푸토 의원 등은 옵저버 자격으로 참관했다.

미첼 검사는 "오늘 오후 박동선에게 거짓말 탐지기를 처음 사용했다"고 말했고, 카푸토 의원은 "박동선에 대한 신문에서 많은 미국 공직자에게 상당한 액수의 돈을 주었고 돈의 액수가 많은데 놀랐다"고 말했다.

(3) 마침내 미국 의회 증언을 위해 박동선의 미국행

미국 하원 윤리위원회가 한미 합동조사로 마무리될 것으로 예상한 박동선에게 소환장을 발부하여 박동선 사건 합의에 새로운 불씨를 만들어냈다.

미국 국무성은 한국의 미국 의원 매수 시도사건에 관한 박동선의 서면증언을 접수하도록 미국 의회를 설득할 것이라고 밝혔다.

윌슨 미국 하원의원은 "세계의 모든 국가들은 주미대사관을 통해 의회친구 확보에 노력하고 있으며 이것이 그들의 주요임무 중의 하나"라고 말하고 "한국의 로비활동도 한국보다 더 적극적인 국가는 이스라엘, 그리스, 서독 등의 예를 들면서 결코 이 범주를 벗어나지 않은 것"이라고 주장했다.

미국 하원 오닐 의장은 박동선이 미 의회에서 증언을 안 하면 대한 군사원조의 통과가 어렵다는 견해를 밝혔다.

정부는 "미국 하원 윤리위의 움직임은 이 문제해결에 아무런 도움이 되지 않을 뿐 아니라 오히려 방해가 되는 것"이라고 지적하고 "이러한 부당한 처사는 조속한 문제해결을 위해 마땅히 지양되어야 한다"고 요구했다.

박동진 외무부장관은 박동선 사건은 대수롭지 않은 사건으로 "한미양국이 상호신뢰와 실제상의 공동이익을 토대로 지금까지 강인한 유대를 지속해 온 이상 일시적인 폭우로 나뭇가지는 몇 개가 상한다 하더라도 굵직한 나무뿌리가 흔들릴 수 없는 것"이라고 비유했다.

한미 양국정부는 박동선이 미국 법정에서 증언하기 위해 도미하고 미국 정부는 박동선을 미국에 붙들어 두지 않을 것임을 보장하는 공동성명을 발표했다.

박동선은 "그동안 국민들에게 염려를 끼쳐 미안하다. 여러분들의 기대에 어긋나지 않게 최선을 다하여 유종의 미를 거두고 돌아오겠다"며 미국으로 출발했다.

박동선은 워싱턴포스트 기자 등 외신기자들을 초청한 자리에서 "한국의 기업인들은 안보가 흔들리면 사업이 결딴나게 되고 그래서 나의 이익을 위해 활동했다"고 말하고 "내가 한국정부의 에이전트라는 주장은 어불성설"이라고 강력하게 부인했다.

미국 하원 윤리위원회에서 자위스키 특별조사관은 박동선에게 서울에서의 배경과 미국에서의 사업관계를 조직적으로 면밀하게 추궁했으나 "새로운 사실이나 주목할 만한 관심사가 드러난 것이 없다"고 발표했다.

박동선은 윤리위원회에서 24명의 현직 하원의원들에게 50만 달러 이상의 현금을 제공했다고 증언했다.

박동선은 "내가 상원의원에게 준 돈은 2만 달러도 못 되며 해당의원도 6명 미만이며 내가 한국의 고위관리를 접촉한 것은 나 자신의 쌀 중개업을 보호하기 위한 것이었지 한국정부를 대신하거나 그 대리인은 아니다"라고 증언했다.

대부분의 의원들은 헌금을 받은 사실을 인정하면서 합법적인 헌금이었다고 주장했다.

카터 미국 대통령은 법무성의 한국로비 활동조사서를 의회에 제출하면서 한국 정부의 협력에 만족을 표시하고 박동선을 한국의 실업인이며 자발적 증인이라고 표현했다.

(4) 미국 의회 로비의 대미를 장식한 김동조

김형욱 전 중앙정보부장이 하원에서 박동선은 중앙정보부 요원이라고 증언하고 워싱턴 포스트지가 한국정부가 박동선을 내세워 20명의 전·현직의원들에게 50만 달러 이상의 금품을 전달했다는 보도로 촉발된 미국 의회 의원들에 대한 로비활동 조사는 이제 박동선을 넘어 관계관과 전 주미대사 김동조에게 번져 갔다.

한국으로부터 50만 달러를 수령해서 미 의원들을 포섭하려 시도했다는 혐의로 피소된 김한조의 공판이 개최됐다.

김한조는 미국 연방법원에서 한국의 대미 로비활동 등에 관련하여 돈을 받았다는 혐의와 연방대배심의 조사에서 위증을 했다는 혐의로 유죄평결을 받았다.

하원 윤리위원회의 공개청문회에서 김상근은 주미대사관 근무 중 한국정부의 지시로 백설작전이라고 불리는 한국의 미국 의원 매수공작을 지원했다고 밝혔다.

이재현 전 주미대사관 공보관장은 미국의 대한 정치, 군사, 경제 지원상실을 우려한 한국 정부의 지시로 미국 의원 및 요인 매수공작을 벌였다고 주장했다.

박동선, 김한조, 김상조, 이재현의 증언을 청취한 미국 의회는 김동조 전 주미대사의 의회 증언을 강력하게 요구했다.

워터게이트 사건 처리에서 명성과 권위를 쌓아 올린 자워스키 조사관의 협박과 심술에도 불구하고 미국 하원은 "한국은 미국의 원조를 택할 것인가, 김동조 전 대사를 내어놓을 것인가"라는 카푸토 의원의 제안을 부결시켰다.

그러나 자워스키 조사관은 끈질기게 김동조 전 주미대사의 선서하의 조사를 주장하고 나섬으로써 수습단계에 접어든 로비활동의 조사 시비는 새로운 불씨를 만들어 냈다.

미국 하원 외교위원회는 김동조 전 주미대사에 대한 조사가 허용되지 않는 한 미국 의회는 대한경제원조를 거부하거나 삭감할 수 있다는 결의안을 채택했다.

한미양국은 김동조 전 주미대사의 미국 의회조사 문제를 미 하원 윤리위에서 질문서를 보내고 김 전 대사가 답변하는 방식으로 합의했다.

김동조 전 대사는 서한에서 1967년부터 1973년까지 재임 중 한국의 안보와 관련되는 정책 변화에 대처하기 위해 대사로서의 임무 안에서 미국 의원들과 접촉했으나 의원들에게 돈을 준 적은 없다고 밝혔다.

김동조 대사의 서한을 발표한 스티븐슨 윤리위원장은 "몇 사람의 상원의원이 박동선으로부터 법에 위반되는 정치자금을 받았다는 혐의가 있었으나 알맹이가 있고 믿을 만한 증거를 포착하지 못했다"고 결론을 얻었다면서 의원들에 대한 어떠한 조치도 요구하지 않을 것임을 분명히 했다. 그러나 3명의 의원을 징계조치한 하원은 공식적은 반응을 유보했다.

한미관계 조사라는 이름아래 한미관계의 어두운 면을 중점적으로 파헤친 미국 하원 윤리위원회 프레이저 위원장이 447페이지에 달하는 최종보고서를 내놓고 조사활동을 종결했다.

지난 18개월 동안 1,563명의 참고인과 인터뷰하고 123명을 소환, 증언을 들었으며 청문회를 개최한 끝에 작성됐다.

이 보고서에는 문선명의 통일교 조직이 미국에서 제도적으로 불법적인 혐의가 짙다고 지적하고 한국의 대미로비는 정부의 지시로 이루어 졌으며 한국의 로비활동이 돈만 낭비했지 미국의 정책 결정에는 영향을 주지 못했다고 평가했다.

미국 하원 윤리위원회가 현역의원 4명에 대한 징계를 건의키로 결정함으로써 18개월 계속되어온 박동선 게이트에 대해 일단락됐다.

(5) 미국이 재채기하면 콜록콜록거린 대한민국

미국의 포드대통령은 한반도는 위험지역으로 미국은 한국에 미군을 계속 주둔시켜야 한다고 말하고 "한국 국민들은 그들의 자체 군사력 증강과 경제 발전에 뛰어난 능력을 발휘했으며 한국은 충실한 맹방"이라고 강조했다.

또한 포드 대통령은 만일 한국에서 게릴라전 형식의 북괴 공격이 있을 경우에도 미국은 대통령직을 걸고 한국을 지원할 것을 다짐했다.

1974년 11월 박정희 대통령과의 정상회담에서도 대한방위공약을 재확인하고 "주한미군의 감축은 없다"고 확약하여 한국과의 맹방임을 과시했다.

1976년 미국 대통령에 당선된 지미 카터의 외교 브레인인 트레 가이즈는 "카터 행정부 하에서도 한반도가 위험상태에 놓여 있는 현 정세가 계속되는 한 미군은 계속 주둔할 것이다"라고 확인했다.

1977년 4월 미국 의회 레스터 울프 사절단장은 "주한미군의 철수 시기는 구체적인 계획은 마련되지 않았으나 한국군만으로 한국을 방위할 수 있게 되느냐의 문제와 직결되어 있다"고 구체적인 철군 시기가 결정되지 않았음을 밝혔다.

우리나라는 1977년 5월에 주한미군이 철수하면서 전술핵무기를 철거할 경우 한국은 국가생존을 위해 독자적으로 핵무기를 개발할 수 있다는 사실을 미국에 전달했다.

카터 미국대통령은 주한 미지상군 철수계획 추진에는 변화가 없으나 미국의 한국에 대한 방위공약은 확고부동한 것이며, 어떤 가능한 침략자도 우리의 공약을 의심해서는 안된다고 경고했다.

철군반대한 주한미8군 참모장 싱글러브 소장이 소환한 것에 대해 카터는 깊은 관심을 갖고 있었으나 결국 싱글러브 소장을 해직했다.

카터 미국 대통령은 주한 미지상군이 철수한 후 북괴의 공격이 있을 경우 필요하다면 한국방위를 위해 전술핵 무기를 사용할 것을 시사했다.

1976년 10월 28일 워싱턴 포스트지는 한국기관원의 불법활동은 미국측이 한국의 청와대를 도청, 녹음한데 근거한 것이라고 보도했다.

정부는 미국이 청와대 도청을 했다는 포터 전 주한미국대사의 확인과 관련하여 이를 우리 주권을 무시하는 불법행위로 중시하고 그 진위여부 확인 및 항의 등 대응책의 강구에 나섰다.

우리 국민들의 불안과 북한의 오판을 방지하기 위해 미군의 철군을 비밀리에 수행한 미국은 1979년 6월 박정희·카터 대통령의 정상회담 후에는 카터 대통령은 북한 군사력 증강에 대한 재평가 작업이 완결될 때까지 추가 철군을 중지한다고 밝혔다.

미국은 우리와 혈맹관계라고 주장하면서도 미국 내의 사정에 따라 주한미군에 대한 정책이 오락가락하여 우리나라 국민들의 신뢰를 반감했고, 우리나라는 미국의 정책변화를 우리나라의 국내 정치에 적극 활용했다.

그러나 지금까지 미국 관계관의 말 한 마디를 크게 보도했고 나름대로 해석하느라 많은 국력을 낭비했지만, 미군의 감축은 있었지만 철군은 없었으며 북한의 남침도 일어나지 않았다.

(6) 중공의 등장과 남북한 유엔동시가입의 좌절

1971년 8월 3일 미국 로저스 국무장관은 자유 중국의 UN 의석

박탈은 반대하지만 중공의 유엔가입과 안전보장이사회 상임이사국 진출은 반대하지 않는다는 입장을 밝혔다.

10월 26일 UN총회에서는 중공의 UN가입과 자유 중국의 축출을 내용으로 한 결의안을 의결함으로써 중화인민공화국(중공)이 중국의 대표권을 차지함과 동시에 미국과 소련의 양강체제를 뚫고 다원체제의 선두주자로 급부상했다.

1972년 2월 17일에는 닉슨 미국 대통령이 중국을 방문하여 모택동 주석과 회담함으로써 중국의 지위를 확고하게 굳혀 주었으며 닉슨은 중국방문을 평화를 위한 여행이었다고 자화자찬했다.

1972년 5월 23일에는 미국 닉슨대통령과 소련 브레즈네프 서기장이 전격 회담하여 냉전체제의 종식을 재확인하며 미국과 소련은 경쟁자일 지라도 적은 아니다라고 선언했다.

미국과 중공은 1979년 1월 1일을 기해 외교관계를 수립하고 미국은 중공을 중국의 유일 합법정부로 승인한다고 밝혔다.

주대만 미군을 4개월 이내 철수하고 자유 중국과는 단교를 선언했다.

이로써 중공이 미국, 소련, 영국, 프랑스와 함께 UN의 상임이사국으로서 지위를 확보함으로써 국제사회에서 군림하게 됐다.

1973년 9월 동독과 서독은 동시에 UN에 가입하여 회원국의 지위를 확보했으나 정부는 통일이 될 때까지는 UN에 가입하기를 원치 않는다고 밝혔다.

그러던 박 대통령은 북한을 국가론 인정하지 않지만 다수의 회원국이 원하고 통일의 장애가 되지 않는다면 남북한 유엔 동시가입을 반대하지 않는다는 외교정책 7개항 특별성명도 발표했다.

그러나 김일성은 고려연방제를 주장하면서 유엔 동시가입을 반대했다.

15개국 UN 안전보장이사회는 한국의 UN 가입신청안을 심의할 것인지에 대한 투표에서 찬성 7표, 반대 6표, 기권 2표로 부결시키면서 남북 베트남의 가입신청안은 의제에 포함시켰다.

외교전문가는 "정부가 절차문제에서의 9표를 확보해 놓지도 않고 성급하게 가입안을 냈다"면서 "이번 한국 가입안 상정 부결은 다른 한국문제에도 마이너스적 영향을 미치지 않을까 염려스럽다"고 걱정하기도 했다.

UN안전보장이사회는 한국의 UN가입 재심요청 심의를 찬성 7표, 반대 3표, 기권 1표로 의제채택이 거부됐다.

월남은 만장일치로 의제가 채택됐으나 미국의 거부권 행사로 유엔 가입은 실패했다.

이렇든 중공의 국제무대의 등장, 미국과 소련의 냉전체제 종식 선언 등 급변하는 국제정세를 박 대통령은 유신체제 확립에 적극 활용했고 국민들도 유신체제를 국가의 생존을 위한 몸부림으로 이해하고자 하는 부류가 많았다.

6. 국내정치에 적극 활용한 대북한(북괴) 관계

(1) 유신체제 확립하고 용두사미된 남북적십자 회담

1971년 8월20일 남북적십자 실무자 간 공식 대면이 국토분단 26년 만에 이뤄졌다. 최두선 대한적십자 총재는 이산가족 찾기 운동 실현을 위한 예비회담을 제의했고 북한 적십자사에서도 수락했다.

김종필 국무총리는 북괴가 성의 있는 태도로 나오지 않으려는 측면도 예상되므로 정부와 국민은 너무 흥분에 들떠서는 안될 것이라고 강조했다.

9월 29일 속개된 예비회담에서는 다음 회담일자는 직통전화를 통해 결정하기로 합의했을 뿐 성과는 없었다.

수 차례의 예비회담과 7·4 공동성명에서 남북적십자회담의 지원 약속 등으로 1972년 8월 30일 평양에서 제1차 남북적 본회담이 개최됐다.

이범석 수석대표를 포함한 대한적십자 대표단 54명은 단절의 벽을 깨고 통일조국을 향한 겨레의 꿈을 안은 민족의 사절로 판문점 돌아오지 않는 다리를 넘어 포플러가 우거진 북한 아스팔트 길을 달려 평양에 도착했다.

평양에서 개최된 남북적 역사적인 본회담에서 남북적십자사는 적십자 인도주의 원칙에 기초하여 남북으로 흩어진 이산가족들과 친척들 사이에 자유로운 방문 문제들을 의제로 채택하여 조국통일의 디딤돌이 되도록 노력한다는 공동선언문을 채택했다.

이범석 수석대표는 7·4 남북공동성명은 4반세기 동안 갈라졌던 남북사이의 오해와 불신을 풀고 하나의 민족으로서의 민족적 대단결을 남과 북의 기본적 입장임을 뚜렷이 한 것이라고 찬양했다.

통일이 가까이 다가오고 있다는 환상에 젖게 한 적십자 회담은 9월 13일에는 서울에서 2차회담이 개최되어 우리국민들의 열렬한 환영 속에 말의 성찬을 이뤘다.

그러나 10·17 대통령 특별선언으로 유신체제가 확립되는 과정에서도 평양과 서울에서 3, 4차 회담이 이어졌으나 이루어진 성과는 없었다.

서울에서 속개된 6차 회담에서 적십자사 정주년 대변인은 "쌍방은 기본입장 차이점을 좁히기 위해 토의와 노력을 계속했다"는 결과만을 발표했다.

7차 회담에서 이범석 수석대표는 추석 성묘단 상호방문을 제의했으나 북한적십자는 장애물 제거가 우선임을 되풀이하며 거절했고, 실무회담에서는 서해상에서 북한측에 의해 납치된 우리 어부의 송환문제와 중단된 남북 적십자 회담 재개문제를 협의했으나 남과 북이 성의 없는 대화만을 이어갔다.

대한 적십자사 이호 총재는 하루속히 남북적 회담의 정상화와 남북 간 인도적 문제의 실질적 해결에 호응해 줄 것을 북측에 촉구했다.

이어 대한적십자사는 북한 적십자사에 추석을 기해 남북이산가족 쌍방 5백명 규모의 성묘방문단을 교류할 것을 제의했다.

그러나 북한측은 "엉뚱한 문제로서 백해무익한 것이며 일고의 가치도 없고 회담을 지연시키기 위한 것"이라는 구실로 거부했다.

대한적십자사는 북한적십자사에 신정과 구정을 기하여 이미 제의한 남북이산가족 성묘단 상호교류가 꼭 실현되도록 할 것을 재촉구했다.

이에 북한 적십자사 측은 엉뚱하게도 반공 국가사범들에 대한 공판중지와 석방, 6·23 평화통일 외교정책 선언의 취소, 반공정책을 용공정책으로 전환할 것 등을 요구했다.

북한적십자사는 한미연합작전인 팀 스피리트 훈련을 빌미로 남북적 실무회의를 무기한 연기하여 남북간의 유일한 대화창구가 막히게 됐다.

남한은 유신체제가 확립되고 북한도 김일성 유일체제가 완성되어 남북대화 필요성이 사라져 상호 대화보다는 받아들이기 어려운 역제안으로 성의 없이 세월만 낭비했다.

(2) 통일의 환상을 불러온 남북조절위도 흐지부지

정부는 자주적이고 평화적인 통일을 기약하고 이를 위해 민족적 대단결을 도모한다는 조국통일원칙과 남북조절위원회 구성 및 서울·평양 간 직통전화 설치운용 등을 북한 측과 합의했다고 1972년 7월 4일 아무런 예고 없이 발표했다.

또한 정부는 이후락 중앙정보부장이 비밀리에 평양을 다녀왔고 북한의 박성철 제2부수상이 서울에 머물면서 회담을 통해 남북공동성명을 내기로 했다고 발표했다.

온 국민의 탄성과 경악을 가져온 7·4 공동성명은 그동안 지지부진한 남북적십자회담의 진전을 가져왔고 10월 12일에는 통일문제를 해결할 목적으로 7·4 공동성명에서 합의한 남북조절위원회를 판문점 자유의 집에서 개최했다.

남쪽에서는 이후락 공동위원장, 김치열 중앙정보부 차장, 정홍진 적십자예비회담대표 등이 참석했고 북쪽에서는 김영주 공동위원장을 대신한 박성철 제2부수상, 유장식 외무성 부상, 김덕현 북한적십자 공보부장이 참석하여 통일에 관한 협의가 진척되어 곧 통일이 이뤄질 것이라는 환상을 우리 국민 모두에게 심어줬다.

7·4 공동성명이 있는 100여일 만에 박정희 대통령은 10·17일 대통령 특별선언으로 국회를 해산하고 비상계엄을 선포하여 독재정권의 체제를 굳혀 나갔다.

남북조절위 제2차 회의가 11월 2일 평양에서 이후락 공동위원장, 최규하 대통령 특보, 강인덕 위원 등과 북한의 박성철 부총리, 유장식 노동당 조직지도부 부위원장 등이 참석하여 개최됐다.

이 회담에 임하며 이후락 위원장은 "나는 박정희 대통령의 평화적 조국 통일 이념에 입각하고 온 국민의 염원에 부응키 위해 오로지

성실히 회담에 임할 방침"이라고 밝혔으나 아무런 진척이 없어 공동발표문도 없었다.

11월 30일 서울에서 개최한 제3차 남북조절위 참석차 입경한 박성철 부총리는 "통일을 촉진하기 위한 계기를 온 국민의 관심 속에서 만들게 될 것"이라며 "통일에 있어서는 외세의존과 사대주의에 종지부를 찍고 자주적 원칙하에 조국통일에 기여해야 할 것임을 확신한다"고 말했을 뿐 어떠한 진전상황도 없었다.

평양측 일행 25명이 서울에 도착하여 1973년 6월 12일 제5차 남북조절위원회가 형식적으로 개최됐으나 회의 자체에 의미를 부여했을 뿐 어떠한 합의사항도 결코 없었다.

이후락 공동위원장은 "북한이 김대중 씨 사건을 들어 돌연한 대남비난성명을 발표하고 이후락 공동위원장과는 더 이상 남북회담을 계속하지 않겠다고 선언함으로써 남북대화는 중대한 국면에 접어들었다"면서 북한이 이 성명을 즉시 철회하여 줄 것을 촉구했다.

이후락 위원장이 중앙정보부장에서 경질되면서 위원장직을 사직하여 장기영 부위원장이 위원장직을 대리하도록 결정했다고 북한 측에 통보했다.

장기영 부위원장과 유장식 부위원장 간에 남북조절위 부위원장 회의가 판문점 판문각에서 개최되었으나 쌍방 간 현격한 의견차이가 있어 의견접근을 보지 못하고 결렬됐다.

남북조절위원회 부위원장 회의에서 장기영 부위원장은 "불법납치된 어선의 피해에 대하여 성의 있는 보상 조치를 취할 것"등을 요구했고, 유장식 부위원장은 시종 명백한 답변을 피하고 서해에서 북한 함포에 의해 공격받은 어선은 간첩선이라는 날조된 억지주장만을 되풀이했다.

김영주 공동위원장은 "남북대화가 교착상태에 빠졌고 7·4 공동성명은 유린되었으며 남북관계는 대화 이전의 상태로 되돌아가고 정세는 날이 지남에 따라 긴장해지고 있다"면서 이는 전적으로 서울측의 배신행위 때문이라는 성명을 발표했다.

김영주 위원장은 한국이 6·23 선언을 취소하고 모든 국제간의 유대·협조 관계를 청산하며 반공정책을 포기할 것을 요구했다.

남북조절위원회 장기영 공동위원장 대리는 김영주 공동위원장에게 전화통지문을 보내 남북조절위의 무조건 정상화를 촉구했으나 북한측은 응답하지 않았다.

교체된 민관식 서울측 공동위원장 대리는 북한측의 응답이 없을 것을 알면서 의례적으로 "남북 간에 서로 사회를 개방하고 긴장완화 및 평화문제를 비롯한 경제, 사회, 문화, 체육교류 등 당면문제를 토의해결하기 위해 남북조절위를 무조건 조속히 재개할 것"을 촉구했을 뿐이다.

박 대통령은 국군의 날 유시에서 "북한 공산주의자들은 5천만 동포의 열망인 남북대화를 일방적으로 중단시키고 우리에 대한 온갖 비방과 허망한 선전공세를 연일 계속하고 있으나 이는 한반도의 긴장완화에 역행하는 행위"라며 "우리 대한민국의 안전을 위협하고 우리 겨레의 자존을 모독하는 어떠한 형태의 도발도 이를 결단코 용납치 않겠다는 일치된 국민적 결의를 명백히 천명해 둔다"고 밝히면서 유신체제를 더욱 공고히 하면서 긴급조치를 남발했다.

미국 유력지는 "이제까지 남북한의 대화는 이렇다 할 성과를 거두지 못했으며 한반도의 통일은 아직도 먼 장래의 꿈"이라고 지적했다.

또한 동지(同誌)는 한국 고위관리들은 북한의 남침으로 인한 정쟁 재발을 우려하고 있음에도 전쟁이 일어날 가능성은 극히 희박한 것 같다고 강조했다.

북한은 김일성의 62회 생일을 맞아 각계각층의 단체들을 동원해서 "김일성 유일사상을 생활화하겠다"는 서약서를 받고 개인 우상화에 전력을 기울였다.

오래 전부터 김일성의 일인체제를 굳히는데 열을 올린 북한은 1967년부터 김일성사상에 대해 유일사상을 제창하고 김(金)을 부를 때 반드시 '민족의 태양' '모든 승리와 행복의 조직자며 위대한 어버이'라는 수식어를 붙이도록 하는 등 김일성의 우상화와 독재체제 강화에 남북대화와 남북조절위원회를 최대한 이용했을 뿐이다.

(3) 북괴군의 도끼만행과 응징 없는 합의문서

북괴 경비병 30여 명이 도끼와 곡괭이 등을 휘두르며 기습하여 판문점 공동경비구역 안에서 노무자들의 작업을 감독, 경비하던 미국장교 2명을 살해하고 카투사 5명과 미군 4명에게 중경상을 입했다.

유엔군 측 초소 근처에서 한국인 노무자들이 미루나무 가지를 치는 작업을 하고 있는 가운데 북괴경비장교 2명과 경비병 수 명이 나타나 작업중지를 요구했고 얼마 후 북괴 경비병 30여명이 자동차로 몰려와 "죽여라"고 소리치며 기습했다.

백악관에서는 북한 공산군의 행위를 "비정하고도 잔인하며 악독한 공격"이라고 통박하면서 이 사건 결과 빚어지는 어떠한 사태도 그 책임은 북한이 져야 한다는 성명을 발표했다.

박정희 대통령은 "우리가 참는데도 한계가 있다"면서 "이제부터는 그들이 또 다시 불법적인 도발을 자행해 올 경우 크고 작고를 막론하고 즉각적인 응징조치를 취할 것이며 이에 대한 모든 책임은 전적으로 북한 공산주의자들 스스로가 져야 할 것"이라고 경고했다.

미국은 2개 비행대대를 한국에 급파했고 북괴 김일성은 예비병력까지 포함하여 전국에 전투비상태세령을 발령했다.

정부는 휴전협정 준수를 촉구하며 전쟁기도를 포기하라고 성명했다.

키신저 미국 국무장관은 용납할 수도 또 용납하지도 않을 것이라며 북괴에 대해 해명과 배상을 요구했다.

미국은 항모 미드웨이가 북한해역에서 힘의 시위를 벌이면서 군사 대응에 집중했다. 푸에블로호 사건에서 보인 미지근한 대응이 이번 사건이 일어난 것이 아닌가 하는 의견도 많았다.

그리고 B52 중폭격기가 한국 영공에서 훈련 비행했으나 북괴는 책임자 처벌 요구에 무반응했다.

철수 사흘만에 B52기 한국상공 비행을 재개하여 무기한 폭격훈련을 실시하고, 미드웨이호가 대기하여 북괴가 응징에 두려움을 느끼고 재도발을 못하도록 조치했다.

도끼만행에 대한 김일성의 메시지는 사과구절 같은 부분이 없어 미국에서는 이를 받아들일 수 없다고 명백히 표명했다.

그러나 미국은 하루만에 김일성의 유감표명을 긍정적으로 인정하고 다시 도발치 않겠다는 보장을 북괴로부터 받기 위해 군사정권위원회 소집을 요구했다.

북한에선 만행사건에 대해 억지생떼로 일관하고 나섰지만, UN군과 북괴군 측선 상호 1보씩 양보하여 핵심이 흐려지며 해결이 장기화될 전망이다.

UN군과 북괴군은 공동경비구역 안전대책에 관한 합의서를 작성하고 8.18 만행사건을 마무리했다.

합의서에는 분계표지판을 설치하고 돌아오지 않는 다리를 폐쇄하며 북괴초소 철거와 비군사요원 통행을 보장한다는 내용이 포함됐으나 철저한 응징보다는 미온적은 대응으로 마무리했다. 다만 한·미 양국은 북괴의 어떤 도발에도 단호하게 대응할 결의를 했을 뿐이다.

(4) 북한의 지하땅굴이 연이어 세 번째 발견되고

박정희 대통령은 "북괴군의 지하침투로 구축 의도는 일시에 1개 연대의 병력을 지하로 침투시켜 군사분계선을 넘어서 한국에 침투하려는 명백한 공격의도를 갖고 있는 것"이라고 결론 짓고, 휴전협정에 대한 명백하고도 중대한 위협으로 보고 UN안보리 이사회에 제소하는 문제를 검토했다.

국회는 북괴가 비무장지대에 지하터널을 구축한 사건에 대해 사실상의 무력남침으로 간주하고 정부의 응징대책 강구를 촉구하는 결의문을 만장일치로 채택했다.

국방부는 북괴의 지하터널에서 UN군 공동감시조가 수색 중 북괴가 매설한 부비트랩이 폭발하여 2명이 사망하고 6명이 부상을 입었다고 발표했다.

뉴욕 타임지는 "휴전선 남북으로 뚫린 북한 측의 터널이 더 있고 한국정부가 편리한 시기에 발표할 것"이라고 보도했다.

UN군 사령부는 고랑포 북쪽 서부 전선에서 북괴 남침용 땅굴이 발견된 뒤를 이어 철원 북쪽 중부전선 비무장지대에서 대형지하터널이 발견됐다고 발표했다.

북괴 김일성은 "땅굴을 판 목적이 침략을 위한 것이 아니고 남조선에서 동란이 일어날 때 그곳 애국자들을 북으로 피난시키기 위한 것"이라고 변명했다고 내외통신이 보도했다.

주한 유엔군 사령부는 비무장지대에서 북괴의 땅굴이 또 한 개가 발견됐다고 발표했다. 판문점 부근인 이 제3땅굴은 높이와 폭은 각각 2m여서 중화기로 무장한 전투병력이 3~4열로 통과할 수 있는 규모다.

이는 1974년 9월 이 땅굴 작업을 하다 귀순한 김부성 씨의 증언에 의거 대대적인 조사작업을 벌인 결실이었다.

남침용 땅굴을 파내려온 북괴의 야욕을 규탄하는 '북괴남침 땅굴 규탄 서울시민 궐기대회'가 총력안보중앙협의회(회장 김용우) 주최로 서울 여의도 5·16 광장에서 2백만 명의 서울시민이 참석한 가운데 성대하게 개최됐다.

(5) 하릴없는 간첩들은 전국 방방곡곡에서 득실거리고

강창성 육군보안사령관은 재미교포사회에 침투하여 재미교포와 모국사회의 이간을 기도하고 주한미군 철수여론을 조성하려는 북한 간첩 길철우(일본 북해도대 조교수), 양점석(재일 조총련) 등 11명을 검거하고 공작금과 난수표 등을 압수했다고 발표했다. (73. 6. 29)

신직수 중앙정보부장은 남한 내 사회불안과 혼란을 조성하고 현 정부를 전복하고 적화통일을 기하라는 노동당의 지령을 받고 10년간 지하에서 간첩활동을 해온 울릉도 거점 대규모 간첩단 47명을 검거했다고 발표했다.

또한 어선선주인 전영관은 울릉도에 전진기지를 건설하여 30여 명의 지하망을 구하여 간첩활동을 했으며 재일간첩 이좌영에게 포섭된 이성희 전북대 교수, 최규식 공화당 부안지구당 위원장 등 일당 6명은 북괴를 왕래하거나 재일북괴공작조직으로부터 간첩교육을 받았다고 발표했다. (74. 3. 15)

최석원 치안국장은 "서울, 대전, 전주 등 전국 주요도시에서 암약해 온 고정간첩 7개망 29명과 이들을 지휘하기 위해 남파된 채수정을 일망타진하고 이들이 갖고 있던 권총, 무전기, 독약, 위조주민등록증 등 1백여 점을 압수했다"고 발표했다. (74. 5. 6)

대간첩대책본부 김영선 차장은 목포와 제주의 중간 해역에서 무장간첩 3명이 출현하여 우리 경찰과 총격전을 벌였고 이중 1명은 사살했으나 2명은 도주했으며 이 작전에서 경찰관 등 4명이 전사하고 3명이 부상을 당했다고 발표했다.

김영선 차장은 "북괴는 금년 들어 통영, 영덕해안에 무장공비를 침투시켰고 울릉도 거점 간첩단들이 결정적 시기에 민중봉기를 주도하기 위한 지하역량 확대에 광분하고 있다"고 덧붙였다 (74. 5. 21)

대간첩대책본부는 부산 송도 앞바다에서 해군 경비정이 북괴 무장간첩선으로 보이는 선박 3톤급 1척을 발견하여 추적 끝에 격침시켰다고 발표했다. 작전중 해군 1명이 전사하고 3명이 부상당했다고 곁들였다. (74. 7. 3)

대간첩대책본부는 서해 어청도 근처에서 40톤급 북괴무장간첩선을 우리 해군함정이 발견하여 교전 끝에 격침시켰으며 시체 5구를 비롯 현금 50만원 등을 노획했다고 발표했다. (74. 7. 20)

육군보안사령부는 일본을 거점으로 국내의 정치, 사회, 학원. 군수산업분야에 침투를 기도해 온 재일거류민단 동경본부 부단장 진두현을 주범으로 한 간첩 8명과 불고지 혐의등 관련자 10명을 검거했다고 발표했다. (74. 11. 5)

국방부는 해군함정이 어선을 가장하고 해안에 접근하여 남하중인 50톤급 북괴 무장 간첩선 1척을 격침시키고 승조원 1명을 생포했다고 발표했다. (75. 2. 17)

중앙정보부는 "시인 김지하의 거듭된 수난에 분노를 금할 수 없다"는 한승헌 변호사를 베를린을 거점으로 한 간첩단 사건과 관련된 사형수 김규남을 언급한 것이 반공법에 저촉된다며 구속했다. (75. 3. 24)

중앙정보부는 부산과 서울에서 암약한 남파 무장간첩 박복순, 김득영이 접선한 부산한성여대 교수 김말석 등 고정간첩 9명을 검거하고 기관단총 등 180점을 압수했다고 발표했다. (75. 6. 5)

대간첩대책본부 김영선 차장은 광주 서구 동운동 뒷산에 국군 대위와 중사 복장을 한 북괴 무장 공비 2명이 출현하여 교전 끝에 1명을 사살했으며 우리 전투경찰관 4명이 전사하고 2명이 부상했다고 발표했다. (75. 6. 30)

대간첩본부는 전북 고창 해안에 수 명의 북괴 무장공비가 출현하여 우리나라 경찰과 교전을 벌여 1명을 사살하고 AK소총, 수류탄, 무전기 등을 노획했으나 아군 측의 피해도 4명의 사상자가 발생했다고 발표했다. (75. 9. 13)

중앙정보부는 유학생을 가장하여 서울대, 고려대 등에 침투한 오청달 등 간첩단 21명을 적발하여 구속했다.

이들은 대학 내 통일혁명 지도부를 구성하는 한편 학생들을 배후에서 선동하여 민주화, 자유화의 구실 아래 소요를 일으키게 함으로써 사회 불안과 혼란을 유발했다고 발표했다. (75. 11. 22)

대간첩대책본부는 북한강변에 침투한 무장공비를 발견한 우리 국군은 교전 끝에 2명을 사살하고 1명을 추적 중이며 AK소총 1정과 김일성배지 등을 노획했다고 발표했다. (76. 6. 21)

중앙정보부는 전 북괴노동당 정치 공작원인 거물 간첩 김용규가 전남 여천군 거문도에 동료 간첩 2명과 함께 침투했다가 동료 2명을 사살하고 자수했다고 발표했다. 김용규의 자수로 거문도 고정간첩 5명과 포항에 잠복하고 있던 간첩망도 색출하여 일망타진했다고 발표했다. (76. 10. 30)

중앙정보부는 김일성으로부터 직접 지령을 받은 거물급 간첩 강우규와 국내 고정간첩 김기오 등 일당 11명을 검거했다고 발표했다.

이번 사건은 북괴가 재일동포 국내투자기업체 임원이라는 합법적인 신분을 취득하여 학계, 언론계 등에 침투한 것으로 알려졌다. (77. 3. 24)

유엔군 사령부는 북괴무장공비가 철원부근 군사분계선을 넘어 침투하여 철책선을 순찰 중이던 국군에게 총격을 가해 국군 1명이 전사하고 1명이 중상을 입었다고 발표했다. (77. 5. 6)

대간첩대책본부는 소형어선으로 가장한 북괴무장간첩선 2척이 삼천포 근해에서 우리나라 어업지도선을 공격하여 우리 선원 1명을

납치하여 도주했다고 발표했다. (77. 5. 14)

UN군 사령부는 비무장지대에서 합법적인 보수작업을 하던 오봉주 대대장과 무전병을 북괴군이 납치했다고 발표했다. (77. 10. 26)

대간첩대책본부는 전남 거문도 앞바다에서 북괴 무장간첩선 1척을 우리 해군 함정이 교전 끝에 격침시키고 2명의 간첩을 사살했다고 발표했다. 우리 측도 1명이 전사하고 2명이 부상했다. (78. 4. 29)

대간첩본부는 강원도 거진 앞바다에서 우리 해군함정이 북괴 무장간첩선 1척으로부터 총격을 받고 교전 끝에 격침시키고 간첩 8명을 생포했다고 발표했다. (78. 5. 20)

대간첩본부는 충남 홍성군에 3인조 무장간첩이 출몰하여 부녀자 4명을 사살하고 도주했으며, 대구 동구에도 3인조 무장간첩이 출몰했다고 발표했다. (78. 11. 28)

이 많은 간첩들이 무슨 목적을 달성하기 위해 무모하게 침투했는지 지금 곰곰히 생각해 보면 왜 라는 물음표를 가져보지 아니할 수 없다.

또한 우리는 북한에 그렇게도 많이 희생당하고도 아무런 보복조치를 아니했는지, 그에 상응하는 조치를 하고도 언론을 통제하여 일절 보도를 하지 않았는지 궁금할 뿐이다.

7. 유신체제의 주춧돌인 통일주체국민회의

(1) 99.2%의 득표율로 제8대 대통령에 당선된 박정희

정부는 유신헌법의 규정에 따라 설치되는 통일주체국민회의를 구성하게 될 대의원을 전국의 구, 시, 읍, 면 단위로 선출하기 위한 통일주체 대의원법을 공포했다.

통일주체국민회의는 국민의 직접선거로 선출되는 대의원으로 구성되며 대의원은 대통령을 선출하고 대통령은 통일주체국민회의 의장이 되며 통일정책을 심의하고 대통령이 추천하는 국회의원 정수의 3분의 1을 선출하는 주요임무를 맡고 있다.

박 대통령은 이번 선거에 선출될 대의원들은 10월 유신의 이념을 적극 찬성 지지하고 이념을 전국민에게 생활화시킬 수 있는 그 고장의 덕망 있는 인사들이 선출돼야 한다고 강조했다.

1972년 12월 15일 제1기 통일주체국민회의 대의원 선거가 실시되어 전국 1,630개 선거구에서 2,359명을 선출했다.

이번 선거에는 5,876명이 입후보하여 평균 2.5대 1의 경쟁률을 보였으며 208개 선거구에서 225명의 후보자가 무투표 당선됐다.

전국 평균 투표율은 70.3%로 비교적 높은 투표율을 나타냈으며 제주도가 81.1%, 강원도가 79.9%, 경남이 77.6%로 비교적 높은 투

표율을, 경기가 69.3%, 부산이 68.2%, 서울이 57.0%로 비교적 낮은 투표율을 보였다.

곽상훈 대의원 등 515명의 추천을 받아 단독 입후보한 박정희 대통령은 2,359명 재적대의원 중 99.2%인 2,357명의 득표로 임기 6년의 제8대 대통령에 당선됐다.

박 대통령은 "10월 유신은 올바른 역사관과 주체적 민족사관에 입각하여 우리 민족의 안정과 번영 그리고 통일조국을 우리 스스로의 힘과 예지로써 쟁취하고 건설하자는데 그 궁극적인 목적이 있는 것"이라며 "나는 이 남북대화야 말로 이제는 그 누구도 저해할 수 없으며 또한 중단되어서도 안 되는 민족의 지상명령이라고 굳게 믿는다"고 남북대화를 유신체제 출범에 적극 활용했다.

박 대통령은 대의원의 자격심사, 징계 등을 심의하는 운영위원 50명을 지명했다.

○서울 (11) : 곽상훈, 임영신, 박종화, 김종희, 박두병, 김일환, 서정귀, 정희택, 김희종, 박동규, 김연주

○부산 (4) : 김한수, 정태성, 김차덕, 남기열

○경기 (5) : 이영호, 홍사일, 유 일, 유봉열, 이병도

○강원 (3) : 홍종욱, 김동운, 이상혁

○충북 (3) : 이세근, 김우현, 최운현

○충남 (4) : 이기세, 엄대섭, 고중덕, 민익현

○전북 (4) : 이춘기, 이종순, 윤부병, 고판남

○전남 (5) : 박윤종, 박종성, 김기운, 김봉호, 서봉진

○경북 (5) : 김사룡, 엄창섭, 이명우, 오일용, 남용진

○경남 (4) : 정영수, 지우원, 백찬기, 조성규

○제주 (2) : 김도준, 오광협

(2) 제1기 전반기 통일주체국민회의 선출 국회의원

박정희 대통령은 통일주체 국민회의에서 선거하는 임기 3년의 국회의원 후보자 73명과 예비후보자 14명을 통일주체 국민회에 추천했다.

73명의 후보자 중에는 김종필 국무총리, 백두진 전 국회의장이 포함돼 있으며 지난 9대 총선 때 공화당 공천에서 낙천된 구태회, 민병권, 김진만, 현오봉, 김재순과 신민당 공천에서 탈락된 김용성, 함종윤 등이 추천됐다.

또한 학계 7명, 교육계 3명, 언론계 7명, 전현직 공무원 16명, 예비역장성 8명, 여성계 8명, 기타 사회인사 4명 등이 광범하게 망라돼있다.

김성진 청와대 대변인은 유신이념이 투철한 인사로서 유신이념을 성실하게 구현할 수 있는 각계의 직능대표로서 전문지식을 대의정

치에 생산적으로 활용할 수 있는 인사들을 추천했다고 밝혔다.

○정계 (20명) : 구태회(8대의원), 권갑주(공화당 훈련부장), 권 일(8대 의원), 김봉환(8대의원), 김성두(8대의원), 김영도(공화당 사무차장), 김용성(8대의원), 김재순(8대의원), 김종필(국무총리), 김진만(8대의원), 노진환(8대의원), 민병권(8대의원), 백두진(8대의원), 안종열(공화당 조직부장), 이도선(8대의원), 지종걸(공화당 정책연구실 차장), 최영희(8대 의원), 함종윤(전 의원), 현오봉(8대의원)

○학계 (7명) : 갈봉근(중앙대 교수), 강문용(성균관대 교수), 구범모(서울대 교수), 김명회(연세대학장), 김태규(전남대 교수), 오주환(고려대 교수), 한태연(한국헌법학회장)

○교육계 (3명) : 김동욱(미동국민교장), 엄경섭(양정고 교장), 장준한(공주교대학장)

○언론계 (7명) : 문태갑(동양통신 정치부장), 서인석(대한공론사 사장), 이종식(조선일보 편집부국장), 이진희(서울신문정치부장), 임삼(한국일보 정치부장), 주영관(서울신문 논설위원), 함재훈(춘천문회방송사장)

○공무원 (16명) : 강문봉(주스위스 대사), 권효섭(국회 의사국장), 김성락(중앙정보부 기획실장), 김성주(국제문제연구소 연구위원), 김세련(주 필리핀 대사), 김진봉(국무총리 정무비서관), 서병균(서울고검 검사장), 오정근(국세청장), 유민상(법제처장), 이성가(주오스트리아 대사), 이영근(국무총리 비서실장), 장동식(치안국장), 전재구(국제문제연구소 연구위원), 정재호(국회의장 비서실장), 최영철(무임소장관 정무조정실장), 황창주(광주고검 검사장)

○예비역 장성 (8명) : 김재규(군단장), 김창규(공군참모총장), 송호림(전교사령관), 안춘생(국방부 차관보), 윤태일(서울시장), 장창국(합참의장), 정광호(해병대사령관), 함명수(해군참모총장)

○여성계 (8명) : 구임회(의학협회상임의사), 김옥자(8대의원), 박정자(공화당 부녀국장), 서영희(경희대 부교수), 이범준(이화여대 교수), 이숙종(성신여사대학장), 정복향(경북 여성단체협의회장), 허무인(부산시정 어머니회장)

○기타 (4명) : 김기형(경제과학 심의위원), 김삼봉(상이군경회장), 이해랑(예총회장), 최용수(노총위원장)

○예비 후보(14명) : ①송효순(재향군인회 사무총장) ②김충수(JC중앙회장) ③이승복(공화당 부녀분과위원) ④남상돈(음성군 농협장) ⑤마달천(공화당 경북연락실장) ⑥이재석(한국상록회 중앙회장) ⑦김병식(군산어업조합장) ⑧복태봉(대산리 농협장) ⑨조병봉(경기도의원) ⑩김일수(새마을 지도자) ⑪윤여훈(한국적십자사 국제부장) ⑫한인수(복지농도원원장) ⑬유제흥(서산 국민학교 교사) ⑭김상희(사곶 국민학교 교장)

(3) 제 1기 후반기 통일주체 국민회의 선출 국회의원

김재규 의원의 건설부장관 입각으로 송효순 후보가, 허무인 의원의 사망으로 김충수 후보가, 이성가 의원의 사망에 따라 이승복 후보가, 김성주 의원의 치안본부장 취임으로 남상돈 후보가 의원직을 승계했다.

박 대통령은 1976년 2월 14일 후반기 통일주체국민회의에서 선출할 국회의원 후보자 73명과 예비후보 5명을 국민회의에 추천했다.

추천한 명부에는 현재의 유정회 의원 50명을 재추천하고 23명을 새로 추천했다.

탈락한 23명 가운데는 김진만 국회부의장, 김봉환 국회보사위원장, 김재순 전 대변인 등을 포함하여 구임회, 김동욱, 김성두, 김성락, 김옥자, 김태규, 서병균, 엄경섭, 오주환, 유민상, 이해랑, 임 삼, 장준한, 장창국, 정광호, 정복향, 최용수, 함재훈, 함종윤, 황창주 의원 등이다.

그리고 정계의 구태회, 권갑주, 권 일, 김영도, 김용성, 김종필, 노진환, 민병권, 백두진, 안종렬, 이도선, 이종걸, 최영희, 현오봉 등 14명, 학계의 갈봉근, 강문용, 구범모, 김명회, 한태연 등 4명, 언론계의 문태갑, 서인석, 이종식, 이진희, 주영관 등 5명, 공무원 출신인 강문봉, 권효섭, 김세련, 김진봉, 오정근, 이영근, 장동식, 전재구, 정재호, 최영철 등 10명, 예비역 장성 출신으로는 김창규, 송호림, 윤태일 등 3명, 여성계 출신으론 박정자, 서영희, 이범준, 이숙종 등 4명, 그리고 김기형, 김삼봉 의원들이 재추천을 받았다.

또한 예비후보에서 의원직을 승계한 송효순, 김충수, 이승복, 남상돈 의원 등도 재추천되어 의원직을 이어가게 됐다.

이번에 새로 추천된 23명은 권중동(체신노조위원장), 김도창(문교부차관), 김동성(공보부장관), 김세배(8대의원), 김성용(신민당 재선의원), 김 신(교통부 장관), 김익준(7대의원), 김진복(서울신문 논설위원), 박동묘(농림부장관), 박찬현(1, 4, 5대 의원), 백영훈(중앙대교수), 신광순(8대의원), 신범식(문화공보부장관), 신상초(경희대교수), 윤여훈(적십자사 섭외부장), 윤주영(문화공보부장관), 이성근(명지대교수), 이승윤(서강대 경상대학장), 이정식(동국대 교수), 이종찬(국방부장관), 전부일(병무청장), 정일영(주불란서 대사), 최우근(육군사관학교장) 등은 정후보로 추천됐다.

그리고 ①변우량(공화당훈련원교수) ②마달천(공화당 경북연락실장) ③김병식(군산어협조합장) ④복태봉(대산리농협장) ⑤조병봉(경기도의원) 등을 예비후보로 등록했다.

(4) 99.9%의 득표율로 제9대 대통령에 당선된 박정희

전국 1,665개 선거구에서 2,583명을 뽑은 제2기 통일주체 대의원 선거에 5,577명이 등록하여 지난번 2.5대 1의 경쟁률에 미치지 못한 2.2대 1의 경쟁률을 보였다.

현재의 대의원 2,240명 가운데 67%인 1천 5백여 명이 재출마했으며 무투표 당선은 189개 선거구에서 232명이다.

건설부 장관을 역임한 김윤기, 농림부 장관을 역임한 신중목, 국회의원을 지낸 엄태섭 후보들은 낙선했으나 영화감독 강대진, 영화배우 이대엽, 이수련은 모두 당선되어 희비가 교차됐다.

투표율은 1기의 70.4%를 훨씬 넘는 78.9%의 투표율을 보였다.

통일주체국민회의는 장충체육관에서 84년 12월 26일까지 재임할 임기 6년 박정희 대통령을 제9대 대통령에 선출하여 유신 제2기를 출범시켰다.

박 대통령은 제9대 대통령에 재적 대의원 2,581명 중 2,579명이 참석하여 2,577표(99.92%)를 득표하여 당선됐다.

박 대통령은 곽상훈 전 운영위원장을 비롯한 50명을 운영위원으로 지명했다.

○서울 (12) : 곽상훈, 김일환, 허창성, 정희택, 김인성, 김영진, 김인득, 조중훈, 신학진, 구자경, 김연주, 김정호

○부산 (4) : 김한수, 정태성, 왕상은, 김성대

○경기 (5) : 김영배, 조정환, 노병천, 유 일, 이기성

○강원 (3) : 이창근, 이계찬, 유환규

○충북 (3) : 이병섭, 김완태, 배정섭

○충남 (4) : 이기세, 한기수, 김정명, 임덕노

○전북 (4) : 이춘기, 강정준, 고판남, 김기성

○전남 (5) : 박윤종, 기세풍, 이훈동, 박기환, 김종길

○경북 (5) : 김홍식, 김상준, 박성형, 강신우, 강승창

○경남 (4) : 정영수, 고진규, 이영호, 정장필

○제주 (1) : 김원하

(5) 제2기 전반기 통일주체국민회의 선출 국회의원

제1기 후반기 예비후보인 변우량 후보는 강문봉 의원의 구속으로 인한 의원직 사직에 따라 의원직을 승계했으나 전반기 예비후보로도 등재됐던 김병식, 복태봉, 조병봉 후보들은 끝내 금배지의 꿈을 이루지 못했다.

박 대통령은 제10대 통일주체국민회의에서 선출한 77명의 국회의원 후보자와 8명의 예비후보명단을 발표했다.

현재의 유정회 의원 가운데 백두진 유정회 의장 등 25명이 재추천되고 48명이 탈락하였으며 52명이 새롭게 추천됐다.

재추천된 의원은 갈봉근, 고재필, 김세배, 박동묘, 백두진, 백영훈, 변우량, 서영희, 신광순, 신범식, 윤여훈, 이승윤, 이영근, 이정식, 이종식, 이종찬, 전부일, 정재호, 정일영, 최영희, 최우근, 함명수, 한태연 등이다.

이중 10명은 1, 2기를 연임하여 9년동안 유정회 의원을 지내게 됐

다.

탈락의원 가운데는 민병권 교통부장관, 박찬현 문교부장관 등 겸직장관을 비롯하여 김 신 농수산위원장, 윤태일 건설위원장, 윤주영 정책연구실장, 권효섭 행정실장 등 유정회직자들이 포함되었다.

이밖에 강문용, 권갑주, 김기형, 김도창, 김동성, 김명회, 김삼봉, 김세련, 김영도, 김용성, 김익준, 김진복, 김진봉, 김충수, 남상돈, 노진환, 마달천, 문태갑, 박정자, 서인석, 송호림, 송효순, 신상초, 안종렬, 안춘생, 오정근, 윤주영, 이범준, 이숙종, 이승복, 이진희, 장동식, 전재구, 주영관 등이 탈락했다.

새로 추천된 신인으로는 길재호 전 공화당사무총장, 이석제 전 감사원장, 최경록 전 교통부장관, 조상호 주 이탈리아대사 등이 포함됐다.

공무원 출신은 이석제 감사원장, 최경록 교통부장관, 조일제 주일공사, 이철희 중앙정보부차장, 김영광 중앙정보부 국장, 조병규 경남도지사, 선우련 청와대 공보비서관, 심융택 청와대비서관, 이형호 상공부차관, 한옥신 대검 특수부장, 이자헌 서울신문 편집국장, 이명춘 국무총리 행정조정실장, 송방용 2, 3대의원이며 참의원 의원, 이종율 버지니아주립대 교수, 최대현 관세청장, 김종하 국회의장 비서실장, 안갑준 전남도부지사, 장지량 주 덴마크대사, 조상호 주 이탈리아대사, 신상철 주 스페인대사, 천병규 주 스위스대사 등 외교관 4명도 포함됐다.

공화당 출신으로는 윤인식, 이도환, 김주인, 오준석, 이해원 의원과 장기선 정책연구실 차장, 정병학 사무차장, 김용호 조직부장, 신철균 강원도사무국장 등이 발탁됐다.

언론계 출신은 박형규 서울신문 감사, 김영수 문화방송 보도국장, 김윤환 조선일보 편집국장 대리, 김봉호 코리아헤럴드발행인 등이 추천됐고, 학계에서는 이성근 명지대교수, 박준규 서울대 교수, 신상초 성균관대교수, 윤 식 국민대 교수, 정희채 부산대 행정대학원장, 한기춘 연세대 교수 등이 선택을 받았다.

여성계로서는 김영자 보사부 부녀아동국장, 김옥렬 숙명여대 정경대학장, 신동순 단국대교수, 박현서 여기자클럽회장, 현기순 서울대 가정대 학장이 대표가 됐고, 8대의원 이상익, 5, 7, 8대 의원 이정석, 7대의원 전정구, 8대의원 조홍래, 7, 8대의원 이동원 등 전직 의원들도 포함됐다.

태완선 대한상의회장, 김성환 한국은행감독원장, 이양우 해군법무감 등도 합류했다.

예비후보에는 ①고귀남 공화당 전남도연락실장 ②남재한 유정회 행정실차장 ③이호동 공화당 청년분과위원장 ④김유복 육군사단장 ⑤황윤경 5·16 민족상재단 사무총장 ⑥김인기 상협운수대표 ⑦신달선 공화당 경북도 연락실장 ⑧ 이민영 공화당 충남도 연락실장 등이 등재됐다.

이들은 모두 박정희 대통령이 유신독재체제를 유지하는데 전위부대로 활용됐다.

[제2부] 유신독재체제에 대한 부질없는 저항

1. 유신통치체제의 상징인 긴급조치

2. 유신체제 비판으로 의원직을 사퇴한 김옥선

3. 유신체제의 정당성을 확보하기 위한 국민투표

4. 유신체제에 길들여진 신민당 지도부

5. 박정희 유신 통치시대의 세태만상

1. 유신통치체제의 상징인 긴급조치

(1) 개헌청원운동과 박 대통령, 김종필 총리의 경고

유신체제가 확립된 지 1년만인 1973년 10월 2일 서울 문리대생 250명이 교내 4·19 기념탑 앞에 모여 비상총회를 열고 자유민주체제 확립을 요구하는 선언문 낭독은 유신선포 이후 최초로 학생들이 유신체제 비판 불용이라는 금기를 깨고 시위에 나선 것이다.

유신출범 이후 패배주의와 냉소주의에 빠져 있던 학생 운동권 및 사회 운동권을 일깨운 이날의 시위는 전국 대학의 유신철폐 시위, 재야인사들의 시국선언문 발표, 신문사와 방송국 기자들의 자유언론 실천선언, 민청학련 결성 등 반독재 투쟁의 기폭제가 됐다.

함석헌, 장준하, 천관우, 김동길, 계훈제, 백기완, 유진오, 백낙준, 김수환, 이 인, 김홍일, 이희승, 법 정, 김관석, 지학순, 김지하, 문동환, 박두진, 김찬국, 이병린, 이호철, 홍남순 등 각계 인사들이 현행헌법 개정을 요구하는 백만인의 청원운동을 전개하기 위한 개헌청원운동본부를 결성키로 했다.

그러나 윤보선 전 대통령, 한경직 목사는 서명에서 제외됐다.

1974년 새해가 밝으면서 유신헌법 철폐와 민주회복을 요구하는 국민의 소리가 더욱 거세게 확산되자 박정희 정권과 유착설이 나돌던 신민당 유진산 총재까지 개헌을 요구하고 나섰다.

이에 김종필 국무총리는 "최근 일부 사람들이 유신이념과 체제에 의구심을 갖거나 반대하고 있는 것 같다"면서 "사회불만을 조성하고 체제에 정면으로 도전하는 선동적 언행은 용서할 수 없다"고 강조했다.

김종필 국무총리는 특별방송을 통해 "유신 체제에 대한 본질적인 차원에서의 도전은 우리나라의 국가적 안전이 허락할 수 있는 자유의 한계선을 벗어난 행위"라고 전제하고 "세상을 시끄럽게 하거나 선동하거나 어지럽히는 행위는 다스리지 않을 수 없다"고 거듭 경고했다.

김 총리는 "어떤 사람들은 헌법을 고치자고 하나 지금이 그런 시기며 그런 이유가 성립될 수 있다고 생각하는가"고 반문하고서 "우리가 허용 받고 있는 자유의 선을 훨씬 넘어서는 월선행위는 그만 두어야 하며 정부는 국민이 맡겨 둔 안녕을 위해 부여된 권한을 갖고 조용하게 나갈 수 있도록 다스릴 것"이라고 밝혔다.

김 총리는 "서울에서 불과 30마일 북방에 우리의 정치적, 사회적 혼란을 혁명분위기 조성으로 간주하고 이를 조장하려는 북한 공산주의자들이 포진하고 있다는 특수한 여건을 우리가 알아야 할 것"이라고 강조하고 "유신체제나 유신의 이상은 이러한 위협에 대비하여 군사적인 방위태세와 정치, 사회적 안정태세를 확고히 하려는 것"이라고 상투적인 북한과의 대치를 정권유지에 적극 활용했다.

박정희 대통령은 "최근 일부 지각 없는 인사들 중에 현 유신체제를 뒤집어 엎고 사회혼란을 조성하려는 불순한 움직임이 있다"면서 "나는 이들의 황당무계한 행동이 자칫 국가안위에 까지 누를 미칠까 염려하여 그들에게 한번 냉철한 반성과 자제를 촉구하는 동시에 이제라도 늦지 않으니 현 유신체제를 뒤집어 엎으려는 일체의 불온한 언동과 소위 개헌청원서명 운동을 즉각 중지할 것을 엄중히 경고하는 바이다"라는 담화문을 발표했다.

유진산 신민당 총재는 "개헌발의는 민주체제의 회복을 위한 하나의 방법은 될 수 있어도 유일한 길은 아님에도 불구하고 박 대통령과 김종필 국무총리가 개헌문제에 대해 도전적인 발언을 함으로써 시국을 중대한 국면으로 끌고 가게 될 것"이라고 주장했다.

유 총재는 "개헌청원서명운동을 반체제 운운하는 것은 이해할 수 없다"면서 "현행 헌법체제를 인정하면서 헌법개정 발의권을 가진 대통령에게 헌법을 개정하도록 청원하는 것이 어떻게 반체제인가"라고 반문했다.

이효상 공화당 당의장서리는 "대통령의 선출기관인 통일주체 국민회의 대의원 선거가 공정하게 실시된다면 현행헌법 하에서도 정권교체가 가능하다"면서 "개헌을 추진하는 인사들과는 입장을 달리하고 있기 때문에 소득 없는 대화의 결과를 국민 앞에 내 놓을 수는 없는 것이므로 개헌 청원 서명인사들과 공개토론 할 필요가 없다"고 발언한데 대해 신민당은 망언이라고 규탄했다.

정구영 전 공화당 총재는 "현재의 유신체제는 삼권귀일체제(三權歸一體制)로 본다"면서 "행정권은 물론 국회도 대통령이 장악하고 있다시피 한 것이 오늘의 현실이며 야당도 건전야당의 구실을 못하고 있다는 얘기가 많다" "이제 공화당을 본연의 자세로 돌린다는 것은 헛된 생각이라고 판단하고 당을 떠나서라도 재야인사들과 행동을 같이 할 시기를 기다리는 것이 나의 할 바라는 결론에 도달했다"는 탈당이유를 밝히고 탈당했다.

예춘호 전 사무총장도 개헌청원 운동에 동조하여 공화당을 탈당했다.

(2) 개헌청원운동을 탄압하기 위해 긴급조치 1, 2호 선포

박정희 대통령은 1974년 1월 9일 헌법 제 53조에 의한 대통령 긴급조치 제1호 및 제2호를 선포했다.

제1호는 대한민국 헌법을 부정, 반대, 왜곡 또는 비방하는 일체의 행위와 헌법의 개정 또는 폐지를 주장, 발의, 제안 또는 청원하는 일체의 행위, 유언비어를 날조하거나 유포하는 일체의 행위를 금하여 이를 위반할 경우에는 법관의 영장 없이 체포, 구속, 압수, 수색하며 15년 이하의 징역에 처한다는 것 등이다.

제2호는 대통령 긴급조치에 위반한 자를 심판하기 위해 비상군법회의를 설치한다는 내용이다.

긴급조치는 원래 천재지변 또는 중대한 재정, 경제상의 위기에 처하거나 국가의 안전보장 또는 공공의 안녕질서가 중대한 위협을 받거나 받을 우려가 있어 신속한 조치를 취할 필요가 있다고 판단

되는 경우에 대통령이 외교, 국방, 재정 등 국정전반에 걸쳐서 내리는 특별한 조치이다.

그러나 유신헌법 제 53조에 규정된 대통령 긴급조치권은 단순한 행정명령 하나만으로 국민의 자유와 권리에 대해 무제한의 제약을 가할 수 있는 초헌법적 권한으로서 사실상 반유신세력에 대한 탄압도구로 악용된 것이 사실이다.

박정희 대통령은 대통령 긴급조치 2호에 의해 설치된 보통군법회의 재판장으로는 박희동 육군중장, 박현식 육군중장, 유병현 육군중장을 임명하고 고등군법회의 재판장에는 이세호 육군대장을 임명했다.

심판관으로는 윤성민 육군소장, 차규헌 육군소장, 이희성 육군소장, 신현수 육군소장 들과 정태균 검사들이 임명됐고 법무사로는 이진우 대령이 참여했다.

비상보통군법회의 검찰부는 통일당 최고위원인 장준하, 백범사상연구소장인 백기완을 대통령긴급조치 위반혐의로 처음으로 구속했다.

보통군법회의는 장준하, 백기완, 김진홍 피고인들에게 징역 15년을, 유갑종, 권대복 피고인들에게 징역 12년을, 인명진, 김영선 피고인들에게 징역 10년을 구형했다.

보통군법회의는 긴급조치가 선포된 이후에 있어서도 헌법개정을 빙자하여 국론을 분열시키고 사회적 불안을 조성함으로써 국가의 안전보장과 공공의 안녕질서에 중대한 위협을 준 사실을 추호도 용서할 수 없으며 국민의 이름으로 마땅히 응징되어야 한다는 이유를 들어 구형대로 선고했다.

보통군법회의는 김경락 도시산업선교회 목사 등 11명을 구속한데 이어 연세대생 고영하군 등 7명을 긴급조치 위반혐의로 구속했다.

다만 임신영 경동중앙교회 부목사 등 4명을 개전의 정이 현저하다고 석방하기도 했다.

보통군법회의는 연세대생 고영하 군 등 7명에게 징역 5년에서 7년을, 구속된 김영선 등 서울의대생 3명에게는 징역 10년을 구형했다.

이처럼 군법회의에서는 개헌청원운동 관련자들은 조건 없이 체포했고 무자비하게 중형을 구형하고 선고했다.

비상고등군법회의는 장준하 피고인에겐 징역 15년, 백기완 피고인에겐 징역 12년을 선고하고 고영하 피고인 등 연세대생 7명에 대해서는 학생들이라는 정상을 참작하여 원심을 깨고 7명 전원에게 2~3년씩 낮춰 선고했다.

비상고등군법회의는 정동훈, 유갑종 등 통일당원들에게 원심과 비슷한 징역 10년에서 12년을 선고했다.

비상고등군법회의 이세호 재판장은 김동완 전도사 등 4명에게 징역 3년에서 17년을 선고했다.

이와 같이 군법회의는 신속하게 중형을 선고하여 개헌청원운동이 말살되기를 바랬으나 개헌에 대한 청원운동은 여기저기에서 요원의 불길처럼 더욱 번져 나갔다.

(3) 왜 긴급조치를 발령했는지 의심스러운 긴급조치 3호

박 대통령은 1972년 8월 3일 긴급명령을 발동하여 모든 기업사채를 동결하여 월리 1.35%, 3년거치 5년분할 상환토록 하고 금융통화위원회는 예금 금리는 12%, 대출금리는 15.5%로 인하했다.

사채신고 규모는 20만여건에 3천 5백원 수준이었다. 다만 30만원 미만은 동결을 해제했다.

박 대통령은 근로소득세, 사업소득세의 대폭 경감과 휘발유세 인상으로 서민생활 안정을 위한 긴급조치 3호를 1974년 1월 14일 발동했다.

그러나 1975년 예산안과 소득세법 개정안에 긴급조치 내용이 그대로 반영되어 긴급조치 3호는 자동적으로 해제됐다.

(4) 민청학련 철퇴를 위한 긴급조치 제4호 발동

긴급조치가 발동하여 숨을 죽여야 하는 상황에서도 1974년 4월 3일 서울대, 성균관대, 이화여대 등에서 일제히 데모가 발생했다. 서울 의대생 5백여 명은 흰 가운을 입고 시위를 벌이기도 했다.

이들의 시위가 거의 같은 시간에 각 대학이 동시에 벌어졌고 선언

문의 주체가 '전국민주청년 학생총연맹'의 명의로 되어 있었다.

박 대통령은 전국민주청년학생총연맹과 이와 관련되는 제단체를 조직하거나 이에 가입, 고무, 찬양하는 일체의 행위, 학생이 정당한 이유 없는 출석 수업 또는 시험을 거부하고 학교 내의 집회시위, 성토, 농성, 기타 일체의 개별적 집단적 행위를 금하고 이 같은 규정을 위반하거나 이 조치를 비방한 자는 5년 이상의 유기징역에서 사형까지 처할 수 있는 긴급조치 4호를 1974년 4월 4일 선포했다.

또한 긴급조치 위반자가 소속된 학교의 폐교조치를 할 수 있고, 서울특별시장등이 치안질서 유지를 위한 병력출동을 요청할 때에는 군지역사령관은 군을 출동시켜야 한다고 규정했다.

김성진 청와대 대변인은 전국민주청년학생총연맹(민청학련)은 반국가적 불순세력과 결탁했고 현 정부를 전복하고 노동자, 농민의 정권을 수립하고자 기도했다고 밝혔다.

신직수 중앙정보부장은 그동안 240명을 연행하여 조사한 민청학련의 중간수사 결과를 발표했다.

민청학련 배후에는 과거 공산계 불법단체인 인민혁명당 조직과 재일조총련, 국내좌파 혁신계가 복합적으로 작용했다고 밝히고 이들은 4단계 혁명을 통해 이른바 노동자, 농민에 의한 정부를 세울 것을 목표로 과도적 통치기구인 '민족지도부'의 결성까지 계획했다고 밝혔다.

중앙정보부는 이철 등 대학생주모자들이 공산주의 서적을 탐독하고 북괴의 대남방송을 청취했으며 그들이 염원하는 사회를 건설하기 위해서는 노동정권을 수립하는 길 밖에 없다고 결론지었다고 발표했다.

이들은 1단계로 유신체제를 비민주독재로 단정하고 민주회복 등의 명분으로 반정부세력을 규합하고, 2단계로 전국주요대학이 일제히 봉기하여 청와대 등 정부기관을 점거하여 정권을 인수하고, 3단계로 민주연합정부를 수립하고, 4단계로 노동자와 농민을 위한 정부를 세우기로 계획했다고 발표했다.

신직수 정보부장은 북괴가 방송을 통해 민청학련을 적극 찬양했고, 통일혁명당 목소리 방송에선 북한에서 적극 지원할 수 있다고 했다고 기자회견에서 확인했다.

비상군법회의는 민청학련 사건의 관련자 54명을 긴급조치, 국가보안법, 반공법 위반과 내란예비음모, 내란선동혐의로 구속하고 기소했다고 발표했다.

긴급조치 4호 위반 혐의자 1,023명의 옥석, 경중을 가려 253명을 군법회의에 송치했으며 그 중 54명만을 기소했다고 발표했다.

이철, 유인태 등 평소부터 공산주의 사상을 갖고 있던 불순학생들이 주축이 되어 서도원, 도예종 등을 중심으로 한 인민혁명당계, 지하 공산세력, 조영래 등 용공불순세력, 반정부적인 종교인 등과 결탁하여 전국에 걸친 유혈 폭력혁명으로 일거에 정부를 전복하고 임시과도의 연립정부를 거쳐 궁극적으로 공산정권을 수립하려 했던 국가반란기도사건이라고 밝혔다.

민청학련의 주동자들은 조영래, 장기표, 유근일, 이현배, 김효순, 김지하 등으로부터 폭력혁명의 기본방향과 전략투쟁방법 등에 걸쳐

교시(教示)를 받고 상당액의 자금도 제공받아 조직활동비에 사용하였음이 드러났다고 발표했다.

비상보통군법회의 검찰관은 민청학련 관련 피고인인 이철, 유인태, 여정남, 김병곤, 나병식, 김영일, 이현배 등 7명에게 사형을, 유근일, 김효순, 안양로 등 7명에게 무기징역을 구형하고 정윤광 등 18명에게는 15년~ 20년 징역형을 구형했다.

또한 윤보선, 박형규, 김동길, 지학순 피고인에게 각각 징역 15년, 자격정지 15년을, 김찬국 피고인에게 징역 10년에 자격정지 15년을 구형했다.

군법회의 검찰관은 "선량한 학생들을 선동하여 내란을 결의토록 하고 나아가 공산주의자의 제물이 되게 한 피고인들의 소위(所爲)는 국가보위라는 막중한 사명감에 비추어 볼 때 추호도 용서할 수 없기 때문에 중형에 처함이 마땅하다"고 구형이유를 밝혔다.

비상보통군법회의 박희동 재판장은 민청학련 국가반란기도사건의 피고인 32명에 대한 선고공판을 열고 이철, 유인태, 여정남, 김병곤, 나병식, 김영일, 이현배 등 7명에게 사형을, 정문화, 서중석, 안양로, 유근일 등 7명에게 무기징역을, 정윤광 등 12명에게 징역 20년을, 나상기, 서경석 등 피고인 등에게 징역 15년을 각각 선고했다.

비상고등군법회의는 이철, 유인태, 여정남, 김병곤, 나병식, 김지하, 이현배 등 9명에게 사형, 유근일 등 7명에게 무기징역 등 가혹한 형벌을 선고했다.

서종철 국방부장관은 사형이 선고된 이철, 유인태, 나병식, 김병곤,

김영일(김지하)등 5명을 무기징역으로, 재판과정에서 전비를 뉘우치고 개전의 점이 뚜렷하다는 사유로 감형했다.

이로 인해 구속자 석방을 요구하는 집회 및 시위가 학계 및 종교계를 중심으로 광범위하게 번져 가고 각계각층의 반독재 민주화투쟁이 격화되는 한편 미국 의회에서도 대한 군사·경제 원조의 대폭 삭감 등을 요구하는 등 국제여론도 악화됐다.

(5) 긴급조치 1, 4호를 해제하고 위반자 석방조치

긴급조치로 억누르면 수그러들 것으로 전망했던 국내 시위는 지속되고 국제적 여론까지 악화된 상황에 당황한 박정희 대통령은 긴급 조치 제1호(개헌언동 금지)와 긴급조치 제4호(민청학련 관련활동금지)를 해제하는 긴급조치 제 5호를 1974년 8월 23일 선포했다.

김성진 청와대 대변인은 긴급조치 1호와 4호를 해제하지만 1호 또는 4호에 규정된 죄를 범하여 그 사건으로 재판 중에 있거나 처벌을 받은 자에게는 영향을 미치지 아니한다고 밝혔다.

비상군법회의는 8개월 동안 170여명이 비상군법회의에서 재판을 받았고 그중 37명은 형이 확정됐다고 밝혔다.

박정희 대통령은 국민투표안이 가결된 이후인 1975년 2월 15일

특별담화문을 통해 "일부 공산주의자들을 제외한 긴급조치 위반자 전원을 석방한다"고 발표했다. 다만 인혁당 관련자들을 비롯한 반공법을 위반한 공산주의자들은 이번 석방에서 제외됐다.

긴급조치 위반자 203명 가운데 이번 석방조치로 148명이 풀려났다.

또한 지학순 주교, 김찬국 연세대 교수, 강신옥 변호사, 이철군, 일본인 2명도 구속집행정지로 풀려났지만 주거는 자택으로 제한됐다.

유기춘 문교부장관은 "대통령 특별조치로 석방된 학생들이 사면 또는 무죄판결을 받지 않는 한 복교 시킬 수 없다"고 밝히자, 신민당은 표리부동한 양면수법과 소신도 없고 일관성도 없는 태도에 환멸을 느낀다고 반발했다.

민청학련 사건으로 재수감된 이철, 유인태 등 12명의 학생들은 형집행정지로 수감 하루만에 모두 풀려나는 해프닝도 벌어졌다.

민청학련 관련자 대부분이 석방된 것은 민청학련사건은 실체가 있는 사건이 아니라 중앙정보부가 용공조작사건으로 날조된 것이었음을 정부 스스로 인정한 셈이 됐다.

(6) 고려대 휴교조치를 위한 긴급조치 7호 발동

박정희 대통령은 긴급조치 1, 4호 위반자에 대한 석방조치 후 2개월도 되지 않은 4월 10일 긴급조치 제 7호를 발동하고 데모를 벌이고 있는 고려대에 대해 휴교를 명했다.

김성진 청와대 대변인은 몇몇 대학의 학생들이 국가안보상의 현실을 올바로 인식하지 못하고 국민총화를 저해하는 행위를 자행하여 절대 다수학생의 면학분위기를 해치고 국가안보의 기본인 사회의 안녕질서를 파괴하여 국가안보적 차원에서 만부득이 고려대에 휴교를 명하게 된 것이라고 긴급조치 발동의 배경을 설명했다.

신민당 김영삼 총재는 "하나의 대학을 상대로 대통령의 비상대권이 발동된 것은 어이없는 일이며 이 같은 방법으로 오늘의 난국을 해결할 수 없을 것"이라고 말했다.

김상협 고려대 총장은 이번 긴급조치 7호로 인한 휴교사태에 도의적 책임을 지고 사표를 제출했다.

박 대통령은 1975년 5월 13일 헌법을 비방하거나 반대한 행위를 금지하는 긴급조치 9호를 발동하면서 긴급조치 7호를 긴급조치 8호로 해제했다.

이로써 한달만에 고려대에 대한 휴교조치는 해제되어 복교됐으나 강력한 긴급조치 9호 발동으로 개헌에 대한 청원운동은 지하로 숨어들 수밖에 없었다.

(7) 긴급조치 9호의 발동으로 개헌운동은 지하로

거듭되는 긴급조치에도 불구하고 서울 농대생 김상진 군의 할복자살을 계기로 유신헌법 철폐와 정권퇴진을 요구하는 민주화운동이 거세게 일어나자 이를 탄압하기 위해 더욱 강력한 긴급조치 9호를 1975년 5월 13일 선포했다.

긴급조치 9호는 유언비어를 날조, 유포하거나 사실을 왜곡하여 전파하는 행위, 집회시위 또는 신문, 방송, 통신 등 공중전파 수단이나 문서, 도서, 출판 등에 의해 헌법을 부정, 반대 또는 비방하거나 그 개정, 폐지를 주장하거나 청원 또는 선전하는 행위, 학교당국의 지도, 감독하에 행하는 수업, 연구 또는 학교장의 사전허가를 받았거나 기타 의례적, 비정치적 활동을 제외한 학생의 집회 또는 정치 간여행위 등을 규제했다.

이 조치의 위반자의 범행 당시 소속 학교, 단체나 사업체에 대해 휴업, 휴교, 정간, 폐간, 해산 또는 폐업조치를 할 수 있도록 했다.

이 밖에 긴급조치 9호에 위반됐을 경우 최소한 1년 이상의 유기징역에 처하며 법관의 영장 없이 체포, 구금, 압수 또는 수색을 할 수 있도록 했다.

신민당 중앙당사에 걸려있던 신민당 개헌추진본부의 간판과 당사에 붙어있던 표어 등은 신민당원들이 지켜보는 가운데 사복경찰에 의해 모두 철거됐다.

긴급조치 9호는 박 대통령 시해 후인 1979년 12월 8일 해제되기까지 1,669일 간 헌법반대나 개헌에 관한 국민들의 입과 귀는 막혀졌고, 말을 할 수도 들을 수도 없게 봉해졌다.

그러한 가운데 고교와 대학에는 학도호국단이 조직되고 예비군과 민방위대가 편성되어 전국민의 군대화 조직에 들어갔다.

긴급조치 9호시대에는 민주주의 암흑기로 8백명의 구속자를 낳아 '전국토의 감옥화' '전 국민의 죄수화'라는 유행어를 만들어 냈다.

박정희 대통령은 "현재의 유신체제에 대한 어떠한 형태의 도전도 용납할 수 없다"면서 "일부 인사가 자기의 정치적 야망을 달성하기 위해 현 헌법이 방해가 된다고 생각한 나머지 이것을 비민주적이라고 한다면 그와 같은 생각은 용납될 수 없다"고 덧붙였다.

김종필 국무총리도 "유신헌법은 자유민주주의를 기본이념으로 삼아 제정된 것으로 우리의 생존권을 보장하면서 공산주의를 이길 수 있는 유일한 체제가 유신체제이기 때문에 현재로선 헌법을 개정할 생각이 없음을 밝혀 둔다"고 유신체제의 앞잡이임을 재천명했다.

김종필 국무총리는 정부 시무식에서 "민주 회복 운운하고 떠드는 것은 김일성이가 신년사에서 말한 것과 같으므로 이 같은 행위는 정부가 방치할 수 없다"고 한 발언에 대해, 국민회의 윤형중 신부는 "김 총리가 도리어 김일성의 암계(暗計)에 말려들고 있음을 통탄한다"며 "김일성의 가식적인 말을 절호한 핑계로 삼아 또다시 긴급조치 같은 것을 반포하여 양심적으로 바른 말을 하는 인사들을 잡아다가 20년 무기징역, 사형에 처하려는 의도"라고 반박했다.

김영삼 신민당 총재는 1975년 11월 14일 기자회견에서 "개헌을 요구하는 우리의 정당하고 성의 있는 노력을 여당측은 국회에서 다수의 횡포로 짓밟아 국민의 실망과 분노가 한계선을 넘었기 때문에 이제 신민당은 국민의 선두에 서서 원외투쟁을 선언한다"고 선언하고, 신민당은 이 민족적 열망이 관철될 때까지 모든 희생을 각오하고 모든 방법을 총동원하여 강력히 투쟁할 것"을 역설하고 개헌특위안을 받아들일 때까지 국회에서의 예산심의를 거부한다고 밝혔다.

김대중, 함석헌, 이병린, 천관우, 양일동, 법정, 김철, 백낙청, 이태영, 이태구, 이해영, 정화암, 안필수, 함세웅, 김종대, 김정례 등이 참석한 가운데 범국민단체이고 비정치단체인 민주회복국민회의 창립총회를 개최했다.

이병린 임시의장은 국민회의 3대 강령을 자주, 평화, 양심이라고 천명했다. 이들은 이희승, 함석헌, 이병린, 김홍일, 천관우, 강원룡, 이태영 등 7인위원회를 구성하여 국민회의를 주도하도록 했다.

이들은 "반정부는 반국가가 아니다"면서 구속자 석방, 언론자유보장을 요구하는 민주회복 국민선언을 했다.

이제 우리 국민들은 영국의 정치학자 스티븐 룩스의 <3차원 권력론>에서 권력의 1차원적 속성이 행위를 하게끔 하는 것이라면, 2차원은 "저항하면 불리하다"는 의식을 심는 것이고, 3차원은 "아예 저항할 생각하지 않는 세뇌단계"라는 <3차원 권력론>에서 말한 3차원 권력론에 도달됐다.

2. 유신체제 비판으로 의원직을 사퇴한 김옥선

(1) 지금의 국회의원은 독재자의장식물에 불과하다고 절규

긴급조치 9호의 발동으로 체제비판의 숨고르기에 한창인 1975년 제1야당인 신민당의 조타수에 오른 김영삼 총재는 "역사는 반드시 민주주의편에 서서 발전되어 왔으며 어떤 권력도 냉엄한 역사의 수레바퀴 앞에는 무릎을 꿇었다"고 에둘러 유신체제를 비난했다.

유정회 한태연 의원은 "유신 3년이 이제 그럭저럭 지났다. 돌이켜 보면 월남이 살려줬지"라고 베트남 사태와 유신체제와의 함수관계를 비추며 고마워했다.

1975년 10월 8일 대정부질문에 나선 김옥선 의원은 외국학자 노이만과 브레체진스키의 이론을 인용하면서 "지난 여름 전국을 뒤흔든 각종 관제궐기대회, 민방위대편성, 학도호국단 조직, 요즘 TV에 나온 남침 경고 발언"등을 비판하자, 유정회와 공화당 의원들은 일제히 들고 일어나 김 의원의 발언이 의제 이외의 발언이며 국가안전보장에 위해가 되는 발언이므로 이를 취소할 것을 요구했다.

김옥선 의원은 "전국을 뒤흔드는 각종 안보궐기대회, 민방위대 편성, 학도호국단의 조직, 군가 보급, 부단한 전쟁위협 경고발언, '싸우면서 건설하자'는 구호 등은 국가안전보장을 빙자한 정권 연장

의 수단이다. 전쟁도발 가능성의 판단은 오로지 독재자의 전유물이며 독재자는 자신의 실정을 국가안보라는 절대적 명제로 깔아뭉개고 국민을 사병화하여 국민생활을 끊임없는 전투와 같은 상황에 놓이게 하고 있는데 지금과 같은 전쟁위기 조성의 이면에는 남침대비라는 정도를 넘어선 정치적 의도가 숨겨져 있다"고 유신체제를 정면으로 비판하고 공격하는 강경발언을 했다.

김 의원은 노이만의 강권통치의 6가지 특징인 전쟁심리조성, 사이비민주주의 제도, 안정에 대한 약속 등을 소개하면서 지난번 안보대회를 비유하여 의원직 제명의 불씨를 던졌다.

더욱이 김 의원은 "오늘 우리 의회는 1인 통치를 합리화시켜주는 한갓 장식물에 불과하게끔 되어버린 정치적 현실을 통탄하며, 누가 우리보고 독재국가의 국회의원이라고 낙인을 찍을 때 과연 우리의 설 자리는 어디인가? 불행하게도 이제 우리는 독재국가가 아니라고 항변할 아무런 논리적 근거도 갖추고 있지 못하다. 독재자의 온갖 실정과 또 그로 인한 민생고는 국가안보란 절대적인 명제 아래 깔려 묻히게 됨으로써 국민을 독재체제를 뒷받침하는 정치적 사병일뿐이다"라고 절규했다.

(2) 여당의원들의 충성경쟁이 김옥선 의원을 제명으로

김옥선 의원의 발언은 여당의원들의 소란과 사회를 보던 김진만 국회부의장의 재빠른 정회선포로 8분만에 중단됐다.

모처럼 충성의 기회를 포착한 여당의원들은 하나같이 김옥선 의원의 발언이 국가와 헌법기관을 모독한 긴급조치 위반이라고 성토했고, 일부 의원들은 국가안보를 위태롭게 하는 이적행위라고 규탄했다.

공화당 신형식 의원은 "국회를 깨려고 그래"라고, 공화당 김용태 원내총무는 "의장은 발언을 중지시켜요" "마이크를 꺼"라고 말했다.

공화당 신동관과 홍병철 의원들은 주먹으로 책상을 치는가 하면, 유정회 송효순 의원은 "관제데모가 뭐야"라고 씨근덕거리면서 발언대를 향해 달려나왔다.

지종걸 의원은 "발언에도 한계가 있지 않아" 라고, 유정회 이도선 의원은 "안보궐기대회에 신민당도 나갔지 않아"라고 야유하자, 신민당 김동영 의원은 "신민당이 어쨌다는 거냐"고 맞고함을 쳤고, 신민당 이중재 의원은 "때를 만났군. 국무총리가 온 다음에 떠들지 그래"라고 야유했다.

김옥선 의원은 "그런 얘기도 못한다면 뭣 때문에 국회의원이 됐어" "이게 무슨 잡소리인가"라고 소리치면서 하단했다.

이영근 유정회 원내총무는 "여야관계고 국회고 뭐고 간에 국가의 존립을 부인하는 사람과 어떻게 자리를 함께 할 수 있겠느냐"고 숨을 헐떡였다.

공화당 오유방 의원은 "공산당보다 더한 발언이 아닌가"라고, 공화당 김용태 의원은 "어떠한 저항이 있더라도 제명을 강행하도록 해야겠다"고 말했다.

김옥선 의원의 발언이 여당 기준에서 충격으로 받아들어졌기 때문이기도 하지만 공화당과 유정회 의원들의 경쟁의식이 작용하여 강경론이 치닫게 된 원인도 있었다.

좀 더 크게는 베트남 멸망이후 안보해방으로 소강이 계속되는 정국이 김 의원의 체제 비판발언과 그에 대한 묵인으로 허점이 드러날 경우 다른 파급효과를 가져올 지도 모른다는 우려도 깔려 있었다.

신민당은 징계방침을 여당의 횡포로 단정하고 신민당 의원 전원은 김 의원과 운명을 같이하기로 결의했으며, 면책특권을 인정하지 않는 것은 의회기능을 무시하는 결과를 초래한다는데 의견을 모았다.

만약 여당권에서 그들의 방침대로 제명을 강행한다면 국회기능의 마비는 물론 새로운 정치적 혼란이 야기될 가능성도 없지 않았다.

여당권의 열혈주장이 거세고 재적의원 215명의 3분의 2인 144명을 확보하기는 어려운 일이 아니지만 국정의 광범한 견해들을 여과하고 용해하는 국회에서 원내 발언으로 의원을 제명시킨 선례가 없고 실제로 가능하느냐는 지난(至難)의 문제라고 볼 수 있다.

공화당과 유정회 합동의원총회를 열고 김 의원을 징계해야 된다는데 의견을 모았다.

공화당과 유정회는 김 의원을 제명키로 결정하고 이 같은 징계문제가 해결될 때까지는 신민당과 국사를 함께할 수 없다는 강경방침을 결의한데 대해 신민당은 김 의원이 제명되면 소속의원 전원이 제명되도록 최후의 모든 수단을 동원키로 맞섬으로써 국회 운영은 마비상태에 빠졌다.

신민당은 헌법상 면책특권이 보장된 국회의원의 원내발언에 대해 다수의 횡포로 징계결의라는 폭거를 자행한다는 것은 절대다수의 여당이 이론적으로 반론할 능력마저 없음을 입증하는 것이며 의회의 권능과 기능을 스스로 무시하는 처사라고 반발했다.

공화당과 유정회 의원들은 김 의원의 발언이 유신체제를 근본적으로 부인하는 바탕이었을 뿐 아니라 북괴에 이로운 내용이었다는데 의견을 같이하고 "이를 용납한다는 것은 스스로의 존립을 거부하는 것"이라는 결론에 이르렀다.

학교법인 송죽학원 경영자인 김옥선 의원은 "앞으로 어떤 조치가 내리든 당명에 쫓겠으나 나는 학련운동을 해왔고 우리 집안에도 공산주의자는 없었다" "노이만의 학설과 우리의 현실 사이에 어떤 차이가 있는지 물어보려 했을 뿐이다"라고 허탈해했다.

(3) 김영삼 총재의 사퇴종용으로 의원직을 사퇴한 김옥선

김옥선 의원 제명방침을 수립한 공화당과 유정회는 무소속회 측과 제휴를 모색하는 한편 신민당이 김 의원을 제명하거나 김 의원이 의원직을 사퇴해 줄 것을 요구했다.

공화당 김용태 원내총무는 "김 의원이 자퇴하지 않은 경우에는 제명된 후에 형사책임을 면하기 어려울 것"이라고 협박했다.

장영순 법사위원장은 김인기 의원이 반대 토론을 하고 있는 중에 김 의원의 징계안의 가결을 주먹으로 세 번 치고 가결을 선포하고 회의장을 급히 빠져나갔다.

김옥선 의원은 "나의 징계안 처리과정에서 빚어지는 더 이상의 사태 악화를 바라지 않아 의원직을 사퇴하며 신민당 의원들은 국회에 남아 계속 투쟁해 주기 바란다"는 내용의 성명을 발표한 뒤 사퇴서를 국회에 제출했다.

이에 따라 공화당과 유정회 의원총회는 당초 제명방침을 바꾸어 사퇴서 수리를 위한 본회의에 참석키로 결정했다.

신민당 의원들이 불참한 가운데 공화당 67명, 유정회 73명, 무소속 13명이 참석한 국회 본회의에서 김옥선 의원의 사퇴서가 수리되여 징계문제를 매듭지었다.

여당은 김옥선 태풍으로 안보나 체제에 이단으로 판정할 경우 가차없이 힘의 응징을 한다는 것을 국회 안팎에 시범한 셈이며 야당측의 대응선은 그만큼 후퇴가 불가피했다.

김 의원의 사퇴는 원내발언으로 의원직을 물러난 의회 사상 첫 기록이란 점에서 논리와 이성의 전당이여야 할 국회에서 어떤 분위기가 방향을 결정할 수 있다는 선례를 남겼다.

여당의 김 의원 제명 강행방침이 결정되자 신민당 의원들은 누구도 김 의원과 운명을 같이하려는 움직임이 없었다.

김영삼 총재는 본회의 제명처리에 앞서 찾아온 김 의원에게 "당을 위해 사퇴하는 것이 좋겠다"고 종용했다.

이렇게 하여 김옥선 의원은 운명을 같이 하기로 했던 신민당 소속 의원들로부터 버림을 받게 되고, 김 총재로부터 '당을 위해 사퇴'의 종용을 받고서는 자진사퇴를 결심하기에 이르렀다.

김 총재는 그동안의 모든 노력이 허사로 끝났음을 상세히 설명하고 이 체제 아래서의 야당의 한계를 한탄했다.

박준규 공화당 정책위의장은 "그런 사람이 이제는 국회에 없다는 기록을 남기자는 것"이라며 제명 강행을 다짐했다.

김영삼 총재는 김옥선 파동에 대해선 책임을 통감하나 총재직에 대해선 내년의 전당대회에서 심판을 받겠다고 보류했다.

김 총재는 "김옥선 의원이 자진사퇴서까지 제출했는데도 심지어 김종필 국무총리까지 찬성표를 던졌다는 것은 부끄러움을 모르는 행위"라고 비난했다.

여당 간부들은 제명이 여의치 않을 경우 여당의 총사퇴결의에다 국회해체론을 서슴지 않고 밝힌 것은 민망한 느낌마저 들었다.

신민당은 시종 당론부재 속에 정치이전에 도덕적 타락을 드러냈다.

김 총재가 당권경쟁에서 승리한 것도 대여선명도라는 상표 때문이었고 체제문제로 대여투쟁을 벌일 때는 진두에서 독전을 하더니, 이번 경우에는 끝까지 입을 다문 채 공식적인 견해 표명을 한 번도 하지 않아 세상이 바뀌었는지, 김 총재가 바뀌었는지라는 수군거림도 있었다.

당권경쟁에서 누구보다 앞장선 김 의원이 문제됐으면 당연히 김 총재가 그에 대한 소견을 밝히든지 당론을 정해 그를 바탕으로 대응책을 펼쳐 나갔어야 한다는 의견이 대다수였다.

물론 당권을 잡고 보면 총재 자리도 계속 지니고 싶고 선명 이미지도 계속 갖고 싶겠지만 야당의 총재는 눈가림이나 잔재주로 국면을 얼버무리겠다는 생각을 과감히 버리고 대경대도(大徑大道)를 걸어야 할 것이라는 것이 중론이었다.

신민당 의원총회는 김 의원과 운명을 같이 할 비장한 결의를 했지만 김 의원의 운명과는 아랑곳없이 건재함으로써 단막소극(單幕笑劇)으로 끝나고 말았다.

김옥선 파동에 대한 책임을 지고 사퇴한 김형일 원내총무의 후임에 김은하 의원이 임명됐다.

3. 유신체제의 정당성을 확보키 위한 국민투표

(1) 유신헌법 수호와 대통령의 신임을 연계한 국민투표

박정희 대통령은 현행 헌법에 대해 국민투표로 찬반을 묻겠다고

밝히고 국민투표안을 공고했다.

박 대통령은 특별담화를 통한 국민투표안에서 "나는 현행헌법을 계속 수호해야 한다는 나의 국가정책에 대한 국민투표를 실시함으로써 주권자인 우리 국민에게 그 찬반을 직접 물어 국론을 통일하고 유신체제의 역사적 당위성과 국민적 정당성을 재확인함으로써 국가를 보위하고 국리민복을 증진해야 할 대통령으로서의 책무를 더욱 성실히 수행할 결의를 새롭게 했다"고 밝혔다.

박 대통령은 "나는 이번 국민투표를 비단 현행헌법에 대한 찬반투표일뿐 아니라 대통령에 대한 신임 투표로 간주하고자 한다"고 밝히고, "만일 우리 국민이 유신체제의 역사적 당위성을 인정하지 않고 현행헌법의 철폐를 원한다면 나는 그것을 대통령에 대한 불신임으로 간주하고 즉각 대통령직에서 물러날 것"이라고 덧붙였다.

박 대통령은 "그러나 우리 국민이 현행헌법을 계속 수호해야 한다는 국가 중요정책에 찬성한다면 나는 우리 국민의 신임과 지지 속에서 더욱 성실히 국가와 민족을 위해 헌신할 것을 다짐한다"고 말하고 "이번 국민투표는 실로 우리 국가의 운명을 좌우하는 중차대한 결단이다. 국민 여러분께서는 우리가 처해 있는 이 난국을 직시하고 진지하고도 현명한 애국적 결단을 내려주기 바란다"고 촉구했다.

박 대통령은 "나는 제반 여건에 비추어 북한공산주의자들이 한반도를 적화통일하겠다는 폭력혁명 노선을 포기하고 북괴로부터의 위협이 완전히 없어질 때까지는 결코 현행헌법을 철폐해서는 안되며 오히려 이 헌법을 계속 수호하고 유신체제를 더욱 발전시켜 나가야 한다. 이것이 내가 대통령으로서 국가 중요정책을 수립하여 집행해 나가는 국정의 기본요건"이라고 밝혔다.

따라서 북한 김일성 정권이 무너지고 남북통일이 될 때까지는 유신체제를 유지하고 발전시켜 영구 1인독재체제를 하겠다는 의도를 여실히 드러냈다.

(2) 국민투표에 대한 야권의 대대적 반발

미국을 방문중인 신민당 김영삼 총재는 "박정희 대통령은 현체제의 신임을 물어야 할 것이 아니라 즉각 하야해야 한다"고 주장했다.

김 총재는 "박 대통령이 신임을 받고 있는가를 투표에 붙인다는 것은 국민을 우롱하고 평화적으로 정권을 이양하려는 뜻이 없는 것"이라고 말하고 "국민의 민주화운동을 말살, 왜곡하고 최후에는 정치적 생명이 끊어지려 하니까 우리 국민을 다시 괴롭히려 하고 있으나 민주적 방법으로 하야할 것을 촉구한다"고 밝혔다.

김 총재는 "박 대통령이 협박, 테러, 금품공세 등으로 투표를 몰고 갈 것이고 국고를 무더기로 소모할 것이며 개표 조작, 무더기 표 투입 등 온갖 방법으로 투표할 것이 뻔하다"고 주장하고 "14년간 참아온 우리 국민은 인내에도 한계가 있을 것"이라고 덧붙였다.

채문식 신민당 대변인은 "투표과정에서 정당의 참관인이 참여하지 못하고 국민의 자유롭고 충분한 토론의 길이 막혀 있는 현 국민투표법에 의해서는 진정한 국민의 뜻을 파악하지 못한다고 판단하기 때문에 국민투표법의 합법적인 개정이 있어야 할 뿐만 아니라 자유로운 분위기가 보장되어야 한다"고 주장했다.

민주회복 국민회의 대변인 함세웅 신부는 "현행 국민투표법에 의해 신임을 묻는 것은 자가당착"이라며 "정부가 임명한 선거관리위원들에 의해서 투표가 이루어지는 현행 법규를 개정하지 않고 행해지는 국민투표는 아무런 의미가 없는 것"이라고 주장했다.

황산덕 법무부 장관은 "국가의 중요정책에 대한 국민투표는 헌법과 국민투표법에 의결정족수에 관한 규정이 없으나 민주주의 기본원칙인 다수결 원칙에 따라 유효투표 총수의 과반수로 확정된다"고 밝혔다.

김영삼 신민당 총재는 "국민투표를 실시한다 하더라도 신민당은 이에 참가하지 않을 것이며 범국민적인 보이콧 운동을 벌일 계획"이라고 말했다.

김 총재는 국민투표를 강행하여 계속 집권을 고집하는 경우 국가뿐 아니라 박 대통령 자신을 위해서도 불행한 사태가 일어날 가능성이 크며 이에 대한 역사적인 책임은 박 대통령 자신이 져야 할 것이라고 경고했다.

그는 국민투표는 국가의 중요정책을 묻는 것이지 대통령의 재신임을 묻게 되어있지 않다고 덧붙였다.

장준하 전 의원은 "일방적으로 강요되는 국민투표를 거부하는 것이 민주회복의 당면 의제임을 통감한다"면서 "현행 국민투표법은 찬성활동은 보장하면서 반대하거나 비판운동은 엄금하는 등 국민의 참정권을 박탈하고 제한하는 악법이다"라고 주장했다.

황산덕 법무부장관은 국민투표를 거부할 것을 일반에게 호소, 선전 또는 선동하거나 이를 보도하는 행위는 단속대상이 된다고 밝혔다.

그러나 신문이나 방송이 찬반 이유를 내세우지 않고 정당이나 단체의 국민투표 보이콧 운동을 보도하는 것은 단속할 수 없다고 말했다.

김대중 전 신민당 대통령 후보는 기자회견을 개최하여 "난국타개의 가장 큰 책임자인 박정희 대통령은 국민투표를 중지하고 우리가 당면한 가장 중요한 문제인 민주회복과 장기집권의 종식을 위해 현행헌법을 3선개헌 이전으로 환원하고 구헌법에 입각한 대통령과 국회의원 선거를 새로이 실시하는 것이 난국타개를 위한 유일한 구체적 방법이라고 확신한다"고 주장했다.

천주교 정의구현사제단은 "인권회복 및 민주회복이 선행되지 않는 한 현체제 하에서의 국민투표는 무의미하다. 따라서 우리는 국민투표를 전면 거부한다"는 결의문을 채택했다.

공화당 박준규 정책위의장은 국민투표 기간 중 정치적 휴전을 하자고 제의하고 국민투표를 거부하는 것은 헌정질서의 정면도전이라는 내용의 회견에 대해 신민당 김동영 의원은 "모든 정치활동을 잠들게 하려는 졸렬한 주장"이라고 반발했다.

민주수호기독회도 "대결상대자의 손발을 묶어 놓고 승부를 겨루는 이번 국민투표 및 그와 관련된 일절의 행위를 단호히 거부한다"는 성명을 발표했다.

민주회복국민회의에 이어 신민당이 국민투표를 전면 거부키로 당론을 확정함으로써 여야는 국민투표의 참여와 거부로 정면 대결하는 양상을 띠게 됐다.

국민회의는 국민투표 과정과 결과에 관계없이 민주회복을 향한 노력을 계속할 것과 국민투표과정에서 야기되는 부정투개표, 선심공세 등을 민주국민 각자가 고발할 것, 정보·수사기관에서 쓴 각서와 진술서는 무효임을 선언하는 양심선언 운동을 범국민적으로 전개하겠다고 밝혔다.

(3) 박 정권은 결과가 뻔한 국민투표에서 아찔한 승리

국민투표안이 공고된 지 10일이 지났지만 유권자들은 무표정이며 찬반에 관계없이 일절 침묵을 지키고 있다.

이는 "결과가 뻔하기 때문에 하나마나 한 투표 아니냐"가 여론을 지배하고 있기 때문이다.

정부는 국민투표일을 2월 12일로 지정하고 임시공휴일로 의결했다.

민주회복국민회의 고문단은 "박 대통령은 마땅히 국민투표를 중지하고 참된 난국타개의 길을 열어야 한다"고 촉구했다.

전 대통령 윤보선, 전 대통령후보 김대중, 신민당 김영삼 총재는 공동기자회견을 갖고 "박 정권은 막대한 국민의 혈세를 동원하여 특권분자들의 부귀와 억압체제를 유지하기 위해 국민투표라는 이름의 정치연극을 벌이고 있다" "오는 12일 국민 투표일을 국민투표 거부의날로 선언한다"고 밝혔다.

김영삼 총재, 김대중, 함석헌, 구속자 협의회장 김윤식 등은 "막대한 혈세를 들여가면서 치르는 반대는 없고 찬성만 있는 국민투표는 아무런 의미가 없는 것"이라며 국민투표를 반대하기 위한 32시간 단식에 들어갔다.

국민투표는 유권자 1,678만 8,839명 중 1,340만 4,245명이 투표에 참여하여 투표율은 79.7%을 나타냈고 찬성이 980만 206표, 반대는 337만 86표로 찬성율 73%, 반대율 24%로 국민투표안이 가결됐다.

투표율이 가장 높은 곳은 강원도의 91.7%, 가장 낮은 곳은 서울의 50.2%로 집계됐고 찬성율이 가장 높은 곳은 제주도이고 가장 낮은 곳은 서울이다.

시 · 도별 찬성율은 제주(85.7%), 강원(82.8%) 경북(80.2%), 충북(80.0%) 등은 80%를 넘겼고, 경남(77.6%), 충남(76.4%), 전남(76.3%), 경기(72.5%), 전북(72.3%)순이었다.

다만 부산(62.1%)과 서울(58%)의 찬성율은 저조했다. 전체 유권자의 80% 투표율에 73% 찬성율을 계산하면 60%에 미치지 못한 숫자이다.

국민투표거부운동에 보조를 같이 해온 신민당, 통일당, 민주회복국민회의는 이번 국민투표가 예정된 정치극에 불과하며 투표과정에서 각종 부정사례등이 있었다고 지적하고 투표 결과에 승복할 것을 거부하면서 투표 전과 같이 계속 개헌을 요구한다는 방침을 분명히 했다.

일본의 요미우리 신문은 이번 국민투표는 한마디로 단정할 수 없는 미묘한 결과를 남겼다고 풀이하고 정부와 재야 세력의 상반된 평가에서 나타났듯이 이번 투표가 국론통일, 국민총화를 달성하기보다 오히려 국론의 분열을 심각화시켜 전국적으로 확대시키지 않을 수 없는 상태를 만들었다고 논평했다.

(4) 이번 국민투표 결과는 불법, 부정투개표의 산물

국민투표가 끝난 이후에도 정국은 여전히 본원적인 문제해결 없이 정부·여당과 민주회복세력 간의 대치상태가 계속됐다.

이러한 와중에 투개표에 대한 부정, 불법에 대한 폭로가 잇따랐다.

서울 영등포구 공화당원 김우길 씨가 선거구관리위원장을 비롯한 투표 종사원들과 공동으로 1천장의 대리투표를 공공연하게 자행했다고 신민당사에서 폭로했다.

충남 부여군 세도면 시산리장 구자헌씨는 세도면 공화당 조직책이 이장 26명에게 "만약 투표율과 찬성율이 적으면 우리 면의 체면상

곤란하니 투표에 많이 참가토록 하라"면서 "기권자 투표 통지표를 모아 투표마감이 임박한 5시경에 가지고 나오면 우리가 알아서 처리한다"고 했으나 양심상 11장의 투표통지표를 보관하고 있다고 폭로했다.

이로써 투개표 부정폭로가 네 번째이다.

대검은 영등포구 무더기 대리투표 폭로사건과 관련하여 한화녕 투표소 선거관리위원장 등 3명을 구속한데 이어 구자헌 세도면 사산리장도 국민투표 위반 혐의로 구속했다.

신민당 김인기 의원은 "국민투표 사건이 폭로될 때마다 폭로자를 모조리 구속하는 것은 부정을 은폐하려는 저의가 아닌가"라고 추궁했다.

부산은 찬성 504,662표, 반대 292,815표로 찬성율 62.1%이고 부산시서구도 찬성 82,441표로 61.5%가 찬성했음에도 동대신1동 제2투표구에서는 부산시 전체에서 유일하게 반대표가 찬성표를 압도했다.

투표당일 투표가 거의 마감되어 한산한 5시가 되자 공화당 요원들과 알고 지내던 동사무소 직원들이 몰려와 나에게 자리를 떠나 줄 것을 협박하며 요구했다.

부산시 서구 동대신1동 직원이었던 나는 제2투표소에서 주민등록증을 대조하고 투표용지를 건네 주는 투표소 관리요원이었다.

그러나 나는 공화당원들의 위협과 폭언에도 아랑곳하지 아니하고 꿋꿋하게 자리를 지켜 투표마감 후 투표함을 개표소로 보냈다.

동대신 1동 제2투표구는 산복도로를 끼고 있는 달동네로서 김한수 통일주체 국민회의 대의원이 투표직전 보내 준 밀가루 5백포대를 거의 집집마다 배포한 지역이었지만 부산시 전체에서 유일한 반대표가 많은 투표구였다는 사실은 국민투표 개표결과에 시사하는 바가 크다고 할 수 있다.

4. 유신체제에 길들여진 신민당 지도부

(1) 유진산 총재 이후 신민당을 이끌어 간 김영삼

신민당 중앙상임위원회가 진산계와 반진산계의 격렬한 투쟁으로 분당위기에 처한 사태에 책임을 지고 대표직을 사퇴한 유진산의 대표직 사퇴서를 반려키로 결의함으로써 총선 14일만에 유진산은 대표직에 복귀했다.

이에 반발하여 홍익표, 서범석 전 의원들이 신민당을 탈당하고 양일동 통일당 대표는 "유진산 당수의 위장사퇴극의 베일을 벗었다" "이처럼 국민을 우롱하는 짓을 다반사로 하는 신민당은 국민 앞에 사죄해야 할 것"이라고 주장했다.

1973년 5월 7일 개최된 신민당 전당대회에서 당헌개정안을 확정하고 새로운 총재에 유진산 대표를 추대하여 완전한 진산단일체제를 재확인했다.

유진산 총재는 정일형, 김응주, 홍영기 등을 탈락시키고 김은하, 김현기, 김옥선, 박영록, 박해충, 유치송, 이충환, 이기택, 정헌주, 조일환을 보강한 정무위원 28명을 임명하고 정해영, 김영삼, 고흥문을 부총재로 지명하고 국회부의장에 이철승 의원을 추천했다.

유진산 총재의 별세에 따라 새로운 총재 선출을 위한 전당대회에는 김영삼, 고흥문, 이철승, 정해영 등이 출마를 결심하고 시·도 단위 조직책들에게 공개적으로 활발히 대의원 포섭작전에 나서도록 지시했다.

신민당의 당권경쟁 양상은 김의택 총재권한대행, 정해영, 김영삼, 고흥문 부총재, 이철승 국회부의장의 5파전에 정일형의 추대가능성도 아직 남아있어 당권경쟁은 혼선을 빚고 있었다.

정일형 씨가 "당수경쟁에 나서지 않겠다"고 천명하고 신우회(新友會)라는 조직을 가동한 신도환계도 경쟁을 포기한 가운데 당권경쟁 양상은 김의택, 정해영, 김영삼, 고흥문, 이철승 등 5파전이 되면서 치열한 득표 작전이 전개됐다.

당권경쟁 초반부터 김의택 총재권한대행을 추대할 것으로 예견됐던 진산계의 견지동우회는 5명의 후보들이 난립되어 난전을 벌이게 됐다.

김의택 후보는 "옛날의 정과 동지애를 기대한다"는 입장이고, 정해영과 고흥문 후보는 그동안 물심양면의 전력투구에 자신을 갖고 "오늘의 특수한 상황 때문에 야당은 선량한 관리자에게 맡겨져야 한다"고 주장했다.

김영삼 후보는 "막연하지만 대의원들의 야당성 회복을 위한 자가비판이 일고 있기 때문에"그것이 유리하게 반영되고 있다는 해석이고, 이철승 후보는 "빛나는 투쟁경력에 대한 평가와 조직력이 유감없이 발휘될 것"이라고 기대했다.

진산이후 제1야당을 이끌어 갈 당 총재 선출을 위한 1975년 8월 23일 전당대회 투표 결과 김영삼 197표, 김의택 142표, 정해영 126표, 고흥문 111표, 이철승 107표, 무효 46표였다.

2차 투표 전 고흥문 후보는 김영삼 후보를, 이철승 후보는 김의택 후보를 지지하면서 후보직을 사퇴했다.

2차 투표에서 김영삼 324표, 김의택 203표, 정해영 185표, 무효 11표로 나타나 아무도 재적과반수인 362표를 얻지 못했다.

그러나 결선투표에 나설 김의택 후보가 결선투표를 포기함으로써 김영삼 의원은 새로운 총재로 선출되어 신민호를 이끌어 갈 조타수가 됐다.

김영삼 총재는 "오늘의 이 승리는 야당의 승리일 뿐 아니라 민주주의와 인권의 승리"라고 말하고 "단결로써 신민당이 지닌 막중한 책임을 완수하기 위해 최선을 다하겠다"고 다짐했다.

공화당 강병규 의원은 김영삼 총재의 기자회견에 대해 "신민당수라는 자가 기자회견을 하면서 8·15 사건에 대한 조문 한마디 없이, 북괴의 만행에 대한 규탄 한마디 없이, 일본에 대한 경고 한마디 없이 국내 정치문제만을 거론한 것은 정국을 파국으로 몰고 가는 처사"라고 일방적으로 주장했다.

신민당은 정무회의에서 비밀투표로 고흥문 부의장을 선출했다. 또한 유진오, 이상철, 정일형, 김의택을 당고문으로 추대했다.

김영삼 총재는 사무총장 유치송, 원내총무 김형일, 정책심의회의장 이중재, 중앙정치훈련원장 박영록, 당기위원장 김옥선, 인권옹호위원장 김수한, 대변인 이택돈을 임명하여 새 체제의 골격을 갖추었다.

무소속회 소속인 김재광, 진의종, 한병채, 이용희, 김인기, 한영수 의원 등이 단일야당통합에 기여하고 선명야당으로 수권정당을 국민 앞에 제시하겠다는 김영삼 총재의 지도노선에 부응하기 위해 조건 없이 신민당에 입당했다.

이로써 의석 분포는 유정회 73명, 공화당 68명, 신민당 57명, 통일당 3명, 무소속 14명으로 분포됐다.

신민당 김영삼 총재와 통일당 양일동 대표는 조속한 합당에 합의했으나 지분싸움으로 끝내 통합은 이뤄지지 못했다.

(2) 김영삼 총재의 유신헌법 개헌투쟁과 좌절

긴급조치 1, 4호 해제로 개헌투쟁의 명분을 확보한 신민당 김영삼 총재는 "난국인 현 시국을 극복하는 길은 헌법을 개정해서 민주주의를 회복하는 도리밖에 없다"면서 국회에 헌법개정심의위원회를 구성할 것을 제안했다.

김종필 국무총리는 "정권안보 또는 정권연장이라는 소승적 입장에서 10월 유신을 단행한 것이 아니고 공산주의에 대처하기 위한 것"이라고 10월 유신의 정당성만을 주장하면서 헌법을 개정할 생각이 없다는 입장을 밝혔다.

박정희 대통령도 "현재의 유신체제에 대한 어떠한 형태의 도전도 용납할 수 없다"면서 "정치적 야망을 달성하기 위해 헌법이 비민주적이라고 한다면 그와 같은 생각은 용납될 수 없다"고 강조했다.

신민당은 헌법개정 기초심의특별위원회 구성결의안을 1974년 10월 21일 국회에 제출했다.

신민당은 "현행헌법은 비상계엄 치하에서 국민투표에 붙여졌던 것이고 국회가 해산되고 정당은 활동이 중지되어 국민의 자유로운 비판이 완전 봉쇄된 가운데 찬반만을 강요받았던 것"이라며 "이 헌법의 반민주성과 국가적 피해는 자유민주체제의 근간인 평화적 정권 교체의 길을 배제하며 1인 영구집권을 가능하게 하였고 분립되어야 할 3권은 대통령 1인에게 귀일되고 무제한의 긴급조치권마저 부여돼 이른바 헌법적 독재체제를 구축하고 있다"고 주장했다.

김영삼 총재는 "개헌은 정당적 차원의 과제가 아니라 국민과 국가적 차원의 과제"라고 전제하고 "이 민족적 과제인 개헌을 위해 신민당은 그 핵이요 모체가 되어야 한다." 고 역설했다.

신민당의 개헌특위안이 국회 운영위에 상정하여 심의에 착수함으로써 여야의 개헌공방전은 본격화했다.

공화당 김임식 의원은 "관념적인 헌정 논의가 민족생존권 유지에 큰 위해를 가할 수 있다는 가능성을 통감하고 어떤 형태의 개헌론도 엄격히 배제시켜야 한다"고 유신헌법의 당위성과 개헌론의 부당성을 주장했다.

공화당은 헌법비교연구로 바꾸면 특위구성에 응할 용의가 있다고 밝혔다. 그러나 신민당이 거부하자 공화당과 유정회는 신민당의 개헌특위안을 폐기시키고 단독국회 운영을 강행했다.

김영삼 신민당 총재는 개헌을 요구하는 우리의 정당하고 성의 있는 노력을 여당측은 국회에서 다수의 횡포로 짓밟아 국민의 실망과 분노가 한계선을 넘었기 때문에 이제 신민당은 국민의 선두에서 원외투쟁을 전개할 것을 선언한다"고 밝히고 "신민당은 이 민족적 열망이 관철될 때까지 모든 희생을 각오하고 모든 방법을 총동원하여 강력히 투쟁할 것"이라고 역설했다.

신민당 의원 55명은 '개헌만이 살길이다'라는 어깨띠를 두르고 가두시위에 나섰으나 국회 정문 앞에서 기동경찰에 의해 해산됐다.

신민당 소속의원 55명은 민주회복을 위한 개헌을 주장하면서 국회 본회의장에서 농성에 들어갔으며 통일당 3명도 동참했다.

대구에서 상이군경의 소란으로 신민당 개헌추진 경북지부 현판식을 거행하지 못한 사태를 빚게 됨에 따라 정국이 극한적 상황으로 치달았다. 상이군경 200여 명은 김영삼 총재 일행을 호텔에서 10시간 이상 감금한데 이어 신민당 경북도지부 당사를 점령하여 소란을 피웠다.

국회가 폐회되고 민주회복국민회의가 발족하면서 신민당의 개헌열

풍은 서서히 숨고르기에 들어갔다.

(3) 박 대통령과 면담, 긴급조치로 동력을 잃은 김영삼

김영삼 신민당 총재는 광복 30년인 1975년도에는 민족적 과업으로 민주주의 기본 회복을 위한 개헌투쟁을 계속하겠다고 선언했다.

박정희 대통령은 "현행헌법은 국민투표로 압도적인 지지를 받았기 때문에 국민적 정당성을 부여받았다"면서 현행헌법을 고쳐서는 안 된다는 게 소신이라고 밝혔다.

박 대통령은 유신헌법을 계속 수호해야 한다는 나의 정책과 나의 신임에 대한 국민투표를 실시함으로써 유신체제의 역사적 당위성과 국민적 정당성을 확보하기 위해 국민투표 실시를 공고했다.

이에 신민당 김영삼 총재는 "국민투표는 개헌을 요구하는 국민에 대한 정면 도전이며 법적 근거도 없는 불법조치이기 때문에 국민투표 거부 운동을 범국민적으로 전개해야 한다"고 주장했다.

국민투표안이 찬성율 73%로 가결되고 월남정부가 무조건 항복한 사건을 계기로 박정희 대통령은 5월 13일 긴급조치 9호를 선포하여 헌법 비방이나 반대를 전면적으로 금지시켰다.

박정희 대통령에 대한 면담을 김영삼 총재가 제의한 이후 신민당 주변에는 "개헌을 주장하는 신민당 노선을 선회하는 것이 아니냐"

는 얘기들이 나돌자, 김영삼 총재는 "우리 당의 당면 최대 목표는 개헌이며 당내에서 이 목표를 변질시키려 하거나 반대하는 인사가 있다면 스스로 탈당하거나 제명시킬 수밖에 없을 것"이라고 강경한 반응을 보였다.

박정희 대통령과 김영삼 총재가 청와대에서 당면한 국가안보상의 현황을 중심으로 국정전반에 관해 배석자 없이 단독으로 광범위하게 의견을 교환했다.

사꾸라 피해의식이 지배되고 있는 정치풍토에서 또 다른 시련이 김 총재의 앞에 내재돼 있다고 하는 우려도 있지만, 국민적인 단결이 요청되는 긴박한 상황 변동이 일어나고 있다는 사실을 감안하면 이제야말로 과거를 따지지 말고 앞으로의 문제를 얘기하는데 더 큰 관심이 모아졌다.

김영삼 총재는 "자유민주주의를 위해서는 때로는 투쟁하고 때로는 대화를 할 것이지만 평화적 정권교체를 이룩하기 위해 우선 끈질긴 대화를 모색할 것"이라고 대화체제를 거듭 강조했다.

박 대통령과 면담 이후 김 총재는 투쟁이라는 의식을 보류한 채 여당에 무기력한 야당으로 전락했다는 인식을 당내외에 깊이 심어주었으며 박 대통령과의 밀약설이 끊임없이 회자됐다.

김옥선 의원 사퇴파동을 겪은 신민당은 강력한 대여투쟁으로 한걸음한걸음 자유민주주의 구현을 위한 노력을 해야 한다는 강경투쟁론이 대세를 이뤘다.

그러나 김 의원 파동으로 고흥문 정무회의 부의장과 김형일 원내총무가 책임을 지고 물러났으나 정작 파동의 당사자인 김 총재는

"다음 전당대회에서 투표로 신임을 받겠다"면서 책임론을 회피했다.

(4) 신민당은 반쪽 전당대회 강행으로 법정관리로 전락

김영삼 총재의 오른팔이었던 고흥문 의원과 이철승, 신도환, 정해영 의원 등은 "김영삼 총재의 독주와 독선을 견제하고 당 운영의 민주화를 위해 힘을 모으기로 했다"고 밝히고 "5월 5일 전당대회를 앞두고 비주류 연합의 초석이 될 것"을 다짐했다.

이택돈 의원은 김영삼 총재가 박정희 대통령과의 회담내용을 밝히지 않고, 1974년 전당대회의 결의사항이 대부분 이행되지 않고 야당통합이 불발되었으며, 김옥선 파동 때 고흥문 정무회의 부의장과 김형일 원내총무가 책임을 진 것은 부당하다는 논리를 전개하며 김 총재를 지지할 수 없다고 강변했다.

김옥선 씨는 "여당이 싫어하는 반면 야당에서는 보배처럼 여기고 보호해야 할 조윤형, 조연하, 김상현 등 3인이 어째서 신민당에서 제명돼야 하는가"면서 격분했다.

김영삼 총재가 당권을 잡은 후 당권에서 소외된 인사들이 권토중래를 꿈꾸면서 싹트기 시작한 당권싸움은 당권장악 여하에 따라 대량보복이 불가피할 것이라는 위기의식 속에서 생존을 위한 투쟁으로 발전했기 때문이다.

당권을 잡은 측에서는 어떻게 해서라도 당권을 놓치지 않기 위해 일방독주를 서슴지 않았고 당권을 뺏으려는 측에서는 수단방법을 가리지 않게 된 것이다.

명분도 이념도 없는 최소한의 정치윤리마저 팽개친 이전투구의 모습에 저주마저 퍼붓고 있었다.

극단적인 감정대립, 인신공격, 중상모략에 마침내는 청소년들을 당권싸움에 끌어들여 피투성이를 만드는 추악한 정치의 극치를 보여줬다.

주류 측은 전당대회는 어떤 일이 있더라도 치른다는 점을 재확인하는 한편 전당대회 준비절차를 강행한다는 방침을 세웠다.

이충환 전당대회의장은 서울시민회관에서 25일과 26일 전당대회를 개최한다고 공고했다.

신민당은 비주류 측이 퇴장하고 주류 측이 일방적으로 지구당위원장 인준과 전당대회 대의원 선출 등의 처리를 강행함으로써 전당대회를 앞두고 파국으로 치닫게 됐다.

비주류측은 "김영삼 씨가 당권을 무시하고 합동회의를 획책함은 민주정당으로서의 전통을 완전히 파괴하는 처사로서 우리는 이를 불법으로 단정하여 절대 용납하지 않겠다"고 결의했다.

비주류측은 "이와 같은 사태의 원인과 모든 책임이 당을 자신의 총재직을 유지하기 위한 정치집단으로 간주한 김영삼씨에게 있다는 점을 밝혀 둔다"고 선언했다.

비주류측의 신민당 구당위원회는 김영삼 일파의 불법적인 당사 점거를 배격하고 공당을 사당화시키는 독재와 유린행위를 분쇄키 위해 앞으로 모든 기회에 모든 대결장에서 적극 투쟁할 것을 다짐했다.

신민당은 비주류 측에 의한 대회장소 점거 사태로 인한 극한상태에도 불구하고 당초 예정대로 전당대회를 강행할 방침을 세웠다.

주류는 김영삼, 이충환, 이민우, 유치송, 김은하, 김수한, 박한상, 김재광, 김명윤, 박 찬, 황낙주, 최형우, 김동영, 한병채, 박 일, 황명수, 엄영달, 이용희, 박용만, 박해충, 문부식 의원 등 21명과 유한열, 이필선, 박권흠, 김기섭, 박용구, 이기한, 문달식, 은종숙, 김형광, 김희관, 오정보, 신동준, 김상흠, 황병우 지구당위원장 15명으로 36개 지역을 관장한 반면 비주류는 "2년 전 김영삼 총재를 당선시킨 것을 애석하게 생각한다"는 정일형 고문을 비롯하여 이철승, 고흥문, 정해영, 김원만, 신도환, 정운갑, 정헌주, 이중재, 송원영, 한건수, 박영록, 김현기, 이기택, 이택돈, 채문식, 양해준, 유제연, 천명기, 이상신, 신상우, 진의종, 한영수, 김상진, 김창환, 김윤덕, 오세응, 고재청, 황호동, 최성석, 김인기, 박병효, 이진연, 노승환 의원 등 34명과 김옥선, 조일환, 김응주, 임종기, 이택희, 김준섭, 조시환, 오홍석, 최극, 이기한 위원장으로 44개 지역구에 세력을 뻗치고 있다.

신민당은 잇단 폭력의 격돌 속에 각각 자파 대의원들만이 참석한 가운데 다른 장소에서 전당대회를 강행하여 사실상 분당의 파국상태를 드러냈다.

주류 측은 전당대회장이 비주류 측에 점거되자 중앙당사에서 소속의원 21명, 원외지구당위원장 14명 등이 참석한 가운데 전당대회를 진행하여 단일지도체제 당헌 개정안을 채택하고 김영삼 총재를 이의 없이 재선출했다.

비주류측은 전당대회장에서 소속의원 34명, 원외위원장 10명 등이 참석하여 집단지도체제 당헌 개정안을 채택하고 최고위원 선출을 전형위원회에 넘기고 회의 절차를 마치고 해산했다.

우선 형식적인 요건은 당직인, 대회 장소와 시간, 성원과 대회주체와 진행 등이 관건이 되고 있으나 당직인은 주류 측이 유리하나 대회장소와 성원에서는 비주류 측이 유리한 상황이다.

비주류인 이철승, 고흥문, 정해영, 김원만, 신도환 최고위원들은 대표 최고위원에 김원만을 추대하고 대변인에 이기택을 임명했다.

중앙선거관리위원회는 "당헌당규에 규정된 소정절차에 따라 전당대회를 치르지 않았고 이러한 하자는 보완될 수 없을 것"이라는 이유를 들어 주류와 비주류가 제출한 당 대표 등록 변경 신청서를 모두 각하했다.

이 같은 결정에 따라 신민당은 당대표가 결원이 된 상태를 빚게 됐으며 신민당의 당권경쟁은 대회 이전의 원점으로 돌아가 혼미 속에 장기화될 전망이다.

비주류 측은 "김영삼 씨는 당을 실질적으로 호적 없는 정당으로 만든 데 대한 책임을 통감하고 당의 제2선으로 물러날 줄 아는 정치도의와 양식이 아쉽다"고 주장했다.

최 극 충북 영동지구당위원장이 신민당 김영삼 총재의 직무집행정지 가처분신청을 서울 민사지법에 제출하면서 "중앙 선관위에 낸

당 대표변경등록 신청도 각하됐기 때문에 김영삼 씨는 마땅히 총재로서의 직무를 집행해서는 안된다"고 주장했다.

중앙선거관리위원회는 김영삼 총재의 임기는 5월이 경과됨으로써 만료되고 그 후는 총재의 지위가 소멸되며 권한도 행사할 수 없다고 유권해석을 내림으로써 신민당은 대표 없는 정당이 됐다.

김영삼 총재는 "나는 상식적인 논리가 부정되고 백이 흑으로 강변되어도 그것이 정당화되는 오늘의 시대적인 모순 속에서 살아야 되는 국민의 처지를 슬퍼하지 않을 수 없다"면서 총재직 사퇴를 선언하고 이충환 전당대회의장을 총재권한대행으로 지명했다.

(5) 신민당 김영삼 총재에서 이철승 대표위원체제로

고흥문 의원은 "이 시점에서 김 총재의 독주를 견제하기 위해서는 각 계보의 중진들이 참여하게 되는 집단지도체제를 채택할 수밖에 없을 것"이라고 집단지도체제를 주장하자 이철승, 고흥문, 정해영, 신도환, 김원만, 정운갑 등 6개 계보대표들은 현재의 단일 지도체제를 집단지도체제로 당헌을 개정한다는데 합의하고 당헌개정안 실무위원회를 구성키로 했다.

김영삼 총재는 "민주당 때의 집단지도체제의 비극을 눈으로 보아 온 만큼 그것은 역사의 후퇴"라고 말하고 "그들이 주장하는 강력한 대여투쟁과 집단지도체제는 오히려 역관계(逆關係)에 있는 것"

이라고 주장하여 지도체제 논쟁이 가열됐었다.

반당대회 사태 이후 2개월째 표류를 계속한 신민당은 송원영, 박영록, 이기택, 채문식, 유동준, 조윤형, 조연하, 김상현, 김옥선, 정헌주 등 10인 수습위를 구성했다.

"과거를 묻지 말고 공존하자"며 다짐한 10인 수습위는 당의 지도체제를 집단지도체제, 전당대회 직선이란 단일안을 마련하고 대의원 배분문제도 잠정 합의하고 전당대회 일자를 9월 15일로 결정했다.

김영삼 총재는 "수술은 성공해도 환자를 죽이는 어리석음을 범하지 않기 위해서 안정세력 확보를 해야 한다" "이번 대회에 당의 존망이 달려 있다" "국제정세의 흐름을 생각할 때 강력한 야당으로 재출범 해야겠다는 책임을 절감했기 때문에 나서기로 했다"고 대표위원 출마소감을 밝혔다.

이에 고흥문 의원은 "김영삼 씨가 집단지도체제를 하면 당이 30년 후퇴하며 일보도 전진 못한다고 말하더니 이제 와서 그 집단지도체제에서 대표를 하겠다는 것은 상식으로는 도저히 이해가 안 간다"면서 "정치인은 자기 나름의 철학과 소신의 일관성이 있어야 하는데 김 씨는 이를 모두 갖추지 못했다"고 비난했다.

비주류는 "김영삼 씨가 반성 없이 끝까지 당 대표로 나서겠다는 것은 당이 분당돼도 좋다는 태도"라고 주장하면서 양측 세력이 백중지세에 있고 감정대립이 양극화 상태에서 표대결은 '5·25전당대회의 재판'이 될 전망이다.

이철승, 고흥문, 정해영, 김원만, 신도환 등 비주류 연합은 대표선정에 대한 구체적인 논의는 없었지만 제3자든 최다 득표자든 일단 대표가 결정되면 김영삼씨를 압도하기 위해 연합전선을 구축한다는 원칙만을 합의했다.

비주류 중진들은 기자회견에서 대표 후보는 최고위원 선출과정에서 최다 득점자를 내세우기로 했다고 발표했다.

신민당은 집단지도체제 당헌개정안을 채택하고 전당대회의장은 비주류의 정헌주 의원이 주류의 박해충 의원을 누르고 당선됐다.

대표최고위원 1차 투표에서 김영삼 349표, 이철승 263표, 정일형 134표, 박용만 12표, 무효 9표로 과반수 득표자가 없어 정일형 후보가 사퇴한 2차 투표에서 이철승 후보가 389표를 득표하여 364표를 득표한 김영삼 후보를 꺾고 새로운 대표최고위원이 됐다.

"대의원 과반수가 추대한다면 대표최고위원 경선에 나설 수 있다"는 정일형 의원은 1차 투표에서 3위로 밀리자 이철승 의원을 지지하며 사퇴했다.

이철승 후보는 "나는 당권에 연연하지 않으며 이 순간부터는 신민당에 주류도 비주류도 없다" "김영삼 씨와 함께 새로운 정당을 하는 기분으로 당을 운영해 나가겠다"라고 당의 단합을 강조했다.

최고위원 선거에서는 이철승(142표), 신도환(118표), 이충환(103표), 유치송(98표), 고흥문(87표), 김재광(72표) 후보들이 당선됐고, 정해영(68표), 최형우(56표), 김옥선(21표) 후보들은 낙선했다.

새로 임명된 정무위원은 정해영, 정운갑, 이중재, 김현기, 송원영, 이상신, 이기택, 한건수, 채문식, 김옥선(신주류), 김은하, 박한상,

김수한, 박해충, 황낙주, 박 일, 박 찬, 노승환(구주류) 이다.

사무총장 이기택, 원내총무 송원영, 정책위의장 박 일, 훈련원장 박 찬, 당기위원장 김현기, 인권위원장 황낙주를 임명하여 이철승 체제가 출범했다.

(6) 이철승 대표의 중도통합론에 대한 시시비비

당권교체에 성공한 이철승 대표는 "광복 30년 동안 선배들을 모시고 가시밭길 야당사를 걸어오는 동안 이 순간처럼 가슴 벅차고 목메이는 순간은 없었다"고 술회하고 "당권교체를 이룩한 것은 사필귀정이며 정론의 승리"라고 주장하면서 중도통합론을 역설했다.

이철승 대표는 중도통합론에 대해 "현 체제 하에 참여하고 그 밑에서 활동하는 한 체제를 부인하는 것이 아니라 개선해 나가는 방향으로 노력해야 한다"면서 "국가가 위기에 처했을 때 극단적인 혼란이 일어나서는 안 되므로 안보논의와 자유권을 이러한 여건 속에서는 한계가 있어야 한다"는 논리를 전개했다.

선명논쟁이 계속되고 있음에도 이 대표는 "현 체제 내의 나의 기본자세는 '참여하의 개혁'이며 개혁이란 의미는 부당요소를 하나하나 개선해 나가자는 것"이라고 주장했다.

당내 일각에서는 차라리 '옥쇄하는 게 어떠냐'는 극한론까지도 나왔지만 현실성은 전혀 없었다.

이 대표가 '참여하의 개혁'을 내세우며 주창한 중도통합론이 일단 비판 대상이 될 수밖에 없었다.

이철승 대표는 "야당성이란 행동으로 나타내야지 듣기 좋은 말로 인기를 얻기 위한 구두선에 그쳐서는 안 될 것"이라고 반박했다.

당내 지도층에서 대여관계에 선명한 가치를 내걸고 언행에 일관할 수 있는 세력이 과연 얼마나 되는가라는 현실적인 의문성은 많다.

다만 현재의 정치체제 아래서 신민당의 노선은 정치의 이념이라기보다 당권의 수단으로 다루어짐으로써 최근 일련의 태도의 강온이 어떠하든 당내에서 당권투쟁과 관련하여 노선논쟁을 재연시키는 계기가 될 것으로 보인다.

노선 논쟁은 비주류 내지 다음 당권을 노리는 측에서 야당성을 따지고 그를 바탕으로 당의 새 길을 외치고 나설 것이며 주류측에선 현실과 이상의 배합으로 맞선 양상이다.

최고위원 공동명의로 "이 대표의 중도통합론이 당론이 아니며 앞으로 당대표 자격으로 이를 거론할 수 없다"는 최고회의 결정을 재확인했다.

최고위원들은 이 대표를 만나 "더 이상 고집하면 당 내분이 걷잡을 수 없는 방향으로 진행될 것 같다"며 중도통합론 후퇴를 요구했으나, 이 대표는 "나의 개인철학을 버릴 수 없다"고 소신을 굽히지 않는 필요성이 결여된 고집을 피웠다.

박정희 대통령은 이철승 대표와의 청와대 단독회담에서 주한 미지상군 철수 문제와 관련된 한미고위회담과 정부의 대책들을 설명했고, 이 대표는 한반도 정세에 관하여 기본적으로 이해를 같이하고 거국적인 단결의 필요성에 동조했다.

이철승 대표의 내년 대통령 선거에 후보를 내지 않겠다는 발언에 대해 김영삼 의원은 "야당의 가장 큰 명제는 정권교체인 만큼 이를 포기하는 것은 야당존재를 부인하는 것"이라면서 "어떤 상황과 제도 아래서라도 우선 후보를 내야 한다"고 억지 주장을 펼쳤고, 김수한 의원은 "신민당의 정강정책이 대통령직선제이니만큼 현행 대의원선거법 아래에서 선거에 참여하는 것은 들러리만 서겠다는 것"이라고 이 대표의 발언을 옹호했다.

김영삼 의원은 "일부에서는 수권채비가 안 되어있다고 말하고 있으나 국회의원만 내놓겠다는 것은 들러리만 서겠다는 것"이라고 주장하면서 "누가 후보가 되든 중대한 결심을 가져야 한다"고 강조했다.

김영삼 의원은 "이철승 대표는 60만 당원을 담보로 현 정권 유지를 연대보증하고있다"면서 "평화적 정권교체의 장치를 마련하는 것은 우리 야당의 책임"이라고 현실성 없는 선명성만을 강조했다.

신민당 오세응 의원도 "현행 헌법 테두리에서도 정권교체가 가능토록 한 통일주체대의원 선거법 개정안을 마련해놓고도 제안조차 않은 것은 이 대표가 대통령후보를 안 내겠다고 하는 것과 어떤 함수관계가 있다"고 비난했다.

오세응 의원은 국회의사당에서 이 대표 허수아비 화형식을 거행하고 방배동 이 대표 집 앞에서 구호를 외치며 시위를 벌였다.

그러나 국회소집권인 국회의원 3분의 1도 갖고 있지 아니한 신민당에서, 통일주체국민회의 대의원 99.7%가 박정희 대통령에게 투표하는 상황에서 대통령 후보를 내지 아니한 것이 야합이라고 주장하는 것이 과연 선명한가는 한번쯤 생각해 보아야 한다.

(7) 이철승 대표체제를 흔들어 버린 김영삼 전 총재

집단지도체제의 취약성을 보여 온 신민당은 국회의원 선거가 점점 다가옴으로써 이런저런 뜻을 지닌 대소군웅들이 할거하는 양상으로 번져 상당 기간동안 선체의 요동을 계속하면서 진로를 찾아야 하는 진통 속의 모색이 불가피했다.

이철승 대표의 우군이었던 정해영 의원은 "이철승 체제로는 이미지가 말이 아니어서 전당대회를 열어 당수를 바꾸든지 스스로 자퇴하여 권한대행체제로 하지 않으면 총선에서 표 얻기가 어렵다"고 이 대표를 공격하자, 이 대표는 "정해영 의원은 과거 진산을 부모 모시듯 하다 당직에서 빠지니까 하루아침에 돌변하여 사꾸라로 몰더니 이제 또 분란을 일으키려 한다"고 공격했다.

신민당 비당권파와 야당성회복투쟁동지회(야투)는 대통령후보 선출 여부를 결정하기 위한 임시전당대회 소집 요구서를 대의원 713명 중 300명 서명으로 제출했다.

김영삼, 이민우, 정해영, 김형일, 박한상, 황낙주, 오세응, 김명윤,

김동영 의원 등은 "후보지명 과정 자체부터가 개혁을 위한 투쟁이며 그 투쟁을 통해 우리당의 잃었던 이미지를 국민 속에 소생시켜야 한다"고 억지 주장을 펼쳤다.

김영삼 전 총재는 "이철승 대표는 지금이라도 늦지 않으니 대오각성하여 당헌이 명령하는 대로 대통령 후보 지명대회를 소집하는 것만이 당을 수습하는 유일한 길일 뿐 아니라 신민당이 정부·여당의 위헌을 비판할 수 있다는 사실을 명심해야 할 것"이라고 단식농성까지 벌였다.

이철승 대표는 "대통령 후보 지명 여부는 당헌상 정무회의에서 이미 결론을 내렸기 때문에 이 안건을 의제로 한 지명대회 소집 요구는 적법한 것이 아니며 따라서 대회를 열 수 없다"며 "대통령 후보는 신민당에서 내지 않는 것이 아니라 못 내고 있기 때문에 낼 수 있는 제도개혁을 위해 계속 투쟁하겠다"고 반격했다.

이철승 대표는 "과거 우리 선거사는 4·19를 자초한 3·15 부정선거, 야당에 의해 6개월 간 등원을 거부당했던 6·8부정선거, 참관인도 없이 미궁 속에서 치러진 9대 2·27선거 등 부정선거의 연속이었다"면서 유권자들의 자발적인 정치참여에 의한 선택보장을 위해 긴급조치 9호의 해제를 거듭 촉구했다.

이철승 대표는 사꾸라론에 대해서 "올 오어 나씽으로 등원을 거부하여 여당이 중요의안을 제멋대로 한 전례는 결과적 사꾸라"라면서 "지금 신민당엔 내가 실천으로 보여줘 철없는 사람이나 사꾸라라 그러지 실제로는 없어졌다"고 항변했다.

민주전선의 '대통령 후보의 제도상 문제점과 한계'라는 기획기사와

'통일주체 대의원 선거는 유신체제의 요식행위'라는 중앙상무위원회 결의내용이 문제가 되어 중앙정보부의 배부중단을 요청받았다.

야당성회복투쟁위원회는 이철승 대표와 정헌주 전당대회의장의 직권정지 가처분신청을 서울지법에 제출했다.

신민당 오세응 의원은 선거구민 상대 여론조사에서 "항간에 신민당은 야당이 아니며 신민당 고위층은 여당과 밀착돼 있다"는 인사말로 징계위원회 회부가 거론됐다.

징계위 회부로 신민당 공천에서 낙천되자 무소속으로 출마한 오세응 의원은 "신민당 자체가 잘못된 것이 아니고 일부 지도층이 잘못된 것이므로 강제라도 밀고 들어가 불순세력을 몰아 내고 선명 야당을 만들어야 한다"면서 선거 중에 지역주민들에게 당선 즉시 입당한다고 약속하고 당선됐다.

(8) 2년 만에 신민당 총재직에 복귀한 김영삼

제10대 총선에서 신민당 득표율이 공화당에게 1.1% 앞서 승리한 것은 야당의원들이 긴급조치의 오랜 무기력에서 벗어나는 계기가 됐다.

이러한 상황에서 1979년 5월 30일 개최한 전당대회는 국민의 관심을 모았으며 박 대통령은 온건노선의 이철승 체제를 비호하면서 김재규 중앙정보부장과 차지철 경호실장을 통해 야권분열과 총재 선출에 정치공작을 전개했다.

이철승 대표가 당권사수를 위해 많은 대의원들을 포섭하고 있는 가운데 김영삼 전 총재가 선명의 가치를 내걸고 설욕전에 나섰다.

김영삼 측은 전당대회를 앞두고 '민주회복세력과 친여세력의 대결' '정권 도전세력과 정권 비호세력 간의 한판승부'라면서 선명성을 부각시켰다.

비능률을 이유로 집단지도체제를 단일지도체제로 당헌을 개정한 전당대회에서 이철승, 김영삼, 신도환, 조윤형, 박영록, 이기택 등이 새 총재 경선에 나섰으나 고흥문, 이충환, 유치송 최고위원들의 지원을 받고 있는 이철승의 승리가 예상됐다.

그러나 연금중인 재야의 김대중이 총재경선에 나선 조윤형, 김재광, 박영록을 불러 경선을 포기하고 김영삼 지지를 설득했으며, 김영삼의 자파 대의원들의 결속을 다짐하는 아서원에 나타난 김대중은 "이번 전당대회를 당내의 친유신파와 반유신파의 대결"이라면서 김영삼 지지를 호소함으로써 김영삼 바람을 일으키게 했다.

대의원 751명이 참석한 전당대회에서 1차투표 결과 이철승 292표, 김영삼 267표, 이기택 92표, 신도환 87표, 김옥선 11표로 과반수에 미달되어 2차투표가 실시됐다.

이기택이 사퇴하여 김영삼을, 신도환이 사퇴하여 이철승을 지지한 2차 투표에서 김영삼 378표, 이철승 367표로 참석 대의원의 과반수 선을 2표 넘겨 역전승을 거둠으로써 2년 6개월 만에 총재직에 복귀했다.

김영삼 총재는 "오늘은 진실로 위대한 민권승리의 날이며 아무리 험한 길을 가더라도 민주회복을 위해 몸과 마음을 바쳐 싸울 것을 맹세한다"고 포효했다.

5. 박정희 유신 독재체제시절의 세태만상

(1) 우후죽순처럼 출범한 재야단체와 개헌청원서명운동

1973년 10월 2일 서울문리대생 250명은 교내 4·19 기념탑 앞에 모여 자유민주체제 확립을 요구하는 선언문을 낭독한 후 시위를 벌였다.

김대중 납치사건을 계기로 유신선포이후 최초로 학생들이 유신체제 비판 불용이라는 금기를 깨고 시위에 나선 것이다.

유신출범 이후 패배주의와 냉소주의에 빠져 있던 학생운동권과 사회운동권을 일깨운 이날의 시위는 전국 대학들의 유신철폐시위, 재야인사들의 시국선언문 발표, 신문사와 방송국 기자들의 자유언론 실천선언으로 이어지는 반독재투쟁의 기폭제가 되었다.

12월에는 함석헌, 장준하, 천관우, 계훈제, 백기완 등 민주인사들이 개헌청원운동 본부를 발족시키고 유신헌법 철폐를 위한 개헌청원운동이 본격적으로 전개됐다.

이에 당황한 박정희 대통령은 "최근 일부 지각없는 인사들 중에 유신체제를 뒤집어 엎고 사회혼란을 조성하려는 불순한 움직임이 있다"면서 개인서명을 즉각 중지할 것을 요구했다.

개헌청원운동본부 장준하 대변인은 "정부는 합리적이며 합법적이고 평화적인 운동을 막는 우를 범하지 말라"고 맞섰다.

1974년 1월에는 정구영 공화당 초대 총재가 "오늘의 사태는 당원으로서 소신을 밝힐 수 있는 최소한의 자유마저 잃은 채 조국의 안위는 백척간두에 서 있다 하여도 과언이 아니므로 오랜 자책 끝에 당과 결별하기로 작정했다"고 밝히면서, 공화당을 탈당하고 개헌서명운동에 참여했다.

또한 이희승, 이헌구, 김광섭, 박두진, 고 은, 구중서, 김병걸, 김승옥, 신경림, 이문구, 조선작, 김지하, 백낙청, 이호철, 황석영 등 문학인 61명은 "민족의 존망 자체가 위태로운 이 어려운 시기를 맞아 문학인들이 더 이상 침묵할 수 없다"고 밝히고 "국민의 편에 서서 용기와 신념을 갖고 민주주의와 사회정의의 성취를 위해 싸우는 모든 양심적인 지식인들과 더불어 어떠한 가시밭길도 헤쳐 나갈 것을 선언한다"고 다짐했다.

이에 김종필 국무총리는 "최근 일부 사람들이 유신이념과 유신체제에 의구심을 갖거나 반대하고 있는 것 같다"면서 "사회불안을 조성하고 체제에 정면으로 도전하는 선동적 언행은 용서할 수 없다"고 유신체제 도전에 경고했다.

그러나 박정희 정권과의 유착설이 나돌던 유진산 총재의 신민당이 "참된 민주주의 헌정체제로의 복귀를 위하여 현행 헌법을 개정하는데 진력할 것"을 결의했다.

이에 박정희 대통령은 개헌을 발의, 청원, 선동, 보도하면 영장 없이 체포, 수색하며 징역 15년 이하에 처한다는 긴급조치 1호와 비상군법회의를 설치하는 긴급조치 2호를 1974년 1월 9일 선포했다.

긴급조치 선포 후 일주일 이후에는 장준하, 백기완 씨가 첫 구속되어 징역 15년 형을 선고받았다.

유신체제의 산물인 재야란 야권에 있으면서 정당조직이 아닌 순수한 민간조직으로 독재정권에 대항하고 인권과 사회정의를 위해 투쟁하는 양심세력을 말한다.

재야인사들이 본격적인 세력을 형성하여 박정희 정권과 대결하고 나선 것은 1974년 12월 25일 서울 YMCA에서 범민주진영의 연대투쟁기구로 민주회복 국민회의를 발족시킴으로 비롯됐다.

국민회의는 현행헌법의 민주헌법으로 대체, 구속인사의 석방, 언론자유보장 등 6개항의 국민선언을 채택한 뒤 함석헌, 이병린, 천관우, 김홍일, 강원룡, 이희승, 이태영 등으로 7인 집행위원회를 구성하여 운영토록 했다.

이병린 대표위원은 악법과 권력남용과 부정부패라는 최악의 상태에서 민주회복을 통해 기본문제와 시사문제에 대해 국민의 의사를 형성하여 발표하겠다고 선언했다.

국민회의 대표위원 윤형중 신부는 "1인의 장기집권과 권력의 집중,

폭압과 기본권 유린을 보장하는 현행 헌법의 철폐와 그에 따른 민주적 헌법의 채택 및 현 정권의 대오각성과 책임 있는 결단만이 현재의 난국을 타개하는 길"이라고 주장하고 "누가 일제하 독립투사의 수가 적었다 해서 이 나라 이 민족의 해방과 독립을 국민들이 바라지 않았다고 말하지 않았다고 말할 수 있을 것인가"라고 반문했다.

국민회의는 국민들의 호응에 힘입어 지부결성에 들어갔으며 각계의 민주인사들이 필요한 단체와 협의체 구성에 들어갔다.

긴급조치등 위반을 이유로 구속된 인사의 가족들이 중심이 되어 '양심범 가족협의회'가 결성됐고, 유신체제에 들어서면서 해직교수들이 양산되었는데 이들의 모임체인 '해직교수협의회'가 발족됐다.

자유민주사회 존립의 기본 요건인 자유언론 실천에 모든 노력을 다할 것을 선언하고 해직된 언론인들을 중심으로 '자유언론 투쟁위원회'가 투쟁을 계속했고, '천주교 정의구현 전국사제단'이 구성되어 인권회복과 민주회복을 위한 노력을 집중했다.

천주교 주교회 소속으로 '천주교 정의평화위원회' '카톨릭농민회', '카톨릭노동청년회'도 구성되어 농촌문제 해결이나 노동자의 권익신장을 위해 활발한 활동을 전개했다.

고은, 백낙청 등이 '자유실천문인협의회'를 구성하여 지식인 민주화운동의 한 몫을 담당했고, 옥고를 치르고 풀려나온 청년들이 중심이 되어 '민주청년협의회'를 결성하여 반체제 활동을 전개했다.

현행헌법의 찬반을 묻는 국민투표실시 이후에도 개헌투쟁이 지속되자 1975년 5월 13일 긴급조치 9호가 선포되어 국민회의 개헌투쟁운동이 위축되자 유신체제의 종식과 민주정부 수립을 당면목표로 설정한 '민주주의 국민연합'이 이어받았다.

이밖에 '한국인권운동협의회' '민주헌정동지회' '백범사상연구소' '정치범동지회'등 많은 재야단체들이 민주대열에 앞장서서 싸웠다.

민주수호기독자회 윤반웅 목사는 명동대성당에서 '민권과 민주회복을 위한 기도회'를 끝내고 개헌 청원서명운동을 벌여 1,200여명의 서명을 받았다. 윤 목사는 서명 받은 카드가 들어 있는 가방과 함께 서울 중부경찰서에 연행됐다.

국민회의 공동 대표인 양일동 통일당 총재는 50여개 지방조직이 국민회의 가입을 요청하고 있다면서 "지난 1971년 선거로 당선된 박 대통령의 7대 대통령 임기는1975년 5월 말일까지 이므로 박 대통령은 그때까지 결단을 내리고 물러나야 할 것"이라고 주장했다.

(2) 유신체제의 최대도전인 3·1절 명동구국선언

긴급조치 9호의 발동으로 개헌이란 용어가 구속으로 직결된 1976년 3월 1일 명동성동에서 이우정 서울여대 교수가 '민주구국선언문' 을 낭독함으로써 유신체제와 재야지도자들이 정면 대결하는 소위 '3·1 명동사건'이 발생했다.

구국선언문에 서명자는 윤보선, 김대중, 함석헌, 함세웅, 이우정, 정일형, 윤반웅, 김승훈, 문정현, 문동환, 이문영, 서남동, 은명기 등 정계, 종교계, 학계의 지도급인사들로서 이들은 모두 연행됐다.

3·1 민주구국선언문 사건은 외신에서는 자세히 보도했으나 국내 언론에서는 침묵으로 일관하다가, 박정희 대통령이 3·1절 명동성당 사건에 대해 구정치인과 성직자 및 일부 교수 등이 정부전복을 꾀하기 위해 학생들을 선동하는 도박을 벌였다고 비난하여 세상에 알려졌다.

박 대통령은 "그들은 법을 어겼기 때문에 조사를 받고 있다"며 "소수의 사람들이 정부를 전복할 수 없다는 것은 사실이지만 그들의 도발은 학생 데모를 촉발시키려는 것이었다"고 지적했다.

신민당 김영삼 총재는 "명동사건에 관련되어 구속된 인사들은 사회적으로 저명하고 도주 및 증거인멸의 우려가 없으므로 불구속을 해야 할 것"이라며 "신민당은 변호인단을 통한 법적 투쟁과 함께 정치적 투쟁을 아울러 병행시킬 계획"이라고 말했다.

공화당 김용태 의원은 명동사건으로 말미암아 미국, 일본 등 일부 언론은 내정 간섭적인 보도를 했고, 미국 의회에서는 프레이저 의원 같은 사람이 "한반도가 적화 되어도 미국과 일본의 안보에는 지장이 없다"는 식으로 극단적인 발언을 할 수 있는 좋은 구실을 제공했다고 격렬하게 비난했다.

서울지검 서정각 검사는 "이번 사건의 주동자인 구 정치인과 재야인사들은 오랫동안 정권쟁취를 책동해왔으나 유신체제의 공고화로 그 목적 달성이 어려워지자 반정부인사들과 연합전선을 형성하여 민중봉기를 기도하고 이를 달성하기 위해 3·1절을 기해 민주구국선언이란 미명 아래 마치 국가존망의 위기가 목전에 다가온 양 허위사실을 유포하고 유신헌법과 대통령 긴급조치의 철폐 및 현 정권의 퇴진을 주장하고 선동한 사실이 인정되는 바이고 명백히 긴급조치 9호에 위반되는 것"이라면서 정부전복·선동이라는 공안사건으로 단정했다.

민복기 대법원장은 민주구국선언은 사실을 왜곡하고 긴급조치와 헌법을 비방했다는 이유를 들어 피고인 전원에 대해 상고를 기각하여 윤보선, 김대중, 문익환, 함석헌 피고인은 징역 5년, 정일형, 이태영, 이우정, 이문영, 문동환, 함세웅, 문정현, 윤반웅, 신현봉 피고인은 징역 3년, 서남동 피고인은 징역 2년 6개월, 안병부, 이해동, 김승훈 피고인은 징역 2년, 장덕필 피고인은 징역 1년을 확정했다.

3년 징역형이 확정된 정일형 의원은 의원직을 상실했다.

피고인들은 "인간의 양심과 자연법 그리고 인간의 절대권과 우상화를 거부하는 신앙에 비추어 유신헌법과 긴급조치에 반대한다. 그 긴급조치에 의해 이 법정에 섰으므로 마땅히 재판을 거부해야 할 일이나 우리들의 정당성과 양심을 밝히기 위해 재판에 임한다"고 자신들의 입장을 공동으로 밝혔다.

(3) 정일형 의원의 의원직 상실로 종로 – 중구 보궐 선거

정일형 의원의 형 확정으로 인한 의원직 상실로 지역구 결원은 장기영(종로 – 중구), 이상철(함안 – 의령 – 합천), 임충식(해남 – 진도), 유진산(금산 – 대덕 – 연기)의원의 사망과 차지철(성남 – 여주 – 광주 – 이천)의 대통령경호실장으로 전출, 김옥선(부여 – 서천 – 보령)의 사퇴 등에 이어 일곱 번째이다.

그러나 다른 지역구는 동반당선된 1명의 의원이 있으나 2명이 결원된종로 – 중구에는 보궐선거가 실시하게 됐다.

종로 – 중구에 신민당에선 김의택, 권중돈, 유옥우 씨들이 출마대상으로 거론되고 공화당은 민관식 전 문교부장관, 김용우 전 적십자사총재, 박인각 전 중구당위원장 등이 거론됐다. 또한 이용희 통일원 장관이 유력한 후보로 새롭게 등장했다.

신민당은 현행의 긴급조치와 선거법 아래서는 자유분위기와 공명선거를 기할 수 없다는데 의견을 모으고 선거에 참여치 않기로 결정했다.

공화당은 "이번 보선을 실시하는 과정에서 여야간의 선거과열로 말미암아 국민총화를 저해할 우려가 있으므로 후보자를 추천하지 않기로 했다"며 6·10에 실시된 보궐선거에 불참을 선언했다.

공화당과 신민당이 불참을 선언한 종로 – 중구 보궐선거에는 무소속 후보 16명이 난립했다.

합동유세에서 오제도 후보는 "김일성의 남침을 가져올 주한미군

철수는 기어이 막아야 한다"고 반공투사임을 강조했고, 부모의 유세장 참관으로 힘을 얻은 정대철 후보는 "내 무덤 위에 민주주의의 노병이라 써 다오"라는 정일형 의원의 국회 고별사를 낭독했다.

박인각 후보는 불신 없는 사회, 불황 없는 경제, 전쟁 없는 통일을 주장하면서 "세 번을 모두 낙선했는데 네 번째 떨어지면 죽어도 눈을 감지 못하겠다"고 읍소했다.

강근호 후보는 지팡이를 높게 쳐들어 보이고는 "5년의 정치방학을 강요당했지만 나를 이렇게 만든 사람을 원망치는 않겠다"고 선언했고, 박정훈 후보는 "공화당은 악담이 듣기 싫고 사람 모이는 것이 싫어 불참했고, 야당도 이에 동조했지만 이렇게 속 시원하게 이야기해 보는 것도 의의가 있다"고 사자후를 쏟아냈다.

김의종 후보는 "여당이 선거를 치르지 못할 상황이라면 왜 국회를 해산하지 않는가"라고 외쳤고, 차경주 후보는 "이번 선거야말로 한국적 민주주의와 중도통합론이라는 발명특허에 대한 심판"이라면서 "부부정당에 경고를 보낸다"고 포효했다.

신인우 후보는 "국회의원이 거리에서 방황하는 사태는 없애야 한다"며 국회 활성화를 내세웠고, 고명관 후보는 "비료부정으로 농민을 울리고 몇십억씩 탈세하는 기업들이 있는 상황에서 총화가 되겠는가"라고 부정부패를 규탄했고, 김문원 후보는 "부가가치세란 쉽게 얘기해서 여러분의 주머니를 더 털겠다는 것"이라고 비판했고, 홍일점인 한상필 후보는 "남녀평등, 여성호주제"를 주장했다.

최재원 후보는 "교육에의 헌신을", 이연국 후보는 "관료주의사상 불식을", 정의철 후보는 "못 사는 사람을 위한 복지정책을", 함순성 후보는 "영세기업의 세율 조정을" 주장했다.

선거결과는 대검 공안검사이며 반공투사로 알려진 오제도 후보와 대법원의 형 확정 판결로 의원직을 잃은 정일형 의원의 아들인 정대철 후보가 동반 당선됐다.

공화당 공천으로 중구에서 세 번 낙선한 박인각 후보가 분투했으나 네 번째 낙선했고, 강근호, 신인우 전직의원, 박정훈, 한상필 후보와 김문원 후보들은 명성에 걸맞지 않게 득표력은 내놓을 것 없었다.

정대철 후보는 "한국은 밖에서 보면 폭풍의 언덕에 서 있으며 안에서 보면 침묵의 바다속에 있는 것으로 보인다"면서 "밖으로 신용 있는 민주주의를, 안으로는 친절한 민주주의 전개에 미력을 다하겠다"고 당선소감을 밝혔고, 오제도 후보는 "30여 년간 법조생활을 해왔으나 정치에는 초년생"이라면서 "오늘날 같은 중차대한 시국에 막중한 임무를 잘 수행할 수 있도록 선배의원들이 깨우치고 가르쳐 달라"고 당부했다.

◇ 득표상황

후보자	정당	연령	주요 경력	득표율(%)
오제도	무소속	60	대검공안검사	37,650 (39.1)
정대철	무소속	34	한양대강사	21,265 (22.0)

박인각	무소속	61	공화당중구위원장	13,554 (14.0)
박정훈	무소속	36	8대입후보(영등포)	5,967 (6.2)
강근호	무소속	45	8대의원(군산)	4,630 (4.8)
김의종	무소속	36	㈜봉오대표	1,820 (1.9)
정의철	무소속	39	동양기업사대표	1,723 (1.8)
김문원	무소속	36	동아일보정치부장	1,678 (1.7)
신인우	무소속	63	국회의원(2선)	1,494 (1.5)
차경주	무소속	27	서울대학도호국단장	1,414 (1.5)
함순성	무소속	56	새마을운동운영위원	1,398 (1.5)
이연국	무소속	35	와세다대학원졸업	1,155 (1.2)
한상필(여)	무소속	51	8대입후보(용산)	1,032 (1.1)
고명관	무소속	37	4·19 동지회조직부장	947 (1.0)
최재원	무소속	53	태광고교교장	672 (0.7)
권종우	무소속	37	연탄소매업	등록무효

(4) 대법원 확정판결 하루만에 처형된 인혁당원 8명

1964년 8월 김형욱 중앙정보부장은 "북괴의 지령을 받고 대규모적인 지하조직으로 국가를 변란하려던 인민혁명당 사건을 적발하여 41명을 구속하고 16명을 수배 중에 있다"고 발표했다.

김형욱 중정부장은 "인혁당은 학생·언론인 등을 포섭하여 현 정권이 타도될 때까지 학생 데모를 조종함으로써 북괴가 주장하는 노선에 따라 남북평화통일을 성취할 것을 목표로 투쟁하다가 검거됐다"고 덧붙였다.

인혁당 관련자로 도예종, 박현채, 정도영, 이재순, 김승균, 김정남, 김중태, 현승일 등이 구속됐으나 이 사건의 수사를 맡았던 이용훈 부장검사를 비롯한 검사들은 "양심상 도저히 기소할 수 없으며 공소를 유지할 수 없다"면서 기소장의 서명을 거부했다.

그러나 한옥신 검사는 수사 결과 간첩들과 접선했다는 확증은 잡지 못했지만 북한의 평화통일론을 강령으로 삼는 등 북한의 활동을 찬양, 고무, 동조한 혐의가 있다고 밝히고, 국가보안법 대신 반공법을 적용하여 유죄판결을 받아냈다.

민청학련 사건으로 긴급조치 4호가 선포된 1974년 4월 신직수 중앙정보장은 10년 전과 거의 똑같은 인혁당 사건의 전모를 밝히면서 현정부를 전복하고 노동자, 농민에 의한 정부를 수립하기 위한 학생데모를 조직했다고 발표했다.

황산덕 법무부 장관은 "1961년 남파간첩 김상한이 조직한 인혁당은 1964년 관련자들이 가벼운 처벌을 받은 이후에도 지하에서 암약하다가 1973년 개헌 청원서명운동이 일어나자 제2의 4·19의거로 사회혼란을 조장하여 민중봉기로 정부를 전복함으로써 적화통일을 성취할 수 있는 결정적 시기라고 속단하고 인혁당 재건을 완료하고 학생들을 선동, 폭력에 의한 정부전복을 기도하다가 검거된 것이다"고 혐의사실을 적시했다.

비상군법회의는 민청학련 사건의 배후세력으로 인혁당을 지목하면서 서도원, 도예종, 우홍선 등 23명을 국가보안법 위반혐의로 구속했다.

인혁당 사건을 둘러싸고 1964년에 이어 또다시 고문에 의한 조작설이 나돌았다. 피고인들의 법정진술과 가족들에 의한 고문사실이 알려졌다. 인혁당 사건의 고문과 조작설에 대해 박정희 대통령과 황산덕 법무부장관은 강력하게 부인했다.

황산덕 법무부장관은 "국가변란을 기도한 공산주의자들의 집단인 인혁당 사건에 관해 무책임한 조작설을 퍼뜨리거나 이들을 민주인사, 애국인사라고 하며 석방요구를 하는 등의 행위는 반공법 위반의 범법행위이므로 가차없이 색출하여 엄단할 방침"이라고 경고했다.

중앙정보부는 긴급조치 위반으로 무기징역이 확정돼 복역 중 긴급조치 해제로 풀려난 김지하 시인을 인혁당 사건이 조작되었다는 등 반국가단체를 찬양, 고무하여 결과적으로 북괴의 선전활동에 동조했다는 혐의로 재수감했다.

인혁당 사건 피고인 전창일의 부인 임인영은 "인혁당은 10년 전에도 오늘에도 없는 것이며 조작된 사건으로 공개재판을 주장한 오글 목사의 추방은 부당하다"고 주장하며 공개재판을 받게 해달라고 주장했다.

비상보통군법회의 검찰부는 인혁당의 서도원, 도예종, 하재완, 송상진, 이수병, 우홍선, 김용원 등 7명에게 사형을, 김한덕 등 8명에게 무기징역을, 나머지 6명에 대해 유기징역을 건국 초유의 대규모 공산주의 혁명을 기도한 피고인들은 극형에 처함이 마땅하다며 구형했다.

비상보통군법회의 박형석 재판장은 인혁당재건의 관계 피고인 선고공판에서 서도원, 도예종, 하재완, 송상진, 이수병, 우홍선, 김용원 등 7명에게 사형을 선고하고 김한덕을 비롯한 8명의 피고인에게는 무기징역을, 황현승 등 6명에게는 징역 20년 형을 선고했다.

비상고등군법회의 이세호 재판장은 여정남, 서도원, 도예종, 하재완, 송상진, 이수병, 우홍선, 김용원 등 8명에게 사형을, 이 철, 유인태, 김한덕, 유진곤, 나경일, 김창덕, 이태환, 전창일, 이현배 등 9명에게 무기징역을, 정순화, 나병식, 강구철, 이강철, 윤한봉, 유근일, 서경석, 이창복 등에게 12년에서 20년 징역형을 선고했다.

민복기 대법원장은 인혁당 및 민청학련 사건 피고인 38명에 대한 상고심 결심 공판을 열고 36명에게는 상고를 기각하고 원심을 확정했다. 이로써 인혁당 피고인 하재완 등 8명은 사형이 확정됐고 이 철 피고인 등 9명은 무기징역이 확정됐다.

극히 이례적으로 확정판결 다음날인 1975년 4월 9일 도예종(삼화건설회장), 서도원(무직), 하재완(무직), 이수병(어학원 강사), 김용원

(경기여고 교사), 우홍선(중소기업 상무), 송상진(양봉업자), 여정남(무직)은 형장의 이슬로 사라졌다.

시체를 유족들에게 화장한 후에 인도하여 고문흔적을 없애기 위한 의혹의 소지를 남겼다.

인혁당 사건은 군사정부가 학생시위가 절정에 다다랐을 때 두 차례에 걸쳐 정권안보용을 삼는 스케이프코트(속죄양)였다는 의혹이 회자되었지만 지금까지 아무런 진실이 밝혀지지 아니했다.

(5) 동아일보의 자유언론실천선언과 광고탄압

동아일보기자 180여 명은 '자유언론실천선언'을 채택했다.

이 선언에서는 "교회와 대학 등 언론계 밖에서 언론의 자유회복이 주장되고 언론인의 각성이 촉구되고 있는 현실에 대하여 뼈아픈 부끄러움을 느낀다"고 지적하면서 기관원의 언론기관 출입과 언론인의 불법연행을 거부한다고 선언했다.

동아일보 기자들의 선언에 이어 한국일보, 조선일보, 경향신문, 동양통신 등도 언론 자유수호를 위한 결의문과 행동지침 등을 채택했다.

한국기자협회는 언론자유수호특별대책 위원회를 상설기구로 구성하여 유신체제 붕괴를 위해 노력했다.

동아일보의 20여개사의 광고계약이 무더기로 해약된 사태에 대해 신민당은 새로운 수법의 언론탄압이라고 규정하고, 사태의 진상을 시급히 조사하여 규명하기 위해 국회 문공위 소집을 요구했다.

민주수호국민협의회는 "언론기관의 수입원을 고갈시키려는 음성적 수법은 일제기 외세강점시대에도 차마 쓰지 못했던 일"이라고 규탄했다.

이병린 변호사는 "동아일보의 백지광고가 나온 것은 이 나라의 인권이 최악의 상태임을 말해 주는 것이며 민중을 귀머거리나 장님으로 만들려는 처사"라고 비난했다.

천주교 정의구현사제단은 동아일보의 광고해약은 분명히 당국의 압력이 광고주에 가해진 것으로 보고 당국의 압력이 자유언론에 대한 중대한 위협임을 지적하면서 이를 규탄하는 성명서를 발표했다.

동아일보에 대한 광고탄압은 지난 1974년 6월 중순께 중앙정보부의 지시에 따라 행정부의 관련부처 당국자들이 각 기업체 책임자들을 불러 광고를 내지 말도록 압력을 넣음으로써 시작됐다.

중앙정보부는 대기업의 임원을 출두시켜 광고를 게재 않겠다는 내용의 각서를 쓰게 했다.

어떤 기업의 광고 담당자는 눈물을 글썽이면서 "모두 다 아는 사실 아니냐" "괴로우니 더 이상 묻지 말아 달라" "이런 사태가 오래가지 않을 것이니 다시 광고 낼 때까지 기다려 달라"고 울먹였다.

박준규 공화당 정책위의장은 동아일보광고 해약사태는 신문사와 광고주들 사이의 문제라고 한 정부당국의 공식적인 입장을 국제신문인협회 회견에서 되풀이했다.

국제신문인협회(IPI)는 동아일보 광고 해약사태와 관련하여 전 세계 언론들이 동아일보를 지원해 줄 것을 호소하는 내용의 성명을 발표했다.

신민당 신도환 의원은 "동아일보의 광고탄압사건은 변형된 언론탄압 수법으로 입을 막기 위해 육체에 영양을 공급치 않아 인간 자체를 죽이는 악랄한 짓"이라고 비난했다.

신민당 송원영 의원은 "자유당 정권은 경향신문을 폐간하고 1년이 못 되어 망하더라"며 "언론의 충고가 귀에 거슬리기는 모든 집권자가 마찬가지지만 이를 올바르게 시정의 이기로도 활용할 수 있는 것"이라고 충고했다.

신민당 최성석 의원은 "동아일보 광고해약사태가 7개월째 계속되고 있는데도 정부는 이를 방치하고 있을 뿐 아니라 아직도 탄압한 일이 없다고 말하고 있으나 과연 국민이 이 말을 믿을 것이며 세계의 이목이 그 말을 납득하고 있다고 보는가"라며 "정부는 조속히 동아일보에 대한 광고사태를 해결하라"고 촉구했다.

이에 이원경 문공부 장관은 "광고중단 사태는 나도 매우 불행한 일로 생각하며 어떤 사정에 의해서 그렇게 되었든 간에 하루속히 해결되야 할 것으로 믿고 있다"고 답변했을 뿐이다.

긴급조치 9호에 의해 언론수호특위의 활동이 위축되면서 동아일보에 대한 광고탄압도 슬그머니 사라졌다.

(6) 긴급조치 위반은 일본인이거나 미국인을 불문

비상보통군법회의 검찰부는 민청학련 국가변란 기도사건과 관련하여 기소된 다찌가와 마사끼, 하야가와 요시하루 등 두 일본인 피고인에게 징역 20년을 각각 구형했다.

비상보통군법회의 유병현 재판장은 민청학련 사건으로 구속, 기소된 두 일본인에게 징역 20년 형을 각각 선고했다.

이철 군은 두 일본인과 접선하는 한편 이른바 인혁당의 배후조종을 받았다고 날조하여 민청학련을 공산주의자의 통일전선전략에 호응하는 반국가적 집단으로 조작했다고 주장했다.

한일관계의 걸림돌로 작용하여 왔던 두 일본인은 1975년 2월 15일 긴급조치 위반자의 석방 때 석방되어 일본으로 돌아갔다.

미국인 감리교 오글 목사가 "종교활동을 목적으로 입국이 허가됐으나 공산주의자인 인혁당 사람들의 행위까지 찬양 고무하면서 석방을 주장하는 등 입국목적 외 활동을 했다"는 혐의로 강제 출국 당했다.

미국정부가 한국정부가 오글 목사를 추방조치한데 대해 공식적으로 항의하자, 정부는 오글 목사의 추방은 법적하자가 없음을 미국정부에 해명했다.

미국 하원 청문회에서 오글 목사는 "한국에서 선교사들은 민권과 민주주의를 회복하기를 희망하는 한국인들을 돕고 있다"면서 "반정부 투쟁을 앞장서서 지도하지는 않았다"고 증언했다.

그는 "한국인과 미국 국민들은 미국의 영향력이 맹목적으로 한국을 원조하는데 사용되기보다 민주적 사회 및 인간의 가치를 발전시키는데 사용되기를 바라고 있는 것으로 믿는다"고 말했다.

오글 목사는 유신이 경제발전과 북괴의 위협저지를 위해 불가피했다고 하는 것은 근거 없는 것이라고 말하고, 한국의 많은 사람들은 유신체제의 폐지와 중앙정보부의 개편 및 정치범의 석방 등 세 가지를 희망하고 있다고 증언했다.

(7) 1974년 대학가와 유신체제에 대한 공방

1974년 대학가는 실로 영일(寧日)이 없는 한해였다. 전에 없이 거센 데모의 소용돌이에 말려들어 대학의 기상은 1년 내내 장기태풍권에서 벗어나지 못했다.

체질개선을 주장하고 나선 학생들의 끈질긴 저항과 현실묵과(現實默過)를 요구하며 강경책을 써온 정부가 맞부닥뜨려 데모, 처벌, 휴강의 악순환이 되풀이됐다.

긴급조치하의 삼엄한 분위기인데도 학생들은 시국에 대한 성토와 함께 유인물 배포, 수강 거부 등 집단행동을 보였다.

학생들의 공통된 요구는 유신헌법 철폐, 민주헌정질서 회복, 학원 탄압 금지 등이었다.

국민선언에 서명한 백낙청 교수의 파면 결정도 학원사태에 새로운 이슈 하나를 더 만들어 주었다.

긴급조치 기간 중에 115명의 학생들이 구속돼 군법회의에서 재판을 받았다. 이들 가운데는 무기징역(5명)에서 징역 3년형이 선고됐다.

제적학생도 19명에 이르고 있으나 현행 학칙상 구제의 길이 막혀 있다. 이들의 구제는 정치적 결단에 기대할 수밖에 없게 됐다.

민청학련사건의 주모자급 55명이 기소되었고 이 철 피고인은 "평소 학생 데모의 이론적 지도자로 생각해 온 김지하 피고인을 찾아가 계획을 논의하여 전국 규모의 민청학련을 조직했다"는 등의 공소사실을 시인하면서도 "전국 규모로 데모가 확대되면 현 정부가 물러날 가능성이 짙다는 생각은 했으나 정부전복이나 국가변란을 기도한 것은 아니다"고 주장했다.

변론에 나선 강신옥 변호사가 유신체제에 비판적인 발언으로 법정을 모독하고 긴급조치를 위반한 혐의로 구속되기도 했다.

윤보선 피고인은 학생들에게 40만원을 준 사실을 시인하고 "학생들이 데모를 한다길래 밥이라도 사 먹으라고 도와준 것일 뿐 정부를 전복시켜 정권을 잡으려는 계획을 한 일이 없다"고 주장했다.

박정희 대통령은 1973년 신년사에서 "새해에는 무슨 일이 있더라도 유신과업을 계속 과감하게 수행하여 유신이념을 확실히 구현하고 유신질서를 굳건히 정착시켜 놓아야 한다"고 역설했다.

박정희 대통령은 "민족과 국가의 존망이 걸려 있는 시국에는 개개인의 일부 자유는 스스로 자제해야 할 것이며 이것이 민족과 국가가 살고 자기 자신도 사는 길"이라고 지적하고 "우리국민 대다수는 이를 잘 인식하고 유신체제에 순응하고 있으나 아직도 이를 깨닫지 못하는 사람에 대해서는 앞으로 가차없는 법의 제재가 있어야 할 것"이라고 경고했다.

김종필 국무총리는 "최근 일부 사람들이 유신이념과 체제에 의구심을 갖거나 반대하고 있는 것 같다"면서 "사회불안을 조성하고 유신체제에 정면으로 도전하는 선동적 행위는 용서할 수 없다"고 강조했다.

이효상 공화당의장서리는 "종교 지도자들이 반공법이나 국가보안법에 위반되는 행위를 하면 법은 만인에 평등하게 적용되는 것이기 때문에 예외로 취급할 수 없는 것이며 이를 종교탄압이라고 선전하지만 이는 탄압이 아니고 만인을 평등하게 다룬 것에 지나지 않는다"고 종교에 대해 탄압한 일이 없다고 강변했다.

공화당 길전식 사무총장은 "여당의 정치 발전이란 유신체제를 더욱 굳히는 것"이라고 정의하고 "이런 방향 이외의 그 어떤 발전도 우리는 생각하고 있지 않다"고 단언했다.

유정회 이영근 원내총무도 "우리의 생각으로는 선거법, 정당법, 국회법 등을 개정해야 할 하등의 이유가 없다"고 견제했다.

박준규 공화당 정책위의장은 "구속자나 반정부인사 외에 실제로 현체제에서 불편을 느끼는 사람이 누가 있느냐"고 유신체제와 긴급조치 발동을 옹호했다.

장예준 상공부장관과 유기춘 문교부장관 등이 "삼권분립은 18세기의 사고" "개헌론은 터무니 없는 주장"이라는 등의 발언에 대해 정운갑 의원은 "말이 말 같아야 대꾸를 할 텐데 그런 사람들을 국무위원으로 갖고 있는 우리 스스로가 측은한 생각이 든다"고 대응했다.

신민당과 통일당이 긴급조치 해제안을 제출하자 공화당 김용태 원내총무는 "신민당이 국회와 여당을 궁지에 몰아넣은 이상 야당과 절충을 벌일 생각이 없다"며 강경입장을 보였다.

정일권 국회의장은 긴급조치 하의 헌법 해석권은 대통령에게만 있다는 입장을 밝히고 국회를 공전시켰다.

공화당 이해원 대변인은 "모처럼 문을 연 임시국회가 여야가 합의한 의제와 일정이 무시된 채 야당의 무책임하고 당리당략적인 요구로 말미암아 정상을 되찾지 못하고 있다"고 비난했다.

이중재 신민당 정책심의회의장은 "긴급조치 해제 주장을 할 수 없다는 공화당 김용태 총무의 발언 이야말로 망언이며 민주정치를 외면하는 자세에서 나온 것"이라고 규탄했고, 김형일 원내총무는 "그렇게 떠든다고 우리가 할 말을 못할 것은 아니지만 지나친 독단이요, 엄포다"고 반격했다.

공화당 길전식 사무총장은 "안보 난국이 계속되는 한 여야관계는 우당으로서의 협조관계가 유지되야 할 것"이라는 우당론을 주장하면서 "오는 1978년 11대 총선거에서는 우당관계의 발전과 과열방지를 위해 여야가 복수공천을 피하고 각기 1명씩만의 후보를 내도록 추진하겠다"고 선언했다.

(8) 박정희 대통령의 유신통치시대의 낙수모음

서울지검 정명래 공안부장은 이호철, 정을병 등 문인 5명을 간첩 혐의로 구속하고 천관우 등에 대해 조사중이라고 발표했다.

이들은 북한노동당 김기심 공작원에 포섭되어 문단의 동태를 보고하는 한편 반정부투쟁을 선동하는 작품 활동과 북한지령을 실천하기 위해 문인개헌 성명에 가담한 혐의이다.

박종화 예술원회장, 조연현 문인협회이사장, 이희승, 모윤숙, 김동길, 황순원 등 280여 명은 이호철 등 5명의 문인에 대해 관대한 판결을 내려 줄 것을 재판부에 요청했다.

서울지법은 이호철 피고인에게 징역 1년 6월, 장병희 피고인에게 징역 1년 등 문인 5명에 대해 비교적 관대한 처분을 내렸다.

조윤형, 홍영기, 조연하, 김녹영, 이세규, 박종율, 강근호, 나석호 등 8대 의원 13명은 보안사, 헌병대, 중앙정보부 등 수사기관에 연행돼 물고문, 거꾸로 매달기, 알몸구타 등 참혹한 고문을 당했다고 공동으로 폭로했다.

그들은 "10월 유신이 고문 유신이 되어 사상최대의 범죄권력이 되기를 우리는 원하지 않는다"고 규탄했다.

공화당 김용태 총무는 "케케묵은 몇 년 전 일을 이제 와서 얘기하는 저의를 알아봐야 할 것"이라며 "국가와 민족이 있고 정치인이 있는 것인데 그들은 나라를 망신시켰으며 여야가 대화를 하는데 얼음으로 대갈통을 친 격"이라고 주장했다.

신민당 최형우 의원은 "눈을 감을 때까지 잊을 수 없는 이 쓰라린 경험을 밝혀 의원 여러분들에게 제2, 제3의 이 같은 일을 당할 수 있는 정치풍토를 종식시키기 위해 질의한다"면서 "이 고문정치, 폭력정치는 종국에 가서는 국민의 봉기를 유발한다는 역사적 사실을 기억해야 할 것"이라고 경고했다.

정부는 학원의 총화단결과 자주국방 태세확립을 위해 고등학교 이상의 모든 학교에 학도호국단을 조직하고 현행 대학군사교육(교련)을 대폭강화하기로 했다.

학도호국단 조직은 남녀학생 및 교원을 포함시켜 군사훈련 편제로 편성하여 평시에는 교련을 비롯하여 각종 단체 활동, 새마을 운동 등을 펴고 전시엔 후방 질서유지와 지역방위 임무를 맡게 된다.

공화당은 총력안보태세 강화방안의 일환으로 학생들의 군사훈련 교육제도를 개선하여 모든 남자 대학생들에게 군사훈련을 실시하고 이들의 현역 복무기한을 단축하는 문제를 검토중인 것으로 알려졌다.

국방부는 북괴의 후방지역 침공에 대한 대비책의 하나로 정규군과 동일한 장비로 무장된 전투예비군 부대를 편성했다.

이 부대요원은 평상시 생업에 종사하면서 만전의 긴급출동 태세를 유지하고 작전시에는 진료 및 원호혜택을 받게 된다고 국방부는 밝혔다.

정부는 만 17세 이상 50세 이하의 남자는 의무적으로 민방위대를 조직하기 위한 민방위대 기본법안을 마련했다.

박 대통령 이후를 거론하여 괴씸죄에 걸린 전 수도경비사령관 윤필용 소장에 업무상 횡령, 특정범죄가중처벌법 위반 등 혐의로 징역 15년을 선고했다. 손영길 준장 15년, 권익현 대령 2년, 신재기 대령 5년도 함께 선고됐다.

김연준 한양대 총장도 윤필용 소장에 증수(贈隋) 혐의로 구속됐다.

미국정부는 KAL기가 소련 영공을 넘어 들어간 것으로 관측 계기에 추적됐다고 통고하고 이 비행기가 소련의 무르만스크 부근에 착륙당했다고 알려 왔다. 승객과 승무원 113명은 모두 안전하고 제3국의 적십사사를 통해 소련 송환교섭에 들어갔다.

KAL기가 정규항로를 벗어나 소련 영공을 침범한 것은 나침반 고장 때문이었다고 김창규 기장이 밝혔다.

영공을 침범했다 해도 비무장여객기에 발포한 것은 지나치다는 대소비난 여론이 일고 있는 가운데 정부에서는 소련의 발포문제는 일체 묵묵부답으로 일관했다.

소련 브레즈네프 의장은 소련에 강제착륙한 KAL기의 기장 김창규와 항법사를 재판에 회부하지 않고 인도적 원칙입장에서 석방을 허용했다고 타스 통신이 보도했다.

박정희 대통령은 유신체제 확립에 지대한 공을 세운 김종필 국무총리를 경질하고 최규하 대통령외교담당 특별보좌관을 국무총리서리로 임명했다.

또한 외무부장관에 박동진, 내무부 장관에 김치열, 농수산부장관에 최각규, 보사부장관에 신현확, 체신부장관에 박원근, 문공부장관에 김성진을 기용했다.

박정희 대통령은 1978년도에는 최규하 국무총리를 유임하고 부총리 겸 경제기획장관에 신현확, 법무부 장관에 김치열, 청와대 비서실장에 김계원을 발탁했다.

무임소장관에 신형식, 민병권을 임명했다. 검찰총장에는 이선중을 임명하여 경북 출신들을 중용했다.

이효상 공화당 의장서리는 "이번 개각은 경북 출신들이 많이 입각해 명실공히 경북 정권이었다"고 평가했다.

박정희 대통령은 "영일만 부근에서 석유가 발견된 것은 사실이며, 석유가 나온 자체는 중요하나 더욱 중요한 것은 앞으로 경제성이 있을 만한 매장량이 있느냐 하는 것" 이라고 밝혔다.

한일 양국이 대륙붕개발협정에 의해 공동개발을 서두르고 있는 제7광구에서는 최소 12억 4천 6백억 배럴 내지 최대 62억 3백만 배럴의 원유매장량이 있을 것으로 추정된다고 일본의 석유 권위지가 밝혔다.

정부는 새 행정수도 건설의 후보지로는 천안·대전권 일원이 검토되고 있으며 80년대에 건설하는 장기 계획이라고 밝혔다.

박 대통령은 행정수도 건설을 위해 1백만의 인구를 수용할 수 있는 설계를 꾸미고 있다면서 그 건설은 아무리 빨라도 10년 내지 15년 걸릴 것이라고 전망했다.

(9) 기업무상을 실감한 1973년도 고액소득자 100명

1973년도 고액소득자의 순위는 1위 동명목재 강석진, 2위 대한항공 조중훈, 3위 연합철강 권철현, 6위 삼양식품 전중윤, 8위 호남정유 서정귀, 11위 광명인쇄 이학수, 12위 태평양화학 서성환, 15위 동아건설 최준문, 18위 미원 임대홍, 21위 충남방적 이종성, 22위 동양맥주 박용곤, 23위 대우실업 김우중, 24위 대성탄좌 김수근, 28위 영진약품 김생기, 29위 종근당 이종근, 30위 현대건설 정주영, 32위 극동건설 김용산, 33위 동양맥주 박두병, 34위 삼부토건 조정구, 36위 선경화섬 최종건, 37위 동양나이롱 조석래, 39위 고려해운 양재원, 43위 럭키 허준구, 46위 대농 박용학, 47위 삼익피아노 이효익, 49위 광주고속 박상구, 53위 태광산업 이식진, 54위 대림산업 이재준, 56위 대한전선 설원량, 59위 호남정유 구자경, 68위 경남모직 김한수, 70위 신진자동차 김창원, 72위 한국제지 김창윤, 78위 동아제약 강신호, 83위 함태탄광 김세영, 85위 금성사 구정회, 90위 대한교과서 김광수, 98위 백화양조 강정준 등으로 사카린 밀수 등으로 알려진 삼성가의 이병철 등 일가는 100위 이내에 아무도 들지 못했다.

현재의 재벌순위 1위 삼성(100위 이내 없음), 2위 현대(30위), 3위 LG(59위), 4위 선경(36위), 5위 두산(22위)등의 순위와는 50년의 세월이 흘렀지만 너무나 격차가 벌어졌다.

[제3부] 제10대 국회의원 선거 이모저모

1. 최장 6년임기를 향유한 9대 국회의원들

2. 공천이 곧 당성인 공화당 후보공천

3. 무소속 후보들을 대거 당선시킨 신민당 후보 공천

4. 이슈 없이 고요하고 조용한 선거전

1. 최장 6년 임기를 향유한 9대 국회의원들

(1) 임기 6년이지만 가장 한 일이 없는 9대 의원들

역사적으로 6년의 의원생활을 즐긴 행운아들은 9대 의원들뿐이었다.

1948년 제헌국회는 임기가 2년으로 규정되어 있었고, 1958년 4대 국회는 4·19 혁명으로 자유당 정권이 붕괴되면서 2년의 의원생활만을 할 수 있었다.

1960년 5대 국회는 5·16 군사쿠데타로 9개월짜리 의원생활을 하게 됐고, 1971년 8대 국회도 박정희 대통령의 특별선언, 유신체제 출범으로 2년을 채우지 못한 단명국회로 마감됐다.

1978년 10대 국회는 박정희 대통령의 시해와 제5공화국 출범으로 2년도 채우지 못하고 의원생활을 마감했고, 1985년 제12대 국회도 제6공화국 출범에 부응하기 위해 임기 1년을 단축하고 일찍 문을 닫았다.

6년의 임기를 즐긴 9대 국회는 역대 국회에서 가장 한 일이 없는 국회로 남겨졌다.

유신체제에서 시녀역할에 충실할 수밖에 없는 제도적 영향 때문일지 몰라도 국회의원의 지위가 차관급으로 격하되고 국정감사권도

사라져 국민들의 주목을 받지 못한 것도 사실이었다.

그러나 9대 의원들은 김옥선 의원을 제외하고 임기 6년을 웃음꽃을 피우며 즐길 수 있었다.

(2) 9대 총선에서 지역구 의원 146명 선출

제9대 총선 결과 여촌야도를 퇴색시키고 공화당이 73석을 석권한 가운데 선거운동기간 정통 대 선명의 이미지 논쟁을 벌였던 야당의 법통싸움은 신민당이 52석을 차지하는 승리로 귀결되어 신민당으로서는 유신헌법 아래 새로 구성되는 야당의 대여지위를 정립해야 하는 독자적인 권한과 책무를 지니게 됐다.

공화당 : 73명

○서울(7명) : 장기영, 강상욱, 민병기, 정래혁, 오유방, 정희섭, 강병규

○부산(4명) : 신기석, 박찬종, 김임식, 양찬우

○경기(9명) : 유승원, 이병희, 박명근, 차지철, 서상린, 오학진, 김재춘, 김유탁, 김용채

○강원(5명) : 손승덕, 김용호, 김효영, 정일권, 장승태

○충북(5명) : 민기식, 이종근, 이해원, 육인수, 김원태

○충남(6명) : 김용태, 김종철, 김제원, 이병주, 김종익, 장영순

○전북(4명) : 유기정, 채영철, 장경순, 이병옥

○전남(10명) : 박 철, 강기천, 김상영, 박삼철, 임인채, 문형태, 신형식, 길전식, 임충식, 윤인식

○경북(12명) : 박 찬, 이효상, 정무식, 박숙현, 백남억, 김상년, 박준규, 신현확, 문태준, 오준석, 권성기, 황재홍

○경남(10명) : 이도환, 최세경, 김주인, 최재구, 김원규, 이상철, 성낙현, 김영병, 신동관, 정우식

○제주(1명) : 홍병철

신민당 : 52명

○서울(8명) : 정일형, 송원영, 정운갑, 고흥문, 김원만, 노승환, 김수한, 박한상

○부산(4명) : 김상진, 김영삼, 정해영, 이기택

○경기(6명) : 김은하, 김형일, 오세응, 유치송, 이택돈, 천명기

○강원(3명) : 박영록, 김명윤, 엄여달

○충북(2명) : 이민우, 이충환

○충남(6명) : 황명수, 유진산, 박 찬, 김옥선, 한건수, 유제연

○전북(4명) : 이철승, 김현기, 최성석, 양해준

○전남(6명) : 박병효, 김윤덕, 고재청, 이중재, 황호동, 이진연

○경북(5명) : 신도환, 박해충, 김창환, 박용만, 채문식

○경남(8명) : 황낙주, 정헌주, 최형우, 이상신, 박일, 신상우, 문부식, 김동영

통일당 : 2명

○전남(2명) : 김녹영, 김경인

무소속 : 19명

○서울(1명) : 김재광

○경기(1명) : 이진용

○강원(2명) : 홍창섭, 김인기

○충북(1명) : 이용희

○충남(2명) : 임호, 한영수

○전북(4명) : 김광수, 손주항, 김탁하, 진의종

○전남(2명) : 강길만, 박귀수

○경북(5명) : 한병채, 권오태, 이영표, 김윤하, 박주현

○제주(1명) : 양정규

(3) 박정희 대통령이 제1기 국회의원 73명을 지명

유신헌법에 따라 박정희 대통령은 국회 정수의 3분의 1인 73명을 통일주체 국민회의에 추천하여 국민회의 대의원들이 선출하였으며 예비후보 14명도 함께 추천했다.

제1기 정후보(73명)

○ 정계(20명) : 고재필, 구태회, 권 일, 김봉환, 김성두, 김용성, 김재순, 김종필, 김진만, 노진환, 민병권, 백두진, 이도선, 최영희, 현오봉, 함종윤, 권갑주, 김영도, 안종렬, 지종걸

○ 학계(10명) : 갈봉근, 강문용, 구범모, 김명회, 김태규, 오주환, 한

태연, 김동욱, 엄경섭, 장준한

○ 언론계(7명) : 문태갑, 서인석, 이종식, 이진희, 임 삼, 주영관, 함재훈

○ 관계(16명) : 강문봉, 권효섭, 김성락, 김성주, 김세련, 김진봉, 서병균, 오정근, 유민성, 이성가, 이영근, 장동식, 전재구, 정재호, 최영철, 황창주

○ 예비역 장성(8명) : 김재규, 김창규, 송호림, 안춘생, 윤태일, 장창국, 정광호, 함명수

○ 여성계(8명) : 구임회, 김옥자, 박정자, 서영희, 이범준, 이숙종, 정복향, 허무인

○ 단체장(4명) : 김기형, 김삼봉, 이해랑, 최용수

예비후보(14명)

①송효순, ②김충수, ③이승복, ④남상돈, ⑤마달천, ⑥이재석, ⑦김병식, ⑧복태봉, ⑨조병봉, ⑩김일수, ⑪윤여훈, ⑫한인수, ⑬유제흥, ⑭김상희

박정희 대통령의 지명으로 선출된 73명의 의원들은 유정회를 조직

하여 백두진 전 국무총리를 회장으로 추대하여 국회 교섭단체의 한 축을 담당했다.

김재규 의원의 건설부 장관 입각으로 송효순 후보가, 허무인 의원의 사망으로 김충수 후보가, 이성가 의원의 사망으로 이승복 후보가, 김성주 의원의 치안본부장 취임으로 남상돈 후보가 의원직을 승계했다.

(4) 박 대통령은 76년에도 제2기 73명을 추천

통일주체국민회의에서 선출한 국회의원의 임기는 3년으로 박 대통령은 76년에도 제2기 국회의원을 73명 추천했다. 제1기 국회의원 중 73명 중 50명을 재추천하고 23명을 탈락시켰다.

제1기 의원 재추천 : 50명

갈봉근, 강문봉, 강문용, 고재필, 구범모, 구태회, 권갑주, 권 일, 권효섭, 김기형, 김명회, 김삼봉, 김세련, 김영도, 김용성, 김종필, 김진봉, 김창규, 김충수, 남상돈, 노진환, 문태갑, 민병권, 박정자, 백두진, 서영희, 서인석, 송호림, 안종렬, 안춘생, 송효순, 오정근, 윤태일, 이도선, 이승복, 이범준, 이숙종, 이영근, 이종식, 이진희, 장

동식, 전재구, 정재호, 주영관, 지종걸, 최영철, 최영희, 한태연, 함명수, 현오봉

제1기 의원 탈락

구임회, 김동욱, 김봉환, 김성두, 김성락, 김옥자, 김재순, 김진만, 김태규, 서병균, 엄경섭, 오주환, 유민상, 이해랑, 임 삼, 장준한, 장창국, 정광호, 정복향, 최용수, 함재훈, 함종윤, 황창주

제2기 신규 추천 : 23명

권중동, 김도창, 김동성, 김성용, 김세배, 김 신, 김익준, 김진복, 박동묘, 박찬현, 백영훈, 신광순, 신범식, 신상초, 윤여훈, 윤주영, 이성근, 이승윤, 이정식, 이종찬, 전부일, 정일영, 최우근

제2기 예비 후보 : 5명

①변우량 ②마달천 ③김병식 ④복태봉 ⑤조병봉

변우량 예비후보는 강문봉 의원의 의원직 사직에 따라, 마달천 예

비후보는 지종걸 의원의 의원직 사직에 따라 의원직을 승계했으나 1기때부터 예비후보로 등록됐던 김병식, 복태봉, 조병봉 후보들은 끝내 국회 등원에 실패했다.

(5) 제9대 국회 국회의원들의 변동상황

1973년 제1기 박 대통령의 추천으로 통일주체국민회의에서 김종필, 백두진, 김진만, 구태회, 김재순 등 73명의 의원들을 선출했고 이들은 백두진을 회장으로 유정회를 조직했다.

1976년 제2기 통일주체국민회의에서 김진만, 김재순 의원 등 23명을 탈락시키고 50명을 재추천했다.

이번에 권중동, 김세배, 김 신, 김익준, 박찬현, 이승윤, 이종찬 후보들이 새로 추천됐다.

강문봉 의원의 구속과 의원직 사퇴에 따라 변우량 후보가 의원직을 승계하여 박 대통령의 추천에 의해 101명 의원이 의원배지를 달게 됐다.

지역구에서도 장기영(종로 – 중구), 이상철(함안 – 의령 – 합천), 임충식(해남 – 진도), 유진산(대덕 – 연기 – 금산) 의원들의 사망과 차지철(성남 – 여주 – 광주 – 이천)의 경호실장 발탁, 김옥선(부여 – 서천 – 보령)의 유신체제 비판 발언에 의한 사퇴, 정일형(종로 –

중구)의원의 3·1 명동성당 구국선언문 사건으로 인한 형 확정 판결, 성낙현(밀양 – 창녕)의원의 성추문으로 인한 공화당 탈당 등으로 의원직을 상실했다.

1977년 6월 10일 실시된 종로 – 중구 보궐에서는 공화당과 신민당이 후보 공천을 하지 아니하여 16명의 무소속 후보들이 난전을 벌여 대검 공안검사 출신인 오제도, 의원직을 상실한 정일형 의원의 아들인 정대철 후보가 당선되어 의원직을 승계했다.

서울지검은 김인기 의원을 변호사법 위반, 공갈, 특정범죄가중처벌법(탈세) 혐의로 구속했고, 황명수 의원은 변호사법 위반혐의로 대법원에서 유죄확정 판결을 받아 의원직을 상실했다.

미성년자인 여고생을 일본인 친구들과 함께 농락한 파렴치행위로 성낙현 의원은 의원직을 사퇴하고 공화당을 탈당했다.

(6) 제9대 국회 6년 동안의 정치상황

유신헌법에 따른 중선거제로 1973. 2. 27 실시한 9대 지역구 국회의원 선거에서 공화당 73명, 신민당 52명, 통일당 2명, 무소속 19명 등 146명이 당선됐다.

박 대통령의 추천에 의해 73명의 유정회 의원이 합류한 219명은 3월 12일 개원하여 의장에는 공화당 정일권, 부의장에는 유정회 김진만, 신민당 이철승 의원을 선출했다.

공화당에서 강기천, 강상욱 의원이 제명됐고 재검표로 대전의 무소속 임호 의원이 통일당 박병배 의원으로 당선자 교체가 있었다.

개헌청원운동이 전개되었으나 1974년 1월 9일 개헌을 청원하거나, 유신헌법 비방을 금지하고 비상군법회의를 설치하는 긴급조치 1, 2호를 선포하며 국회는 대통령의 장식품으로 전락했다.

8월에는 신민당과 통일당 의원들이 긴급조치 해제안을 제출하여 육영수 여사의 피격으로 상심한 박 대통령이 긴급조치를 해제하는 결단을 내렸다.

박 대통령의 유신체제에 대한 어떠한 도전에도 불용하겠다는 경고에도 불구하고 김영삼 신민당 총재는 개헌추진 원외투쟁을 선언하고 신민당 의원들은 국회에서 농성하기도 했다.

민주회복국민회의가 발족하여 개헌 추진운동의 구심체가 되어 개헌 운동이 전국적으로 번져 가고 김영삼 총재도 민주회복을 위해 개헌투쟁을 계속하겠다고 선언했다.

유신헌법을 고쳐서는 안된다는 게 소신이라는 박 대통령은 유신헌법의 찬반과 대통령 퇴진을 묶어 찬반을 물은 국민투표를 실시하여 신민당의 국민투표 거부운동에도 불구하고 불법적인 방법으로 찬성율 73%로 재신임을 받았다.

월남정부 무조건 항복을 계기로 헌법을 비방하거나 반대를 금지하는 긴급조치 9호를 선포하고 고교와 대학에는 학도호국단을 조직하고 제대군인들은 예비군에, 17세와 50세까지는 민방위대에 편성되어 전국민을 군대편제에 편입시켰다.

국회 대정부 질문에서 유신체제를 비방한 김옥선 의원이 여당의 제명 협박에 굴복하여 의원직을 사퇴했고, 선명논쟁에서 우위를 차지하여 총재에 당선된 김영삼 총재는 박 대통령과 단독회담 이후 투쟁에서 대화로 선회했다.

1975년 12월에는 대통령의 비상선언을 방조하고 유신체제의 기반을 구축한 김종필 국무총리가 최규하 국무총리로 교체됐다.

1976년에는 영일만에서 석유가 발견됐다고 국민들을 현혹한 박 대통령은 제2기 통일주체국민회의 선출 국회의원 73명을 추천했다.

제2기 유정회 의원들이 합류한 제9대 국회의 후반기에도 국회의장은 정일권 의원을 선출하고 부의장에는 유정회 구태회, 신민당 이민우 의원을 선출했다.

5월에 개최된 신민당 전당대회는 주류와 비주류가 두 갈래 전당대회를 개최하여 선관위에 추인을 받고자 했으나 선관위는 두 대회 모두 적법성을 상실한 대회로 의결하고 김영삼 총재의 총재직 지위 소멸을 결정했다.

김영삼 총재의 사퇴로 실시된 전당 대회에서 이철승 의원이 비주류연합의 지원에 힘입어 김영삼 전 총재를 꺾고 새로운 신민당의 대표에 취임했다.

유신이념을 깨닫지 못한 사람에게는 가차 없는 법의 제재가 있을 것이라는 박 대통령의 경고 속에 출발한 1977년에는 3·1절 명동성당 구국선언문에 연루된 정일형 의원의 의원직 상실로 실시된 종로 – 중구 보궐선거에서는 공화당과 신민당의 무공천으로 무소속 오제도, 정대철 후보들이 당선됐다.

김형욱 전 중앙정보부장의 의회증언과 폭로로 촉발된 박동선 게이트가 미국과의 불편한 관계가 지속되는 가운데 박 대통령은 대륙붕 7광구에서 대량의 석유가 매장되어 있다고 발표하여 국민들의 관심을 집중시켰다.

지역구 인구의 격차로 4개 지역구 증설에 여야가 합의가 있었을 뿐 아니라 원내의석 수에 따라 기호를 선점하는데 합의하여 기호 1번은 공화당, 기호 2번은 신민당, 기호 3번은 통일당이 차지하는 데도 합의했다.

제2기 통일주체국민회의 대의원에 의해 박 대통령은 99.2%의 득표율로 제9대 대통령에 당선됐다.

10대 총선을 3개월 앞두고 공화당은 원외지구당 위원장 15명을 선정하여 선거전에 대비했고 신민당도 6명의 최고위원에 김영삼 전 총재, 정헌주 전당대회 의장으로 공천심사위원회를 구성하여 선거채비에 들어갔다.

9대국회 임기만료와 10대 국회 개원을 3개월 앞두고 제10대 총선이 엄동설한에 실시되어 공화당이 77개 지역구에서 68명의 당선자를 배출했으나 61명의 당선자를 낸 신민당에 득표율에서 1.1% 뒤지는 결과는 민심의 이반을 감지할 수 있었다.

2. 공천이 곧 당선인 공화당 후보 공천

(1) 총선을 앞두고 15개 선거구 조직책 선정

공화당은 총선을 3개월 앞두고 신설 4개구와 원외 11개구의 조직책을 발표했다.

종로 – 중구는 오제도 의원을 제치고 민관식 남북조절위원회 공동위원장 대리를, 마포 – 용산은 김신 의원을 제치고 박경원 전 내무부장관을, 도봉은 신오철 변호사를, 강남은 이태섭 풍한산업 사장을 선정했다.

부산 남구는 김재홍 부산시당 연락실장을, 성남 – 여주 – 광주 – 이천은 정동성 지구당위원장을, 서산 – 당진은 탈세문제로 이명휘 휘문출판사 사장을 제치고 심현직 서령중고이사장을 선정했다.

진안 – 장수 – 무주는 전휴상 전 의원이 국민의 심판을 받았다는 의미에서 공화당 공천에서 낙천했지만 무소속으로 당선된 김광수 의원을 선택했고, 임실 – 남원 – 순창은 전북 교육감 출신인 설인수 지구당위원장을 선임했다.

순천 – 승주 – 구례는 아파트 분양관련으로 경고장을 받은 박삼철 의원을 제치고 유경현 전 동아일보 정치부차장을 낙점했고, 해남 – 진도는 임영득 변호사를 제치고 김봉호 통대의원 출신을 선정했다.

창녕 – 밀양은 신화식 부산시 내무국장을 제치고 하대돈 국무총리 비서관을, 함안 – 의령 – 합천은 조일제 주일공사를 제치고 김상석 중앙당 총무부장을 선정했다.

제주에는 현오봉 유정회 정책위의장을 발탁하여 김세배, 이도선, 최영철, 김충수, 최우근, 장동식, 마달천 등 유정회 의원들의 공화당 공천에 대한 꿈을 부풀게 했다.

공화당이 총선일을 3개월이나 앞질러 조기공천을 단행한 것은 일종의 초조감의 발로이기도 하지만 그 인선 내용은 체질을 탈바꿈해보려는 의지가 역력했다.

(2) 출전을 위한 사직과 유정회 의원들의 정중동

공직자들은 9대 의원 재임기간 만료일(1979년 3월 11일) 6개월 전까지 현직에서 사임해야 한다는 규정에 따라 주중대사 김계원(영주 – 영양 – 봉화), 충남도지사 정석모(공주 – 논산), 안보회의 상임위원 현석주(문경 – 예천), 중앙노동위원장 박규상(울산 – 울주), 국무총리 비서관 하대돈(창녕 – 밀양), 국방대학원 교수 유창열(정읍 – 김제), 무임소장관실 실장 나창주(나주 – 광산), 부산시 내무국장 신화식(창녕 – 밀양), 중앙정보부 충남지부장 이준섭(금산 – 대덕 – 연기), 국토계획조정위 부위원장 박정수(김천 – 금릉

- 상주), 전북도 민방위국장 허재송(진안 – 무주 – 장수), 통일연구소 교수 이찬구(평택 – 용인 – 안성), 통일연구소 상임연구위원 임채홍(산청 – 함양 – 거창), 문공위 전문위원 김사달(진주 – 삼천포 – 진양 – 사천), 국회도서관 열람과장 전승표(영월 – 평창 – 정선), KBS 부산방송국장 한남석(영도 – 중구), 한국마사회장 오용운(진천 – 괴산 – 음성), 고려대 교수 권두영(성북), 한국프라스틱 협통조합 이사장 윤국노(안양 – 시흥 – 부천 – 옹진), 해외개발공사 총무이사 신철균(춘천 – 춘성 – 철원 – 화천 – 양구)등이 출전을 위해 사직서를 제출했다.

공화당 당료 출신으로는 이만섭 정책위부의장(대구), 정병학 사무차장(대덕), 김용호 조직부장(광산), 장태현 선전부장(원주), 남재한 유정회 행정실차장(청송), 최순열 전문위원(울진), 조수영 전문위원(울진), 서영수 전문위원(울산), 김종호 국회도서관장(속초), 김종하 국회의장 비서실장(마산), 길기상 국회 사무차장(대덕)을 비롯하여 신직수(서천), 유근창(공주), 김영선(보령), 김계원(봉화), 강창성(포천) 등 관료들은 물론 허 련(순천), 김희덕(창녕), 김영상(안성), 고광도(김해), 이봉출(함안) 등도 출전을 대비하여 사직을 검토하고 있는 것으로 알려졌다.

유정회 의원 중에는 고재필(담양), 민병권(하동), 박찬현(부산진), 최영희(평택), 김세배(천안), 권 일(예천), 김충수(의성), 신광순(경산), 이도선(광양), 장동식, 마달천(칠곡), 구범모, 변우량(예천), 권중동(안동), 권효섭(봉화), 김동성, 신범식, 이성근(청원), 김성용(담양), 김세련(공주), 남상돈(음성), 노진환, 전부일(광주), 문태갑(달성), 백영훈(김제), 송호림(전주), 안종렬(김천), 이승윤(인천), 이종식(고령), 이종찬(진해), 이진희(청도), 갈봉근(부산), 정일영(울주), 정재호(대구), 최영철(목포), 최우근(강릉)도 지역적 기반을 갖고 있는 것으로 알려졌다.

유정회 의원은 현오봉(제주), 구태회(진주 – 삼천포 – 진양 – 사천), 김세배(천안 – 아산 – 천원), 최영희(평택 – 용인 – 안성), 최영철(목포 – 무안 – 신안), 이도선(여수 – 광양 – 여천), 김충수(안동 – 의성), 장동식(구미 – 군위 – 칠곡 – 성주 – 선산), 송효순(춘천 – 춘성 – 철원 – 화천 – 양구), 김삼봉(도봉), 이성근(청주 – 청원)등 12명이 공화당 공천을 신청했다.

(3) 공화당 공천 평균경쟁률은 4대 1에 불과

공화당의 공천신청서류에는 "당 공천을 받지 못하더라도 당이 결정하는 공천자의 당선을 위해 적극 협력한다"는 서약서를 제출토록 했다.

공천 신청 결과 평균경쟁률이 4대 1에도 못 미치자 박철 대변인은 "경쟁이 치열한 15개 원외지역구의 공천이 사실상 끝났고 서약서 내용이 엄격했기 때문에 무소속으로 나가겠다는 사람들은 아예 신청을 포기한 탓"이라고 해명했다.

공화당은 공천신청자 302명 가운데 현역을 제외한 224명을 정밀조사하여 2~3배수로 명단을 압축할 계획이다.

공화당은 공천신청자에 한해서 심사대상으로 한다는 원칙을 세우고 있으나 신청을 하지 않은 유정회나 당내인사 가운데서도 공천을 신청하지 아니한 예외도 있을 것으로 내다봤다.

공화당 공천신청결과 원외인사 224명, 김원규(울산 – 울주)의원을 제외한 현역의원 66명, 유정회의원 12명 등 모두 302명이 신청하여 평균 3.9대 1의 경쟁률을 보였다.

경주 – 월성 – 청도와 목포 – 무안 – 신안은 9대 1의 경쟁률이지만 서울의 성동, 성북, 서대문, 마포 – 용산, 영등포, 부산의 부산진, 북구, 수원 – 화성, 속초 – 고성 – 인제 – 양양, 충주 – 중원 – 제천 – 단양, 대전, 전주 – 완주, 달성 – 고령 – 경산 등 12개 지역구는 무경합 지구이다.

공화당 공천신청자 가운데는 야당이나 무소속으로 활약한 신오철(도봉), 이영준(의정부), 조병봉(의정부), 이찬구(평택), 정구중(영동), 오용운(음성), 최경수(대덕), 노동채(고창), 오상현(무주), 조동회(순천), 김재식(함평), 김봉호(해남), 목요상(대구), 문 양(대구), 이성수(포항), 김순규(경주), 임진출(경주), 이정무(구미), 이규정(울산), 임채홍(함양), 박재규(마산), 김택환(제주) 후보등도 포함됐다.

공화당은 77개 지역구 가운데 44개 지역구는 복수로 박 대통령에게 재가를 올린 것으로 알려졌다.

복수공천지구는 동대문(강상욱 – 이인근), 도봉(신오철 – 김삼봉), 관악(정희섭 – 우창규), 영도 – 중구(신기석 – 한남석 – 김종규), 인천(유승현 – 김숙현), 의정부 – 양주 – 파주(박명근 – 이윤학 – 이강혁), 평택 – 용인 – 안성(서상린 – 최영희 – 이찬구), 안양 –

부천 – 시흥(오학진 – 윤국노), 고양 – 김포 – 강화(김유탁 – 김재춘 – 남궁택), 포천 – 연천 – 가평 – 양평(김용채 – 오치성), 춘천 – 화천 – 양구 – 철원(손승덕 – 송효순 – 신철균), 원주 – 횡성 – 홍천(김용호 - 현홍균), 강릉 –삼척(김효영 – 최돈웅), 청주 – 청원(민기식 – 이성근 – 정태성), 충주 – 제천 – 단양(이종근 – 이해원), 옥천 – 보은 – 영동(육인수 – 정구중), 괴산 – 진천 – 음성(김원태 – 오용운 - 김사달), 천안 – 아산(김종철 – 김세배), 금산 – 대덕 – 연기(김제원 -이준섭 – 진기식), 공주 – 논산(이병주 – 정석모), 부여 – 서천 – 보령(장현관 – 이상익), 청양 – 홍성 – 예산(장영순 – 고기영), 서산 – 당진(심현직 – 이상희 – 김현욱), 군산 – 이리(채영철 – 이승홍), 정읍 – 김제(장경순 – 김형수), 부안 – 고창(이병옥 – 이존일), 광주(전부일 – 박 철), 목포 – 무안 – 신안(강기천 – 최영철 – 정판국), 여수 – 여천 – 광양(이도선 – 김상영), 나주 – 광산(임인채 – 오중렬 – 한갑수), 장흥 – 강진 – 영암 – 완도(길전식 – 윤재명 – 정간용), 함평 – 영광 – 장성(윤인식 – 노진환 – 김재식), 대구 중 – 서 – 북(박찬 – 이만섭), 포항 – 영일 – 울릉 – 영천(정무식 – 정진화 – 김성룡), 경주 – 월성 – 청도(박숙현 – 임광 – 임진출), 안동 – 의성(김상년 – 김충수), 구미 – 군위 – 성주 – 칠곡 – 선산(신현확 – 김윤환 – 장동식), 청송 – 영덕 – 울진(문태준 – 오준석), 영주 – 영양 – 봉화(권성기 – 김계원), 문경 – 예천(황재홍 – 권두영), 마산(이도환 – 조정제 – 박재규), 진주 – 삼천포 – 진양 – 사천(최세경 – 구태회), 충무 – 통영 – 고성 – 거제(김주인 – 최재구), 울산 – 울주 – 동래(서진식 – 서영수), 양산 – 김해(김영병 – 김택수), 남해 – 하동(신동관 – 정영식 – 최익명), 산청 – 함양 – 거창(정우식 – 임채홍 – 백남권)으로 알려졌다.

공천을 신청한 우병택, 양극필, 임갑수, 신윤창, 홍우준, 이영준, 조병봉, 김병렬, 신관우, 안동준, 이정석, 박승규, 유광현, 이호종, 노동채, 김중태, 박준호, 조동회, 나창주, 이원형, 목요상, 문 양, 유수호, 김병윤, 김순규, 이정희, 김일윤, 황한수, 고우진, 김기수, 황윤경, 이정무, 김철안, 김노식, 이규정, 엄기표, 노재필, 김택환 등은 최종 경합주자에도 선정되지 못했다.

(4) 현역의원 66명 중 24명이 탈락한 공화당 공천

공화당은 현역의원 가운데 경고친서를 받은 의원, 축첩 등 사생활이 불건전한 의원, 지역구 기반이 취약하거나 인기가 낮은 의원 등 30명선이 탈락될 것으로 전망됐다.

이번 공천에서 66명의 현역의원 가운데 42명이 재공천을 받아 63.6% 재공천율을 보였으며 오학진, 이병옥 당무위원과 윤인식 문공위원장, 김주인 정책연구실장 등 24명이 탈락했다.

권성기(문경 – 예천), 신기석(부산 중 – 영도), 김원태(괴산 – 진천 – 음성), 김제원(대덕 – 연기 – 금산)의원은 고령 또는 원내활동 부진 등으로 탈락했고 강상욱, 강기천 의원들은 9대 총선 때 불법선거로 물의를 일으켜 제명된 것이 탈락 이유였다. 오학진 의원은 부동산 투기 관련으로, 김영병 의원은 축첩설에 시달린 것으로 알려졌다.

유정회에서 김종필 전 국무총리, 구태회 부회장, 현오봉 정책위의장, 구범모, 최영철, 이도선 의원 등 6명이 공천됐다.

김종필 의원의 지역구 복귀로 김종익 의원은 명예제대를 했고 최세경, 정헌주 의원이 삼천포 – 사천 출신으로 진주 – 진양 주민들을 달래기 위해 구태회 의원이 귀환했고, 홍병철 의원의 유고로 현오봉 의원이 지역구를 인계 받았다.

이효상 전 국회의장의 복귀는 당에서 꾸준히 일해온 인고에 대한 보상으로 비춰졌다.

원외로는 김택수 대한체육회장, 오치성 전 내무부장관, 민관식 남북조절위 위원장대리, 김창근 전 공화당 재무위원장, 박경원 전 내무부 장관, 이만섭 정책위부의장 등이 포함됐고 신형식 건설부, 신현확 보사부, 장경순 무임소 장관 등 3명의 겸직장관들도 공천됐다.

공직자 가운데에서는 정석모, 김재식, 한남석, 이준섭 등이 발탁됐고 신진인사로는 윤국노, 이인근, 노인환, 이호종, 서영수 등을 들 수 있다.

이번 총선에는 복수공천은 하나도 없었다.

길전식 사무총장은 "10대 총선 공천에서 탈락된 24명의 의원 중 상당수가 유정회 3기 의원으로 추천되어 구제될 것"이라고 위무했다.

이효상 당의장서리는 "유신체제라 하여 복수정당제를 부인하는 것은 아니며 유신체제 안에서도 시시비비를 가려져야 한다"고 전제하고 "민주주의를 한국적으로 시행하는 것이 바로 유신체제"라면서 "지난 9대 국회 중 야당의원들의 발언을 볼 때 이율배반적인 생각이 들어 아직 유신체제가 정착 안 된 것 같다"며 "유신헌법 아래서 입후보하여 당선되고 나서 어떻게 그런 발언을 할 수 있느냐"고 비난했다.

현대아파트 분양 사건, 부정교사 자격증 발급, 성낙현 의원 추문 등으로 당의 위신이 크게 떨어졌고 한미관계의 마찰, 부가가치세의 저항 등 국내외 여건은 당을 어려운 상황에 몰아넣어 있어 이번 공천은 일단 국민의 심판을 받은 자, 서정쇄신 관련자, 공사생활이 불건전한 자들을 제외하고 지명도 등 득표기반, 당에의 기여도 등이 고려됐다는 평가이다.

3. 무소속 후보들을 대거 당선시킨 신민당 후보공천

(1) 공천심사위 8두체제는 공천신청부터 삐거덕

공천심사위원회 구성문제를 놓고 3개월 동안 진통을 거듭해 온 신민당은 6인 최고위원과 김영삼 전 총재, 정헌주 전당대회 의장을 포함하는 8인 공천 심사위를 구성했다.

"야당성회복 투쟁위원회(야투)를 지원하여 해당 행위를 한 김영삼 전 총재의 사과가 없는 한 심사위원으로 받아들일 수 없다"는 이철승 대표가 신도환, 유치송, 고흥문, 김재광 최고위원들의 협공에 무너진 것이다.

야투 활동으로 김봉조, 서석재 후보의 공천신청서에 대해 이철승 대표가 "그 사람들은 제명된 사람인데 복당 절차도 밟지 않고 신청을 받아 주면 당의 기강을 해치는 것"이라고 접수거부를 지시하자, 고흥문 최고위원과 김영삼 전 총재가 반발하여 논란이 일어나자 이기택 사무총장은 접수를 받아야 한다고 주장했다.

그리하여 이들은 복당원서를 첨부하여 일단 가접수시키고 공천심사위와 정무회의를 거쳐 처리키로 했다.

가접수 신청처리자는 서석재, 박왕식, 윤대희, 신준희, 이원범, 나석호, 강필선, 김상순, 윤영오, 김현규, 유성환, 임차문, 장세환, 김봉조 후보 등이다.

이기택 사무총장은 연2회 낙선자, 4위 이하 득표자, 징계를 받은 자는 공천에서 제외한다는 원칙을 밝혔다.

이기택 사무총장은 "7백만원의 예치금 장벽에도 불구하고 3대 1의 경쟁률을 보인 것은 예상보다 높은 경합"이라고 주장하고 "특히 40대 신청자가 많아 10대 국회 정치기류에 대한 특색을 점칠 수 있고 총선 승산에 밝은 전망을 주었다"고 평가했다.

신민당의 평균 3대 1의 경쟁률은 9대 총선 때의 3.4대 1이나 공화당의 3.9대 1에 비해 저조한 기록이다.

현역의원 54명이 전원 신청했고 원외 지구당위원장도 정일형, 김옥선, 김기섭, 김상흠을 제외하고 18명이 신청했다.

정치신인으로는 최운지 관세청차장을 비롯하여 권명하, 황인만, 김영모, 허경구, 배재연, 이윤기, 노승우, 김원기, 이긍규 등 다양한 인물들이 신청했다.

원내 우선 원칙에 따라 공천 심사의 초점이 될 원외지구는 25개구 정도이며 8명의 공천심사위원들 간에 날카롭게 대치될 지역으로 등장했다.

공천경합이 가장 치열한 곳은 김옥선 의원의 사퇴로 공석이 된 부여 – 서천 – 보령의 14대 1, 성북 11대 1, 수원 – 화성 8대 1 등이다.

유옥우, 홍영기, 김승목, 서태원, 김준섭, 최경식, 이택희, 강필선, 이필선, 이현재, 이대우, 조일환, 곽태진, 나석호 전 의원들도 공천을 신청했다.

(2) 현역의원 5명을 공천 탈락시킨 신민당

신민당은 바야흐로 인물홍수사태다. 이철승계 32명, 신도환계 24명, 이충환계 20명, 유치송계 19명, 고흥문계 18명, 김재광계 21명 등 6두마차 우산 아래만도 134명이고 비당권파, 화요회 등을 합치면 240여 명의 인물 풍요상태다.

총선에서 당이 우는 한이 있더라도 전당대회에서 자기 자신만 웃으면 된다는 각계 보스들의 소극적인 생각이 국회의원 후보자를 뽑는 행사가 단순히 지구당 위원장을 뽑는 행사로 전락했다.

공천심사과정에서 최고의 경쟁지역은 서울 강서와 충무 – 통영 – 고성 – 거제로 강서에서는 고병헌, 강희천(이철승계), 이의영(유치송계), 노병구(고흥문계), 김영배(김재광계), 한영교, 나이균(비당권파)들이 각축했고 충무 – 통영 – 고성 – 거제는 김기섭 위원장의 아들 김동욱(이철승계), 김봉조(김영삼계), 이갑영(김재광계) 후보들이 대립하여 고병헌, 김동욱 후보들이 웃을 수 있었다.

신민당은 최고위원들에게 위임했던 3개구를 속초에는 허경구(이철승계), 강릉에는 함영주(고흥문계), 공주에는 윤완중(김재광계)으로 낙착하고 77개 지역구의 공천을 종결했다.

공주 – 논산 공천을 받은 김형중 후보는 "공천경합에서 탈락한 박찬 의원이 지구당을 해체하고 무소속으로 출마하게 되면 나 자신과 박 의원의 낙선이 확실시되므로 당의 단합과 발전을 위해 용퇴한다"고 공천장을 반납했다.

신민당은 마포 – 용산에 김원만, 노승환 의원들을, 강서에 고병현 조직국장과 김영배 정책연구실장을, 옥천 – 보은 – 영동에 이용희 의원과 최 극 후보를, 서산 – 당진에 유제연, 한영수 의원들을 복수 공천했다.

현역의원 중에는 오세응(성남 – 광주 – 이천), 김명윤(강릉 – 명주 – 삼척), 황명수(천안 – 아산 – 천원), 박 찬(공주 – 논산), 한병채

(대구 중 – 서 – 북) 의원들이 탈락했다.

오세응 의원은 당 지도부 비방으로 징계계류 중이고 김명윤, 한병채 의원들은 현대아파트 특혜 분양으로 당기위에서 경고처분을 받은 것이 빌미가 됐고 황명수 의원은 피선거권이 박탈됐다.

이번 공천에서 발굴된 비현역의원들은 김제만(성동), 조세형(성북), 고병현(강서), 김승목(부산 남구), 유용근(수원), 김형광(의정부), 유기준(성남), 오홍석(고양), 김준섭(춘천), 함영주(강릉), 허경구(속초), 이택희(충주), 신동준(대전), 정재원(천안), 유한열(금산), 윤완중(논산), 조중연(서천), 김원기(정읍), 이필선(광주), 임종기(목포), 허경만(순천), 윤철하(해남), 조일환(대구 중 – 서 – 북), 조규창(포항), 박권흠(경주), 이기한(김천), 김창환(구미), 김종기(달성), 황병우(청송), 김동욱(충무), 오정보(제주) 등이다.

홍영기, 유옥우, 서태원, 강필선, 나석호, 이대우, 곽태진 전 의원들은 공천의 문턱을 넘어서지 못했다.

(3) 낙천에 대한 반발과 낙천 후보들의 면모

공천에서 탈락한 오세응, 김명윤, 한병채 의원과 김봉조 후보가 탈당하고 무소속 출마를 선언했다.

이들은 "신민당의 부당한 공천과 당 지도층의 파렴치한 작태에 승복할 수 없어 국민의 양심적인 심판을 받기 위해 탈당한다" "이철승 대표는 사리사욕 때문에 마땅히 싸워야 할 여당에게는 가장 약하고 아껴야 할 야당 동지들에게는 가혹했다"고 성명서를 발표했다.

순천 – 승주의 박용구, 서천 – 보령 – 부여의 김옥선 위원장도 탈당했다.

오세응 의원은 차기 대통령 후보 여론조사에서 315명 중 김영삼 148표, 이철승 4표, 김대중 약간명이었는데 어떻게 이철승 대표를 따르겠느냐고 성토했고, 김명윤 의원은 "신민당은 상대방 프락치가 움직이는 죽은 야당" "강릉에서 나를 탈락시킨 것은 이철승 대표의 인척관계 때문"이라고 주장했고, 한병채 의원도 "활발한 대여투쟁과 민주투쟁을 가장 열심히 하고 당선가능성이 가장 높은 사람들을 몰아내고도 신민당이 어찌 민주정당이라고 말할 수 있겠는가" "이철승 대표의 기만과 위선은 국민들이 심판하게 될 것"이라고 성토했다.

신민당은 공천과정에서 원외의 새 인물을 많이 기용해서 진용을 강화한다는 방침이었으나 계보 간의 경합 과열로 진통을 겪었을 뿐 뜻대로 되지 아니했다.

이철승 대표는 무소속 김봉조 후보를 지원하는 김영삼 전 총재를 비난하면서 "무소속 출마자를 지원하는 당원은 지위고하를 막론하고 해당 행위로 엄벌에 처하겠다"고 경고했다.

이번 공천에서 이길범, 장충준, 정진길, 한영교, 서석재, 신병렬, 박관용, 허재홍, 박왕식, 최정택, 홍종남, 최경식, 최정식, 신민선, 윤대희, 박동인, 이원창, 김정신, 나필렬. 노승우, 백남치, 신준희, 이원범, 이긍규, 김덕규, 김형래, 이홍배, 이현재, 김현규, 유성환, 최운지, 김봉조, 심완구, 공정무, 최종태, 정영모, 신두완 후보들도 낙천했다.

신민당 공천을 신청했으나 신군부 세력이 권력을 탈취하고 민정당을 창당하자 민정당에 참여한 인물들은 노승우, 백남치, 이긍규, 진의종, 한병채, 박권흠, 김종기, 최운지, 채문식 등을 들 수 있다.

4. 이슈 없이 고요하고 조용한 선거전

(1) 무소속 후보들이 대거 등록하여 3대 1의 경쟁율

공화당 공천 탈락자인 강상욱, 김재춘, 윤재명, 안동준, 최두고, 김숙현 등 전현직 의원들과 이명휘, 임영득, 문양, 오상현, 김형수, 조정제, 임채홍, 한갑수 후보들도 탈당하고 무소속 출마채비에 들어갔다.

신민당에서도 박 찬, 오세응, 김명윤, 한병채 의원들을 비롯하여 유옥우, 김봉조, 이갑영, 김인준, 차진모, 김형옥, 백남치, 나필렬, 최종태, 김덕규, 이의관, 박천식, 김덕수, 조홍규 후보 등도 신민당을 탈당했다.

또한 당초부터 무소속 출마를 공표했던 이후락, 김진만, 김재순, 최치환, 예춘호, 오상직, 신진욱, 함종윤 전 의원들과 신화식, 박정수, 정휘동, 현석주, 박경원, 이동화 등도 득표기반 확충을 위해 활발한 활동중이다.

이번 총선에는 전국 77개 선거구에 473명이 입후보하여 3대 1의 경쟁률을 보였다.

공화당이 77명, 신민당이 4개 선거구(마포 - 용산, 강서, 영동 - 옥천 - 보은, 서산 - 당진)에 복수공천하여 81, 통일당이 50명을 등록하여 정당공천자 218명에 무소속 255명이 등록했다.

이번 총선의 경쟁률은 지난 9대 때의 2.3대 1을 훨씬 웃도는 경쟁률인데 이는 무소속 후보가 9대 총선의 115명보다 140명이 늘어났기 때문이다.

가장 경쟁률이 높은 곳은 부산 중 - 영도와 수원 - 화성으로 각각 11명이 출마하여 5.5대 1의 경쟁률을 기록했고 공주 - 논산과 천안 - 아산 - 천원도 10명의 출마로 5대 1의 경쟁률을 보였다.

9대 총선 때의 2개 선거구에 있었던 무투표 당선은 이번 총선에는 없으며 연천 -포천 - 가평과 고흥 - 보성에는 3명만이 출마하여 가장 낮은 경쟁률을 보였다.

이번 총선에서 최고령 입후보자는 무소속 홍창섭(춘천 - 춘성 - 화천 - 양구)후보로 73세이고, 최연소자는 무소속 고철용(김포 - 강화 - 고양)후보로 25세이다.

이번 총선 후보등록의 두드러진 특색은 무소속 후보가 255명으로 53.9%를 점유하고 있다는 사실이다.

무소속 후보의 증가는 이번 총선이 정당의 조직력과 무소속 후보 간의 물량공세가 벌어질 수 있다는 것을 보여주고 있다.

무소속 후보 대열에는 16명의 현역 의원과 이후락, 김진만, 김재순, 최치환, 예춘호 등 중량급 후보들이 포진되어 있다.

후보자들의 직업분포는 자영업자가 185명(39%)으로 으뜸을 차지하고 있고 현역의원이 119명(25%)이며 전직 의원도 36명(7%)이다.

장관이나 도지사 등을 지낸 공무원 출신도 28명(6%)이며 변호사 출신은 17명, 언론인 출신도 8명이나 된다.

이색직업으로는 극작가인 최 풍(경주 – 월성 – 울릉 – 영천), 영화배우인 홍성우(도봉)후보가 있는가 하면 대학생 고철용(김포 – 강화 – 고양)후보도 출전했다.

연령대는 40대가 184명으로 제일 많고 50대가 152명으로 40~50대가 대부분을 차지하고 있다.

학력 면에서는 대학 출신이 434명으로 92%를 점유하여 높은 학력 수준을 보여주고 있다. 반면 중졸 이하 출신도 12명이나 된다.

여성 후보는 3선을 노리는 김윤덕(나주 – 광산)의원을 비롯하여 학상필(부여 – 서천 – 보령), 김성자(해남 – 진도), 최명수(부산진), 임진출(경주 – 월성 – 청도) 후보 등 5명뿐이다.

형제 후보는 통일당 양일동(성동) 후보와 통일당 유택영(성북), 통일당 강근호(군산 - 옥구 - 이리 - 익산) 후보와 무소속 강인애(강서), 무소속 곽용석(서대문) 후보와 무소속 곽인식(강남) 후보 등이다.

통일당 박병배(대전) 후보와 통일당 조기상(함평 - 영광 - 장성) 후보는 장인과 사위 관계이고 신민당 이철승 대표와 공화당 김진만, 장승태 의원과 김광수 의원은 사돈지간이다.

지난 날의 비서가 상사인 현역의원에게 도전하는 경우로는 전주에서 이철승 대표에게 임광순 전 공보비서관이, 정읍 - 김제에서 장경순 무임소장관에게 최낙도 전 비서관이, 원주에서는 박영록 의원에게 이종원 전 비서가, 속초에서는 정일권 국회의장에게 박경원 전 전속부관이 도전하고 있다.

목포에선 김경인 의원에게 김기열 전 선거사무장이, 광주에선 박철 의원에게 지근수 지구당부위원장이, 이리에서도 김현기 의원에게 오승엽 지구당 부위원장이 도전했다.

부친의 후광을 업고 대를 잇겠다는 후보들은 종로 - 중구의 정일형 8선의원의 아들인 정대철, 충무 - 통영 - 고성의 최갑환 3대의원의 아들인 최재구, 대덕 - 연기 - 금산의 유진산 전 신민당 대표의 아들인 유한열, 충무 - 통영 - 고성의 김기섭 8대의원의 아들인 김동욱, 정치집안을 과시하는 예로는 통일당 총재인 양일동과 양택영, 강근호 8대의원과 강인애 후보는 형제지간이고 박준규, 백남억 후보는 처남 매부지간이고 대구 동남구의 이치호, 신진욱 후보는 6촌 형제지간이다.

(2) 공화당과 신민당은 정책대결 부각코자 안간힘

체제논쟁이 허용되지 않으니까 쟁점도 없고 지엽말단만 건드리는 양상으로 저질화 되는 느낌이며 양당이 정책대결을 통해 정당대결을 펼치고자 쟁점 부각을 위해 노력을 했지만 긴급조치라는 큰 테두리가 그대로 있고 쟁점이 쟁점으로 전달되는 과정에도 제약을 받았다.

공화당 이효상 당의장서리는 "공화당은 80년대의 복지한국 건설에 주체적 역할을 담당할 것"이라고 선언하면서 강력한 안보정책추진과 서민생활 안정화를 공약으로 내세웠다.

이효상 당의장서리는 "야당은 허위조작 등 위계사술을 공공연히 자행해 왔고 무정견하고 무책임한 무소속 입후보자들은 금품 살포, 향응제공 등으로 선거풍토를 어지럽히고 있어 심히 유감 된 일"이라며 선거법 위반사례를 조사해 고발하겠다고 경고했다.

김종필 전 국무총리는 "5 · 16 혁명 후 우리나라는 민족 중흥의 위대한 발전을 해 왔으며 앞으로 10년 후 5백억 달러를 수출하는 세계 강국이 되려면 정치사회 안정이 필요하다"고 역설했다.

"이번 선거를 통해 변절자의 말로가 어떻게 되는지 유권자들이 따끔한 맛을 보여줘야 한다"는 길전식 사무총장은 "여야를 막론하고 공천탈락 무소속후보의 추태가 많다" "한달 전 공화당원이었던 사람이 여당 정책을 공격하는 것은 가소로운 일"이라고 무소속후보들을 공격했다.

이는 양당의 정책을 앞세운 정당대결 붐 조성노력은 무소속이 대거 출마하여 인물 중심 또는 무소속 대 양대 정당 대결 양상을 빚고 있는 데에 대처하기 위한 것이다.

역대 선거의 중심적인 쟁점이었던 안정세력 구축과 견제세력 확보를 위한 호소작전이 여전히 기본 논점으로 등장했다.

신민당 이철승 대표는 민주헌정의 창달과 국회 활성화를 약속하면서 "민주통치, 공평경제, 서민 옹호"를 강조하면서 52개 항의 정책공약을 제시했다.

이철승 대표는 긴급조치와 구속인사 석방 문제를 해결하고 국회 활성화를 위해 국회소집 요구선을 완화하는 한편 국정감사권을 부활시키도록 하겠다고 다짐했다.

또한 구속적부심제를 부활시키고 예비군의 연령을 35세까지, 민방위 연령을 45세까지로 내리도록 하겠다고 약속했다.

"신민당이 30년을 한결같이 민주, 민권, 민생을 위해 투쟁해 온 종가세력"을 자랑하면서 "공화당의 입당 순서를 기다리는 무소속이나 전통야당에서 이탈한 통일당과는 상대가 되지 않는다"는 이철승 대표는 "무소속 후보자들은 대부분 변절자이거나 과거에 죄를 많이 지은 사람들"이라면서 "소속도 없는 이들이 이 나라 정치발전을 위해 무엇을 기여할 수 있겠느냐"고 당선가능성이 높은 무소속 후보들을 맹비난했다.

이철승 대표는 "한국적 정치상황 속에서 마지막 기사회생의 투약은 정당정치의 육성발전 뿐"이라며 "1인 1구에 의한 소선거제 부활, 국정감사권 부활 등 국회기능의 활성화"를 공약했다.

"3분의 1 의석을 가져야 국회를 열 수 있고 민주발전의 기틀이 된다"는 이철승 대표는 "타락선거 양상으로 돈이 표의 접착제가 되고 있다"고 금권선거를 비난하며 "원내의석 3분의 1이 자유민주주의의 사활을 결정하는 열쇠이며 한국 정치에 기적을 낳을 수 있는 숫자"라고 풀이했다.

신민당 송원영 의원은 "통·반장들이 쥐 잡기 운동을 위한 쥐약만 나눠준 게 아니라 공화당 득표약, 신민당 잡는 약을 준 사례도 있다"고 화답했다.

이번 총선에선 지역구를 잘 타고 났거나 돈이 많거나 여당공천을 받거나 그렇지 않으면 당선이 어렵게 돼 있는 것이 사실이다.

어떤 형식으로든 선거법은 현실화돼야 한다는 것이 중론인 상황에서 "여당은 이미 3분의 1을 확보했으니 더 뽑아 주면 너무 비대해 진다"는 양일동 통일당 대표는 "개 꼬리 3년에 황모(黃毛) 못된다는 속언도 있지만 이제 신민당에 기대할 때는 지났다"고 선명성을 부각시켰다.

(3) 쟁점 없이 조용하게 치뤄진 열전 18일

합동연설회가 거듭되면서 유권자들은 초반의 냉담한 반응에서 탈피하여 광주의 3만 명을 비롯하여 진주, 목포 등에서도 1만명 이상이 유세장에 나와 후보자들의 정견과 공약을 경청했으며 인물중심과 정당정치라는 쟁점에 갈등을 보이는 양상을 보였다.

그러나 유신통치 6년 동안 정치가 제법 체제 속에 길들여지고 유권자도 알게 모르게 익숙해지지 않았나 하는 느낌을 주었으며 마음에서 우러나오는 공감의 박수는 별로 없었다.

무소속 후보들은 공화당, 신민당을 형제정당, 동반 당선, 나눠먹기식 선거 등의 표현으로 비난하면서 현재의 정치상황을 양당의 책임이라고 비난하자, 정당 후보자들은 무소속 후보들은 변절자라고 몰아붙였다.

전국 곳곳에서 공무원들은 과거와 같은 여당후보 지지와 음성적 지원을 회피하려고 애를 썼다. 그래서 타성에 젖은 일부 여당 후보들은 공무원들에게 불평까지 한 사례도 많았다.

그리하여 이번 선거는 역대 선거사상 선거사범이 가장 적은 공명선거가 실시됐다.

이는 통일주체 국민회의에서 의원 정수 3분의 1을 확보한 집권여당이 소극적 입장에서 의연함을 잃지 않고 있었기 때문이다.

역대 선거에서 항상 문제가 되었던 관권개입 시비가 제기되지 않은 공무원의 엄정중립 속에서 선거가 치러졌다.

정당선호로부터 인물 중심으로 선택 추이가 바뀜에 따라 금권공세가 득표의 무시못할 수단이 되는 부작용이 일어났다.

일부 지역에서는 후보자 간의 인신공격과 당선에 급급한 나머지 금품을 수수하여 매표하려는 타락풍이 없지 않았다.

1개 선거구에서 3백억~4백억 가량이 동원될 것으로 예상되는 자금에 힘입어 선심공세로 백화점, 상가, 식당, 접객업소등의 경기가 흥청대고 선물제공, 향응 등이 성행했다.

당선권에 육박한 후보자 치고 1억원 정도를 쓰지 않은 후보는 거의 없었다는 것이 정설이었다.

9대 총선 때 4천만원 쓰면 떨어지고 5천만원 쓰면 당선된다는 5당 4락이 이번 총선에는 3억원 쓰면 당선되고 1억원 쓰면 떨어진다는 3당 1락이란 말이 나돌고 있다.

충주의 이택희 후보는 "이번 선거는 관권 개입이 없으니 마음 놓고 표를 모아 달라"고, 유연국 후보도 "관권은 개입하지 않는데 썩은 사람들이 돈을 들고 나왔다"라는 식의 유세가 유행했다.

중반의 판세를 보면 공화당이 55개구에서 우세를, 17개구에서 백중세, 5개구에서 열세를 나타내고 있고, 81명을 공천한 신민당은 44명이 우세하고 24명이 백중세를, 13명이 고전하고 있으며 통일당의 우세지역은 5개구로 꼽고 있다.

주목을 받고 있는 무소속 후보들은 14명이 우세하고 43명이 백중세에서 혼전을 벌이고 있다고 분석됐다.

공화당은 서울 동대문, 부산 남구, 중 – 영도, 서산 – 당진, 해남 – 진도, 울산 등 6개구를 열세 지역으로 분류했다.

경향신문은 공화당 66개구, 신민당 50개구, 통일당 4개구, 무소속 15개구 지역에서 우세하고 19개구 지역이 혼전지역으로 전망했했으나 결과와는 너무나 동 떨어졌다.

(4) 선거판을 뒤엎은 선거구호와 사자후

'신민 위에 서민 있고 공화 위에 재벌 있다'는 신민당의 선거구호가 선관위의 유권해석으로 수정하게 된 쟁점화된 선거구호전은 공화당, 신민당의 투쟁의지를 북돋고 있다.

공화당은 '공화당 다시 밀어 쉬지 말고 전진하자'를 주된 구호로 삼고 '나가자 이기자 뭉치자' '바라보자 80년대, 밀어주자 공화당'이란 구호를 병행하여 사용하고 있다.

신민당은 '진짜 민심 보여주자'는 구호와 함께 '해도 너무한다 늦기 전에' '참을 만큼 참았다'는 구호를 결정했고, 통일당은 '답답해서 못살겠다'를 단일구호로 선정했다.

후보들의 구호로 특이한 것을 일별하면 이효상(대구 동 – 남) 후보는 '대구발전 매듭짓자', 김진만(강릉 – 명주 – 삼척) 후보는 '정계 거물 다시 뽑아 향토발전 이룩하자', 민관식(종로 – 중구) 후보는 '거물후보 당선시켜 시민권익 확대하자'고 거물론을 구호로 내세우자 '썩은 고목 밀어내고 좋은 재목 새로 심자'는 험구성 대체론이 유행했다.

정대철(종로 – 중구)후보는 '젊은 나무에 물을 주세요'로, 최낙구(인천) 후보는 '교체위원 교체하자'로, 이위태(진주 – 삼천포 – 진양 – 사천) 후보는 '거물이 따로 있나 꺾으면 거물(去物) 된다'는 유행가조의 구호를 내걸었다.

신예 후보들인 이태섭(강남)후보는 '새강남 새일꾼'을, 최영철(목포

– 신안 – 무안)후보는 '새목포 새일꾼'을, 유경현(순천 – 승주 – 구례) 후보는 '새얼굴 새바람'을, 정동성(성남 – 광주 – 이천) 후보는 '새시대의 새정치가'를, 정재원(천안 – 아산 – 천원) 후보는 '내고장에 새물결'을 구호로 내걸었다.

지역감정에 호소하는 구호로는 이수종(하동 – 남해) 후보는 '하동의 새일꾼'을, 이재인(옥천 – 보은 – 영동) 후보는 '내고장은 내고장 사람에게'를, 채영석(군산 – 옥구 – 이리 – 익산)후보는 '우리고향을 사랑합시다'라는 구호를 내걸었다.

이 밖에도 남재희(강서) 후보는 '자랑스런 강서사회의 개발'을, 심현직(서산 – 당진) 후보는 '여당의원 내세워 지역발전 이룩하자'라고 호소하고, 노승환(마포 – 용산)후보는 '민원해결의 기수'를 내걸었다.

또한 최치환(남해 – 하동)후보는 '우리도 인물 뽑아 고장명예 다시 찾자'를, 정희섭(관악) 후보는 '사회 복지제도를 이룩할 굳은 신념의 일꾼'을, 한영수(서산 – 당진) 후보는 '패기 있고 똑똑한 한영수'를, 오제도(종로 – 중구) 후보는 '어제도 반공 오늘도 반공'을, 이후락(울산 – 울주 – 동래)후보는 '살아서 다시한번 이 땅을 위해'라는 구호로 자기의 존재감을 과시했다.

김종필(부여 – 서천 – 보령)후보는 '국민을 호랑이로 알고 봉사하겠다'고, 유용근(수원 – 화성) 후보는 '농민의 아들로 농민을 위한 일꾼'을, 이만섭(대구 중 – 서 – 북) 후보는 '애석하다 이만섭. 이번에는 밀어주자'를, 구태회(진주 – 삼천포 – 진양 – 사천)은 '고향이 그리워도 못 오는 신세' '미워도 다시 한번'으로 호소했다.

이규정(울산 – 울주 – 동래)는 '거함 이후락 호를 격침하자'는 패기 있는 구호를, 최두고(부산 남구) 후보는 '두고두고 부릴 일꾼 최고 표로 뽑아주자'는 이색적인 구호를 내걸고 표밭을 다졌다.

합동유세장에서 쏟아진 말의 성찬에서 이색적인 말들을 모아보면, 이철승(전주 – 완주)후보는 "신민당은 예산을 만질 수 없어 지역사업 공약을 못한다. 정부가 예산을 떼 먹었는지를 감독하는게 신민당이 하는 일이다", 이후락(울산 – 울주 – 동래) 후보는 "5년 전 평양에 갔을 때는 죽음의 길이 아닌지 생각하여 자살을 각오하고 청산가리까지 지니고 갔다", 김택수(김해 – 양산) 후보는 "나는 주연배우이고 조연배우 하나 뽑으면 선거가 끝나니 조용하게 하자", 박준규(달성 – 고령 – 경산) 후보는 "공화당을 황소에 비유하여 우이독경이란 말이 있으나 나는 귀가 밝아서 여러분을 만나는 동안 많은 것을 배웠다", 서대두(서대문) 후보는 "1년 동안 세비만 받고 하는 일 없이 낮잠만 자는 국회의원 아닌 국회의원 제자리 찾기 운동을 벌이겠다", 홍창섭(춘천 – 춘성 – 양구 – 인제 – 철원) 후보는 "70세 고령이라고 해서 나보고 너무 늙었다고 하는데 국회라는 곳은 씨름이나 권투를 하는 싸움도장이 아니다", 박병배(대전) 후보는 "국회의원은 국무총리나 장관을 족치라고 뽑는 것이다", 한상필(서천-보령-부여) 후보는 "제2의 유관순 언니가 되기 위해 나왔다. 조국을 사랑하기 때문에 아직 결혼조차 안 했으니 노처녀의 한을 풀어 달라"고 포효하고 읍소했다.

4. 신민당이 득표율에서 공화당을 1.1% 앞선 총선 결과

(1) 공화당과 신민당이 전국의 77개 지역구를 양분

서울 도봉, 관악, 강서와 부산 남구등 4개 선거구가 증설된 77개 지역구에서 열띤 경쟁을 벌인 선거결과는 공화당 68석, 신민당 61석, 통일당 3석, 무소속 22석으로 공화당과 신민당이 양분했다.

공화당은 지난 9대 총선의 73석 보다 5석이 줄어든 대신 신민당은 9석이나 늘어나 공화당 퇴조, 신민당 강세의 판도를 보였다.

더구나 신민당의 득표율이 32.8%로 공화당의 31.7%보다 1.1%로 앞서 공화당이 득표율에서 뒤진 것은 이번이 처음으로 이는 정부·여당 전체에 대한 신임도와 관련지어질 수 있어 민심의 이반을 감지할 수 있었다.

공화당은 서울과 부산에서 고전한 반면 신민당은 완승을 거두는 호조를 보였으나 지방에선 소지역대결 의식이 크게 작용했다.

김종필 전 국무총리를 비롯하여 지역구에 복귀한 구태회, 김택수, 민관식, 오치성, 김창근 등 거물급 후보들이 당선됐으며 육영수 여사 저격사건으로 물러난 박종규 전 청와대 경호실장도 대승을 거두었다.

더구나 공화당 공천에서 제외됐으나 무소속으로 출전한 이후락 전 중앙정보부장, 김진만 전 국회부의장, 예춘호 전 공화당 사무총장들도 낙승을 거두었다.

정일권 국회의장은 연승을, 이효상 공화당의장은 고토를 회복했으나 백남억 정책위의장, 민기식 국회 국방위원장, 박 철 공화당 대변인 등은 낙선했다.

신민당에선 이철승 대표위원, 김영삼 전 총재를 비롯한 신도환, 유치송, 이충환, 고흥문 최고위원들은 대부분 당선됐으나 정헌주 전 당대회의장, 김원만 정무위원, 이중재 정책심의의장 등이 낙선했다.

지난 총선에서 낙선한 양일동 통일당 대표는 기사 회생했으나 재검표로 뒤늦게 당선된 박병배 의원은 무소속 임 호 후보와 엎치락뒷치락 시소게임을 벌이다 낙선했다.

신민당에서 낙천한 한병채, 오세응 의원들은 무소속으로 출전하여 당선됐으나 공화당에서 낙천한 김재춘, 강상욱 의원들은 낙선했다.

무소속의 손주항, 김수 후보가 옥중 당선이라는 깜짝 쇼를 연출했고 TV 탤런트인 홍성우 후보가 서민층의 인기를 바탕으로 공화당 공천자를 누르고 당선을 일궈 냈다.

이번 총선은 77.1%의 투표율로 박정희 집권 이후인 1963년 6대 총선 이래 최고의 투표율이었다.

이번 총선으로 최다선 의원은 김영삼, 정해영, 김진만 후보 등으로 7선이며 광주의 이필선 후보는 지난 5대 국회의원을 지낸 이래 18년 만에 원내 복귀하는 기쁨을 누렸다.

무소속 박정수 후보는 유정회 이범준 의원의 남편이고, 신민당 정대철 의원은 정일형 전 의원의, 유한열 후보는 유진산 전 신민당 총재의 아들로 아버지의 지역구를 물려받아 당선됐다.

무소속 김현규 후보는 6대, 7대, 8대 총선에서 차점 낙선 끝에 3전 4기를 이뤄냈고, 무소속 노기만 후보는 8번째 도전하여 8번 낙선이라는 진기록을 세웠다.

공화당 공천을 받고 당선된 이태섭(서울 강남), 박찬종(부산 서 – 동), 유경현(순천 –구례 – 승주) 후보들은 모두 경기도 동기 동창이다.

(2) 공화당의 부진, 신민당의 선전, 통일당의 영락

이번 총선의 특징은 공화당의 퇴조, 신민당의 강세, 무소속의 부상이라 할 수 있다.

예상을 뒤엎은 77.1%의 투표율을 높인 근본적인 이유는 유권자들에게 유보된 유일한 정치참여 수단인 국회의원 선거에의 자발적인 참여의 결과였다.

또한 국민의 정치적 불만 표시방법을 소극적인 기권과 적극적인 비판 가운데 비판의 의미를 강하게 시사해 주었다.

결국 높은 투표율은 적극적 의미에서 정당의 정책을 선택했기보다는 한 표로서 비판을 투영시켜보려는 유권자들의 결집된 의지로 보여진다.

입후보 희망자의 이해와 유권자들의 정치적 욕구가 맞아떨어지면서 자발적 정치동원의 과정을 거쳐 높은 투표율로 표출된 것이다.

지난 9대의 경우 공화당은 38.7% 득표율로 신민당의 32.5%를 6.2%포인트 이상 압도했으나 이번 총선에서 1.1%포인트 패배한 것이다.

공화당이 부진한 가장 큰 이유는 선거전에서 유권자를 사로잡을 만한 획기적인 정책 제시가 없었다는 점이다.

이번 총선을 앞두고 부가가치세의 강행, 노풍(魯風) 피해 농가에 대한 대책 미흡, 현대아파트 특혜 분양, 가짜 교사 자격증, 성낙현 의원의 성 추문 등 3대 스캔들 사건, 재벌을 비호하는 여러 법률안의 무더기 통과 등이 표의 이탈을 가속화시켰다.

공화당은 패배원인으로 국민의 의식이 전반적으로 견제감각과 정당 간의 균형을 희구하는 경향이 높아졌다는 점을 꼽았다.

지난 6년 동안 공화당의 원내활동이 국민의 기대에 미흡했고 특히 비판적 기능의 퇴보에 대한 불만이 투표로 반증됐다고 분석됐다.

일부 낙선 후보들이 평상시 상대 후보의 강점과 노력을 과소평가하고 자만해 지역구 관리를 소홀히 한 결과의 산물이기도 했다.

이러한 조직 취약지구로 판명이 됐음에도 이를 외면하고 현역의원 중심으로 안일하게 공천한 지도부의 책임도 모면할 길이 없다.

결론적으로 공화당은 신민당 후보와의 동반당선을 너무 의식하여 안이한 선거전략으로 임했고 그 때문에 당조직과 유권자와의 거리를 좁히려는 노력을 상대적으로 적게 한 결과였다.

신민당은 비록 의석의 3분의 1을 얻지는 못했으나 공화당을 이긴 것은 평화적 정권교체의 기틀을 마련한 것이다.

신민당은 긴급조치와 관권, 금권의 난무 속에서도 이러한 결과를 안겨준 국민의 여망에 부응하기 위해 의회정치의 활성화를 통해 정치발전을 도모해 나가야 할 것이다.

공화당은 책임지는 정치를 하지 않고 국민여망을 저 버린데 대해 민의를 표시한 것이다라고 분석했다.

신민당은 4개의 복수공천지구는 모두 실패하여 1명의 당선자를 배출하는데 그쳤다.

낙선한 현역의원 9명 중에 김원만, 유제연 후보는 복수공천의 희생양으로 볼 수 있지만 선거법 위반으로 구속 중인 무소속 손주항, 김 수 후보에게 금뱃지를 넘겨준 양해준, 이중재 의원의 낙선은 이변 중의 이변으로 여겨지고 있다.

신민당의 선전에도 불구하고 공천 후유증이 곳곳에서 나타났다. 낙천으로 탈당하고 무소속으로 출전한 오세응, 한병채 의원과 박찬 후보가 당선됐고 공천 파동을 겪은 강릉, 속초 등에서 신민당 후보들이 참패를 당했다.

여촌야도의 현상이 부분적으로 나타났고 유권자들의 양대 정당에 따른 공화당, 신민당 후보들의 선호현상이 두드러져 이에 편승한 유동표의 집중현상이 두드러졌다.

공천이 나눠 먹기가 아닌 당선 위주에 치중했더라면 훨씬 격차 큰 득표율을 기록할 수도 있었다.

신민당의 선전은 공화당 후보들의 부진의 상대적 결과였다. 공화당에 대한 유권자들의 불만이 신민당 후보들을 선택하는 채찍질의 역할을 한 셈이다.

통일당의 연속적인 영락(零落)은 그동안 원내 군소정당으로 원내활동의 성과가 국민들에게 부각되지 못한데다 조직면의 열세, 유력인사의 영입 등이 이뤄지지 않는 것들이 복합적으로 작용했다.

통일당은 7.4%의 득표율을 올렸고 무소속 후보들이 28.1%의 득표율을 기록했다.

정당에 대한 지역별 지지경향에서 이번 총선에서는 여촌야도의 부분적 부활이다.

야도(野都)의 아성이 깨어진 지난 총선과 달리 이번 총선에선 서울, 부산 등 대도시에서 신민당 후보들의 선전이 두드러졌으며 공화당 후보들의 낙선이 대부분 도시 선거구에서 발생하여 여촌야도 현상이 눈에 띄게 부활했다.

최다 낙선은 통일당 이상철(부산 서 – 동) 후보로 9회 낙선했고, 무소속 노기만(관악) 후보는 8회 낙선했다.

부산 남구의 정상구(통일), 최두고(무소속), 정읍 – 김제의 김원기(신민당), 김탁하(무소속), 고창 –부안의 진의종(신민당), 이호종(공화당), 장흥 –강진 –완도의 윤재명(무소속), 황호동(신민당), 제주도의 현오봉(공화당), 양정규(무소속) 후보들은 2위 당선권에서 끝까지 손에 땅을 쥐는 개표 상황을 만들어냈다.

(3) 지역구 당선자 154명의 진면목

지역구 당선자 154명 중 57%인 89명이 현역 의원이고 17명은 전직 의원이며 정치신인은 48명으로 세대교체는 32% 수준에 이르렀다.

새 얼굴 48명의 출신별로는 실업인이 14명으로 가장 많고 고급관료 출신들이 10명이고 당료 출신들이 9명으로 주종을 이루고 있다.

정치신인 가운데는 이후락, 박종규, 박경원, 정석모 등 거물급도 포함돼 있다.

당선자 154명의 학력은 141명이 대학이나 대학원 출신으로 92%를 점유하고 있고 고졸 출신은 9명(6%)에 지나지 않았다.

중졸 이하가 81명으로 41%를 차지했던 제헌국회를 상기하면 상전벽해라고 할 수 있다.

의원들의 평균연령은 9대 때의 48.4세 보다 1년 3개월이 높은 49.7세로 나타났다.

30대가 12명(8%), 중년기인 40~50대가 133명(86%)이며 60대 이

상은 9명(6%)으로 50대가 가장 많다. 이는 현역의원의 임기가 6년이고 현역의원에 대한 재공천율이 높은데 기인하고 있다.

최고령 당선자는 이효상(대구 동–남 –북) 후보로 72세이고, 최연소 당선자는 정대철(종로– 중구)후보로 34세이다.

여성후보로는 5명 중 유일하게 신민당 김윤덕(나주– 광산)의원만 당선됐다.

21만 2,061표를 득표하여 이번 총선은 물론 역대 총선에서 최다득표인 신민당 김수한(관악) 의원은 "영광을 안겨준 관악구민을 위해 신명을 다해 민주회복 투쟁을 벌이겠다"고 다짐했다.

최소득표는 진안 – 무주 – 장수의 무소속 이복동 후보로 737표이다.

무소속 함종윤(속초– 양양– 고성 - 인제) 후보는 김수한 후보의 18분의 1에 불과한 1만 1,779표로 금뱃지를 다는 행운을 차지했다.

최고득표율은 공화당 오치성(포천 – 연천 – 가평) 후보가 70.7%인 15만 4,963표를 득표하여 차지했고, 공화당 김종필(부여 – 서천 – 보령) 후보가 66.6%로, 신민당 김수한(관악) 후보가 61.4%로 당선됐다.

최저득표율은 무소속 함종윤(속초 – 고성 – 양양 – 인제) 후보가 12.2%로 당선됐고 무소속 박찬(공주 – 논산) 후보는 14.4%로, 신민당 조중연(부여 – 서천 – 보령)은 15.0%로 당선됐다.

신민당의 김영삼, 정해영, 무소속 김진만 의원이 7선의원으로 최다선의원 반열에 올랐고 공화당 박준규, 구태회, 현오봉, 신민당의 이철승, 이충환 의원들이 6선으로 그 뒤를 추격하고 이효상 의원 등 17명이 5선의원이 됐다.

무소속 조홍규(광산 – 나주) 후보는 무소속 한갑수 후보에게 169표 차로, 통일당 조기상(영광 – 함평 – 장성) 후보는 신민당 이진연 후보에게 192표 차로 석패했다.

김영삼 전 총재의 비서실장 출신인 신상우(김해 – 양산), 박권흠(경주 – 월성 – 청도) 후보와 비서 출신인 정재원(천안 – 천원 – 아산), 이상민(진주 – 진양 – 삼천포 – 사천) 후보들도 당선됐다.

2세 의원으로는 정대철(종로 – 중구), 유한열(대덕 – 연기 – 금산), 김동욱(충무 – 통영 – 고성) 의원은 정일형, 유진산, 김기섭 전 의원들의 아들들이다.

(4) 낙선한 현역 의원과 화려하게 복귀한 전직 의원

유정회 의원 73명을 포함하여 219명의 9대 의원 가운데 이번 총선에 54%인 119명이 지역구에 출전하여 89명의 의원이 당선되고 30명의 의원이 낙선했다.

낙선한 의원의 소속은 공화당 6명, 신민당 9명, 통일당 2명, 무소속 13명이다.

공화당 공천을 받고 낙선한 9대 의원들은 민기식(청주 – 청원), 박철(광주), 정무식(포항 – 영일 – 울릉 – 영천), 백남억(김천 – 금릉 – 상주), 민병기(성동), 임인채(나주 – 광산) 등이다.

신민당 공천을 받고 출전한 김원만(마포 – 용산), 유제연(서산 – 당진), 양해준(남원 – 임실 – 순창), 진의종(고창 – 부안), 이중재(보성 – 고흥), 황호동(장흥 – 강진 – 영암 – 완도), 김창환(성주 – 칠곡 – 군위), 정헌주(진주 – 진양 – 삼천포 – 사천), 문부식(남해 – 하동) 의원들과 통일당 공천을 받고 출전한 박병배(대전), 김경인(목포 – 무안 – 신안)의원 등이다.

공화당, 신민당의 공천을 받지 못하고 무소속으로 출전한 오제도(종로 – 중구), 강상욱(동대문), 이진용(의정부 – 양주 – 파주), 김재춘(고양 – 김포 – 강화), 김재순, 홍창섭(춘천 – 춘성 – 양구 – 철원 – 화천), 김명윤(강릉 – 명주 – 삼척), 김탁하(김제 – 정읍), 강길만(순천 – 승주 – 구례), 박귀수(해남 – 진도), 이영표(포항 – 영일 – 울릉 – 영천), 김윤하(김천 – 금릉 – 상주), 박주현(달성 – 고령 – 성주), 양정규(제주) 의원등도 낙선했다.

흘러간 인물로 회자됐던 전직 의원 가운데 에춘호(중구 – 영도), 오홍석(김포 – 고양 – 강화), 김준섭(춘천 – 춘성 – 철원 – 화천 – 양구), 이택희(충주 – 중원 – 제천 – 단양), 이필선(광주), 임종기(목포 – 무안 – 신안), 윤재명(장흥 – 강진 – 영암 – 완도), 김창근(영주 – 영양 – 봉화), 김택수(김해 – 양산), 최치환(하동 – 남해) 후보들은 당선됐으나 권중돈(강서), 정상구, 최두고(부산 남구), 김숙현(인천), 손도심(수원 – 화성), 서태원(수원 – 화성), 조종호(충주 – 중원 – 제천 – 단양), 안동준(괴산 – 진천 – 음성), 성기선, 강필선

(천안 – 아산 – 천원), 강근호(군산 – 이리 – 옥구 – 익산), 유옥우 (목포 – 무안 – 신안), 조일환(대구 서 – 중 – 북), 신진욱(대구 동 – 남), 황한수(경주 – 월성 – 청도), 오상직, 권오훈(안동 – 의성), 김창욱(함안 – 의령 – 합천), 공정식(밀양 – 창녕) 후보들은 낙선했다.

(5) 무소속 당선자의 향방과 선거법 위반

이번 총선에서 무소속 22명 당선자의 정치적 성향은 김진만, 이후락, 최치환, 함종윤, 윤재명, 임 호, 임영득, 한갑수, 박용기, 정휘동 당선자는 친여로, 예춘호, 박 찬, 오세응, 한병채, 손주항, 김현규, 이상민 당선자는 친야로, 권오태, 박정수, 홍성우, 김 수, 변정일 당선자는 중도로 나눌 수 있다.

무소속 후보들의 부상은 정당에 대한 불신감의 표시로도 해석할 수 있는데 무소속이 교섭단체를 구성할 수 있는 여력을 갖춰 원내 정치 역할의 중요한 변수로 등장했다.

공화당 관계자는 "공천신청을 하지 않은 무소속 인사 중 거물급을 포함하여 선별적으로 입당을 권유하거나 희망자의 입당을 당성을 고려하여 받아들일 것" "그러나 공천신청을 냈다가 당명을 어기고 출마한 무소속은 제외될 것"이라며 낙천자가 아닌 김진만, 이후락, 함종윤, 임영득, 정휘동 후보들은 우호적으로 평가했다.

신민당 이철승 대표는 "해당행위를 하지 않은 무소속의 입당은 희망에 따라 검토할 수 있는 문제"라고 제한된 범위의 입당 허용의사를 밝혔다.

김수한, 이택돈 의원들은 "낙천의원에 대한 시비를 떠나서라도 신민당이 먼저 입당을 권유하는 것이 정치도의에 부합되는 일"이라며 "전당대회를 의식한 계보 이해를 초월해서 야당세력을 포용하여 10대 국회의 새로운 출발을 서둘러야 할 것"이라고 말했다.

신민당의 적극적인 영입론자들은 오세응, 박 찬, 한병채 후보 등 낙천인사 뿐만 아니라 예춘호, 변정일 당선자들도 영입대상으로 꼽고 있다.

9대의 12명의 무소속 의원 중 권오태, 손주항, 김광수 의원을 제외한 9명의 의원들이 무소속으로 출전하여 모두 낙선했기 때문에 무소속 당선자들은 조만간 공화당이나 신민당에 입당할 것으로 예상된다.

서울 종로 - 중구의 오제도 의원은 "투표 집계조직에 의한 선거결과 발표에 승복할 수 없다"며 당선 무효소송을 제기했다.

대구 동 - 남구의 무소속 이치호 후보도 대법원에 당선무효 소송을 제기하고 투표함에 대한 증거 보전을 신청했다.

선거법 위반 혐의로 구속된 무소속 손주항(남원 - 임실 - 순창), 김 수(고흥 - 보성) 후보 등이 당선됐다.

또한 입건된 당선자는 공화당의 심현직(서산 - 당진), 신민당의 조규창(포항 - 영일 - 영천 - 울릉), 무소속의 한병채(대구 중 - 서

– 북), 예춘호(부산 중 – 영도), 권오태(포항 – 영일 – 영천 – 울릉), 박용기(고창 – 부안) 등이다

국회의원 선거법에서는 징역, 금고 또는 5천만원 이상의 벌금형에 처하게 된 때는 무효로 한다고 규정되어 있다.

김치열 내무부장관은 총선날짜가 공고도 되기 전에 사전선거운동을 한 정당공천자 3명을 포함한 후보예상지 41명 등 68명을 국회의원 선거법 위반 혐의로 입건했으며 공화당 심현직(서산 – 당진), 신민당 조규창(포항 – 영일 – 울릉 – 영천), 통일당 장정곤(서대문) 후보와 무소속 예춘호(부산 중 – 영도), 김학규(원주 – 원성 – 횡성), 박학래(충주 – 중원 – 제천 – 단양), 김일창(홍성 – 청양 – 예산), 허재송(진안 –무주 – 장수), 김 수(고흥 – 보성), 장덕환(군위 – 선산 – 칠곡 – 구미)등이 포함됐다.

김치열 내무부장관은 125명의 선거사범이 입건됐고 15명을 구속했다고 발표했으나 구속된 사람은 후보자는 없고 운동원 뿐이었다.

구속 중 당선된 손주항, 김 수 후보들은 즉시 석방됐고 9대 국회의원 중 선거법 위반으로 의원직을 상실한 의원은 아무도 없었다.

(6) 10대 총선 지역구 당선자 154명 현황

> 공화당 : 68명

○ 서울(9명) : 민관식(종로 - 중구), 이인근(동대문), 정래혁(성북), 오유방(서대문), 박경원(마포 - 용산), 정희섭(영등포 갑), 강병규(영등포 을), 이태섭(강남), 남재희(강서)

○ 부산(4명) : 박찬종(서 - 동), 김임식(부산진 - 북), 양찬우(동래), 김재홍(남구)

○경기(8명) : 유승원(인천), 이병희(수원 - 화성), 박명근(의정부 - 양주 - 파주), 정동성(성남 - 여주 - 광주 - 이천), 서상린(평택 - 용인 - 안성), 윤국노(안양 - 부천 - 시흥 - 옹진), 김유탁(고양 - 김포 - 강화), 오치성(연천 - 포천 - 가평 - 양평)

○강원(5명) : 손승덕(춘천 - 춘성 - 화천 - 양구 - 철원), 김용호(원주 - 원성 - 횡성 - 홍천), 김효영(강릉 - 명주 - 삼척), 정일권(속초 - 양양 - 고성 - 인제), 장승태(영월 - 정선 - 평창)

○충북(3명) : 이종근(충주 - 중원 - 제천 - 단양), 육인수(보은 - 옥천 - 영동), 오용운(진천 - 괴산 - 음성)

○충남(7명) : 김용태(대전), 김종철(천안 - 아산 - 천원), 이준섭(금산 - 대덕 - 연기), 정석모(공주 - 논산), 김종필(부여 - 서천 - 보령), 장영순(청양 - 홍성 - 예산), 심현직(서산 - 당진)

○전북(6명) : 유기정(전주 - 완주), 채영철(군산 - 옥구 - 이리 - 익산), 김광수(진안 - 무주 - 장수), 설인수(임실 - 남원 - 순창), 장경순(정읍 - 김제), 이호종(고창 - 부안)

○전남(8명) : 최영철(목포 - 무안 - 신안), 이도선(여수 - 광양 - 여천), 유경현(순천 - 구례 - 승주), 문형태(담양 - 곡성 - 화순), 신형식(고흥 - 보성), 길전식(장흥 - 강진 - 영암 - 완도), 김봉호(해남 - 진도), 김재식(영광 - 함평 - 장성)

○경북(9명) : 이만섭(대구 중 - 서 - 북), 이효상(대구 동 - 남), 박숙현(경주 - 월성 - 청도), 김상년(안동 - 의성), 박준규(달성 - 고령 - 경산), 신현확(구미 - 군위 - 성주 - 칠곡 - 선산), 문태준(청송 - 영덕 - 울진), 김창근(영양 - 영주 - 봉화), 구범모(문경 - 예천)

○경남(8명) : 박종규(마산 - 진해 - 창원), 구태회(진주 - 진양 - 삼천포 - 사천), 최재구(충무 - 통영 - 고성 - 거제), 김상석(의령 - 함안 - 합천), 하대돈(밀양 - 창녕), 신동관(하동 - 남해), 김택수(김해 - 양산), 노인환(산청 - 함양 - 거창)

○제주(1명) : 현오봉(제주 - 북제주 - 남제주)

신민당 : 61명

○서울(11명) : 정대철(종로 - 중구), 송원영(동대문), 김제만(성동), 조세형(성북), 고흥문(도봉), 김재광(서대문), 노승환(마포 - 용산), 김수한(영등포 갑), 박한상(영등포 을), 정운갑(강남), 김영배(강서)

○부산(5명) : 김상진(중 - 영도), 김영삼(서 - 동), 정해영(부산진 - 북), 이기택(동래), 김승목(남구)

○경기(7명) : 김은하(인천), 유용근(수원 - 화성), 김형광(의정부 - 양주 - 파주), 유치송(평택 - 용인 - 안성), 이택돈(안양 - 부천 - 시흥 - 옹진), 오홍석(고양 - 김포 - 강화), 천명기(연천 - 포천)

○강원(3명) : 김준섭(춘천 - 춘성 - 화천 - 양구 - 철원), 박영록(원주 - 원성 - 횡성 - 홍천), 엄영달(영월 - 정선 - 평창)

○충북(4명) : 이민우(청주 - 청원), 이택희(충주 - 중원 - 제천 - 단양), 이용희(보은 - 옥천 - 영동), 이충환(진천 - 괴산 - 음성)

○충남(5명) : 정재원(천안 - 아산 - 천원), 유한열(금산 - 대덕 - 연기), 조중연(부여 - 서천 - 보령), 한건수(청양 - 홍성 - 예산), 한영수(서산 - 당진)

○전북(4명) : 이철승(전주 - 완주), 김현기(군산 - 옥구 - 이리 - 익산), 최성석(진안 - 무주 - 장수), 김원기(정읍 - 김제)

○전남(7명) : 이필선(광주), 임종기(목포 - 무안 - 신안), 박병효(여수 -광양 - 여천), 허경만(순천 - 구례 - 승주), 김윤덕(광산 - 나주), 고재청(담양 - 곡성 - 화순), 이진연(영광 - 함평 - 장성)

○경북(8명) : 신도환(대구 동 - 남), 조규창(포항 - 영일 - 울릉 - 영천), 박권흠(경주 - 월성 - 청도), 박해충(안동 - 의성), 김종기(달성 - 경산 - 고령), 황병우(청송 - 영덕 - 울진), 박용만(영양 - 영주 - 봉화), 채문식(문경 - 예천)

○경남(7명) : 황낙주(마산 - 진해 - 창원), 김동욱(충무 - 통영 - 고성 - 거제), 최형우(울산 - 울주 - 동래), 이상신(의령 - 함안 - 합천), 박 일(밀양 - 창녕), 문부식(남해 - 하동), 신상우(김해 - 양

산), 김동영(산청 – 함양 – 거창)

통일당 : 3명

○서울(1명) : 양일동(성동)

○충북1명) : 김현수(청주 – 청원)

○전남(1명) : 김녹영(광주)

무소속 : 22명

○서울(1명) : 홍성우(도봉)

○부산(1명) : 예춘호(중 – 영도)

○경기(1명) : 오세응(성남 – 여주 – 광주 – 이천)

○강원(2명) : 김진만(강릉 – 명주 – 삼척), 함종윤(속초 – 양양 – 고성 – 인제)

○충남(2명) : 임 호(대전), 박 찬(공주 – 논산)

○전북(2명) : 손주항(임실 – 남원 – 순창), 박용기(고창 – 부안)

○전남(4명) : 한갑수(광산 – 나주), 김 수(고흥 – 보성), 윤재명(장

흥 – 강진 – 영암 – 완도), 임영득(해남 – 진도)

○경북(5명) : 한병채(대구 중 – 서 – 북), 권오태(포항 – 영일 – 울릉 – 영천), 박정수, 정휘동(김천 – 금릉 – 상주), 김현규(구미 – 군위 – 성주 – 칠곡 – 선산)

○경남(3명) : 이상민(진주 – 진양 – 삼천포 – 사천), 이후락(울산 – 울주 – 동래), 최치환(남해 – 하동)

○제주(1명) : 변정일(제주 – 북제주 – 남제주)

(7) 박 대통령은 77명의 유정회의원 후보 추천

박정희 대통령은 통일주체 국민회의에서 선출할 유정회 제3기 국회의원 후보 77명과 예비후보 8명의 명단을 국민회의 박영수 사무총장에게 통보했고, 12월 21일 국민회의는 시도별로 찬반투표를 실시하여 이들의 당선여부를 확정했다.

박 대통령이 추천한 77명의 후보 가운데 유정회 의원은 25명이고 52명은 신인으로 68%를 차지하고 있다. 현 유정회의원 73명 가운데 공화당 공천을 받아 당선된 6명을 제외하면 42명이 탈락했다.

재추천된 현 유정회 의원 가운데에는 백두진 의장, 이영근 원내총무, 고재필 무임소장관, 최영희, 신범식, 박동묘 의원 등 중진들이 포함돼 있어 유정회의 골간이나 전통은 3기에도 승계될 것으로 예상됐다.

새로 추천된 인사로는 이석제 전 감사원장, 태완선 대한상의회장, 최경록 전 교통부장관, 이동원 전 외무부 장관, 이경호 전 보사부 장관, 김성환 전 한은총재는 물론 김주인, 윤인식, 이도환, 이해원, 오준석 의원 등 공화당 낙천 의원들도 포함됐다.

◇유정회 현역의원(25명) : 갈봉근, 고재필, 김세배, 박동묘, 백두진, 백영훈, 변우량, 서영희, 신광순, 신범식, 신상초, 윤여훈, 이성근, 이승윤, 이영근, 이정식, 이종식, 이종찬, 전부일, 정일영, 정재호, 최영희, 최우근, 한태연, 함명수

◇공화당 현역의원과 당료(9명) : 김주인, 오준석, 윤인식, 이도환, 이해원(현의원), 정병학(사무차장), 장기선(정책연구실차장), 김용호(조직부장), 신철균(강원도 사무국장)

◇공직자(18명) : 이석제(감사원장), 이동원(외무부장관), 이경호(보사부장관), 최경록(교통부장관), 조병규(경남도지사), 선우련(대통령 공보비서관), 심융택(대통령 정무비서관), 이철희(중앙정보부차장), 조일제(주일공사), 김영광(중앙정보부국장), 한옥신(대검 특수부장), 이자헌(서울신문 편집국장), 이명춘(국무총리 행정조정실장), 송방용(2, 3대 의원), 이종률(버지니아 주립대 교수), 최대현(관세청장), 김종하(신아일보 편집국장), 안갑준(전남도부지사)

◇언론계(4명) : 김영수(조선일보 기자), 김윤환(조선일보편집국장대리), 박형규(서울신문감사), 김봉기(코리아해럴드발행인)

◇경제계(2명) : 태완선(대한상공회의소장, 2, 5대 의원), 김성환(한국은행 총재)

◇학계(4명) : 박준규(서울대교수), 윤 식(국민대교수), 정희채(부산대 행정대학원장), 한기춘(연세대교수)

◇전직 의원(4명) : 이상익, 이정석, 전정구, 조홍래

◇외교관(4명) : 천병규(재무부장관), 신상철(체신부장관), 장지량(공군참모총장), 조상호(대통령 의전비서관)

◇여성계(5명) : 김영자(보사부 부녀아동국장), 김옥렬(숙명여대 정경대학장), 신동순(단국대교수), 박현서(여기자클럽회장), 현기순(서울대 가정대학장)

◇기타(2명) : 이양우(해군법무감), 최태호(대한상이군경회장)

◇예비후보(8명) ①고귀남(공화당 전남도연락실장) ②남재한(유정회 행정실차장) ③이호동(공화당 청년분과위원장) ④김유복(육군 30사단장) ⑤황유경(5·16 민족상재단 사무총장) ⑥김인기(공화당의장 비서실장) ⑦신달선(공화당 경북도연락실장) ⑧이민영(공화당 충남도연락실장)

[제4부] 지역구별 불꽃 튀는 격전의 현장들

1. 되살아난 여촌야도 – 수도권

2. 박 대통령의 영원한 고향 – 영남권

3. 뭐래도 공화당을 오롯이 지지 – 비영남권

1. 되살아난 여촌야도 - 수도권

(1) 신민당이 공화당을 앞선 수도권 의석분포

서울의 도봉, 관악, 강서 지역구가 신설되어 38명을 선출하게 된 이번 총선에서 신민당은 18명의 당선자를 배출했고 통일당 1명과 친야 무소속 오세응 후보의 당선으로 야권은 53%인 20석을 점유하여 17명의 당선자를 배출한 공화당을 압도했다.

서울의 11개 선거구에서 신민당은 복수공천한 마포 - 용산에서 김원만 후보만 낙선했을 뿐 11개 선거구를 석권했고, 경기도의 8개 선거구에서도 성남 - 여주 - 광주 - 이천의 유기준 후보가 유일하게 낙선했을 뿐 7개 선거구에서 당선됐다. 그러나 공화당은 성동의 민병기, 도봉의 신오철 후보가 낙선하여 17석에 머물렀다.

성동에서는 통일당 양일동 총재가 신민당 김제만 후보와 동반 당선됐으며 도봉에서는 무소속 홍성우 후보가 신민당 고흥문 후보에 이어 2등 당선됐고, 성남 - 여주 - 광주 - 이천에서는 무소속 오세응 후보가 공화당 정동성 후보와 동반 당선됐다.

이번 총선의 특징은 유신체제로 사라진 여촌야도 현상이 8대 총선과 같이 되살아나 서울, 부산 등 대도시에서 신민당이 압승을 거두고 중소도시에서도 신민당이 약진한 현상이다.

서울의 11개 선거구와 경기도 8개 선거구 등 19개 선거구를 지닌 수도권은 전국의 점유율은 24.7%로 지난 총선 때의 21.9%보다 3.8% 높아졌다.

(2) 9대 국회의원 32명 중 66%인 21명이 귀환

지난 9대 총선에서는 16개 선거구에서 공화당 16명, 신민당 14명, 무소속 2명이 당선됐다.

공화당의 장기영 의원은 작고했고 강상욱 의원은 제명됐고 차지철 의원이 대통령 경호실장으로 발탁되어 13명의 의원들이 공천을 기대했다.

그러나 7대의원으로 지난 총선에서는 무투표 당선된 김용채 의원과 복수공천으로 당선된 김재춘 의원, 부천 – 시흥 – 옹진의 오학진 의원이 공천에서 배제되어 10명의 의원들이 공천을 받고 출전했으나 민병기 의원이 낙선하여 9명의 의원만 귀환했다.

신민당은 정일형 의원이 명동성당의 구국선언문 사건으로 실형을 선고받아 의원직을 상실했고, 김형일 의원이 사망했으며 오세응 의원이 공천에서 탈락하자 탈당하여 11명의 의원이 신민당 공천을 받고 출전했으나 복수공천을 받은 김원만 의원이 낙선하여 10명의 의원이 생환했다.

무소속으로 당선된 김재광 의원은 신민당에 합류하여 신민당 공천을 받고 당선됐으나 이진용 의원은 무소속으로 재도전했으나 낙선했다.

신민당 공천에서 낙선한 오세응 의원은 무소속으로 도전하여 당선됐으나 공화당 공천에서 낙천한 김재춘 의원은 낙선했다.

그리하여 9대 총선에서 당선된 32명의 의원 중 10대 총선에서 당선되어 귀환한 의원은 21명으로 66% 수준이다.

여촌야도 상황에서도 공화당 오치성(포천 - 연천 - 가평 - 양평) 후보는 70.7%로 전국 최고득표율로 당선됐고, 신민당 김수한(61.4%), 조세형(56.9%), 김재광(54.9%), 박한상(54.0%), 송원영(51.0%), 정운갑(50.9%) 후보들이 50%가 넘는 득표율을 올리며 당선됐으며 공화당 이인근(동대문) 후보는 18.2% 득표율로 동반당선의 기쁨을 맛보았다.

(3) 수도권 19개구 불꽃 튀는 격전의 현장으로

서울특별시

<종로 – 중구> 체제시비를 무기로 야당성 회복을 기치로 내걸고 부전자전(父傳子傳) 이미지 심기에 성공한 신민당 정대철

이 지역구의 수준 높은 중산층 15만명 이상이 강남 등 개발지역으로 빠져나가고 신당동, 창신동 등이 새로 편입된 정치1번지인 이 지역구는 과거의 소선거구제에서는 윤보선, 박순천, 유진오 등 야당 당수들이 이름만 걸어 놓고도 당선을 일궈낸 곳이다.

과거 4번이나 당선됐던 동대문구 일부 지역이 편입되었고 장기영 남북조절위 위원장 대리의 뒤를 이어 활동한 민관식 대한체육회장이 공화당 공천을 받고 지난해 보궐선거에서 당선된 정대철(신민당), 오제도(무소속) 의원들과 선두권을 달리고 있다.

여기에 지난 9대 총선때는 평택 – 용인 – 안성에 출전하여 아쉽게 3위로 낙선한 유택형 후보가 통일당으로, 김대중 후보 선전 보좌역인 홍순철 후보와 경남 거창 삼가면장을 지낸 최병훈 후보가 무소속으로 출전하여 후발 3각편대를 형성하고 있다.

4선의원에다 문교부장관, 대한약사회장, 대한체육회장으로서 기반을 갖고 남북조절위원회 위원장 대리라는 명함을 자랑 삼은 공화당 민관식 후보는 "조령모개식 도시행정으로 난맥에서 오는 불신시대의 종막"을 구호로 내걸고 "서울시가 판자집을 대책 없이 철거하면 불도저에 내가 먼저 뛰어 들겠다"고 선언하면서 서울시와 구민간의 가교역을 자임하고 나섰다.

부친인 정일형 전 의원의 후광을 업고 있는 신민당 정대철 후보는 국회 본회의에서 체제발언으로 인한 시비를 큰 무기로 활용하고 있으며 의정활동 상황을 화보로 제작하여 배포하고 있다.

대학생 자원봉사단을 활용하여 전화여론 조사를 실시하고 있는 정대철 후보는 "유정회는 자동거수기, 공화당은 수동거수기, 무소속은 꼭두각시 거수기"라면서 "현대아파트 조사를 흐지부지한 것은 서민감정 배임죄에 해당된다"고 목소리를 높였다.

무소속 오제도 후보는 반공검사로서의 지명도를 주무기로 삼아 안보강연회를 통한 구민접촉을 벌이면서 소규모 모임에 적극 참석한 유격전법을 구사하면서 '어제도 반공, 오늘도 반공' '9대도 오제도, 10대도 오제도'를 되뇌이고 있다.

공화당 민관식 후보는 "3·15 대통령 선거 때 대검 정보담당 검사로 선거부정을 자행해 온 장본인" "김주열 사건을 공산당 수법이라고 매도한 관제 빨갱이 제조자" "반공이 오제도 후보의 전유물이 아니다"라고 오제도 후보를 맹공격했다.

통일당 유택형 후보는 "9대 국회는 공화당·신민당의 형제국회, 행정부의 시녀국회였다"고 여야의 동반당선을 맹공했다.

종로의 권중돈 의원과 중구의 정일형 의원의 지역구가 통합된 지난 9대 총선 때에는 한국일보 사주로서 경제부총리를 지내고 남북조절위원회 남측공동위원장을 지낸 장기영 후보가 공화당 공천을 받고 8대 총선 때 낙선한 설움을 딛고 1위로 당선됐고, "신민당이 봉제사(奉祭祀)하는 종가(宗家)라며 정통야당은 신민당이라고 주장한 정일형 후보가 신민당 대표를 지냈지만 진산계에 밀려나자 신민당을 탈당하고 통일당 고문으로 활동한 김홍일, 5선의원으로 국방부 장관을 지내고 신민당 복수공천으로 출전한 권중돈 후보들을 따돌리고 8선의원이 됐다.

장기영 의원의 유고와 정일형 의원의 명동성당 3·1 구국선언문 사건에 연루되어 의원직을 잃게 되어 실시한 보궐선거에서 공화당과 신민당의 후보공천 포기로 16명의 무소속 후보들이 난립한 가운데 오제도, 정대철 후보들이 당선됐다.

이번 총선에는 실향민들의 각축전으로 이북 출신들의 지지세가 분산이 예상되는 가운데 체제시비를 무기로 야당성 회복을 기치로 내걸고 부전자전(父傳子傳) 이미지 심기에 성공한 정대철 후보가 "남북대화는 곧 재개됩니다. 민족과업의 주역에게 은메달을 줘서야 대북체면이 말이 됩니까"라는 민관식 후보에게 은메달을 안겨주고 대승을 거두고 국회에 재입성했다.

2만여 명의 기독교 신자를 기반으로 영락교회 등 교회세력의 지지기반에 기대를 건 오제도 후보가 맹렬한 추격전을 전개했으나 집권여당의 기간조직을 활용하고 거물정객의 이미지 심기에 주력한 민관식 후보를 따라잡지 못했다.

후발주자들의 삼각편대는 도토리 키재기식 경쟁을 벌였으나 1%대 득표율을 오르내리는 눈여겨볼 것 없는 성적을 거두었다.

□ 득표상황

후보자	정당	연령	주요 경력	득표(%)
정대철	신민당	34	9대의원(지역구)	105,983 (42.5)
민관식	공화당	59	국회의원(4선)	72,715 (29.2)
오제도	무소속	60	9대의원(지역구)	61,270 (24.6)
유택형	통일당	48	변호사	4,938 (1.2)
홍순철	무소속	35	김대중보좌역	2,316 (0.8)
최병훈	무소속	42	거창삼가면장	1,943 (0.7)

<동대문> 강상욱 의원의 배신론을 "황소같이 부지런한 나를 뽑아 달라"고 호소하여 극복하고서 당선된 공화당 이인근

강상욱 의원의 공화당 탈당과 무소속 출마는 배신논쟁을 불러일으키면서 무풍지대를 돌풍지대로 변모시켰다.

무소속의 강상욱 후보는 "9대 때 공화당에 복당할 때 복당은 공천이라고 한 이효상 씨의 말을 믿는 것이 잘못이다. 달면 삼키고 쓰면 뱉고 있다"고 공화당을 비난하고서 "지금까지 공화당의 거수기, 벙어리 의원 노릇을 해 왔으나 이제부터는 여러분의 의견을 반영하는 참된 국회의원이 되겠다"고 선언했다.

강상욱 의원의 공천을 놓고 고심한 공화당은 이인근 동대문상고이

사장, 강성국 해동화재 이사, 박 훈 반공연맹지부장, 홍세희 약사회 이사 등을 놓고 저울질하다가 이인근 후보를 내세웠다.

공천을 받은 이인근 후보는 "공화당 같이 좋은 가문과 황소 같이 부지런한 나를 뽑아 달라"고 호소했다.

길전식 공화당 사무총장은 "배신자의 말로가 어떻다는 것을 보여주자"고 호소하며 강상욱 의원의 탈당을 비난하자, 강 의원은 "국가와 당에 기여한 나의 공을 짓밟고 당이 오히려 나를 배신했다"면서 "그대로 눈을 감을 수 없다. 선거구민의 심판을 받기로 했다"고 반격했다.

신민당의 공천을 받은 송원영 의원은 3선의 지역기반과 원내총무로서의 지명도로 인해 "누워 있어도 당선된다"는 얘기가 나돌 정도로 안정권에 들어 있다.

통일당 공천을 받은 안균섭 후보는 4대 총선때는 전북 남원에서 자유당 공천으로 당선된 이력을 가졌지만 신민당을 공격하면서 선명논쟁을 불러일으키고 있다.

장준하 전 의원의 후광을 업고 있는 안균섭 후보는 시내버스 승강장, 공장 등을 돌며 육탄전을 벌이는 외에 호남출신들의 지지에 기대를 걸고 있다. 협신농기대표로 반공연맹 동대문지부장인 박 훈과 건국대 교수로서 통일주체국민회의 대의원을 지낸 한상무 후보도 무소속으로 등록했다.

지난 9대 총선에서는 공화당 민관식 후보를 꺾은 갑구의 송원영 의원과 공화당 강상욱 후보를 꺾은 을구의 유옥우 의원이 신민당의 복수공천을 받았다.

5·16 혁명 주체로서 국가재건최고회의 최고위원을 지낸 강상욱 후보가 8대 총선 때의 낙선을 딛고 유신체제의 특혜를 업고 금메달을 목에 걸었다.

8대 총선 때에는 강상욱 후보에게 1만 1천여 표 앞섰던 송원영 후보가 이번에는 6만 4천여 표 뒤져 은메달로 턱걸이 당선을 이뤄냈다.

사상계 편집장으로 활약했으며 이 지역의 7대 의원이었던 통일당 장준하, 신민당 복수공천을 받은 4선 의원 유옥우, 국민당 대통령 후보로 뛰었던 무소속 박기출 후보들은 낙선의 고배를 들었다.

당선된 강상욱 후보는 불법선거가 폭로되어 공화당에서 제명을 당했으나 10대 공천 약속에 현혹되어 공화당에 재입당했으나 공천에서 밀려나자 공화당을 탈당하고 무소속으로 출전했다.

이번 총선은 신민당 송원영 후보의 독주 속에 공화당 이인근, 무소속 강상욱 후보가 은메달을 놓고 한판승부를 펼치고 있는 상황에서 통일당 안균섭, 무소속 박 훈, 한상무 후보들이 힘겨운 추격전을 전개하고 있는 상황이다.

"비록 공화당은 탈당했지만 14년간 다져 온 조직이 하루아침에 넘어가진 않으며 동대문 전체가 사조직"이라고 호언한 강상욱 후보를 자신이 설립한 동대문상고 졸업생, 재학생, 학부모 등의 지지를 기대하며 "30여년 교육계에서 일해 온 정직한 일꾼을 밀어주자"는 구호를 내건 공화당 이인근 후보가 1,388표차로 꺾고 국회등원에 성공했다.

9대 총선에서 압승을 거뒀지만 부정선거 후유증으로 공화당에서 제명당한 아픈 상처가 2만여 명의 공화당원을 가동시키고 방계단체인 새마을 부녀회, 학교자모회 등 각종 단체의 전폭적인 지원을 받은 공화당 공천 후보에게 당선증을 헌납한 셈이다.

7대 총선에는 신민당 공천으로 동대문 갑구에 처녀 출전하여 당선되고, 8대 총선에서는 공화당 민관식 후보를 꺾었던 신민당 송원영 후보는 몰아친 야당바람을 타고 대승을 거두었고 후발주자였던 안균섭, 박 훈, 한상무 후보들은 10% 득표율도 올리지 못했다.

□ 득표상황

후보자	정당	연령	주요 경력	득표(%)
송원영	신민당	49	9대의원(3선)	166,244 (51.0)
이인근	공화당	53	동대문상고교장	59,621 (18.3)
강상욱	무소속	50	9대의원(2선)	58,233 (17.8)
안균섭	통일당	54	4대의원(남원)	23,542 (7.2)
박 훈	무소속	36	협신농기대표	11,578 (3.5)
한상무	무소속	49	통대의원	7,303 (2.2)

<성동> 지난 총선에서 정운갑, 양일동, 유성범 등 3명의 현역의원을 꺾었으나 이번 총선에선 3위로 밀려난 공화당 민병기

공화당 민병기 의원이 일찍부터 터전을 잡고 동반당선될 신민당의 주자를 기다리고 있는 상황에서 신민당은 정운갑 의원이 신설구인 강남구로 옮겨가자 지난 총선에서 낙선한 홍영기를 비롯하여 신광수, 이봉구, 이연국 후보들이 공천을 신청했으나 신민당 선전국장으로 활약한 김제만 후보를 내세웠다.

지난 총선 때 아쉽게 낙선한 양일동 통일당 대표가 재도전하고 슈퍼마켓 대표인 김길웅, 국민대 조교수인 김흥린 후보가 등록하여 형식상 5파전이지만 실제상은 3당 후보들이 각 당의 명예를 건 한판승부가 펼쳐졌다. 무소속 김길웅, 김흥린 후보들의 맹렬한 추격전도 전개될 전망이다.

지난 9대 총선에선 공화당 정봉중 후보를 꺾은 갑구의 양일동, 공화당 민병기 후보를 꺾은 을구의 홍영기, 공화당 박준규 후보를 꺾은 병구의 정운갑 의원의 대결이 불가피한 상황에서 양일동 의원은 통일당을 창당하여 대표가 되고 홍영기, 정운갑 의원은 복수공천을 받았다.

아스팍 사무국장 출신으로 홍영기 의원에게 1만 2천여 표로 낙선한 민병기 후보가 공화당 공천을 받고 유신체제에 힘입어 1위로 당선됐고, 정운갑 후보가 박준규 후보의 퇴장으로 병구 지역의 몰표에 힘입어 통일당 대표인 4선 의원 양일동, 신민당 복수공천을 받은 3선 의원 홍영기, 유성권 전 의원의 실제로서 신민당 8대 전국구 의원인 유성범 후보들을 제압하고 3선의원에 올라섰다.

이번 총선에선 방대한 공화당 조직, 제1야당 선전국장이라는 직함을 이용하여 형성한 야당 붐, 지난 총선에서 석패한 동정여론과 대표로서의 중량감을 내세운 세 후보는 엎치락 뒷치락 승부를 예측할 수 없었다.

공화당 민병기 후보는 양일동 후보의 가짜 국회의원이란 비난에 대해 "일부 지역에서 잡음은 있었지만 여러분이 1등으로 뽑아 준 사람을 가짜 운운하는 것은 유권자에 대한 모독"이라고 반격했다.

통일당 양일동 후보는 "교사 자격을 가지고 시비가 된 경북도교위 사건 등은 공화당 정권의 누적된 부정 때문"이라고 비난했다.

조윤형 전 의원의 지원에 고무된 신민당 김제만 후보는 "묘목이지만 옥상이 아닌 비바람 속에서 자란 묘목이므로 험난한 10대 국회의 싸움터로 보내 달라"면서 민주회복이라는 표적에 적중하겠다고 다짐했다.

세 후보의 각축전은 제1야당인 신민당을 북돋아 주어야 한다는 지역의 야당성향이 40대의 패기와 신예 정치인에 대한 기대가 합쳐 신민당 김제만 후보를 선두주자로 밀어 올렸고, 4선 의원이라는 경력과 호남표를 결집시킨 통일당 양일동 후보가 지난 총선에서의 패배를 설욕하고 동반 당선의 기쁨을 누렸다.

지난 총선에서는 기라성 같은 정운갑, 양일동, 유성범 등 세 현역 의원들을 꺾고 1등 당선한 공화당 민병기 후보는 4천여 표차로 양일동 후보에게 밀려 6년이란 세월동안 국회의원의 짜릿함을 맛보았을 뿐이다.

젊은 패기를 앞세운 월간 '골프계' 발행인인 무소속 김길웅, 미국 테니시주립대 경제학 박사인 무소속 김흥린 후보들의 도전은 도전 자체에 의미를 부여해야만 했다.

□ 득표상황

후보자	정당	연령	주요 경력	득표(%)
김제만	신민당	44	당 선전국장	91,589 (35.8)
양일동	통일당	65	8대의원(4선)	78,647 (30.8)
민병기	공화당	61	9대의원(지역구)	74,564 (29.2)
김길웅	무소속	34	슈퍼마켓대표	7,235 (2.8)
김흥린	무소속	37	국민대 조교수	3,539 (1.4)

<성북> 한국일보 편집국장 출신으로 신민당에 영입되어 공천파동을 잠재우고 13만여 표를 휩쓸어 금메달 당선을 일군 조세형

이번 총선에서 공화당은 국회 국방위원장과 서울시지부장을 지낸 정래혁 의원을 일찍부터 낙점했지만 이 지역구의 고흥문 의원이 신설구인 도봉구를 선택함에 따라 무주공산이 되자 신민당은 김의택과 서범석 전 의원, 이종순과 송수강 당 중앙상무위원, 최영환 지구당부위원장, 하승용 당기위원들을 놓고 고심하다가 한국일보 편집국장을 지낸 조세형 후보를 영입하여 공천하여 양강체제가 확립됐다.

무주공산이 된 신민당에 가찬노, 고준배, 유옥우, 윤규현, 윤병익,

이길범, 장충준, 이수춘, 최호훈 후보들도 공천을 신청했었다.

양강체제가 확립된 상황에서 양일동 통일당 대표의 실제로서 서울시 의원을 지낸 통일당 양택영, 서범석 의원 시절 부위원장으로 활동했던 이수춘, 서울시 최연소 후보로서 웅변문화사 대표인 임태백, 효민해양산업 대표로 대한합기도협회 총재인 최호훈 후보들이 뛰어들어 6파전이 전개됐다.

공화당 정래혁 후보의 관록과 조직, 신민당 조세형 후보의 경력과 바람이 우열을 가리기 힘든 상황에서 통일당 양택영, 무소속 최호훈, 임태백, 이수춘 후보들의 도토리 키재기식의 혈전이 전개될 전망이다.

시립병원 유치, 주택가 도로 포장, 정릉천 복개, 무허가 판자촌의 선대책·후철거 등을 공약으로 내건 공화당의 정래혁 후보는 "판자촌은 당분간 철거 않기로 대통령에게 직접 보장받았다" "국방부장관 때 최초로 자주국방이란 용어를 창안했다"고 주장했다.

야당 후보들의 금품공세 공격에 시달린 정래혁 후보는 "나는 금품으로 표를 사서 국회의원이 되는 그런 사람은 절대 아니다"라고 반격했다.

공천파동으로 지명도를 높인 신민당의 조세형 후보는 조병옥 박사를 비롯한 야당의 거목들을 배출시킨 이 지역이 사실상 정치 1번지라고 강조하면서 새얼굴임을 내세웠다.

"많은 언론계 동료들이 정부고관으로 갔지만 나는 야당을 택했다"는 조세형 후보는 "18년 동안의 공화당 정치에 제동을 걸어야 하며 세계적 추세는 시민정치"라고 주장하면서 "이번 선거는 선심공세가 판치고 모든 잘못된 일들이 표면에 나타난 구정물 선거"라고 규탄했다.

통일당 양택영 후보는 통일당만이 선명야당임을 강조하며 '치솟는 물가고에 서민은 울고 있다'는 구호를 내걸고 영세상인을 집중공략했다.

이 지역의 토박이임을 강조한 무소속 이수춘 후보는 영세상인의 무담보금융 지원과 근로조건의 개선을 투쟁 목표로 설정했고, 성화순례선교회 회장인 무소속 최호훈 후보는 "황소는 너무 늙었고 말은 고삐가 풀렸으니 무소속인 나를 밀어 달라"고 호소했다.

'참다운 민주투사 뽑아 일신하자 정치풍토'를 구호로 내건 무소속 임태백 후보는 "공화당, 신민당이 야바위로 만들어 낸 선거법에 손발이 꽁꽁 묶여 원통스럽다"고 호소했다.

갑구의 조윤형, 을구의 서범석, 병구의 고흥문 의원의 공천경쟁이 불가피한 9대 총선에서 조윤형 의원이 구속되어 고흥문, 서범석 의원이 복수공천을 받게 됐다.

신민당 정무회의 부의장인 고흥문 의원이 국방부장관과 상공부 장관을 역임한 공화당 정래혁 후보와 동반 당선되어 4선의원으로 발돋움했다.

황해도 출신으로 3대 총선 때부터 성북에 터전을 마련했던 서범석 후보는 고령으로 7선의 문턱에서 주저앉았고, 충청도 출신으로 제헌의원인 통일당 이상돈 후보도 조직의 취약으로 3선의 문턱에서 주저앉았다.

70대의 6선 의원인 서범석 후보가 50대의 3선 의원인 고흥문 후보에게 2만여 표차로 분루를 삼켰다.

이번 총선에선 공화당, 신민당, 통일당 후보를 비롯한 네 후보가 호남 출신으로 호남 출신 유권자들의 향배가 주목된 상황에서 혜성처럼 나타난 조세형 후보가 예상을 뒤엎고 호남표를 쓸어 담아 압승을 거뒀고, 지난 총선 때부터 6년 동안 꾸준하게 지역구를 관리하여 온 정래혁 후보가 후발주자들을 멀찌감치 따돌리고 동반당선의 기쁨을 누렸다.

통일당 양택영 후보는 출신지가 전북으로 신민당 조세형 후보와 겹쳐 표의 확장성에 한계를 보였고, 주한 미8군 교역처 지배인인 이수춘, 양학출판사 대표인 임태백, 고려대 정우회 이사인 최호훈 후보들은 무소속 후보의 한계로 1만표 득표에도 실패했다.

□ 득표상황

후보자	정당	연령	주요 경력	득표(%)
조세형	신민당	46	한국일보편집국장	136,016 (56.9)
정래혁	공화당	52	9대의원(지역구)	71,408 (29.9)
양택영	통일당	49	서울시의원	12,510 (5.2)
최호훈	무소속	47	효민해양산업대표	8,400 (3.5)
임태백	무소속	32	웅변문화사대표	7,030 (3.0)

이수춘	무소속	52	정당인	3,655 (1.5)

<도봉> 대대적인 경로잔치로 서민층과 노인층의 전폭적인 지지로 무소속으로 집권여당 후보를 꺾고 당선된 영화배우 홍성우

4선 의원의 관록에 정무회의 부의장이란 명성으로 선두권을 형성하고 있는 고흥문 의원의 동반당선자를 뽑고 있는 신설구인 이 지역구에는 김삼봉 유정회 의원을 뿌리치고 공화당 공천을 받은 신오철, 통일당 선대본부 대변인을 맡고 있는 조희철, 고교교사출신으로 약국을 경영하고 있는 문창기, 박정희 대통령의 4촌동생으로 반공연맹도봉지부장으로 활약하고 있는 박경희, 화신가구 대표인 임창진, TV탤런트로 한국노인공원추진위원장인 홍성우 후보들이 한 장의 티켓을 놓고 혈투를 전개하고 있다.

"피난시절에도 계엄령을 해제하고 선거를 치렀다"며 민주회복을 강조한 신민당 고흥문 후보는 "경제가 아무리 성장해도 빈곤과 불편을 겪는 시민이 있는 한 그것은 절름발이 경제"라고 주장했다.

고시 3과에 합격하고 심계원 검사관, 국세심판관, 군법무관을 지낸 법률통이란 점을 부각시키고 있는 공화당 신오철 후보는 무허가건축물의 철거에 앞서 반드시 입주대책부터 마련해야 한다는 서민들의 희망을 의정활동을 통해 실현시키겠다고 역설했다.

"촌놈이고 불쌍한 신오철이는 지역문제를 정치문제로 알고 아버지,

어머니, 누님, 동생을 위해 최선을 다하겠다"는 공화당 신오철 후보는 "행동에 옮기지 못할 사람보다는 능력 있는 사람을 밀어달라"고 호소했다.

"고위층의 승낙을 받아 출마했기 때문에 절대로 사퇴하지 않는다"는 무소속 박경희 후보는 서민의 대변자임을 자처하며 그동안 사업에서 얻은 재산을 모두 사회에 환원시키겠다고 약속했다.

선명야당의 가치를 높이 든 통일당 조희철 후보는 "민권을 위해 투쟁할 유일한 야당은 통일당 뿐"이라고 역설했다.

"없는 사람의 한을 풀려 나왔으니 이제부터 여러분의 한을 풀어드리겠다"는 무소속 홍성우 후보는 "봉사자의 자세가 없는 자는 지도자의 자격이 없다"고 주장했다.

선거가 중반전에 접어들면서 신민당 고흥문 후보가 야당성향표를 결집시키고 지명도를 내세워 선두를 내달리고, 지난 총선에서도 석패한 젊은 변호사인 공화당 신오철 후보와 노인공원건설 추진을 기치로 내건 영화배우출신인 무소속 홍성우 후보의 은메달 쟁패전으로 돌변했다.

'비판하는 야당'이라는 슬로건을 내걸고 "의원의 임무는 지엽적인 지역공약 보다는 국가적인 차원에서의 정책대안의 제시에 있다"는 고흥문 후보가 9대 총선 때 이 지역에서 몰표를 받은 여세로 이번 총선에서도 대승을 거두고 5선의원 반열에 올랐다.

영화배우 출신으로 노인공원건설 추진기금을 마련하거나 대대적인 노인잔치로 노인층을 파고 든 홍성우 후보가 서민층과 노인층의 절대적인 지지로 예상을 뒤엎고 집권여당인 신오철 후보를 꺾은 이변을 연출하고 국회 입성에 성공했다.

'서민과 호흡을 같이 하는 정치초년생'을 강조한 신오철 후보는 2만 7천여 채의 무허가 건물이 있는데 착안하여 '문서 있는 내집 갖기 운동'을 활발하게 전개했으나 박경희 후보의 친여성향표 잠식과 조희철 후보의 호남표 분산으로 이번 총선에서도 열매를 맺는데 실패했다.

성북구에 병합된 지난 9대총선 때는 신민당 고흥문 후보와 공화당 정래혁 후보가 신민당 복수공천을 받은 서범석 후보를 따돌리고 동반당선을 이뤄냈었다.

□ 득표상황

후보자	정당	연령	주요 경력	득표(%)
고흥문	신민당	56	9대의원(4선)	113,566 (40.9)
홍성우	무소속	36	TV탤런트	71,066 (25.6)
신오철	공화당	39	변호사	59,021 (21.2)
박경희	무소속	51	경희상사대표	14,811 (5.3)
조희철	통일당	49	선대위 대변인	11,858 (4.3)
임창진	무소속	45	화신가구 대표	4,541 (1.6)
문창기	무소속	48	고교교사	3,057 (1.1)

<서대문> 통일당 사무국장, 동산교회 장로, 동양고무 대표로는 공화당, 신민당의 현역의원들의 옹벽을 넘어서기엔 역부족

지난 총선에서 무소속으로 출전하여 금메달을 차지한 김재광 의원이 신민당에 입당하여 신민당 공천을 꿰어차고 젊은 변호사로서 8대 총선에선 공화당 공천을 받고 출전하여 패배했지만 지난 총선에선 동반 당선됐던 오유방 의원이 도전자 없이 공화당 공천을 받고 출전하여 동반당선을 자타가 인정할 수밖에 없었다.

이러한 상황에서 당 사무국장으로 활약하고 있는 장정곤 후보는 통일당으로, 동산교회 장로로 기독교계의 유권자를 노리고 있는 민승, 동양고무공업 대표로 재력을 구비한 서대두, 건국대에서 근무하여 건국대 동문들에게 기대를 걸고 있는 곽용식 후보들이 무소속으로 도전하여 현역의원들의 옹벽을 넘어서고자 했다.

지난 9대 총선에서는 공화당 오유방 후보를 꺾은 김재광, 유명 아나운서인 임택근 후보를 꺾은 김상현, 공화당 오익상 후보를 꺾은 윤제술 의원의 선두경쟁이 불가피한 상황에서 김재광 의원은 유진산 대표와의 불화로 신민당을 탈당하고 무소속으로, 윤제술 의원도 신민당을 탈당하고 통일당 공천으로, 김상현 의원은 유신 체제에 대한 도전으로 구속되는 제각각의 길을 걷게 됐다.

신민당은 당 대변인으로 활약한 전국구 편용호 재선 의원을 서울에서 유일하게 단수공천했다.

지난 8대 총선 때 공화당 공천으로 출전하여 3만 4천여 표차로 신민당 김재광 후보에게 무너진 오유방 후보가 공화당 공천을 받고 김재광 의원과 동반당선됐다.

6선 의원으로 신민당 정무회의 부의장, 국회부의장을 지낸 윤제술 후보는 고령과 제2야당 후보라는 약점으로, 한국일보 정치부장 출신으로 7대와 8대 신민당 전국구 의원을 지낸 편용호 후보는 지명도의 낮음으로, 합천 출신으로 재선의원인 유봉순 후보는 무소속 후보의 한계로 무너졌다.

이번 총선에서 신민당 김재광 후보는 "장기집권의 병폐를 막기 위해 거대한 힘을 지닌 공화당을 견제하고 인권을 신장할 수 있도록 신민당을 밀어 달라"고 호소했다.

패기에 찬 젊은 변호사로 개혁주도 소장파의 리더로 급성장한 공화당 오유방 후보는 집권여당의 조직과 지명도를 활용하여 또다시 동반 당선의 기쁨을 만끽했다.

제2야당의 사무국장이라는 직함도, 대한감리교 동산교회 장로라는 성스러움도, 동양고무대표라는 재력도, 서울소년원 지도주임이었던 경력도 공화당 현역의원과 신민당 4선의원으로 최고위원의 옹벽을 넘어서기에는 역부족이었다.

□ 득표상황

후보자	정당	연령	주요 경력	득표(%)
김재광	신민당	55	9대의원(4선)	173,243 (54.9)
오유방	공화당	37	9대의원(지역구)	91,988 (29.1)

장정곤	통일당	44	당 사무국장	23,101 (7.3)
민 승	무소속	38	동산교회장로	12,968 (4.1)
서대두	무소속	47	동양고무공업대표	8,518 (2.7)
곽용식	무소속	36	건국대 근무	5,987 (1.9)

<마포 – 용산> 3만여 명의 공화당원, 호남향우회, 재향군인회의 지원으로 야당의 철옹성을 돌파하고 공화당 깃발을 꽂은 박경원

역대 선거에서 한 번도 공화당에 의석을 내주지 않았고 지난 9대 총선에서도 전국에서 유일하게 신민당에 완승을 내어준 야당철옹성으로 역대 공화당 후보들은 "마포 하늘은 높다"고들 푸념했다.

이번 총선에서도 신민당은 용산의 김원만, 마포의 노승환 의원을 복수공천하여 골육상쟁을 경계하며 '뭉치면 산다'를 실천하도록 강요했다.

두 의원의 동반당선을 저지하기 위해 공화당은 내무부장관을 세 차례나 역임하면서 선거사령탑으로 명성을 날렸던 박경원 후보를 내세웠고, 통일당은 경주 문화고 교장을 역임하고 경환사 대표로 활동하고 있는 장세환 후보를 낙점하여 4파전이 전개됐다.

'새사람 새일군 새바람 불었다'를 구호로 내걸고 공화당 조직 확장에 박차를 가하여 3만 명의 당원을 확보한 박경원 후보는 당원 3

배가 운동을 벌이며 "당원표만으로도 당선된다"는 계산을 하고 있다.

"이 지역의 개발이 늦은 것은 만년 야당후보만 뽑았기 때문"이라는 박경원 후보는 상하수도 보급, 철거민에 대한 보상, 시영아파트 건설, 재래시장의 근대화, 직업여성의 지위 향상 등 갖가지 공약을 내걸었다.

5선의 관록에 지명도가 가장 큰 무기인 김원만 후보는 30년 동안 주례를 선 것이 1만여 쌍 넘어 5만표는 어림짐작 거뜬 하다면서 "정치에는 숙련공이 필요하다"며 다선과 고령시비를 비껴가고 있다.

38년 동안 지금 살고 있는 집에서 살아왔다는 노승환 후보는 "2백년 동안 대를 이어 살아 산삼만큼 뿌리를 박고 있다" "두 달도 안된 나물 뿌리와는 비교도 안된다"고 박경원 후보와 뿌리 논쟁을 벌였다.

지난 9대 총선 때는 김현옥 전 내무부장관을 꺾은 마포의 노승환 의원과 김 신 전 교통부장관에게 대승을 거둔 용산의 김원만 의원이 신민당 복수공천을 받고 공군참모총장 출신으로 교통부 장관을 지낸 공화당 장성환 후보를 따돌리고 14개 복수공천 지역에서 유일하게 동반 당선을 일구었다,

전북 군산에서 8대 총선 때 당선된 강근호 의원이 통일당 공천으로 출전하여 이태구 간사장을 선거사무장으로 옹립하여 분전했으나 적수가 되지 못했다.

이번 총선에선 제2군 사령관 출신으로 다섯 번이나 장관에 임명된

박경원 후보는 새로 보강한 공화당원 35%에 달하는 호남 출신 유권자, 재향군인회의 조직적인 지원으로 야당의 철옹성을 격파하고 금메달을 차지했다.

금년 들어 582쌍의 주례 서기, 장례식장 1천 6백 건의 참여기록을 갖고 있는 노승환 후보는 초상집 밤새우기 등으로 '소가 밟아도 깨어지지 않는다'는 조직을 가동하여 조직활동이 표면에 나타나지 않은 잠수전식 작전을 펼칠 김원만 후보를 2만 9천여 표차로 따돌리고 국회 재입성에 성공했다.

노익장을 과시하며 6선을 달성하기 위해 노승환 후보와 '떠밀어내기 작전'을 펼쳤으나 실패하고 복수공천을 받은 것이 은퇴의 수순을 밟게 됐다.

1958년 4대 총선 이래 9대 국회까지 20년 동안 용산의 터줏대감이었던 김원만 의원도 세월의 덧없음을 탓할 수밖에 없었다.

영남유권자들을 파고들었던 천양사 전무와 경환사 대표를 지낸 통일당 장세환 후보의 득표력은 내놓을 것 없었다.

□ 득표상황

후보자	정당	연령	주요 경력	득표(%)
박경원	공화당	55	내무부장관	114,444 (35.6)
노승환	신민당	50	9대의원(2선)	113,924 (35.5)
김원만	신민당	67	9대의원(5선)	84,207 (26.2)

| 장세환 | 통일당 | 52 | 경주문화고교장 | 8,682 (2.7) |

<영등포> 지난 총선 때 영등포 을구에서 동반당선 됐던 박한상, 강병규 의원들이 이번 총선에서도 사이 좋게 동반당선

지난 총선 때 까지는 한강 이남에는 영등포구가 유일하였지만 이번 총선에는 영등포구가 분구되어 관악구가 신설되고 성동구 관할이었던 동쪽에는 강남구, 영등포 서부인 서쪽에는 강서구가 신설되어 4개구를 갖게 됐다.

지난 총선 때 영등포 을구에서 동반 당선됐던 공화당 강병규 의원과 신민당 박한상 의원이 동반당선을 의심치 않고 있는 상황에서 지구당위원장인 통일당 김수일 후보와 경북도청 직원이었던 무소속 성진환 후보가 무투표 당선을 저지하고 나섰다.

신민당 박한상 후보는 "정부가 밤낮 좋아졌네, 좋아졌네 하지만 좋아진 것은 재벌들의 빌딩만 좋아졌으며 서민들은 나빠졌네, 나빠졌네 라는 노래도 할 수 있어야 되는데 그런 노래를 한다면 잡아갈 것이다"라고 유신체제를 에둘러 비난했다.

국방대 교수 출신으로 ASFAC 초대 사무총장인 공화당의 강병규 후보는 "10년 전보다 1인당 소득이 10배 이상 신장하는 등 부강한 나라가 됐는데 이를 두고 나빠졌네 할 사람은 김일성밖에 없을 것"이라고 반론을 제기했다.

통일당 김수일 후보는 "좋아졌네라는 노래는 아파트에 사는 사람들한테는 달콤한 소리로 들릴 지 모르겠지만 판자집에 사는 사람들의 심정을 어떠하리라는 것은 나는 이해한다"고 반격했다.

지난 9대 총선 때 영등포 을구에서는 네 명의 8대 의원이 각축전을 전개하여 전국적인 주목을 받았다.

전국구 의원이지만 8대 총선 이후 지역구를 관리하여 온 공화당 강병규, 병구(丙區)에서 당선됐던 박한상, 무안 출신으로 4선 의원으로 윤길중 의원의 대타로 신민당 복수공천을 받은 김의택, 전주 출신 4선 의원으로 통일당 공천으로 출전한 유청 의원이 두 장의 티켓을 놓고 혈전을 전개했다.

일찍부터 지역에 뿌리를 내린 박한상, 강병규 의원이 당선되었고 뿌리를 내리고자 전주와 무안에서 지역구를 옮긴 유 청, 김의택 의원은 10%대 득표율로 무너졌다.

이번 총선에서도 통일당 김수일 후보가 영등포의 토박이로서 영등포공고 동문들의 결집을 도모하며 추격전을 전개했으나 현역의원들의 옹벽을 넘어서지 못하고 주저앉았다.

 변호사 출신으로 4선의원의 관록과 지명도가 앞선 신민당 박한상 후보가 압승을 거두고 5선의원에 등극했고, 공화당원들의 조직을 최대한 활용한 강병규 후보가 통일당 김수일, 무소속 성진환 후보들을 가볍게 따돌리고 재선의원이 됐다.

□ 득표상황

후보자	정당	연령	주요 경력	득표(%)
박한상	신민당	56	9대의원(4선)	187,495 (54.0)
강병규	공화당	46	9대의원(2선)	87,918 (25.3)
김수일	통일당	36	지구당위원장	57,360 (16.5)
성진환	무소속	51	경북도 근무	14,368 (4.2)

<관악> 지난 총선 때 영등포 갑구에서 동반당선 됐던 신민당 김수한 의원과 공화당 정희섭 의원이 영등포 선거구처럼 동반당선

지난 총선에서는 영등포 갑구 였으나 관악구가 신설되면서 관악구로 개명된 이 지역구는 지난 총선 때 동반당선됐던 공화당 정희섭 의원과 신민당 김수한 의원이 철옹성을 구축하고 있는 곳이다.

정희섭 의원은 우창규 현대병원장, 최장덕 덕산건업 대표, 공화당 중앙위원인 손진영 후보들의 도전을 물리쳤으나 김수한 의원에게는 도전자도 없었다.

두 의원의 철옹성벽을 4·19와 6·3의 범민주청년 투쟁위원회에서 활동했던 통일당 공창덕, 정우주택 사장인 무소속 김목호, 경노대학 서예교수인 무소속 노기만 후보들이 철옹성을 넘어서고자 도전했다.

지난 9대 총선 때 영등포 갑구에서는 보건사회부 장관을 지낸 정희섭 후보가 유진산 신민당 당수의 지역구 포기로 서울에서 유일하게 당선된 장덕진, 김수한 의원에게 참패를 당한 이찬혁 전 의원 등을 제치고 공화당 공천을 받고 출전하여 신민당 김수한 의원과 동반당선됐다.

전남 진도 출신으로 3선의원인 통일당 김선태, 신민당 복수공천을 받은 노병구, 불교시보사 주필인 차만석 후보들도 출전하여 분전했으나 아쉽게 당선권에서는 멀어졌다.

이번 총선에서 신민당 김수한 후보는 "지난 9대 국회 기간 중 국회 문 닫아 놓기 세계 기록을 세운 공화당이 이제 와서 무슨 염치로 표를 달라느냐"고 공화당을 공격했고, 공화당 정희섭 후보는 "야당이 이런 식으로 떠들어대면 긴급조치를 해제할 수 없다"고 반격했다.

통일당 공창덕 후보는 "정권을 멋있게 두들기러 나온 나는 보통사람이 아니다"라고 기고만장했고, 무소속 김목호 후보는 "나의 고문은 평화, 나의 대통령은 양심"이라면서 "다음 번 선거엔 세대교체를 위해 출마조차 않겠다"고 선언했다.

무소속 노기만 후보는 "내가 당선되면 국민의 세금을 줄이기 위해 국회의원을 명예직으로 하는데 앞장서겠다"고 공약했다.

"볼펜으로 도로 포장을 하더라도 이곳 주민의 민주회복 열망을 못 꺾을 것"이라는 신민당 김수한 후보는 20만 표가 넘는 득표로 전국 최고득표자로 솟아 오르며 4선 의원이 됐고, 보사부 장관의 관록과 공화당의 조직을 활용한 정희섭 후보는 유세장에서 빠져 나가는 청중들을 향해 "자기네들 이야기를 들어줬으면 내 이야기도 들어 줘야지 이것은 도리가 아니다"라고 일갈하기도 했다.

4·19와 6·3 범민주 투쟁위원회에서 활동한 통일당 공창덕 후보가 공화당에 등을 돌린 민심을 업고 매섭게 추격전을 전개했으나 관록, 재력, 조직면에서 결코 따라잡을 수가 없었다.

□ 득표상황

후보자	정당	연령	주요 경력	득표(%)
김수한	신민당	49	9대의원(3선)	212,061 (61.4)
정희섭	공화당	58	9대의원(지역구)	70,812 (20.5)
공창덕	통일당	36	정당인	38,525 (11.1)
김목호	무소속	39	정우주택사장	12,678 (3.7)
노기만	무소속	70	경노대학교수	11,355 (3.3)

<강남> 서울대 총학생회장 출신으로 80년대 새 기수가 되겠다고 절규하여 우주공학의 독보적인 존재로 널리 알려진 무소속 조경철 후보를 무너뜨린 공화당 이태섭

70년대 들어 강남지역이 개발되면서 신설된 이 지역구에 공화당은 서울대 총학생회장 출신으로 풍한방직 사장인 이태섭 후보를 발굴하여 공천했고, 신민당은 박철용, 신유선, 오중환, 정진길 후보들의 공천신청을 뿌리치고 지난 총선 때에는 성동에서 당선된 4선 의원으로 농림부 장관을 지낸 정운갑 후보를 공천했다.

통일당은 국민당 광주 – 이천 지구당 위원장을 지낸 곽인식 후보를 공천했고, 삼영교통이사인 이종민 후보와 연세대 교수로 한국과학기술 정보센타 소장으로 우주공학부문의 독보적 존재인 조경철 후보가 무소속으로 등록했다.

공화당 이태섭 후보는 "국회의원은 며느리 뽑는 것과 같아 뼈대있는 집안에서 좋은 것을 보고자란 사람을 뽑아야 한다. 소속도 없이 어떻게 소신을 펼치겠는가"라고 지명도가 높은 무소속 조경철 후보를 겨냥했다.

이에 미국 펜실베니아대 천문학 박사인 무소속 조경철 후보는 "학자로서 정치적 의견을 글로 많이 제시했으나 반영이 안돼 정치에 뛰어들었다"고 출마변을 밝혔다.

성동의 관할이었던 지난 9대 총선 때는 아스팍 사무국장 출신인 공화당 민병기 후보와 신민당 복수공천을 받은 정운갑 후보가 신민당 복수공천으로 출전한 3선의원 홍영기, 신민당 전국구 의원인 무소속 유성범 후보들을 꺾고 동반당선 됐다.

이번 총선에선 유신체제에 대한 도전으로 서울에서 일기 시작한 야당 붐을 타고 "국회의원 3분의 1은 이미 여당이 당선되었으니 나머지는 야당을 밀어달라"는 신민당 정운갑 후보가 50%가 넘는 득표율로 부동의 1위를 하고, 서울공대 출신으로 서울대총학생회장을 지낸 공화당 이태섭 후보가 "개척의지가 서린 강남에서 80년대의 새기수가 탄생했다는 것을 보이기 위해서라도 본인을 국회에 보내 달라"고 호소하며 공화당원들을 독려하여 값진 은메달을 차지했다.

천문과 우주학의 독보적인 학자로서 아폴로 박사라는 지명도와 부인인 영화배우 전계현의 적극적인 내조와 남궁원 등 연예인 1백명으로 결성된 특별기동대를 편성하여 '깨끗한 강남, 때 안 묻은 무소속'이라는 구호를 내건 무소속 조경철 후보는 지식층을 대상으로 지지를 확산시켜 나갔으나 무소속 후보의 한계로 공화당 후보를 추격하는데 한계를 실감했다.

☐ 득표상황

후보자	정당	연령	주요 경력	득표(%)
정운갑	신민당	64	9대 의원(4선)	123,785 (50.9)
이태섭	공화당	38	서울대 총학생회장	71,220 (29.3)
조경철	무소속	48	연세대 교수	28,163 (11.6)
곽인식	통일당	39	정당인	11,376 (4.7)
이종민	무소속	40	삼영교통이사	8,715 (3.5)

<강서> 신인들의 각축장인 신설구에서 충청향우회의 지원으로 동반당선의 기쁨을 안게 된 신민당 김영배

이번 총선에 신설된 이 지역구는 많은 정치인들이 군침을 흘렸으며 새얼굴의 정치초년생들의 대결장으로 좁혀졌다.

공화당은 박충훈 무역협회회장, 윤주영 의원들이 거명됐으나 서울신문 주필, 조선일보 논설위원을 섭렵한 남재희 후보가 최규정 중국문제연구소장, 이중근 우진그룹 회장, 백준기 국방대 교수 등을 꺾고 공화당 공천장을 낚아챘다.

신민당은 강희천 지도위원, 나이균 중앙상무위원 등이 거론되고 노병구, 이의영, 한영교 후보들이 공천을 신청했으나 조직국장 출신인 고병현, 정책연구실장으로 활약한 김영배 후보가 복수공천을 받았다.

한독당 당수와 통일당 부총재로 활약하고 있는 이태구, 신민당 정무위원을 지낸 강근호 8대의원의 실제(實弟)로서 여주지원장을 지낸 강인애, 공항동과 염창동장을 지낸 유온, 13대째 이곳에 살고 있는 유일한 토박이를 강조한 이종화 후보들도 뛰어들었다.

5선 의원으로 국방부 장관을 지냈으며 지난 총선 때에는 종로 – 중구에 복수 공천되어 낙선했던 권중돈 후보가 신민당을 탈당하고 무소속으로 뛰어들어 정계의 주목을 받았다. 권 후보는 "제3땅굴 발견에 충격을 받고 출전했다"며 관록과 지명도에 기대를 걸고 있다.

공화당 남재희 후보는 '자랑스런 강서사회의 개발'을 구호로 내걸고 "웃분이 발탁해 준 인물 밀어 새 지역 건설하자"고 호소했다.

까치산, 안양천변 개발과 교통난 해소등을 공약한 남재희 후보는 "강서지구는 복합된 여백이 많은 지역으로 개발여백을 메우자면 공화당을 구심점으로 하는 편이 지름길"이라고 주장했다.

문화촌 동성교회 장로이며 전국학생연맹 중앙집행위원으로 신민당 조직부장으로 활약하고 있는 고병현 후보는 180여 개의 교회조직과 학련 동지들을 기간으로 "배신하지 않은 상머슴을 뽑아 달라"고 호소했다.

또한 고병현 후보는 "꽁꽁 얼어붙은 국회문을 여느냐, 못 여느냐는 유권자의 손에 달려 있다"면서 제1 야당후보임을 강조했다.

영등포공고 동창회 부회장과 대한체육회 감사로 활약한 신민당 김영배 후보는 35년 동안 살아온 연고를 살린 '강서동우회'를 기본 조직으로 가락 김씨 종친 찾기 운동으로 선거운동을 전개하고 있다.

김영배 후보는 "돼지는 꿀꿀 소리와 꽥꽥 소리를 할 수 있는데도 우리는 지금 꽥꽥 소리도 못하고 있다"고 야당성 회복을 강조하며 고병현 후보는 중도통합론을 제창한 이철승계라고 강조했다.

유신 직후 영등포지원 판사직을 물러난 무소속 강인애 후보는 무료변론, 법률상담을 통한 서민접근 작전을 펼치고 있으며, '진정한 선명야당은 통일당'이라는 이태구 후보는 부총재라는 직함을 내세워 선명바람을 일으키기 위해 안간힘을 쏟고 있다.

공화당 남재희 후보는 "공화당은 보약이 아니라 비상(砒霜)이란 극약을 투입하여 국민들에게 피해를 입히는 실수도 저질렀다"면서 "언론인의 비판 정신을 살려 올바른 소릿군이 되겠다" "내 몸이 도끼가 되어 잘못을 저지르는 사람들은 대통령 이름으로 다스리겠다"면서 여당 속의 야당이 되겠다는 호소로 신설지역구에서 비교적 여유 있는 당선을 일궈냈다.

"민주발전을 위한 퇴비가 되고자 한다"고 선명야당 후보임을 내세운 김영배 후보가 가락종친회와 충청향우회 후원으로 "정치의 혜택을 균분하자"는 고병현 후보를 752표 차로 꺾고 국회 등원에 성공했다.

무료법률상담으로 서민층을 파고든 강인애 후보의 득표력에 비해 5선 의원인 권중돈 후보와 통일당 부총재인 이태구 후보의 득표력은 초라했다.

□ 득표상황

후보자	정당	연령	주요 경력	득표(%)
남재희	공화당	44	서울신문 주필	45,426 (28.8)
김영배	신민당	45	당 정책연구실장	35,459 (22.5)
고병현	신민당	49	당 조직국장	34,707 (22.0)
강인애	무소속	38	여주지원장	16,928 (10.7)
이태구	통일당	57	한독당 당수	8,432 (5.4)

권중돈	무소속	67	국회의원(5선)	7,538 (4.8)
이종화	무소속	44	정치인	6,395 (4.1)
유 온	무소속	37	강서구 공항동장	2,748 (1.7)

경기도

<인천> 지난 총선에 이어 '구관이 명관'이란 구호를 제창하여 또 다시 동반 당선된 신민당 김은하 후보와 공화당 유승원 후보

지난 총선에서 동반 당선된 공화당 유승원 의원과 신민당 김은하 의원이 이번 총선에서도 양강구도를 형성하며 철옹성을 구축해 가고 있다.

8대 의원인 김숙현, 공화당 중앙위원인 이시광, 회사 대표인 김동수 후보들을 제압하고 공화당 공천을 받은 유승원 의원은 인천시장으로서 지명도, 황해도민을 중심으로 한 이북 5도민 조직, 재향군인회 등을 기반으로 조직을 튼튼히 하면서 인천직할시 승격 등을 공약하고 있다.

신민당은 6대 총선 이래 4연속 당선을 이뤄 낸 김은하 의원이 무혈 공천을 받아 양강체제가 굳어진 상황에서 8대 의원이었지만 지난 총선과 이번 총선 때 공화당 공천에서 낙천한 김숙현, 인천지검 검사 출신인 최낙구, 지난 총선에는 무소속으로 출전했던 한종수 후보가 통일당 공천으로 도전했다.

공화당 유승원, 신민당 김은하 의원의 동반당선을 막고자 무소속 김숙현, 무소속 최낙구 후보가 맹렬한 추격전을 전개하고 있는 양상이다.

공화당 유승원 후보는 "침체되어 있는 인천이라는 호수에 돌을 던져 인천발전의 계기를 이룩했다"고 역설했다.

"네 나이 이제 60이니 이번이 마지막 버스"라며 공화당을 탈당하고서 "당선되면 공화당으로 복귀하겠다"고 선언한 무소속 김숙현 후보는 "부평과 함께 서자취급을 받고 있는 김숙현이지만 야구도시인 인천에서 4번타자인 나에게 홈런을 칠 수 있도록 밀어달라"고 호소했다.

전주지검과 인천지검 검사생활을 한 무소속 최낙구 후보는 부친의 고향이 호남임을 내세워 재인천 호남향우회를 공략하고 있고, 통일당 한종수 후보는 "시민들은 여야의 나눠 먹기와 낡은 얼굴에 염증을 느끼고 있다"면서 '현역의원을 교체하자'는 구호를 내걸고 정열을 쏟고 있다.

지난 9대 총선 때는 갑구(甲區)의 유승원 의원이 병구(丙區)의 김숙현 의원을 제치고 공화당 공천을 받고서 을구(乙區) 의원으로 신민당 공천을 받은 김은하 의원과 사이 좋게 동반 당선됐다.

김은하 의원은" 10월 유신을 지지하지만 여당과 행정부의 독주를 막기 위해 야당도 뽑아 달라"고 호소하여 금메달을 차지했고 통일당 심재갑, 무소속 한종수 후보들은 정치신인으로 지명도, 조직의 열세를 극복하지 못했다.

이번 총선에선 인천시가 남구, 동구, 중구, 북구 등 4개구가 신설되면서 구제가 확립됐지만 단일 선거구를 유지했다.

신민당 김은하 후보는 남구와 북구에서, 공화당 유승원 후보는 동구와 중구에서 1위를 하여 동반 당선을 일궈냈다.

무소속 김숙현 후보는 정치적 고향인 북구에서 26,991표(27%)를 득표하여 2위를 했을 뿐 다른 구에서는 3위를 차지하여 낙선할 수밖에 없었다.

무소속 최낙구 후보의 추격전은 '구관이 명관'이라는 현역의원들의 옹벽을 넘어서지 못하고 추격으로 끝나고 말았지만 4만여 표를 득표하여 후일을 기약해 봄직도 했다.

□ 득표상황

후보자	정당	연령	주요 경력	득표(%)
김은하	신민당	54	9대의원(4선)	126,683 (34.9)
유승원	공화당	56	9대의원(3선)	115,506 (31.8)
김숙현	무소속	60	8대의원(인천)	59,281 (16.4)
최낙구	무소속	44	인천지검 검사	43,533 (12.0)
한종수	통일당	35	회사중역	17,885 (4.9)

<수원 – 화성> 지명도가 낮아 초반에는 고전했으나 11대 1의 공천관문을 뚫은 여세를 몰아 당선된 신민당 유용근

지난 총선에선 공화당 이병희 의원과 신민당 김형일 의원이 동반 당선되었으나 김형일 의원의 작고로 김형일 의원의 빈자리를 메우겠다고 10명의 후보들이 뛰어들어 전국 최고의 경쟁률을 자랑하게 됐다.

화성군과 경기도 4H 회장 출신으로 중앙당 상무위원인 신민당 유용근, 자유당 시절 3, 4대 의원으로 명성을 날린 통일당 손도심, 공국진 장군의 실제(實弟)로 청년운동가인 공상진, 제1기 통일주최국민회의 국회의원 예비후보였던 김일수, 8대와 9대 총선에 출전했던 김진구, 5대 민의원을 지낸 서태원, 김형일 의원 비서관을 지낸 차진모, 예비군중대장 출신인 최영재, 조명회사 중역인 홍기유, 대한교육보험 수원지부장 황선정 후보들이 빈자리 하나를 놓고 열띤 경쟁을 벌였다.

"비록 정상권에 있다고는 하지만 너무 안심해서는 안 된다"고 조직요원을 격려하고 있는 공화당 이병희 후보는 난립된 후보들의 공격에 시달리자 "새우 싸움에 고래등이 터지는 격"이라면서 "차라리 한 사람의 강적이 상대하기 쉽다"고 실토했다.

권명하, 김인준, 박왕식, 서태원, 이대균, 이동균, 차진모, 홍경선, 장기천 후보들과의 전투에서 11대 1의 공천경쟁을 뚫고 나온 신민당 유용근 후보는 "야당이 없는 경기도의 정치 1번지를 만들겠느냐" "무소속 후보가 원내에 들어가도 실질적으로 활동하기 어렵다"면서 제1야당에 표를 몰아 달라고 호소했다.

3, 4대 국회의원을 지낸 통일당 손도심 후보는 "씨름판에는 씨름꾼이 적격"이라면서 과거의 정치경력을 내걸어 정계복귀에 심혈을 기울이며 "사꾸라 안 하는 야당 정치"를 표방했다.

5대 민의원이었던 무소속 서태원 후보는 "박수부대를 동원하는 후보자나 거기에 호응하는 백성이 있는 한 우리의 앞날은 암담하다"고 개탄했다.

전국 농촌지도자회 중앙회 부회장인 무소속 김일수 후보는 "정치자금 갈라먹기에 급급한 허울 좋은 양당정치를 이번에 싹 갈아치워야 한다"고 주장했다.

공화당 이병희 후보는 "왜 이렇게 욕 잘하는 사람만 나왔는지 모르겠다. 남 헐뜯는 사람 치고 잘 되는 사람 못 봤다"고 푸념했다.

김형일 의원의 비서관 출신임을 내세운 무소속 차진모 후보는 "김형일 의원의 진정한 후계자"라며 동갑계와 차씨 문중을 발판으로 뛰고 있고, 당선권에 근접했다고 자타가 인정한 무소속 황선정 후보는 "정당공천자는 공천을 준 사람의 머슴일 뿐 군민의 머슴이 되지 못한다"고 무소속 후보의 지지를 호소했다.

무소속 김진구 후보는 "신민당의 정권교체 할 인물이 있다고 생각하는 사람은 손 한번 들어보세요"라고 청중들에게 물었는데 손 드는 사람은 아무도 없었다.

"권력의 작용으로 예비군 중대장을 물러난 한을 풀겠다"는 무소속 최영재 후보는 "잘하면 박수 좀 쳐요. 가만히 계시면 말하는 사람이 신이 나지 않습니다"고 청중들에게 박수를 유도했다.

지난 9대 총선 때에는 수원의 이병희, 화성의 김형일 의원이 공화당과 신민당의 공천을 받고 동반 당선됐다.

새로운 상품을 시험해 보라는 통일당 김진구 후보는 정치신인으로서 인물, 조직의 열세로 두 의원을 따라잡지 못하고 선거전의 파수꾼으로 역할만을 수행했다.

이번 총선에서도 지난 15년 동안 의원직을 지켜 온 공화당 이병희 후보가 수원에서 41,319표(37%), 화성에서 25,862표(28%)로 1위를 차지하여 금메달로 국회에 입성했고, 신민당 유용근 후보도 수원과 화성에서 월등한 득표력으로 2위를 차지하여 동반당선의 행운을 누렸다.

유용근 후보는 지명도가 낮아 초반에는 고전했으나 11대 1의 공천관문을 뚫은 여세를 몰아 "수원지역의 전통적인 야당표가 바로 나의 지지세력"이라며 야당인의 이미지를 부각시켜 승리를 거머쥘 수 있었다.

김일수 후보와 황선정 후보들은 무소속 후보의 한계를 극복하고 화성에서 1만여 표 이상을 득표했다.

손도심 후보는 "3·15 부정선거의 원흉"이라는 신민당 측의 공격으로 부진했으며, 서태원 후보와 함께 흘러가는 물로는 물레방아를 돌릴 수 없음을 실감했다.

교회표를 기대한 홍기유 후보나 김형일 의원의 후계자를 자처한 차진모 후보의 득표력은 한계를 보였다.

□ 득표상황

후보자	정당	연령	주요 경력	득표(%)
이병희	공화당	51	9대의원(4선)	67,221 (33.3)
유용근	신민당	37	당 중앙상무위원	52,426 (25.9)
김일수	무소속	37	농촌지도자부회장	21,018 (10.4)
황선정	무소속	42	대한교보지부장	20,607 (10.2)
손도심	통일당	57	국회의원(2선)	10,492 (5.2)
서태원	무소속	54	5대의원(화성)	7,777 (3.8)
흥기유	무소속	39	한국조명 전무	7,220 (3.6)
김진구	무소속	53	인권옹호위원장	5,083 (2.5)
차진모	무소속	44	국회의원 비서관	5,067 (2.5)
최영재	무소속	48	예비군 중대장	2,897 (1.4)
공상진	무소속	37	청년운동 지부장	2,343 (1.2)

<의정부 – 양주 – 파주> 제1야당 후보임을 내세워 지난 총선에서 패배한 이진용 현역의원을 꺾고 설욕전을 이끌어 낸 신민당 김형광

공화당 박명근 의원은 6, 7대의원 신윤창, 8대 의원인 이윤학, 예비역 육군중령인 김형주, 경민학교재단 이사장인 홍우준, 문산여상이

사장인 이영준, 무임소장관 보좌역인 조병봉, 외국어대교수인 이강혁, 축산업자인 김형두 후보들을 제치고 공화당 공천을 받았고, 지난 총선 때 석패한 신민당 김형광 후보도 신동균, 이수남, 정규완, 최정택, 황인만 후보들을 제압하고 신민당 공천을 받고 양강체제를 확립했다.

한국일보 기자 출신으로 국민당 대변인을 지낸 조정무 후보가 통일당 공천으로, 공화당 공천으로 7대 총선 때 당선됐으나 8대 총선 때 이윤학 후보에게 공천을 빼앗기고 국민당으로 출전하여 낙선했으나 9대 총선 때 무소속으로 도전하여 당선됐던 이진용 의원이 이번 총선에도 무소속으로 도전하여 4파전을 형성했다.

군별 대항 의식으로 지역정서가 판세를 좌우하는 선거전에서 공화당 박명근 후보가 파주 출신이고 김형광, 조정무, 이진용 후보가 의정부 – 양주 출신으로 의정부 – 양주에서 승리자가 은메달을 확보할 것으로 예상되고 있다.

공화당 박명근 후보는 "모시 옷은 삼복 더위에 알맞고 털옷은 삼동에 제격이듯 국회의원도 시대와 국가 실정에 맞는 사람을 뽑아야 한다"고 주장했고, 무소속 이진용 후보는 "공화당과 신민당을 나란히 뽑으면 앞으로는 모두 무투표구역이 되어 선거가 없어질지 모른다"며 "뒷거래만 하는 신민당보다 무소속을 뽑아 달라"고 호소했다.

지난 9대 총선 때는 이윤학 의정부 – 양주 현역 의원과 신윤창 전 의원들을 제치고 공화당 공천을 받은 파주 출신 박명근 의원이 독주했다.

7대에는 공화당 공천으로 당선됐으나 8대에는 공화당 공천에서 탈락하자 국민당 공천으로 출전했던 무소속 이진용, 신민당 지구당 위원장으로 활약한 김형광, 파주에서 5대와 6대 의원이었지만 신민당 공천에서 탈락하자 통일당으로 옮긴 황인원, 5·16혁명 직후 검찰부장으로 활동한 박창암 후보들이 각축전을 전개하여 이진용 후보가 김형광 후보를 가까스로 따돌리고 은메달을 차지했다.

이번 총선에서 파주출신인 박명근 후보는 파주에서 37,780표인 55%의 득표율을 자랑했을 뿐 아니라 양주에서도 64,452표(53%)로 1위를 확보하여 부동의 1위를 차지했다.

신민당 김형광 후보는 의정부에서 23.901표(46%)로 1위를 하고 양주와 파주에서도 야권성향표를 결집시켜 무소속 이진용 후보를 큰 표차로 따돌리고 지난 총선에서의 패배를 설욕했다.

미국 콜롬비아대학원 출신이며 한국일보 기자 출신으로 국민당 대변인을 지낸 통일당 조정무 후보는 유일한 양주 출신으로 어느 정도의 선전에 기대를 걸었으나 소기의 기대치를 채우지 못했다.

여촌야도의 바람이 신민당 김형광 후보가 무소속 이진용 현역의원을 꺾고 설욕전을 승리한 밑거름이 됐다.

□ 득표상황

후보자	정당	연령	주요 경력	득표(%)
박명근	공화당	49	9대의원(2선)	101,757 (42.4)
김형광	신민당	42	지구당위원장	94,445 (39.4)

| 이진용 | 무소속 | 57 | 9대의원(2선) | 35,586 (14.8) |
| 조정무 | 통일당 | 37 | 한국일보기자 | 8,272 (3.4) |

<성남 – 여주 – 광주 – 이천> 신민당 공천에서 낙천되자 "신민당 후보와 나의 대결은 이철승 노선과 선명노선"의 대결이라고 주장하여 재선에 성공한 무소속 오세응

지난 총선 때에는 복수공천을 받아 출전하여 당선됐던 오세응 의원을 낙천시키고 낙선한 유기준 후보를 공천하여 내전이 폭발된 신민당 틈새에서 어부지리를 노리고 있는 공화당 정동성 후보가 3파전을 벌이고 있다.

여기에 지구당위원장인 통일당 박종진 후보를 비롯하여 건국대 행정학회 회장인 신동명, 광주·이천 군수와 경기도 식산국장을 지낸 황두영, 재건국민운동 여주군 위원장 민호영 후보들이 무소속으로 도전했다.

대통령 경호실장으로 발탁된 차지철 의원의 바통을 이어받아 일찌감치 자리를 잡은 공화당 정동성 후보는 김명진 회사대표를 꺾고 공화당 공천장을 받고서 "성남의 최대 문제를 여당으로서 몸과 땀으로 해결하겠다"고 공약했다.

신민당 공천에서 낙천한 무소속 오세응 후보는 "내가 이 지역에서 실시한 여론조사 결과가 자신의 노선을 비난하는 형태로 나타난

것을 트집잡아 이철승 씨는 나를 낙천시켰다"면서 여기 있는 후보들과 싸우는 것이 아니라 국회의원의 고유한 기능을 짓밟은 정치현실과 대결하는 것이라고 주장했다.

오세응 · 유기준 후보들의 승패의 관건을 쥐고 있는 성남시민들도 "국회의원이 주민의 여론조사를 하는게 낙천이유가 됩니까" "당락을 외면한 공천은 우리 지역의 선거민을 얕본 처사"라고 비난했다.

출신지역인 광주를 중심으로 토박이임을 내세우며 "학생부군이나 면하게 해달라"고 읍소한 신민당 유기준 후보는 "정통야당에 대한 두터운 지지만이 우리의 정치 난국을 타개하는 길"이라고 주장했다.

통일당 박종진 후보는 "성남은 대한민국에서 난다긴다 하는 사람들이 순전히 정부의 경제정책 파탄으로 모여드는 곳"이라며 성남시의 아픈 상처를 건드리며 정부 · 여당을 공격했다.

지난 9대 총선 때에는 5 · 16 혁명 주체로서 3선의원인 공화당 차지철 후보와 안성 출신이지만 미국 아메리칸대 정치학 박사라는 학위 하나로 신민당 전국구 의원에 발탁되었다가 이 지역구에 복수공천된 오세응 후보가 동반 당선됐다.

지난 총선 때 차지철 의원에게 석패한 유기준 후보는 광주에서는 1위를 차지했지만 다른 시 · 군에서 득표력이 미약하여 3위에 머물렀고, 김대중 대선후보 비서였던 이윤수 통일당 후보는 출전하는데 의의를 찾을 수밖에 없었다.

이번 총선에선 대건회 회장으로 카톨릭세력을 발판으로 조직확대에 심혈을 기울인 정동성 후보가 신민당의 내분을 활용한 어부지리와 주택, 상하수도, 교통난 해소 등을 공약으로 내세워 승세를 굳혔다.

"신민당 후보와 나의 대결은 바로 이철승 노선과 선명노선의 대결"이라며 "이제 여러분이 신민당 공천을 심판할 때가 왔다"는 무소속 오세응 후보가 "광주에서 대대로 5백년 간을 살아온 나를 신익희 선생의 뒤를 이어 국회에 보내 달라"고 호소한 유기준 후보를 큰 표차로 따돌릴 수 있었다.

광주 중·고 동창과 부안 박씨 문중을 기반으로 성남시의 민원을 서면질의하는 것으로 구민의 대변자를 자임한 통일당 박종진 후보와 남한산성 도벌과 관련된 자신의 면직이유가 바로 주민의 편에 섰기 때문이라며 이번 선거를 명예회복전으로 평가한 무소속 황두영 후보의 득표력은 한계를 노출했다.

여주 출신인 정동성 후보는 여주에서 43%인 17,501표를 득표하여 1위를 차지하고 성남, 광주, 이천에서 고르게 2위를 차지하여 당선을 일궈냈고, 안성출신인 오세응 후보는 성남에서 38,840표(31%)로, 이천에서 15,761표(34%)로 1위를 하고 광주에서는 부진했지만 여주에서 선전하여 동반당선을 이뤄 냈다.

신민당 유기준 후보는 고향인 광주에서는 35%인 13,505표를 득표하였지만 성남, 여주, 이천에서 3위로 처져 지난 총선에 이은 연패(連敗)를 이어가게 됐다

□ 득표상황

후보자	정당	연령	주요 경력	득표(%)
정동성	공화당	38	경희대강사	76,569 (30.6)
오세응	무소속	44	9대의원(2선)	75,076 (30.0)
유기준	신민당	53	회사사장	60,776 (24.3)
박종진	통일당	43	지구당위원장	19,082 (7.6)
황두영	무소속	50	경기도 식산국장	10,288 (4.1)
민호영	무소속	39	국민운동지부장	4,298 (1.7)
신동명	무소속	39	건국대 학회장	4,131 (1.7)

<평택 - 용인 - 안성> 지난 9대 총선 때 동반 당선됐던 공화당 서상린, 신민당 유치송 의원이 이번 총선에서도 메달의 색깔만을 바꾸어 동반당선

지난 9대 총선 때 동반 당선됐던 공화당 서상린 의원과 신민당 유치송 의원이 이번 총선에서도 공천의 옹벽을 뛰어넘어 동반당선을 기대하게 됐다.

서상린 의원은 최영희 유정회의원, 이찬구 국토통일원 교수, 한동진 농장 대표 등을 가볍게 뛰어넘었고 유치송 의원에게는 도전후보가 없은 행운아였다.

두 의원의 무투표 당선을 저지하기 위해 문교부 교육과정 심의위원인 정진환, 신민당 용인 – 안성 지구당위원장을 지낸 조종익, 민방위대 전임강사로 활동한 한민수, 재건국민운동본부 공보부장인 한재은 후보들이 무소속으로 출전했다.

지난 9대 총선 때 공화당은 평택의 최영희 의원을 통일주체국민회의 추천후보로, 용인 – 안성의 서상린 의원을 공천하는 것으로 교통정리했다.

공화당 공천을 받은 서상린 의원은 평택 출신으로 신민당 사무차장을 지낸 유치송 후보와 동반당선됐다.

서울지검 검사 출신인 통일당 유택형 후보와 7대 의원이었으나 공화당에서 제명당한 무소속 이윤용 후보가 출전했으나 역부족이었다.

이번 총선에 출전하는 다섯 후보는 유권자 12만 5천여 명인 평택은 유치송, 한민수 후보의 텃밭이고, 유권자 7만 1천여 명의 안성은 서상린, 정진환 후보의 고향이며 유권자 6만 6천여 명의 용인은 조종익 후보의 아성으로 외형상으로는 조종익 후보가 유리한 편이다.

그리고 제1야당의 최고위원이라는 지명도를 지닌 유치송 후보와 집권여당의 조직을 가진 서상린 후보의 철옹성을 선거전에서 절대적으로 불리한 무소속 후보들이 넘어서기에는 역부족일 것으로 전망됐다.

지역적 여건에서 유리한 조종익 후보가 6만여 표의 용인지역을 휩쓸거나 정진환 후보가 안성에서 서상린 후보를 따돌리고 1위를 차지했을 때 역전이 가능할 것이지만 그러한 가능성은 희박하게만 다가왔다.

신민당 유치송 후보가 예상을 뒤엎고 고향인 평택에서 43,347표 (44%)를 득표하여 1위를 하고 용인에서도 13,526표(28%)를 득표하여 부동의 1위로 당선을 일궈 냈고, 서상린 후보는 집권여당 후보임을 내세워 용인에서 13,046표(27%)를 득표했을 뿐 아니라 평택에서도 25,986표(27%)로 2위를 하여 어렵게 턱걸이 당선을 일궈 냈다.

안성출신인 정진환 후보는 안성에서 16,744표(31%) 득표로 1위를, 용인 출신인 조종익 후보는 용인에서 12,971표(26%)로 3위, 한민수 후보는 평택에서 17,862표(18%)로 3위를 했을 뿐 다른 군에서 부진하여 낙선할 수밖에 없었다.

□ 득표상황

후보자	정당	연령	주요 경력	득표(%)
유치송	신민당	53	9대의원(2선)	71,267 (35.8)
서상린	공화당	52	9대의원(4선)	52,197 (26.2)
정진환	무소속	40	교육과정심의위원	26,755 (13.4)
한민수	무소속	41	민방위전임강사	24,014 (12.1)
조종익	무소속	42	정당인	19,022 (9.6)
한재은	무소속	39	국민운동공보부장	5,746 (2.9)

<부천 – 안양 – 시흥 – 옹진> 야당 붐과 지명도에 앞선 이택돈 후보와 자금력과 조직력을 구비한 윤국노 후보가 동반당선

안양읍이 시로 승격하여 4개 시·군으로 편성된 이 지역구에 공화당은 혁명주체로 4선의원인 오학진 의원과 삼룡주류 대표인 최만승 후보를 뒤로 하고 한국 플라스틱공업협동조합장인 윤국노 후보를 공천했고, 신민당은 서울지법 판사출신으로 지난 총선 때 압도적인 표차로 당선된 이택돈 의원을 공천했다.

지구당 위원장인 신하철 후보가 통일당 공천을 받아내자 지난 총선에는 통일당 공천으로 출전했던 안동선 후보가 무소속으로 출전하여 자중지란을 일으켰다. 그리하여 공화당, 신민당의 양강 후보의 동반 당선의 도우미 역할로 전락할 우려가 제기되기도 했다.

공화당 윤국노 후보는 "10여년 동안 이 지역에 봉사한 내가 다시 여러분의 머슴이 되기 위해 출마했다"고 출마변을 밝혔다.

신민당 이택돈 후보는 "나를 키워주려면 압도적으로 지지해 달라. 그래야 만날 대변인만 할 것이 아니라 당수도 할 것 아니냐"고 거물임을 과시했다.

통일당 신하철 후보는 "공화당이 잘 돼야 신민당이 잘 된다"는 이철승 대표의 말을 꼬집으며 통일당이야말로 선명야당임을 부각시켰고, 무소속 안동선 후보는 "다른 사람들은 안양 쪽에서 막강하니 나를 위해 부천 사람들이 뭉쳐 달라"고 지역감정에 호소했다.

"한국적 민주주의를 한다면서 세금은 서구적으로 걷는다"는 이택돈 후보는 "자금공세에 의존하는 대부분의 무소속 후보들은 땅장사로 벼락부자가 된 사람들"이라면서 "국민들은 결코 국회가 이러한 졸부들의 집합소가 되지 않도록 협력해야 한다"고 지지를 거듭 호소했다.

지난 9대 총선에서는 5·16 혁명주체로 부천 – 옹진에서 3선의원으로 발돋움한 공화당 오학진 의원과 서울고법 판사 출신으로 시흥에서 압승을 거둔 이택돈 의원이 동반당선됐다.

신민당은 낮에는 야당, 밤에는 여당이라고 공격한 통일당 안동선, 소사에서 병원을 운영하고 있는 김낙율, 승공연합 경기도단장인 김봉기 후보들은 두 의원의 동반당선을 바라만 볼 수밖에 없었다.

이번 총선의 선거전이 중반전에 접어들면서 야당 붐과 지명도에서 앞선 신민당 이택돈 후보가 선두권을 달려 나가고 자금력과 조직력을 구비한 윤국노 후보가 당선권을 넘나들었다.

신민당 이택돈 후보는 시흥에서 50%인 47,002표로 1위를 차지했을 뿐 아니라 부천과 안양에서도 23,228표(35%), 33,461표(49%)로 1위를 차지하여 10만 표가 넘는 득표력을 과시하며 당선됐다.

공화당 윤국노 후보는 옹진에서 60%인 11,968표를 득표하여 1위를 했고 안양과 시흥에서 2위를 확보하여 동반당선됐다.

무소속 안동선 후보는 부천에서 21,345표(32%)를 득표하여 2위를 했을 뿐 다른 시·군에서 부진했고, 통일당 신하철 후보는 안양과 시흥에서는 3위로 선전했으나 당선권과는 멀리 있었다.

□ 득표상황

후보자	정당	연령	주요 경력	득표(%)
이택돈	신민당	43	9대의원(지역구)	108,066 (43.8)
윤국노	공화당	41	프라스틱조합장	81,161 (32.9)
안동선	무소속	42	통일당조직국장	36,678 (14.9)
신하철	통일당	33	지구당위원장	20,778 (8.4)

<김포 - 고양 - 강화> 지난 총선에서 낙선하고 6년 간의 와신상담이 득표로 연결되어 대승을 거둔 신민당 오홍석

지난 총선에서 동반 당선됐던 김유탁, 김재춘 의원들을 놓고 고심한 공화당은 김유탁 의원에게 공천장을 건네주자 낙천한 김재춘 의원과 남궁택 후보가 무소속으로 출전하여 난전이 전개됐다.

여기에 지난 총선때 출전하여 낙선한 오홍석 후보는 신민당으로, 김두섭 후보는 통일당으로 출전하여 권토중래를 노리고 있고, 성균관대 재학중인 고철용 후보와 고양군 농협장을 지낸 어한 후보도 출사표를 던졌다.

고양의 유권자가 7만 7천여 명이지만 김유탁, 어한 후보의 나눔이, 유권자 5만 5천여명인 김포는 김재춘, 김두섭 후보의, 강화는 오홍석, 남궁택 후보들의 경쟁이 불가피할 전망이다.

중앙당의 집중지원으로 강화 쪽의 당원 조직을 포용하고 고양 쪽에 1만 5천여 명의 기간조직과 행주산성 주변정화 등 지역사업 실적 등으로 기반을 다진 공화당 김유탁 후보는 "김포 – 강화 쪽의 공화당 기본조직을 확보할 수 있다"고 낙관했다.

공화당을 탈당한 무소속 김재춘 후보는 "국회에서 바른 말을 자주 해 공화당 간부들이 나를 낙천시켰다"고 푸념했다.

이에 김유탁 후보는 "마음에 안 들면 지역기관장을 아무나 들이받으라는 황소가 아니며 박정희 당 총재가 문제 있는 사람을 잘 아시기 때문에 공천을 안 주었던 것"이라고 반박했다.

6년 동안 매주 교회 순례에 정성을 쏟아 이 지역 230개 교회 중 3분의 2를 돌았다는 신민당 오홍석 후보는 "땅은 궂은 비에 젖는다"면서 "지난번 강화보다 표를 많이 얻은 고양쪽의 야당세에 기대가 크다"며 승리를 장담했다.

윤재근, 정 준 전 의원들과 8대 총선 때 공화당 후보로 출전했던 장준영 후보까지 강화군 의원배출을 염원하여 출전을 포기했으나 남궁택 후보의 잠식을 우려한 오홍석 후보는 "강화 출신 국회의원이 없는 것은 지역의 수치"라고 주장했다.

30년간 병원개업으로 지명도가 높은 남궁택 후보는 강화토박이로서 강화고교 제자, 인삼업조합을 중심으로 강화표몰이에 나서며 김포보건소장 경력을 활용한 김포지역 조직도 확대하고 있다.

신민당 김포 – 강화 지구당 위원장을 지낸 통일당 김두섭 후보는 "무소속으로 입후보하려다 정당후보 공탁금이 3백만원으로 무소속보다 2백만원이 싸서 통일당 공천으로 출마했다"고 당적변경을 변명했다.

9대 총선 때 공화당은 고양의 김유탁 의원과 김포 – 강화의 김재춘 의원을 복수공천하여 여촌야도의 지역정서에 힘입어 동반당선 됐다.

신민당 총무부장으로 활동하다 전국구 의원에 발탁된 오홍석 의원이 신민당 공천을 받아내자 고양에 뿌리내리고 있는 이교성 후보가 통일당으로 옮겨 선명논쟁을 벌이다 동반 낙선했다.

6대 의원을 지낸 이돈해 후보도 무소속으로 출전하여 오홍석 의원의 뒷덜미를 잡아챘다.

이번 총선에선 "지난 6년간 신민당 원외위원장으로 와신상담이 득표로 연결될 것"이라는 오홍석 후보는 이번 총선에서는 '야당의원 배출' '강화인물의 진출'을 호소하며 김유탁·김재춘 후보의 혈전 속에서 어부지리로 유권자가 가장 적은 강화출신임을 극복하고 당선을 일궈 냈다.

김재춘 후보는 혁명주체로서 중앙정보부장을 지낸 재선의원으로 정계 거물이지만 통일당 김두섭 후보의 동정표로 인한 김포표의 분산과 낙천에 대한 불리함으로 낙선했다.

명망 있는 의사로서 인품을 내세우며 끈기 있게 도전한 남궁택 후보의 득표력은 예상을 뛰어넘지 못했다.

강화 출신인 오홍석 후보는 강화에서 42%인 18,674표를 득표하여 석권하고 김포와 고양에서 2위를 했을 뿐 아니라 적지인 고양에서 14,354표(25%)를 득표하여 1위를 확정했고, 김유탁 후보는 고양에서 37%인 21,304표를 쓸어담고 강화에서 선전하여 동반당선을 일궈냈다.

김재춘 후보는 고향인 김포에서 12,144표(26%)로 1위를 했을 뿐 고양과 강화에서 부진하여 당선권에서 멀어졌다.

□ 득표상황

후보자	정당	연령	주요 경력	득표(%)
오홍석	신민당	50	8대의원(전국구)	43,058 (29.3)
김유탁	공화당	52	9대의원(3선)	39,844 (27.1)
김재춘	무소속	50	9대의원(2선)	23,797 (16.2)
김두섭	통일당	47	정당인	13,629 (9.3)
어 한	무소속	54	고양군농협장	11,810 (8.0)
남궁택	무소속	51	의사협회부회장	9,532 (6.5)
고철용	무소속	24	성균관대생	5,214 (3.6)

<포천 – 연천 – 가평 – 양평> 6년 간의 정치적 공백기를 극복하고 화려하게 재기한 혁명주체이며 정계거물인 공화당 오치성

지난 9대 총선 때 공화당 김용채, 신민당 천명기 후보들이 무투표 당선된 이 지역구에 공화당은 김용채 의원, 조홍규 의원비서관, 송병칠 재경가평향우회장 등이 공천신청을 했으나 이들을 제쳐 두고 10·2 항명파동으로 내무부장관에서 물러난 오치성 전 의원을 내세웠다.

신민당도 천명기 현역의원을 공천하여 또다시 무투표당선 되는게 아니냐는 추측이 나돌았다.

가평의 조성천, 포천의 이기우 후보들이 거론됐으나 공화당 연천 조직부장 출신으로 주유소를 경영하는 편복우 후보가 등록하여 무투표 당선을 막아섰다.

6년 간의 정치방학 끝에 공천을 받은 오치성 후보는 김용채 의원의 조직을 인수하여 8대 총선 때 최대 득표 기록을 가진 영광을 재현하기 위해 분투중이다.

"행정권을 일체 배제하고 진짜 민의를 재 보고 싶다"는 오치성 후보는 "좋은 국회의원이 되려면 유권자와 가까워져야 하고 그러기 위해서는 선거가 가장 좋은 기회"라며 "전국에서 가장 모범적인 공명선거를 치른 1등 군민의 대변자가 되고 공화당 득표율에도 기여했으면 한다"고 여유를 보였다.

양평에서 독주체제를 갖추고 있는 천명기 후보는 홍익표 전 의원의 후광을 업고 포천 – 가평 – 연천 지역에 <정의와 시련> 이라는 원내 활동 실적 책자를 대량 배포하여 조직확대에 심혈을 기울이고 있다.

지난 9대 총선 때 공화당은 포천 – 가평 – 연천에서 전국 최고득표율을 자랑하며 당선됐으나 내무부장관 재직시 해임건의안 의결로 해임된 오치성 의원을 제치고 김용채 7대 의원을 공천했고, 신민당은 가평 출신인 홍익표 전국구 의원을 제치고 여주 – 양평에서 공화당 이백일 현역의원을 꺾은 천명기 의원을 공천했다. 이들은 무투표 당선이라는 행운을 잡았다.

3년 이상 미국에 체제하는 기간에도 부인이 지역구 경조사에 거의 빠짐없이 성의를 표시하여 조직을 관리해 온 오치성 후보는 "정치적 공백은 있었지만 인생의 공백은 아니었다"면서 '모 안난 새 정치'를 다짐했다.

숙적관계의 김용채 의원과의 해묵은 감정대립으로 당내 잡음은 있었지만 그동안 지역에 쌓은 공적을 통한 지지기반을 다지며 "나는 공약을 내세우지 않는다"며 처녀지인 양평에 맹렬한 침투작전을 벌였다.

오치성 후보는 천명기 후보의 고향인 양평에서도 56%인 24,550표를 득표하는 등 포천, 연천, 가평에서 압도적인 득표력을 과시하여 전 지역을 휩쓸어 109,595표(70%)를 득표하는 정치적 거물임을 보여줬다.

"진짜 야당의 저력을 보여주겠다"는 천명기 후보는 야당성향표를 결집시켜 이삭 줍기에 성공하여 38,150표(24%)로 동반당선의 행운을 누렸다.

그리하여 포천(오치성), 양평(천명기), 연천(편복우)의 지역대결은 펼쳐지지 아니했다.

□ 득표상황

후보자	정당	연령	주요 경력	득표(%)
오치성	공화당	52	국회의원(3선)	109,595 (70.7)
천명기	신민당	47	9대의원(2선)	38,150 (24.6)
편복우	무소속	50	예비역 육군대위	7,218 (4.7)

2. 박 대통령의 영원한 고향 — 영남권

(1) 여권성향 후보가 27명 당선된 반면 야권성향은 23명

부산의 남구가 신설되면서 부산이 5개 선거구, 경북이 11개 선거구, 경남이 9개 선거구로 영남권의 선거구는 25개 선거구로 전국의 32.5%를 점유하고 있다.

이번 총선에서 공화당 공천을 받고 출전한 한남석(중구 — 영도), 정무식(포항 — 영일 — 울릉 — 영천), 백남억(김천 — 금릉 — 상주), 서영수(울산 — 울주) 후보가 낙선하여 21명의 당선자를 배출했고, 신민당은 조일환(대구 서 — 중 — 북), 이기한(김천 — 금릉 — 상주), 김창환(구미 — 칠곡 — 군위 — 성주 — 선산), 정헌주(진주 — 삼천포

– 진양 – 사천), 문부식(하동 – 남해) 후보가 낙선하여 20명의 당선자를 배출했다.

공화당, 신민당 공천 후보들이 낙선한 선거구에는 통일당은 명함을 내밀지 못하고 모두 무소속 후보인 예춘호(중구 – 영도), 한병채(대구 중 – 서 – 북), 권오태(포항 – 영일 – 울릉 – 영천), 박정수와 정휘동(김천 – 금릉 – 상주), 김현규(구미 – 칠곡 – 군위 – 성주 – 선산), 이상민(진주 – 삼천포 – 진양 – 사천), 이후락(울산 – 울주), 최치환(하동 – 남해) 후보들이 당선됐다.

9명의 무소속 후보 중 한병채, 김현규, 이상민 후보들은 야권 행보를 걸어왔고 예춘호, 권오태, 박정수, 정휘동, 이후락, 최치환 후보들은 여권 행보를 걸어왔다.

따라서 영남권 당선자 50명의 성향은 여권이 27명인 반면 야권이 23명으로 여권 성향이 비(非)영남권과 달리 많았다.

신민당 김영삼 후보는 53.8% 득표율로, 공화당 김택수 후보는 52.4%의 압도적인 득표율로 당선됐으나 경주 – 월성 – 청도의 신민당 박권흠(18.0%), 진주 – 삼천포 – 진양 – 사천의 무소속 이상민(17.8%) 후보들은 20% 득표율도 올리지 못했지만 동반당선의 행운을 잡았다.

(2) 9대 국회의원 48명 중 60%인 29명이 귀환

지난 9대 총선에서 영남권의 의석 분포는 공화당 26석, 신민당 17석, 무소속 5석이었다.

공화당 의원 26명 중 이상철(함안 – 의령 – 합천) 의원은 작고 했고 성낙현(밀양 – 창녕)의원은 여중생 성추문 사건으로 의원직을 잃었고 신기석(중구 – 영도), 박찬(대구 중 – 서 – 북), 오준석(영덕 – 청송 – 울진), 권성기(영주 – 영양 – 봉화), 황재홍(문경 – 예천), 이도환(마산), 최세경(진주 – 삼천포 – 사천 – 진양), 김주인(충무 – 통영 – 거제 – 고성), 정우식(거창 – 산청 – 함양) 등 9명의 의원들이 무더기로 낙천했고 정무식(포항 – 영일 – 영천 – 울릉), 박남억(김천 – 금릉 – 상주) 의원들은 선거에서 낙선하여 13명의 의원들이 탈락하여 13명의 의원들만 생환했다.

신민당 의원 17명 중 17명 모두 신민당 공천을 받고 출전했으나 김창환(구미 – 칠곡 – 군위 – 성주 – 선산), 정헌주(진주 – 삼천포 – 진양 – 사천), 문부식(하동 – 남해) 의원들이 낙선하여 14명의 의원들이 재당선됐다.

무소속 의원 5명 중 한병채(대구 중 – 서 – 북), 권오태(포항 – 영일 – 울릉 – 영천) 의원들은 당선됐으나 이영표(경주 – 월성 – 청도), 김윤하(김천 – 금릉 – 상주), 박주현(달성 – 경산 – 고령) 의원들은 낙선하여 29명의 의원들만 의사당으로 돌아왔다.

그리하여 9대 의원들의 귀환율은 48명의 의원 중 29명만이 귀환하여 귀환율은 60.4%였다.

(3) 영남권 25개구 불꽃 튀는 격전의 현장으로

부산직할시

<중 - 영도> 3선개헌 반대 주장을 굽히지 않는 반 체제 인사로서 신념의 사나이로 인정받아 재기에 성공한 무소속 예춘호

지난 총선 때 복수공천을 받았지만 금메달로 당선된 김상진 의원이 일찌감치 신민당 공천을 확정 짓고 선두권을 달리고 있는 가운데 공화당은 신기석 현역의원, 김종규 전 부산 시장, 우병택 남도개발 대표, 연일수 전 지구당부위원장, 이상갑 JCI회장 등을 제치고 한남석 KBS 부산방송국장을 공천했다.

문공부 기획관리실장에서 부산 KBS국장으로 자진 좌천하여 출마의 칼을 갈아온 한남석 후보는 새 인물이라는 구호를 내걸고 1만여 명의 공화당 조직과 부산대 동문, 오랫동안 고아원 경영으로 쌓은 부친의 음덕, 언론계 등 지지기반을 최대한 활용하여 표밭을 갈고 있다.

복수 공천으로 출마해도 1만 7천여표 차로 금메달을 안겨준 지역주민들의 야당 성향표에 기대를 걸고 있는 신민당 김상진 후보는 원내 수석 부총무의 당직과 '수개공 부정사건' '국유지 불하사건' 폭로 등 수준급의 원내 활동을 하는 한편 "6년 동안 골프채 한 번 안 잡고 지역주민 뒷바라지를 해왔다"며 한남석 후보와 어깨동무의 승리를 자신했다.

여기에 공화당 사무총장을 지낸 예춘호 후보가 "내가 반국가, 반민족 행위를 한 것이 아님을 심판 받기 위해 오기로 나섰다"고 출사표를 던져 어깨동무 승리를 위협했다.

사무총장 출신이지만 3선개헌 반대 주장을 굽히지 않은 반체제 인사로서 신념의 사나이 인정을 강점으로 내세우고 있는 예춘호 후보는 자신이 경영하는 영도도서관 장학생과 옥성 고등공민학교 졸업생, 동아대 동문 등 지지기반을 재점검하고 있다.

이리하여 전국에서 가장 치열한 3파전이 전개되고 있는 이 지역구에는 통일당 정책연구실장으로 활동하고 있는 여인태, 국회의원 비서관을 지낸 김정길, 부산시의원 출신으로 지난 총선에도 출전했던 김자일, 부산 문화방송 아나운서였던 문무일, 요식업자인 문영팔, 부산대 총학생회장 출신인 이영희, 상업을 영위하고 있는 이갑성, 대중당과 한국기민당을 섭렵한 이삼한 등 8명의 주자들이 등록하여 영남권에서 최고의 경쟁률을 자랑하게 됐다.

지난 9대 총선 때 신민당은 중구의 김응주 의원과 영도의 김상진 의원을 복수공천했고 공화당은 부산 시장을 지낸 김종규, 당 사무총장을 지낸 예춘호 후보들을 제치고 부산대 총장을 지낸 신기석 후보를 내세웠다.

영도 주민들의 전폭적인 지지를 받은 김상진 의원이 압승을 거두고 신기석 후보가 공화당 조직을 동원하여 중구의 야당 성향표만을 공략한 김응주 의원을 2천여표차로 따돌리고 60대에 초선의원이 됐고 부산시의원을 지낸 무소속 김자일 후보는 10%득표에도 미치지 못했다.

이번 총선에는 사전 선거운동 혐의로 입건됐다는 보도가 오히려 주민들의 동정과 격려를 받게 되었을 뿐 아니라 잠바차림의 서민풍으로 서민들의 사랑을 받은 것이 '두 얼굴의 사나이'라며 공화당과 신민당으로부터 협공을 받은 예춘호 후보가 금메달 당선을 일궈냈다.

"야당은 입 잔치가 아니겠느냐"며 맨투맨 전법을 구사하며 영도주민들의 야당 성향에 의지한 김상진 후보가 '참신한 새 얼굴' '때묻지 않은 인물'을 내세우며 부산에서 태어나 부산에서 자랐고 부산을 위해 일하겠다는 한남석 후보를 어렵지 않게 따돌렸다.

부산 법대 학생회장 출신으로 국회의원 비서관을 지낸 김정길 후보가 부산 시의원 출신인 김자일, 부산대 총학생회장 출신인 이영희 후보들을 따돌리고 도토리 키재기를 벌인 후발 주자들의 경쟁에서 승리했다.

□ 득표상황

후보자	정당	연령	주요 경력	득표(%)
예춘호	무소속	50	국회의원 (2선)	42,421 (31.2)
김상진	신민당	44	9대의원 (2선)	39,261 (28.9)
한남석	공화당	51	KBS 부산국장	31,560 (23.2)
김정길	무소속	32	국회의원 비서관	8,284 (6.1)
김자일	무소속	47	부산시의원	5,204 (3.8)
이영희	무소속	31	부산대 총학생회장	2,556 (1.9)

여인태	통일당	44	당 정책연구실장	2,053 (1.5)
문무일	무소속	33	부산MBC아나운서	1,459 (1.1)
이삼한	무소속	35	정당인	1,255 (0.9)
문영팔	무소속	32	국무원사무처근무	1,128 (0.8)
이갑성	무소속	29	상업	804 (0.6)

<동 - 서> 다른 지역구의 지원유세에 전념했어도 50%가 넘는 지지율로 건재함을 과시한 신민당 김영삼 전 총재

야당의 거목인 김영삼 의원이 자리잡고 있는 이 지역구에 공화당은 유호필 서구청장을 따돌리고 김 의원의 경남중 후배인 박찬종 의원을 공천하여 무투표 당선을 기대했다.

그러나 8번 국회의원에 도전하여 8번 낙선을 자랑하고 있는 통일당 이상철 후보와 부산 시의원을 지낸 무소속 정철오 후보가 등록하여 4파전이 전개됐다.

장기집권의 폐단을 지적하고 민주회복과 민주주의를 위해 최선을 다하겠다는 김영삼 후보는 "이 땅에 종말이 올지라도 민주투쟁을 중단할 수 없다" "국민의 눈과 귀를 막고 있는 지금 국회를 즉각 해체하기를 바란다"고 절규했다.

원내에서의 활동상을 최대한 부각시키고 평소 다져온 지역구 기반을 최대한 활용하고 있는 박찬종 후보는 '믿고 보낼 젊은 일군, 다시 밀어 더 키우자'는 구호를 외치며 득표 작업에 열중하고 있다.

박 후보는 '여당안의 야당'을 자처하며 젊은 정치인 이미지 부각에 힘쓰며 야당색이 짙은 부산의 지역정서 극복을 위해 부가가치세 보완책 수립을 약속했다.

지난 9대 총선때에는 신민당은 공화당 박찬종 후보를 꺾은 서구의 김영삼 의원과 공화당 유호필 후보를 꺾은 동구의 김승목 의원을 복수 공천했다.

정무회의 부의장을 지낸 김영삼 의원이 지명도를 내세워 6선의원이란 금자탑을 쌓아올렸고 소장 변호사로서 무료 변론을 통해 쌓은 이미지와 공화당 조직을 활용하고 경남중 동문들의 지원을 받은 공화당 박찬종 후보가 허정, 박순천, 오위영 등 민주당 거물들을 배출한 동구의 전통을 계승하고자 분투한 김승목 의원을 꺾고 국회에 첫발을 들여놓았다. 한국독립당 부산지부장 출신인 통일당 이상철 후보는 8번째 낙선의 고배를 마셨다.

이번 총선에서도 "박 대통령은 유진산 총재나 이철승 대표와 달리 내가 총재를 할 때는 정치자금을 주지 않았다"며 선명성을 부각시킨 김영삼 후보가 대승을 거두었고 여당 내 야당을 자처한 박찬종 후보도 두 번째 동반 당선됐다.

이상철 후보가 동정여론을 불러일으키며 추격전을 전개했으나 변혁을 기대하기는 역부족으로 9번째 낙선의 회수만을 쌓아갔다.

□ 득표상황

후보자	정당	연령	주요 경력	득표(%)
김영삼	신민당	50	신민당총재	137,826 (53.8)
박찬종	공화당	38	9대의원 (지역구)	85,439 (33.3)
이상철	통일당	53	지구당위원장	26,716 (10.4)
정철오	무소속	60	부산시의원	6,325 (2.5)

<부산진 - 북> 지난 총선 때 동반 당선된 두 의원이 이번 총선에도 어깨동무하며 당선된 신민당 정해영 · 공화당 김임식

행정구역 개편으로 북구와 남구가 신설되어 우여곡절을 겪으며 남구는 독립선거구가 됐으나 북구와 부산진구는 통합선거구가 됐다.

지난 9대 총선 때 동반 당선됐던 신민당 정해영 의원과 공화당 김임식 의원이 나란히 공천을 받고 출전하여 동반당선을 기대하고 있고 유권자들도 이를 의심치 않고 있다.

이런 상황임에도 통일사회당 당수로 활약했던 이봉학 후보가 통일당 공천으로 출전했고, 개성중 동창회장으로 지난 총선에도 출전했던 강경식, 부산시 약사회장으로 활동 했던 김정수, 민주당 서울 동대문구 부녀부장을 지냈던 최명수 후보들이 무소속으로 도전하여 6파전을 전개했다.

공화당 김임식, 신민당 정해영 후보의 금메달 경쟁, 무소속 김정수와 강경식의 동메달 경쟁, 통일당 이봉학, 무소속 최명수 후보의 탈꼴찌 경쟁이 관전의 포인트였다.

지난 9대 총선때에는 공화당 김임식 의원과 신민당 정해영 의원이 동반 당선을 일궈냈다.

3대 총선때는 자유당 공천으로 울산 을구에서, 5대 총선 때는 무소속으로 울산 을구에서, 7대 총선 때는 신민당 전국구로, 8대 총선 때는 신민당 공천으로 부산진 을구에서 당선되고 국회부의장을 지낸 정해영 의원이 최두고 전 의원의 불출마로 을구 지역을 선점하여 1위를, 동의학원 이사장으로 4번째 출전한 지명도와 공화당 조직을 동원한 김임식 의원이 2위를 확보하여 동반 당선될 수 있었다.

신민당 공천에서 밀리자 통일당 공천으로 출전한 정상구 후보는 초대 참의원 출신으로 6대 총선에선 김임식 의원에게 패배하고 7대 총선에선 설욕했으나 8대 총선 때 또다시 패배하고 9대 총선 때 재도전 했으나 패배하여 김임식 의원과의 혈투는 1승 3패를 기록했다.

이번 총선에선 국회 재무위원장으로서 부가가치세 통과에 주역을 했다는 공격을 받은 공화당 김임식 후보는 국가정책 차원이라고 반격하며 동의학원의 임직원과 공화당의 조직원을 활용하여 4선의원의 기틀을 마련했다.

신민당 내에서 이철승 대표에게 반기를 들며 선명논쟁을 불러일으킨 장본인임을 내세우고 있는 정해영 후보는 오랜 조직과 지명도를 활용하여 7선 의원에 오른 금자탑을 쌓았다.

무소속 김정수 후보는 부산대 학생회장 출신으로 약사회를 기반으로 '새 사람으로 새 시대를 맞이하자'는 구호를 내세우며 동반 당선에 제동을 걸고자 강렬한 기세로 도전했으나 도전에 머물렀다.

젊음과 패기를 내세우며 순수성을 강조한 무소속 강경식 후보의 득표력은 상당했으나 선명성을 부르짖은 이봉학 후보의 득표력은 너무나 초라했다.

홍일점인 최명수 후보는 "서구 문명의 도입으로 여성 스스로가 전의를 잃어버렸다"면서 "여성 상위보다는 전통적인 한국 여인상의 재현을 위해 노력하겠다" "국회의원 임기를 4년으로 단축하겠다"고 공약했으나 유권자들의 주목을 받지 못했다.

□ 득표상황

후보자	정당	연령	주요 경력	득표(%)
정해영	신민당	62	9대의원 (6선)	119,539 (38.4)
김임식	공화당	54	9대의원 (3선)	105,213 (33.8)
김정수	무소속	40	부산 약사회장	49,924 (16.0)
강경식	무소속	37	개성중 동창회장	24,050 (7.7)
이봉학	통일당	67	통일사회당 당수	6,992 (2.3)
최명수(여)	무소속	52	정당인	5,661 (1.8)

<동래> 3선의원으로 내무부 장관을 지낸 양찬우, 3선의원으로 신민당 사무총장인 이기택 후보들이 지난 총선에 이어 어깨동무 당

선

공화당은 양극필과 임갑수 전 의원, 서상기 장관비서관, 장지한 출판사 대표, 문상호 광명목재 회장 등의 공천희망을 3선의원으로 내무부 장관, 국회 문교공보위원장으로 활약한 양찬우 후보를 내세웠고, 신민당도 3선의원으로 사무총장을 역임한 이기택 후보를 공천하여 지난 9대 총선에 이어 동반당선을 기대했다.

국회의원 비서회 부회장 출신인 이건일 후보가 9대 총선에서는 무소속으로 도전했으나 이번 총선에는 통일당 공천으로 출전했고, 재건국민운동 부산시지부 청년분과위원장으로 활약한 전한도, 김영삼 의원 보좌관을 지낸 주성대 후보들이 무소속으로 도전했다.

내무부 장관 출신인 3선의원과 당 사무총장으로 활약한 3선의원의 두 거물 정객의 아성에 지난 총선에도 도전했던 30대의 통일당 이건일 후보가 야멸차게 도전하고 있는 형국이다.

지난 9대 총선 때에는 내무부 장관을 지낸 갑구의 공화당 양찬우 의원과 4.19 혁명당시 고려대 학생회장 출신으로 7대 총선 때 신민당 전국구 의원으로 발탁됐다가 8대 총선 때 을구에서 공화당 임갑수 현역의원을 제친 이기택 의원이 철옹성임을 과시하며 동반당선의 기쁨을 누렸다.

동래중 교사였던 무소속 이건일, 7대 전국구 의원을 지낸 통일당 박재우 후보는 지명도나 조직은 물론 재력 면에서도 너무나 뒤떨어져 양강의 동반당선을 바라볼 수밖에 없었다.

두 거물의 철옹성을 넘어서기에 역부족인 이건일 후보는 경북 포항 출신인 이기택 후보를 겨냥해 "가급적이면 고향 사람을"을 부르짖고 나섰다. 이에 이기택 후보는 "고향이 따로있나. 정들면 고향이지"라고 응수하여 추격권에서 벗어났다.

이번 총선에서 휘몰아친 여촌야도의 바람을 탄 신민당 이기택 후보가 예상을 뒤엎고 금메달을 차지했고, 막강한 조직을 구비한 공화당 양찬우 후보가 하마터면 낙마할 뻔했지만 9대 총선에 이어 어깨동무 당선을 일궈냈다. 양찬우 후보와 이건일 후보의 표차는 1만 5천여표에 불과했기 때문이다.

김영삼 의원의 보좌관 출신으로 김영삼 바람을 기대했던 주성대 후보와 한국경영자단체협의회 교수 출신으로 재건국민운동 부산 청소년분과위원장을 지낸 전한도 후보의 득표력은 무소속 후보들의 한계를 실감했다.

□ 득표상황

후보자	정당	연령	주요 경력	득표(%)
이기택	신민당	40	9대의원 (3선)	117,216 (40.1)
양찬우	공화당	52	9대의원 (3선)	87,171 (29.9)
이건일	통일당	33	국회의원비서관	71,252 (24.4)
주성대	무소속	42	김영삼의원보좌관	10,094 (3.5)
전한도	무소속	36	한국벨엘대표	6,270 (2.1)

<남구> 신설구로서 군웅들이 운집한 공천경쟁에서 승리한 여세로 동반당선을 이뤄낸 신민당 김승목 · 공화당 김재홍

이번 총선에서 신설된 이 지역구의 공천경쟁은 어느 지역구 보다 뜨거웠다.

공화당은 박규상 전 의원, 유호필 전 동구청장, 임갑수 전 의원, 김재홍 부산시당 연락실장, 김영우 김지태 삼화그룹 회장 아들, 최두고 재선의원등이 경쟁하여 김재홍, 임갑수 후보들이 복수추천 됐다가 김재홍 후보가 낙점을 받았다. 공천에서 탈락한 최두고 후보가 무소속으로 도전했다.

신민당은 김승목 전 의원, 신병열 당 국제문제부위원장, 서석재 당 조직부국장, 송정섭 총선단골 출마자, 허재홍 부산수대 학생회장, 박관용 이기택의원 비서 출신으로 원내총무실 전문위원 등이 경합했으며 박관용 후보는 자신의 일대기를 수록한 수첩을 대량 배포했으나 공천장은 김승목 전 의원에게 돌아갔다.

초대 참의원으로 7대 의원을 지낸 정상구 후보가 통일당 공천으로 출전했고, 한국해양공원 건립추진위원장인 김영하, 한성여대 강사로 부산 세무사회부회장인 이영근 후보도 무소속으로 등록했다.

오랜 당료 생활 끝에 이번에 첫 출전한 공화당 김재홍 후보는 1만 3천여명의 당원 조직을 활용하며 '착실하고 때묻지 않은 새 인물'을 캐치프레이즈로 내걸었다.

김재홍 후보는 "남구는 정치지망생들의 수용소냐, 다른 구에서 떨어진 후보들만 몰려오고 있어 남구 주민들을 우롱하고 있다"면서 "친정을 배반하고 무소속으로 나와 공회당을 비판하고 있다"고 최두고 후보를 공격했다.

우여곡절 끝에 신민당의 공천장을 받고 뒤늦게 선거전에 뛰어든 김승목 후보는 공천경쟁자였던 신병열, 박관용 후보들의 후원과 8대 의원이라는 지명도를 내세우고 지역구를 구석구석 누비고 다녔다.

"황금 만능에다 부정 부패가 만연된 6년 유신이 심판 받을 때다"고 절규한 김승목 후보는 도시성향이 강한 이 지역구에 야당 바람을 불어넣기 위해 안간힘을 쏟았다.

혜화학원조직을 활용하고 있는 정상구 후보는 선두주자로서 신민당의 기간조직을 많이 흡수하여 당보다는 인물론을 펼치며 고지점령에 나섰다.

공화당 당기위원장 출신으로 6대와 7대 의원을 지낸 최두고 후보는 "두고두고 부릴 일꾼 최고표로 뽑아주자"면서 동성학원을 주축으로 한 조직과 재선의원으로서의 지명도를 가미하여 추격전을 전개했다.

공화당 김재홍, 신민당 김승목, 통일당 정상구, 무소속 최두고 후보들의 한치 앞을 가늠하지 못한 공방전은 전직 의원으로서의 지명도와 제 1야당이라는 바람을 일으킨 김승목 후보가 1만여표 차로 금메달을 거머줬다.

1만 3천명의 당원을 가동하며 참신한 새일꾼을 내세운 김재홍 후보가 혜화학원의 졸업생과 학부모를 주축으로 한 조직을 가동하며 정당보다 인물을 내세운 정상구 후보를 1,052표차로 누르고 은메달을 확보하여 국회 입성에 성공했다.

10년전에 가동했던 조직을 복원하고 동성학원을 배경으로 추격전을 전개한 최두고 후보는 공화당에서의 이탈과 낡은 조직으로 3만 3천여표를 득표하고 추격하는데 머물렀다.

□ 득표상황

후보자	정당	연령	주요 경력	득표(%)
김승목	신민당	48	8대의원(동구)	50,697 (28.7)
김재홍	공화당	45	시당연락실장	39,347 (22.3)
정상구	통일당	52	7대의원(부산진)	38,295 (21.7)
최두고	무소속	56	국회의원 (2선)	33,545 (19.0)
김영하	무소속	38	목재업	7,309 (4.2)
이영근	무소속	38	한성여대 강사	7,236 (4.1)

경상북도

<대구 중 - 서 - 북> '애석하다 이만섭, 이번에는 밀어주자'는 구호로 8년간의 정치 방학을 끝내고 재기에 성공한 공화당 이만섭

공화당 이만섭 정책위부의장은 박찬 현역의원과 준결승전을, 신민당 조일환 지구당위원장은 한병채 현역의원과 준결승전을 승리로 장식하고 결승전에서 맞닥뜨렸다.

준결승에서 패배한 박찬의원은 출전을 포기하고 이만섭 후보에게 조직을 인계해 주었으나, 한병채 의원은 "이철승 대표의 장난으로 이루어진 신민당 공천을 대구시민은 승복하지 않을 것"이라며 출전을 감행했다. 여기에 통일당 정책위원인 이종섭 후보가 등록하여 4파전이 전개됐다.

8년이란 긴 정치방학을 끝내고 화려한 부활을 노리는 이만섭 후보는 8년 전 조직의 소생과 박찬 의원의 신조직을 결합하는 작업에 열중했다.

'애석하다 이만섭 이번에는 밀어주자'를 구호를 내건 이만섭 후보는 "솔직히 말해서 그동안 이만섭이는 형편이 안됐다는 동정론도 많았습니다. 그러나 집권당의 후보로서 정책대결을 통한 승리를 얻겠습니다"며 각오를 새롭게 다짐했다.

신민당 한병채 의원의 중구, 신민당 조일환 의원의 서구, 공화당 강재구 의원의 북구가 통합된 지난 9대 총선 때 공화당은 강재구 북구 의원, 이만섭 전 의원, 김준성 은행장 등을 제치고 대구 시당 사무처장을 지냈으나 서구에서 조일환 의원에게 패배한 박찬 후보를 공천했고 신민당은 한병채, 조일환 지역구 의원, 이대우 전국구 의원, 신도환, 장영모 전 의원들을 놓고 저울질하다가 한병채 의원을 탈락시키고 조일환 4선의원과 이대우 전국구 의원을 복수 공천했다.

공천 탈락이라는 날벼락을 맞은 한병채 의원은 젊은 패기를 앞세워 반진산 투쟁에 앞장서는 기수임을 자처하여 진짜가 가짜에게 밀려났다고 호소하여 공화당에게 호감을 가진 대구 정서를 올라탄 박찬 후보와 함께 동반당선됐다.

조일환 의원은 안방인 서구에서 공화당 박찬 후보와 혈투를 전개한 것이 중구를 휩쓴 한병채 의원에게 303표차로 밀렸고, 이대우 의원은 지역에 뿌리를 내리지 못하여 조일환 의원과 동반 낙선했다.

이번 총선에는 대구 상인들의 여론 집산지인 서문시장의 1976년 대화재 때 조속한 복구를 위해 전력을 다한 한병채 의원의 이미지가 대구의 여론을 휘어잡아 한병채 후보는 서구에서 46%인 60,568표로, 중구에서도 52%인 24,227표로, 북구에서도 48%인 44,015표로 괴력의 1위를 질주했다.

8대 총선 때 중구에서 한병채 의원에게 패배한 이만섭 후보는 '대구를 위한 일꾼'이라는 이미지 부각으로 유권자 속을 파고들면서 모교인 대륜고, 연세대 동문회의 지원사격을 받아 3개구에서 동일하게 조일환 후보를 누르고 2위를 차지하여 동반당선의 기쁨을 누렸다.

국회 복귀를 노리는 조일환 후보의 조직은 늙었다는 의미와 단단하다는 의미에서 묵은 조직으로 평가받고 있으며, 6년간 원외지구당위원장 직을 감내하면서 와신상담의 세월을 보냈지만 1만1천여 표차로 이번엔 이만섭 후보에게 무너졌다.

통일당 이종섭 후보는 "지난 대의원 선거 때는 개가 5백원짜리를 물고 다니더니 이번 선거에는 개가 술이 취해 시내를 다니고 있다"고 금권 선거를 비난하며 추격했으나 무위에 그쳤다.

□ 득표상황

후보자	정당	연령	주요 경력	득표(%)
한병채	무소속	44	9대의원 (2선)	128,810 (48.0)
이만섭	공화당	45	국회의원 (2선)	66,598 (24.8)
조일환	신민당	61	국회의원 (4선)	55,190 (20.6)
이종섭	통일당	47	정당인	17,578 (6.6)

<대구 동 - 남> 무소속 후보들의 표 나눠먹기와 당조직의 힘을 입어 거물정객임을 입증한 공화당 이효상 · 신민당 신도환

4선의원의 관록 속에 두 번의 국회의장을 역임했고 공화당 당의장 서리인 이효상 후보와 3선의원에다 누구 못지 않은 정치적 풍운을 겪었던 신도환 후보라는 두 여야 정치 거목이 버티고 있는 곳이지만 "선거란 본래 뚜껑이 열릴 때까지 아슬아슬한 것 아닙니까, 아무도 장담할 수 없을 것입니다"라는 현지의 이상기류는 심상치 않았다.

왜냐하면 지난 8대 총선 때 이효상 국회의장에게 4천여표차로 일격을 가했던 신진욱, 수원지원 판사 출신인 이치호, 법관과 변호사

생활로 30년간 살아온 문양, 경북대 총학생회장 출신으로 신민당 중앙상무위원을 지낸 조화형, '민주회복을 실현할 용기 있는 젊은 이'를 구호로 내건 통일당 윤영한 후보들이 뛰어들었기 때문이다.

"이번에 다시 나온 것은 박정희 대통령이 더 일하자고 하는 것을 경상도 의리의 사나이로서 뿌리칠 수 없었기 때문"이라는 이효상 후보는 "나보고 걷지도 말도 잘 못하고 노망했다고 중상모략하고 있으나 그 사람들이야말로 진짜 노망한 사람"이라고 반격했다.

칠순 노령에 대한 시비 속에서도 "공인으로서 여생을 바치겠다"는 이효상 후보는 "처음에는 상대방 후보들이 내 나이가 많으니 건강이 나쁘다고 몰아붙였지만 합동 유세 때 건강한 모습을 보여줘 인기를 만회했다"고 자신감을 보였다.

'야당의 경북인물 키우기'라는 구호를 내세워 대구의 전통야당붐을 조성하겠다는 신도환 후보는 "어려운 선거를 치렀다"면서도 "신민당과 사조직을 활용한 것뿐이며 유권자들이 야당지도자로 계속 밀어준데 감사한다"고 소감을 피력했다.

통일당 윤영한 후보는 "신민당은 긴급조치로 1명밖에 구속되지 않았지만 통일당은 200명이 구속되어 사꾸라 정당과 선명야당의 구분을 반증(反證)했다"고 주장했다.

이에 신도환 후보는 "정치란 대화로 설득하는 것인데 대화를 사꾸라라고 하는 것은 말도 안된다"고 반격했다.

'4.19세대의 기수'를 표방하며 1천가구에 달한 연안 이씨 문중을 파고들고 있는 이치호 후보는 "현 국회는 정부가 만들어 낸 것을 통과만 시키는 통과부(通過府)요 신민당은 차석시녀(次席侍女)"라고 현역의원들을 공격하며 "공화당 공천은 박 대통령이 임명한 인명(人命)이고 신민당 공천은 10월의 고사떡으로 나눠먹기식"이라고 비난했다.

"전직 의원으로서 왜 지역구에 대한 향수가 없겠습니까"며 정치공백을 청산하겠는 신진욱 후보는 협성재단 산하의 14개 학교 졸업생 10만명과 재대구 의성향우회 5만명, 거제아주 신씨 5백가구의 지원을 기대하고 있다.

무소속 신진욱 후보는 "지난번 선거는 초복에 치렀기 때문에 사꾸라가 당선됐지만 이번에는 겨울철이라 사꾸라가 당선되지 못할 것"이라며 신도환 후보를 겨냥했다.

공화당 공천에서 낙천한 무소속 문양 후보는 "현행 선거법이 형님 먼저 아우 먼저의 여야 나눠먹기 식"이라고 비판했다.

무소속 조화형 후보는 "신민당은 낮에는 야당하고 밤에는 여당을 하고 있다"고 신민당을 비난하고 "정치도 야당도 없는 눈물겨운 상황속에 우리의 인권마저 없어졌다"고 정치체제도 비판했다.

공화당 이원만 현역의원을 꺾은 김정두 의원의 동구와 이효상 국회의장을 꺾은 신진욱 의원의 남구가 통합된 이 지역구는 9대 총선 때 공화당은 이효상 전 국회의장을, 신민당은 김정두, 신진욱 현역의원을 제치고 당 사무총장을 지낸 신도환 전국구 의원을 공천했다.

신민당 공천에서 배제된 신진욱 의원과 김목일, 정원용 후보들이 무소속으로, 경북대 문리대학장을 지낸 하기락 후보가 통일당 공천으로 출전했다.

썩어도 준치라는 속어와 함께 노익장을 과시한 공화당 이효상 후보가 건재함을 보였고 자유당 시절 반공단장으로 활약했던 신도환 의원이 제1야당의 신민당 공천 후보임을 내세워 동반당선됐다.

호별 방문하고 달력을 배포한 혐의로 구속된 신진욱 후보는 지난 총선에서는 현직 국회의장을 꺾은 기적을 창출했으나 이번 총선에서는 신도환 후보에게 6.924 표차로 무릎을 꿇었다.

이번 10대 총선을 맞이하여 목요상, 유수호, 문양 변호사들을 공천에서 따돌린 이효상 후보는 "대구 직할시 승격에 내 인생을 다 바치겠다"고 선언했다.

"국가원로 뽑아주어 대구발전 매듭짓자"라는 구호를 내건 이효상 후보는 "공인으로서 여생을 바치겠다"고 호소하여 지난 총선에 이어 연승을 이어갔다.

'거물 공략'이란 표어를 내걸고 지역기반을 다져 온 후보들을 따돌리고 신민당 공천을 받고서 거물정객을 내세운 신도환 후보도 2위로 동반당선됐다.

"신민당 구호가 공화당 위에 재벌이 있다고 하지만 신민당 위에는 사꾸라가 만발한다"고 신민당을 통박한 이치호 후보가 예상을 뒤엎고 못나온다, 안나온다는 여론을 뒤로하고 국회 재입성을 위해 돌진한 신진욱 후보를 제치고 동메달을 차지했다.

□ 득표상황

후보자	정당	연령	주요 경력	득표(%)

이효상	공화당	72	9대의원 (4선)	79,299 (27.5)
신도환	신민당	55	9대의원 (3선)	67,625 (23.4)
이치호	무소속	38	판사, 변호사	48,776 (16.9)
신진욱	무소속	53	8대의원(남구)	44,962 (15.6)
문 양	무소속	56	판사, 변호사	29,268 (10.1)
조화형	무소속	35	경북대총학생회장	9,800 (3.4)
윤영한	통일당	27	한국학연구회장	8,810 (3.1)

<포항 – 영일 – 영천 – 울릉> 포항의 야당 본성을 자극하여 예상을 뒤엎고 정무식 현역의원을 꺾고 설욕전에서 승리한 신민당 조규창

공화당 정무식 의원은 한국제당 이사장 권혁중, 포항수고교장 출신으로 8대 의원인 김병윤, 영남화학 사장 김성륭, 영천출신으로 8대의원인 정진화, 7대 의원을 지낸 이성수 후보들을 천신만고 끝에 어렵게 따돌리고 공천장을 손에 쥐었다.

제2훈련소 부소장 출신으로 지난 총선에 무소속으로 도전하여 정무식 의원과 동반당선됐던 권오태 의원이 이번에도 무소속으로 재도전했다.

지난 총선에는 복수공천을 받고 출전하여 낙선한 신민당 조규창 후보도 대진기업 회장인 김상순을 비롯하여 조병환, 김진광 후보들을 꺾고 공천을 받고 현역의원들과 3각구도를 형성했다.

4.19 부상자 동지회장인 안병달 후보가 통일당으로, 신민당 공천에서 낙천한 김상순, 고려대 총학생회장 출신으로 동양통신 기자인 김병수 후보들이 무소속으로 등록했다.

현역의원인 공화당 정무식, 무소속 권오태 의원과 신민당 조규창 후보가 선두 다툼을 벌이고 있고 통일당 안병달, 무소속 김병수, 김상순 후보들이 후발부대 삼각 편대를 편성하여 추격전을 전개했다.

지난 9대 총선 때에는 포항 - 울릉의 김병윤, 영일의 정무식, 영천의 정진화 의원들을 놓고 저울질을 하던 공화당은 CIA국장 출신으로 영일의 현역의원인 정무식 카드를 뽑아들었다.

신민당은 포항시장을 지낸 문달식, 영천 출신으로 재미상공회의소 부회장인 조규창 후보를 복수공천하여 포항 - 영일 - 울릉과 영천의 권역을 나눠 갖도록 했다.

공화당에 호감을 지닌 지역정서에 기댄 정무식 의원과 예비역 육군 소장으로 영천에 소재한 제2훈련소 부소장을 지낸 무소속 권오태 후보가 영천표 다지기에 성공하여 복수공천을 받은 조규창, 문달식 후보들을 꺾고 동반 당선됐다.

문달식 후보는 포항에서, 조규창 후보는 영천에서 2위를 했지만 다른 시·군에서 득표력이 미약하여 동반 낙선했다.

이번 총선에서 포항 - 영일이 유권자 숫자에서는 영천보다 두배가 넘지만 포항제철 임직원과 종업원이 포항 - 영일의 유권자의 절반을 차지하여 표의 보고인 포철 종업원 공략에 승부를 걸고 있다.

3선고지를 향해 집요하게 유권자를 파고드는 두더지 작전을 전개하고 있는 공화당 정무식 후보는 3번이나 공화당 공천을 받은 것은 박정희 대통령의 두터운 신임 때문이라며 포항 인구 상승, 도시개발 등 지역사회 개발 사업을 추진하려면 여당 후보를 국회에 보내야 한다고 역설했다.

지난 총선에서 복수공천으로 차점 낙선한 신민당 조규창 후보는 "이번이야말로 설욕의 기회다"라고 6년간의 와신상담의 결실을 맺기 위해 집념을 보이며 창녕 조씨 문중표를 훑고 있다.

무소속회의 총무로서 지역 기반을 다져온 무소속 권오태 후보는 활발한 의정보고회를 개최하여 현역의원의 이점을 최대한 살리며 공화당, 신민당 후보들과 숨가쁜 조직대결을 펼쳤다.

공화당 정무식 후보는 울릉에서는 4,303표(47%)로 1위를 했지만 집권여당 후보의 이점을 살리지 못하여 포항, 영일은 물론 영천에서 3위로 밀려 예상을 뒤엎고 낙선했다.

현역의원인 권오태 후보는 고향인 영천에서 26,133표(39%)를 쓸어 담고 포항 – 영일 – 울릉에서는 2위를 했지만 금메달을 차지했다.

UN군 사령부 비서관 출신으로 정무식 의원과 대척관계를 이룬 신민당 조규창 후보는 포항의 야당성향표를 자극하여 포항과 영일에서는 1위를 했지만 고향인 영천과 울릉에서 부진하여 은메달에 만족해야만 했다.

포항제철을 육성하는데 일익을 담당했고 기라성 같은 후보들을 제치고 공화당 공천을 받고 막강한 조직을 활용하여 3선 가도를 달린 정무식 후보의 낙마는 포항 공단 직원들의 야당 지지에 의한 이번 총선에서 최대의 이변이었다.

□ 득표상황

후보자	정당	연령	주요 경력	득표(%)
권오태	무소속	51	9대의원 (지역구)	73,560 (32.2)
조규창	신민당	52	재미 실업가	66,868 (29.3)
정무식	공화당	53	9대의원 (2선)	48,781 (21.4)
안병달	통일당	44	4.19 부상동지회장	16,490 (11.2)
김병수	무소속	36	고려대 총학생회장	14,148 (6.2)
김상순	무소속	62	대진기업 회장	8,499 (3.7)

<경주 - 월성 - 청도> 언론인 출신으로 김영삼 전 총재의 비서경력으로 경주의 야당 성향표를 결집시켜 당선된 신민당 박권흠

청도 출신인 박숙현 의원이 경고친서를 받았다는 설이 난무하자 대부분이 경주 출신인 경남대 기획실장인 김순규, 통일원장관 보좌관인 이정희, 코리아라이프 사장인 임진출, 경흥학원 이사장인 김일윤, 김종해 5대 민의원, 황한수 5대 민의원등이 공천에 도전했으나 박숙현 의원에게 당선증과 다름없는 공천장이 떨어졌다. 공천에서 낙천한 임진출, 황한수 후보들이 무소속으로 도전했다.

신민당도 박권흠 지구당 위원장을 공천했으나 그가 선임했던 김덕수, 최병찬, 황윤국 부위원장들이 모두 달력을 돌려 난맥상을 보이다가 윤보선 전 대통령 비서 출신으로 동아정경 발행인 겸 편집인인 김덕수 후보가 무소속으로 출전했다.

9대 총선 때 무소속으로 당선됐던 이영표 의원이 무소속으로 재도전하고 한의사인 백수근, 예일학원 원장인 주진포, 지난 총선 때 353표차로 낙선했던 최풍 후보들이 무소속으로 도전했다.

신민당 심봉섭 의원의 경주 – 월성과 공화당 박숙현 의원의 청도가 통합된 이 지역구는 9대 총선 때 공화당은 박숙현 의원을 공천했으나 신민당은 심봉섭 현역의원을 제치고 지구당 위원장으로 활약한 황윤국 후보를 내세웠다.

공화당 조직을 활용하여 청도를 기반으로 경주 – 월성을 공략한 박숙현 의원이 압승을 거두었고, 2위 자리를 두고 재력을 앞세운 대왕제분 대표인 무소속 이영표, 극작가 출신인 무소속 최풍, 현역의원이지만 낙천하고 무소속으로 출전한 심봉섭, 제1야당의 공천 후보임을 내세운 신민당 황윤국, 반공청년단 월성군 단장인 무소속 손갑호 후보들이 난타전을 전개했다.

월성이씨의 전폭적이 지원에 힘입은 이영표 후보가 경주 최씨의 응집력에 기대를 건 최풍 후보를 353 표차로 제압하고 국회 등원에 성공했다.

천신만고 끝에 국회에 등원한 심봉섭 의원은 불쌍하다는 민심을 업고 분투했지만 신민당 공천을 받은 황윤국 후보와 함께 낙선했다.

이번 총선에선 8명의 공천도전자들을 물리치고 의기양양한 공화당 박숙현 후보는 "모든 당원들이 한마음으로 뭉쳐 박 대통령의 뜻에 보답하자"고 호소했다.

박숙현 후보는 경주로 주민등록을 옮겨 지역감정 진화에 주력하는 한편 밀양 박씨 종친을 기반으로 동국대 분교 유치라는 지역 사업 공약을 내걸어 3선고지를 향해 달려갔다.

경향신문 정치부 차장 출신으로 김영삼 신민당 전 총재의 비서출신인 박권흠 후보는 경주의 야당 성향에 호소하며 청도 출신이라는 지역적 불리함을 야당붐 조성으로 극복하고자 했다.

김영삼 전 총재가 "나의 정치 생명을 이곳에 걸겠다"면서 적극적인 지원에 고무된 박권흠 후보는 승리를 낙관했다.

그러나 박 후보는 "어째서 여·야 후보가 모두 청도 사람이라야 되느냐"는 노골적인 반발을 불러일으키고 있는 지역정서에 고심했다.

박권흠 후보는 "썩은 나무 자르고 새 나무 기르자"는 캐치프레이즈를 내걸고 지역감정을 초월한 범야 지지 세력 규합에 부심했다.

김삿갓 북한 방랑기의 저자로서 법창야화 시나리오 작가인 최풍 후보는 전국의 문인 중 유일한 지역구 출마자임을 강조하며 월성 최씨 문중표에 사활을 걸었다.

최풍 후보는 극작가로서의 지명도를 살려 라디오 연속극을 청취하는 안방 유권자들을 파고들었고, "영표 밑에 0표 찍자"는 구호를 내걸은 이영표 후보는 6년 동안 50여회의 귀향 보고와 수해 때마다 농촌을 찾아온 논두렁 국회의원의 이미지로 장년층에 기대를 걸었다.

"선덕, 진덕, 진성 여왕의 고장 서라벌에서 여성의원을 뽑아 영광을 되찾자"는 홍일점 임진출 후보는 "국가사회에 봉사하느라 시집도 못간 노처녀에게 한 표를 달라"고 호소했다.

박숙현 후보는 경주시는 물론 월성군, 청도군 등 모든 지역에서 1위를 차지하여 부동의 1위로 당선됐고, 박권흠 후보는 월성군에서는 10,070표(13%)로 3위를 했지만 경주시와 청도군에서 2위를 하여 2위로 국회 입성에 성공했다.

주민등록상 어느 후보도 청도에 주소지를 두지 아니했지만 유권자 5만 3천여명인 청도 유권자들이 박숙현, 박권흠 후보들에게 몰표를 던져 현역 의원인 이영표 후보를 비롯한 경주 – 월성 출신 7명의 후보들을 낙선시켰다.

최풍 후보는 월성군에서는 11,209표(15%)로 2위를 했지만 경주에서는 3위, 청도에서는 4위로 밀려 당선권에서 밀려났고, 이영표 후보는 현역의원의 이점을, 임진출 후보는 홍일점의 이점을 살리지 못했다.

최대 유권자를 지닌 월성군을 박숙현, 최풍, 박권흠, 임진출, 이영표, 백수근 후보들이 사이좋게 표를 나눠가졌다.

□ 득표상황

후보자	정당	연령	주요 경력	득표(%)
박숙현	공화당	53	9대의원 (2선)	38,181 (22.4)

박권흠	신민당	45	김영삼총재비서	30,656 (18.0)
최 풍	무소속	51	장택상의원비서	22,647 (13.3)
이영표	무소속	60	9대의원 (지역구)	21,202 (12.5)
임진출 (여)	무소속	36	경희대여학생회장	18,300 (10.8)
백수근	무소속	31	한의사협회회원	13,898 (8.2)
김덕수	무소속	41	윤보선대통령비서	10,619 (6.2)
주진포	무소속	37	예일학원원장	10,043 (5.9)
황한수	무소속	51	5대의원(월성)	4,541 (2.7)

<김천 – 금릉 – 상주> 현역의원에 대한 식상함과 실망감으로 현역의원들의 교체에 성공한 무소속 박정수 · 정휘동 후보들

유권자 10만 2천명인 김천 – 금릉에서는 대구대 대학원장 출신으로 공화당 당의장을 지낸 4선의원 백남억, 국무총리 특보 출신으로 한국 정치행정연구원 이사장인 박정수 후보가 박사대결을 펼치고 있고, 유권자 11만 5천면의 상주에서는 상주 군민들의 전폭적인 지원으로 지난 총선 때 당선된 김윤하, 일본거류민단 부단장으로 패시픽호텔 대표인 정휘동 후보가 재일동포 대결을 펼치고 있다.

신민당 이기한 후보는 김천 – 금릉에서, 통일당 임재영, 이재옥 토플 저자로 유명한 이재옥 후보들은 상주에서 후발주자로 뛰고 있다.

공화당 백남억 후보는 지금까지 지역구를 너무 소홀히 했었다는 점을 솔직히 시인하고 "진심으로 사과한다"면서 "나랏일에 너무 신경을 쓰다보니 자연적으로 선거구를 내버려 둔 것 같이 됐다"고 변명했다.

"여당거물을 압도적 다수표로 밀어주는 것이 곧 지역개발의 첩경"이라는 백남억 후보는 "기간 당직자 4천 5백여명과 평당원 2만여명이 1표씩만 물어와도 5만 표는 자신있다"고 기세등등하며 특히 유정회 마달천, 안종열 의원 등의 적극적인 지원도 큰 힘이 되고 있다.

"당선되면 얼굴조차 보기 힘든 국회의원이 무슨 필요가 있었느냐" "6년동안 가꾸었는데도 사과가 열리지 않는다면 이를 과감히 뽑아내고 신품종으로 바꾸어 심어야 한다"는 무소속 박정수 후보는 "현명한 유권자들은 당보다 인물을 보고 뽑아줄 것"이라며 부인인 이범준 유정회 의원과 함께 동분서주하고 있다.

박 후보는 김천고 동문, 기독교 신자, 작은농부회 회원들을 토대로 득표활동을 전개했다.

"모처럼 키운 나무에 열매가 열리게 해달라"며 귀향보고회 등으로 다져진 조직을 가동하고 있는 무소속 김윤하 후보는 경주 김씨, 4H 조직을 가동하며 재선고지를 향한 진군을 계속하고 있다.

"농민을 대변하는 국회의원이 되겠다"는 무소속 정휘동 후보는 자신이 운영하는 새마을 교육원 출신 2천 4백명 조직과 풍부한 자금으로 상주 지역을 훑고 있다.

뒤늦게 공천을 받은 신민당 이기한 후보는 5.16 쿠데타 이후 한

번도 야당의원을 배출하지 못한 지역 감정에 호소하고 있고, 통일당 임재영 후보는 선명야당을 내세우고 교편 생활을 통한 6천여명의 제자, 2천여 가구 임씨 문중표에 기대를 걸고 있다.

공화당 백남억 후보는 지역적인 인물이 아니라 전국적인 인물임을 강조하며 계속 성원해 줄 것을 호소했고, 신민당 이기한 후보는 '만족하고 살 수 있는 사회를 만들자'는 구호를 내걸었다.

3대부터 8대까지 5번 출전했고 이번이 여섯 번째 마지막 출전이라는 임재영 후보는 "평생 야당 생활로 일관해온 나야말로 진짜 야당인"이라고 주장했다.

공화당 백남억 의원의 김천 – 금릉과 경북도지사를 지낸 공화당 김인 의원의 상주가 통합된 이 지역구는 9대 총선 때 공화당 당의장을 지낸 관록을 자랑한 백남억 의원이 공화당 공천장을 받아들고 승리를 낙관했다.

김천의 야당투사로 알려진 신민당 이기한, 김천시장을 지낸 통일당 조필호, 경북도 상공국장을 지낸 무소속 박준무, 김천고 교사였던 무소속 박희동, 5대 민의원을 지낸 무소속 홍정표 후보들이 2위 자리를 놓고 각축전을 전개했다.

"나는 상주군민당이니 상주사람만 믿는다"는 무소속 김윤하 후보가 상주에서 50%인 4만여표를 쓸어담아 예상을 뒤엎고 1위를 했고, 공화당의 간판인 백남억 의원이 2위로 내려앉은 불명예를 안게 됐다.

지난 8대 총선에서 석패한 조필호 후보는 신민당 공천에서 낙천하자 통일당 공천을 받고 "진짜 야당은 통일당"이라고 선명논쟁을 벌였으나 이전투구로 신민당 공천을 받은 이기한 후보의 뒷덜미를 잡아챘을 뿐이다.

이번 총선에서는 백남억·박정수 후보와 김윤하·정휘동 후보의 대결은 고향인 김천 - 금릉과 상주의 쟁패권으로 승자와 패자가 갈렸다.

박정수 후보는 김천에서 14,389표(39%)를 득표하여 7,190표(21%)를 득표한 백남억 후보를 따돌렸고 금릉에서도 20,024표(37%)로 14,344표(27%)를 따돌려 승리를 굳혔다.

정휘동 후보도 상주에서 33%인 30,073표를 쓸어담아 25,036표(27%)득표에 그친 김윤하 후보를 어렵지 않게 따돌릴 수 있었다.

백남억 후보가 상주에 친여정서를 활용하여 12,946표(14%)를 득표했지만 김천 - 금릉에서 뒤진 1만 2천여표를 극복할 수 없었다.

제1야당 후보인 이기한, 이재옥 토플저자인 이재옥 후보들의 성적은 너무나 초라했다.

백남억·박정수 후보의 대결은 지역구 관리소홀, 이범준 의원과 김천고 동문들의 지원으로 승패가 갈렸고 김윤하·정휘동 후보의 대결은 6년 의원 생활에 대한 성적평가와 재력 싸움에서 승패가 엇갈렸다.

현역의원에 대한 식상함과 재평가가 전면적인 물갈이를 가져왔다.

□ 득표상황

후보자	정당	연령	주요 경력	득표(%)
박정수	무소속	46	무임소장관보좌관	43,319 (24.0)
정휘동	무소속	51	패시픽호텔대표	42,447 (23.5)
백남억	공화당	63	9대의원 (4선)	35,200 (19.5)
김윤하	무소속	48	9대의원 (지역구)	32,126 (18.3)
이기한	신민당	40	지구당위원장	15,113 (8.4)
이재옥	무소속	38	이재옥토플저자	6,825 (3.8)
임재영	통일당	55	중·고교 교감	5,586 (3.1)

<안동시 – 안동군 – 의성> 지난 9대 총선에서 동반당선됐던 공화당 김상년 의원과 신민당 박해충 의원이 고향표를 결집시켜 동반당선

지난 9대 총선 때 동반당선됐던 의성 출신인 공화당 김상년 의원과 안동 출신인 신민당 박해충 의원이 이번 총선에서도 공화당과 신민당 공천을 받고 쌍벽을 형성하고 있다.

김상년 의원은 유정회 의원인 김충수, 토건회사 사장인 김노식, 경북도당 선전부장인 오상락, 어협신보 편집국장인 이희대 후보들의 도전을 가볍게 뿌리쳤고, 박해충 의원은 고달준 후보의 도전을 가볍게 넘어섰다.

경안고와 경안여상 강사인 권태인 후보가 통일당으로, 6대 국회에서 농림위원장으로 활약한 권오훈, 대한잠사회화장과 공회당 의성 지구당 위원장을 지낸 신영목, 이시영 부통령 비서 출신으로 5대와 6대 의원을 지낸 오상직 후보가 무소속으로 도전하여 6파전이 벌어졌다.

그러나 실제적인 선거전은 안동의 박해충, 권오훈, 의성의 김상년, 오상직 후보들의 조직과 고향 유권자들의 결집도에서 승패가 결정될 것으로 전망됐다.

9대 총선 때 공화당은 의성 출신인 김상년 의원을 공천했으나 신민당은 안동시·군에서 당선된 박해충 의원과 의성에서 낙선한 우홍구 후보를 복수공천했다.

안동에서 6대 총선 때 당선됐던 권오훈 후보가 등록하여 안동과 의성이 3대 2의 총력전을 전개했으나 현역의원들이 현역의 이점을 최대한 살려 동반당선의 열매를 맛보았다.

우홍구 후보는 안동에서 5%인 4,496표를 득표하여 연거푸 패배했고, 안동 권씨의 집중적인 지원을 받은 권오훈 후보는 의성에서 부진하여 낙선의 길을 걷게 됐다.

이번 총선에서 안동 전문대의 4년제 대학 승격, 도산서원 도로포장 등을 공약한 공화당 김상년 후보는 "정치가 안정돼야 경제 발전도 지속된다"며 여당 후보를 성원해 줄 것을 호소했다.

"4명의 후보가 여권이기 때문에 신민당 공천을 받았다는 점이 좋은 조건 중의 하나"라는 신민당 박해충 후보는 신민당의 당조직과 개인적인 기반을 총동원하고 있다.

8대와 9대 총선에서 고배를 마신 무소속 권오훈 후보는 마지막으로 지역 사회를 위해 봉사할 기회를 달라면서 1만 세대에 달한 안동 권씨 문중을 파고들고 있다.

6대 국회에서 농림분과위원장을 지낸 권 후보는 "이것 저것 다 틀렸다. 이번에는 갈아보자"는 선거구호를 내걸고 분투하고 있다.

"나는 백성들의 공천을 받아 출마했다"는 무소속 오상직 후보는 유권자들이 변화를 바라는 심리가 저변에 깔려있다면서 "내가 당선되면 6년 후엔 현역의원으로 후진에게 바통을 넘기는 미덕을 보이겠다"고 강조했다.

안동의 권오훈, 권태인 후보의 단일화 논의가 활발하였듯이 의성쪽 에서도 신영목 후보와 오상직 후보는 "두 사람이 다 나오면 의성표가 갈라져 둘 다 떨어진다"며 서로 양보할 것을 바랬으나 절충이 되지 않았다.

공화당 의성지구당 위원장을 지낸 신영목 후보의 출현은 김상년 후보에게 타격을 줄 것으로 예상됐으나 오상직 후보의 발목을 잡았고, '선명 야당' '젊은이의 기수'임을 내세우고 출전한 권태인 후보는 안동 권씨 문중표를 잠식하여 권오훈 후보의 뒷덜미를 잡아챘다.

공화당 김상년 후보는 의성에서 35%인 24,351표로 1위를 하고 안동시·군에서는 권오훈, 박해충 후보에 밀려 3위인 11,492표(27%), 16,819표(27%)를 했지만 친여 정서와 공화당원들의 활동으로 선두를 유지할 수 있었다.

신민당 박해충 후보는 권오훈 후보에게 안동시에서는 574표, 안동군에서는 406표 뒤졌지만 신민당원들의 눈물겨운 지원으로 의성에서 10,530표 앞서 당선을 일궈낼 수 있었다.

무소속 권오훈 후보는 안동시에서는 13,699표(32%), 안동군에서는 19,138표(30%)를 득표하여 1위를 차지했지만 무소속 후보의 한계로 의성에서 성적이 저조하여 금뱃지를 놓쳐버렸다.

무소속 오상직 후보는 고향인 의성에서 16,178표(23%)로 2위를 했지만 안동시·군에서 부진하여 당선권을 넘볼 수 없었다.

□ 득표상황

후보자	정당	연령	주요 경력	득표(%)
김상년	공화당	49	9대의원 (2선)	52,662 (38.4)
박해충	신민당	49	9대의원 (3선)	47,776 (27.6)
권오훈	무소속	61	6대의원(안동)	38,226 (22.1)
오상직	무소속	52	국회의원 (2선)	21,328 (12.3)
신영목	무소속	55	경기고교교사	8,947 (5.2)
권태인	통일당	33	대한잠사회장	4,231 (2.4)

<구미 – 칠곡 – 군위 – 성주 – 선산> 고향인 군위와 선산에서 동정표를 쓸어 담아 현역의원을 밀쳐내고 2위 당선된 무소속 김현규

박정희 대통령의 고향인 이 지역구의 공화당은 대구 백화점 대표

이정무, 조선일보 편집국장 대리 김윤환, 중앙대 강사 김정수, 유정회 장동식 의원들을 따돌리고 현직 보사부 장관인 신현확 의원을 재공천 했다.

"장관은 보통 국회의원이 한 달 걸릴 지역구 민원을 30분 만에 처리할 수 있다"는 신현확 의원은 "나는 대통령 각하의 국민학교 후배"라고 대통령의 적자를 넘보는 무소속 후보에 대해 "우리 역사에 처음으로 나타난 영도자에게 나말고 누가 도움이 되겠느냐"고 비아냥됐다.

소련에서의 환대를 양념으로 현직 장관의 출마를 최대의 강점으로 최대한 활용하고 있는 신현확 의원은 구미공단 건설은 내 노력 때문이라고 역설하며 칠곡군의 단일 후보이며 1만 5천명의 당원조직을 앞세워 선두권을 질주했다.

3선을 기대한 신민당 김창환 의원은 올해에도 2만명을 넘는 국회의사당 안내 실적에 의정보고서 살포등을 무기로 야당 투사로서의 이미지를 부각시키면서 야당 붐조성에 안간힘을 쏟고 있으나 공천경쟁을 벌인 김현규 후보와 유성환 후보의 협공에 고전하고 있다.

선산 – 군위 지구당 위원장 출신으로 신민당 공천에서 탈락하자 무소속으로 출전한 김현규 후보는 김창환 의원의 사생활 폭로, 지역구 활동의 부실 등을 공격하면서 세 번 출마에 차점 낙선 경력을 들어 눈물로 호소하고 있다.

이 밖에도 ㈜거창 대표인 김태식, 경북도 의원 출신으로 신민당 경북도당 선전부장을 지낸 유성환, ㈜서울시약 대표인 장덕환, ㈜다보물산 대표인 조익환 부모들이 무소속으로 출전하여 고향표 지키기에 나섰다.

후보별 출신지역은 칠곡은 신현확, 성주는 김창환과 유성환, 군위는 김현규와 김태식, 선산은 조익환과 장덕환으로 칠곡의 신현확 후보가 가장 유리한 셈이다.

지난 9대 총선 때 공화당은 김봉환 3선의원과 송한철 7대 의원을 제치고 부흥부, 보사부 장관을 지낸 신현확 후보를 공천했고, 신민당은 8대 총선 때 성주 – 칠곡에서 송한철 현역의원에게 대승을 거둔 김창환 의원을 공천하여 동반당선을 기대했다.

지난 8대 총선 때 선산 – 군위에서 공화당 김봉환 의원에게 991표 차로 석패한 김현규 후보가 신민당을 탈당하고 무소속으로, 조선일보 기자 출신으로 4대의원인 김동석 부친의 유업을 계승하겠다는 김윤한 후보도 무소속으로 도전했으나 양당의 옹벽을 넘어서지 못했다.

이번 총선에서도 "공화당은 사사로운 조직으로 선거를 치르는 것이 아니고 공조직에 의해 움직인다"는 공화당 신현확 후보는 공화당 공천에서 낙천한 김윤환 후보의 협조에 승리를 낙관하고 있다.

"야당의 원내 안정세력 구축만이 집권당을 견제할 수 있는 길"임을 주장하고 있는 신민당 김창환 후보는 야당 붐 조성에 동분서주하고 있다.

'박력있는 김창환, 밀어주자 민주투사'를 구호로 내건 김창환 후보는 계성고 동문과 의성 김씨 문중의 전폭적인 지원에 고무되어 있다.

'4번째 또 나왔다. 이번에는 뽑아주자'는 구호를 내건 무소속 김현규 후보는 경북고, 서울대 출신임을 내세우며 4번째 출전에 대한 동정여론과 김해 김씨의 단결을 호소하고 있지만 농민들을 위한 참된 일꾼이 되겠다며 출사표를 낸 무소속 김태식 후보의 출전이 못내 신경을 곤두세우고 있다.

신민당 공천에서 탈락한 유성환 후보도 1천여명에 달하는 동갑계원과 성주농고 동문조직의 마음에 우러나는 지지에 기대를 걸고 있다.

"지역사회의 균형있는 개발에 힘쓰겠다"는 무소속 장덕환 후보는 2만 8천여 명에 달하는 인동 장씨 문중표에 기대를 걸고 있으며, 사전 선거운동 혐의로 입건된 것이 지명도를 높이는 계기가 되기도 했다.

공화당 창당 요원의 한 사람으로 8대와 9대 공천 경쟁에서 탈락하고 이번에는 무소속으로 출전한 조익환 후보는 지역 내의 구미공단 직원표, 창녕 조씨 문중표에 기대를 걸고 있다.

이번 총선에서 선두권을 달린 공화당 신현확 후보는 박 대통령의 고향인 구미에서는 39%인 14,233표로, 자신의 고향인 칠곡에서는 40%인 18,966표로 1위를 차지하였을 뿐만 아니라 군위, 성주, 선산에서도 친여 정서를 활용하여 2위를 차지하여 금메달 당선을 가져왔다.

서울대 출신임을 강조한 무소속 김현규 후보는 고향인 군위에서 62%인 16,998표로, 자신의 지역구였던 선산에서 35%인 12.142표로 부동의 1위를 차지하여 예상을 뒤엎고 은메달 당선을 가져왔다.

신민당 김창환 후보는 고향인 성주에서 11.480표(29%)로 1위를 차지하고 칠곡에서 12.769표(27%)로 2위를 차지했을 뿐 구미에서는 물론 군위, 선산에서 너무나 부진하여 당선권에서 벗어났다.

재력을 바탕으로 사전 선거운동으로 입건된 것을 동정표의 무기로 쓰면서 추격전을 전개한 장덕환 후보는 고향인 선산에서 6.782표로 3위를, 유성환 후보는 성주에서 7.571표로 3위를 했을 뿐 다른 시·군에서의 성적은 초라했다.

구미 – 선산 – 군위와 성주 – 칠곡의 대결에서 구미와 칠곡을 석권한 신현확 후보와 군위와 선산에서 동정표를 쓸어 담은 김현규 후보가 현역의원을 밀쳐내고 동반당선됐으며 유성환 후보는 성주표를 잠식하여 김창환 후보의 뒷덜미를 잡아챘다.

□ 득표상황

후보자	정당	연령	주요 경력	득표(%)
신현확	공화당	57	9대의원 (지역구)	56,645 (31.0)
김현규	무소속	41	신민당지구당위원장	49,001 (26.8)
김창환	신민당	42	9대의원 (2선)	36,483 (19.9)
장덕환	무소속	39	서울시약대표	17,070 (9.3)
유성환	무소속	47	경북도의원	14,028 (7.7)
조익환	무소속	44	다보물산대표	5,074 (2.8)
김태식	무소속	38	거창대표	4,671 (2.5)

<달성 – 경산 – 고령> 7명의 예비후보들을 공천에서 꺾은 여세를 몰아 박준규 현역의원과 동반당선을 일궈낸 신민당 김종기

이번 총선을 맞이하여 공화당은 달성 출신인 문태갑, 경산 출신인 신광순, 고령 출신인 이종석 후보들이 공천의 문을 두드렸으나 박준규 현역의원을 공천했다.

지난 총선 때 곽태진, 이상조 후보들을 복수 공천하여 참패한 신민당은 동아정경부사장인 김종기, 경북도 선전부장인 나학진, 김재광계인 임차문, 지난 총선 때 낙선한 곽태진과 이상조, 검찰수사관인 이재연, 관세청 차장인 최운지는 물론 김경윤, 박종운, 박태달, 우일현 후보들이 난타전을 전개하여 신도환 최고위원계로 알려진 김종기 후보가 공천장을 거머쥐었다.

안동, 인천, 남대구, 동부산 경찰서장 출신으로 7대와 9대의원인 박주현 의원이 무소속으로, 신민당 중앙상무위원인 나학진, 대구지검 수사관 출신인 이재연 후보들이 무소속으로 출전했으나 나학진 후보는 등록 무효됐다.

이리하여 유권자 7만 7천명인 달성의 박준규, 3만 2천명인 고령의 김종기, 9만 8천명인 경산의 박주현, 이재연 후보의 대결로 압축됐다.

지난 9대 총선 때는 김성곤 의원의 의원직 상실로 실시된 달성 – 고령 보궐선거에서 당선된 박준규 의원이 7대의원인 박주현, 관세청 차장이었던 최운지, 서울 국토관리청장이었던 윤영탁 후보들을 제치고 당선증과 다름없는 공화당 공천장을 받아들었고 8대 총선

때 경산에서 승패가 엇갈린 통일당 이형우 의원과 무소속 박주현 후보가 함께 출전했다.

여기에 2대와 5대 국회의원을 지낸 고령출신인 곽태진 후보와 신민당 전국구 의원인 경산출신인 이상조 의원이 신민당 복수공천을 받았고 백설유업 사장인 무소속 김문조, 대구고법 판사였던 무소속 조성기 후보가 등록하여 난타전을 전개했다.

7대 공화당 의원이었으나 8대 총선 때 경산에서 패배한 박주현 후보가 현역의원이었지만 신민당 공천에서 배제되자 "시집살이 1년만에 쫓겨났다"는 이형우 의원에게 설욕전을 승리로 장식하고 국회에 재입성했다.

신민당 복수공천을 받은 곽태진 후보는 4위, 이상조 의원은 7위로 동반낙선하여 신민당 공천의 난맥상을 드러냈다.

이번 총선에서 "공화당 정책위의장이라는 중책을 맡다보니 자주 못내려 오는 것은 사실이나 몸이야 어디에 있던 지역개발을 위해 힘 써왔다"는 공화당 박준규 후보는 "80년대의 번영과 정국의 안정을 위해 공화당을 계속 성원해 줄 것"을 호소했다.

'야당 없는 내 고장에 민주 대변 누가 하나'라는 구호를 내건 신민당 김종기 후보는 "9대 총선 때는 신민당이 복수공천을 해 둘 다 낙선이 됐으나 이번엔 유일 야당후보로 출마했기 때문에 사정이 달라졌다"면서 "3명의 친여 후보와 한 사람의 야당 후보를 두고 유권자들은 현명한 판단을 할 것"이라고 기대했다.

김종기 후보는 신민당 공천에서 탈락하고 무소속으로 출전한 나학진 후보의 등록 무효를 호재로 여기면서 야당 성향이 높은 선거구민들의 지지를 기대하고 있다.

4번 출마하여 2번 당선된 무소속 박주현 후보는 10여년 전부터 닦아온 기반과 사조직을 풀가동하여 3선의 고지 점령을 위해 총력을 경주하고 있다.

경로 잔치, 전국 장사 씨름대회 등을 개최하는 등 지역 기반을 닦아온 무소속 이재연 후보는 "나의 이 충정을 경산 군민들은 알아줄 것"이라며 경북고 동문과 월성 이씨 문중을 파고들고 있다.

공화당 박준규 후보는 달성에서 36%인 22,652표로, 경산에서 35%인 26,712표로 1위를 차지하여 고령에서 김종기 후보에게 뒤졌지만 9천여표 차로 금메달을 차지할 수 있었다.

김종기 후보는 고령에서 45%인 11,555표로 1위를 차지하고 달성에서도 박준규 후보와 비슷한 21,362표를 득표하여 동반 당선을 이뤄냈다.

무소속 박주현 후보는 경산에서 16,112표로 3위를 했을 뿐아니라 달성과 고령에서도 3위로 뒤쳐져 당선을 바라볼 수 없었으며, 무소속 이재연 후보는 경산에서 22%로 2위를 했지만 다른 후보들과 격차를 좁히지 못했고 달성과 고령에서 부진하여 최하위를 맴돌았다.

박주현 후보와 이재연 후보의 경산 표몰이는 두 후보 모두의 낙선을 가져왔다.

□ 득표상황

후보자	정당	연령	주요 경력	득표(%)
박준규	공화당	52	9대의원 (5선)	57,526 (36.2)
김종기	신민당	37	동아정경 부사장	47,617 (29.9)
박주현	무소속	55	9대의원 (2선)	30,341 (19.1)
이재연	무소속	44	대구지검수사관	23,513 (14.8)
나학진	무소속	45	신민당중앙상무위원	등록무효

<청송 – 영덕 – 울진> 3번 낙선에 따른 동정여론과 야당성향표를 결집시켜 국회등원에 성공한 신민당 황병우

지난 총선에선 문태준, 오준석 의원을 복수 공천하여 동반 당선의 쾌거를 이룩한 공화당은 두 의원 외에도 황순기 백암장학회장, 남재수 삼일 동지회장, 오춘삼 행정서사 중앙회장을 놓고 저울질하다가 영덕 출신인 문태준 의원을 단수 추천했다.

이에 탈락한 오준석 의원의 뒤를 잇겠다며 울진 출신인 손병우, 장소택, 최순열 후보들이 뛰어 들었다.

청송 출신으로 3번이나 낙선한 황병우 후보가 신민당 공천을 받고 재도전한 가운데 군수기지사령관, 제3군단장, 철도청장을 역임한 이동화 후보와 포항제철 새마을 사업부장을 지낸 주상삼 후보들이 출전하여 7파전이 전개됐다.

이리하여 청송의 황병우, 이동화 후보, 영덕의 문태준, 주상삼 후보, 울진의 손병우, 장소택, 최순열 후보들의 군별 대항전이 펼쳐졌다.

지난 9대 총선때는 영덕 - 청송에서 신민당 황병우 후보를 꺾은 문태준 의원과 울진에서 신민당 박종길 후보를 꺾은 오준석 의원이 공화당 복수 공천을 받고 나란히 출전했다.

이에 지난 총선에서 낙선한 황병우, 박종길 후보들이 신민당과 무소속으로 출전하고 울진주조 대표인 김용식, 한국운수창고 대표인 신순휴 후보들이 추격전을 전개했으나 월경금지원칙을 철저하게 지키며 재력과 조직을 총동원한 현역의원의 철옹성을 격파하지 못했다.

이번 총선에서 문태준 의원은 지난 총선 때 부진을 만회하기 위해 울진 지역에 동해안 관광개발, 지방도로 개설 및 포장 등 선심 공약을 남발했다.

9대 총선 때 낙선한 황병우 후보는 동정표에 기대를 걸면서 출신지인 청송을 거점으로 울진·영덕의 야당세 확대에 전력하고 있다.

화려한 군경력으로 다크호스로 지목되고 있는 이동화 후보는 "남은 여생을 지역사회 발전을 위해 바치겠다"면서 지지를 호소했다.

서울 문리대 정치학과 출신으로 공화당 중앙위원으로 활약하며 정치에 대한 꿈을 키워온 최순열 후보는 경주 최씨 문중 3천 8백 가구와 울진중 동문을 주축으로 은메달을 향해 매진했다.

중학교 교사 출신인 손병우 후보는 체육대회, 경로 잔치를 통해 쌓아온 지지기반을 무기로 후포고 동문과 평해 손씨 문중 표밭을 일구고 다녔다.

공화당 중앙당 운용차장 출신인 주상삼 후보는 문태준 의원과 출신지와 공화당이 겹쳐 문태준 의원의 심경을 자극하고 있다.

지난 7대 총선에 얼굴을 선보였던 장소택 후보가 울진농고 동창회장으로 동문표에 기대를 걸고 있다.

"6대 국회 이후 한번도 야당의원을 배출하지 못했던 이곳에서 이번엔 야당을 뽑아달라"고 황병우 후보는 호소하고 있고, "지금까지는 군요직과 공직을 통해 국가에 헌신해 왔으나 남은 여생은 지역사회 발전을 위해 몸을 바치겠다"고 이동화 후보는 경력을 내세웠다.

"울진 출신을 다시 국회의원으로"란 공통 과제를 내걸고 혼전을 벌이고 있는 최순열 후보는 "학생시절부터 품었던 정치에 대한 야망을 이번엔 실현해 보겠다"며 경주 최씨 문중을 파고들고 있고, 손병우 후보는 재부 울진군 향우회장으로 후포중고 동창과 평해 손씨 문중표를 겨냥하고 있다.

주상삼 후보의 출전으로 문태준 후보의 영덕표 독식에 차질을 가져오며 영덕(문태준, 주상삼), 청송(황병우, 이동화), 울진(최순열, 손병우, 장소택)의 국지전이 치열하게 전개됐다.

몇 표를 얻어 당선되느냐로 관심을 받던 문태준 후보는 영덕에서 26%인 12,321표로 1위를 하고 울진에서 29%인 11,874표로 2위를 하여 청송에서 부진을 딛고 가까스로 금메달을 차지했다.

황병우 후보는 고향인 청송에서 42%인 12,961표를 쓸어 담고 영덕에서도 야당성향표를 자극하여 25%인 11,753표를 득표하여 울진에서 부진을 딛고 동반당선의 기쁨을 누릴 수 있었다.

이동화 후보는 고향인 청송에서 8,573표(28%)로 2위를 했을 뿐 영덕과 울진에서 상대적으로 부진하여 8천여표 차로 3위로 밀렸다.

최순열 후보는 고향인 울진에서 13,372표(32%)로 1위를 했지만 청송과 영덕에서 부진하여 당선권을 넘나들 수 없었다.

주상삼 후보는 영덕에서 9,444표(20%)를 득표하여 3위에 올라섰을 뿐 당선과 인연은 없었다.

결과적으로 울진의 세 후보가 표를 분산시켜 영덕과 청송에서 의원을 배출하게 됐다.

□ 득표상황

후보자	정당	연령	주요 경력	득표(%)
문태준	공화당	50	9대의원 (3선)	30,131 (25.7)
황병우	신민당	46	지구당위원장	29,169 (24.9)
이동화	무소속	40	철도청장	20,648 (17.6)
최순열	무소속	38	공화당청년국장	16,836 (14.4)
주상삼	무소속	40	포항제철사업부장	12,294 (10.5)
손병우	무소속	40	중학교교사	5,044 (4.3)
장소택	무소속	43	울진농고동창회장	3,011 (2.6)

<영양 - 봉화 - 영주> 조용하고 깨끗한 선거를 치르기로 담합하여 최소비용으로 당선을 일궈낸 공화당 김창근·신민당 박용만

권성기 현역의원에 배달경 광릉목재 대표, 황재천 영우산업 대표, 황윤경 5.16재단 사무총장 등이 도전하고 있으나 공화당은 김계원 주중대사를 공천할 것으로 알려졌다.

그러나 공화당은 석연치 아니한 사유로 김계원 후보를 낙마시키고 당 대변인과 국회 재무위원장으로 활약한 김창근 3선의원으로 교체했다.

권성기 의원으로부터 순조롭게 조직을 인수한 김창근 후보는 박정희 대통령으로부터 "바늘로 찔러도 들어가지 않은 조직"이라는 칭찬을 받을 정도로 튼튼한 조직을 가동하여 지난 6년 간의 정치방학의 공백을 메우기 위해 분주했다.

신민당 공천을 받은 박용만 의원은 밀양 박씨 문중을 파고들며 다시 한번 금메달을 노렸지만 "이제는 하나마나한 싸움이 아니냐"며 느긋한 입장에서 선거전에 임하고 있다.

영주군 4H 자원지도자 연합회장인 우성구 후보가 통일당으로, 제8대 총선 때 봉화에 출마했던 안용환, 경북도의원 출신으로 봉화문화원장인 정태중 후보들이 무소속으로 도전하여 외형상 5파전이지만 공화·신민 양당 후보들의 당선을 의심하는 사람은 아무도 없었다.

지난 9대 총선 때 공화당은 3선의원으로 당 대변인으로 활약한 영주 출신인 김창근 의원을 낙천시키고 농림부차관 출신으로 봉화 출신인 권성기 후보를 공천했다.

이에 신민당은 자유당 조직부장 출신이지만 김창근 의원에게 3번 도전하여 3번 낙선한 박용만 후보를 내세워 동반 당선을 기대했다.

중앙정보부 감찰실장을 지낸 김해영 후보가 영주의 여권 성향표를 결집시켜 추격전을 전개했으나 공화·신민 양당 후보에게 무너졌다.

이번 총선에선 김계원 전 주중대사의 갑작스러운 출마포기로 무소속 출마를 준비해왔던 김창근 후보의 공천이라는 행운을 가져와 선거전이 싱겁게 됐다.

김창근 후보는 "김 의원의 조직은 바늘로 찔러도 꼼짝 않는다더군"이라는 박정희 대통령의 말과 같이, 의성 김씨 문중 지지세력을 주축으로 지난 날의 조직과 실력을 과감하게 펼쳐보였고, 신민당 박용만 후보는 야권성향표를 결집시키며 2천여세대의 밀양 박씨 문중표를 기간 조직으로 활용했다.

통일당 공천을 받고 나온 것이 감표 요인인 우성구 후보와 젊고 때 묻지 않은 사람을 강조한 안용한 후보가 나름대로 선전한 가운데 경북도의원 경험과 봉화문화원장이라는 현직을 활용한 무소속 정태중 후보가 봉화표를 결집시켜 추격전을 전개했다.

신민당 박용만 후보는 공화당 김창근 후보와 서로 조용하고 깨끗한 선거를 치르자고 합의했다면서 "법정 선거비용 이상은 쓰지 않기로 했다"고 밝은 웃음을 지었다.

옛날의 조직과 새로운 조직을 결합하여 질주한 김창근 후보는 영주에서는 46%인 33,841표를, 영양에서는 53%인 12,207표를, 봉화에서도 32%인 13,720표를 득표하여 압도적인 승리를 가져왔다.

박용만 후보는 봉화를 제외한 영주와 영양에서 부동의 2위를 하면서 27%의 득표율로 여의도 재입성에 성공했다.

정태중 후보가 고향인 봉화에서 39%인 16,371표를 득표하여 1위를 차지했지만 영주와 영양에서 부진하여 박용만 후보에게 1만 4천여표 뒤졌다.

단양 우씨 2백가구, 봉화 엽연초조합 등 사조직을 운영하며 선명논쟁을 벌인 통일당 우성구 후보는 꼴찌를 면하지 못했다.

그리하여 유권자 5만여명인 봉화와 유권자 2만 8천여명인 영양은 유권자 8만 6천여명인 영주의 들러리로 전락했다.

□ 득표상황

후보자	정당	연령	주요 경력	득표(%)
김창근	공화당	47	국회의원 (3선)	59,768 (43.5)
박용만	신민당	53	9대의원 (지역구)	38,291 (27.9)
정태중	무소속	54	경북도의원	23,490 (17.1)
안용환	무소속	34	건설업	8,443 (6.1)
우성구	통일당	42	영주군진흥위원	7,497 (5.4)

<문경 - 예천> 오랫동안 고향과 소원했으며 갑작스럽게 공천을 받았지만 공화당 조직원들의 활발한 활동으로 동반당선된 구범모

고우진 8대의원, 권두영 고려대 교수, 김기수 도정업자, 황재홍 현역의원들이 공천을 기대했으나 공화당은 서울대 교수로서 유정회 의원인 구범모 후보를 내세웠다.

신민당은 재선 현역의원인 채문식 후보를 공천했고 신민당 예천 지구당위원장과 예천 라이온스클럽 회장으로 활약한 반형식, 육군 26사단장과 국방부 인력차관보를 지낸 현석주, 대풍상사 대표인 황병호 후보들이 무소속으로 등록했다.

그리하여 유권자 7만 8천여명인 문경 출신인 신민당 채문식 후보의 독주가 예상된 가운데 유권자 6만 9천여명인 예천의 4 후보가 은메달을 놓고 예천 대표를 선출하는 양상으로 이들은 문경표를 겨냥하여 문경군 점촌읍에 선거사령부를 설치했다.

지난 9대 총선 때 공화당은 문경에서 당선된 고우진 현역의원을 제치고 예천제사 대표인 황재홍 후보를 공천했고 신민당은 8대 총선 때 낙선한 장유길, 반형식 후보들을 제치고 전국구 의원인 채문식 후보를 내세워 동반당선을 기대했다.

영주시장 출신으로 국민당 공천으로 당선됐던 조재봉 의원과 반형식 후보는 출전을 포기했으나 장유길 후보가 통일당으로 옮겨 출전하여 공화·신민 양당 후보들의 당선을 바라보는 파수꾼 역할을 했다.

미국 코넬대 박사학위를 소지한 서울대 정치학과 교수로서 정책입안에 관여한 점을 강조하며 낙후한 예천의 지역 발전과 문경 광산촌의 재개발을 공약한 공화당 구범모 후보는 1만 7천여명 공화당원을 기간으로 문경쪽을 집중 공략했다.

일년에 한 두번 고향을 방문했을 뿐 고향과 소원하다가 갑자기 공천을 받아 당황한 구범모 후보는 젊은 시절 문경 국민학교 교사로 근무했던 박정희 대통령이 문경을 방문했을 때의 격려가 큰 힘이 되고 있다.

육군 26사단장 출신으로 장관급인 국가안전보장회의 상임위원으로 활약한 무소속 현석주 후보는 민주당 정권시절 국방부 장관을 지낸 현석호 전 의원의 동생으로 부산대 총장을 역임하고 부산 중구–영도 국회의원인 신기석 의원의 사위이기도 하다.

현석주 후보는 현 씨 문중을 근간으로 사조직과 예천은 물론 문경의 재향군인회를 기본조직으로 적극적으로 득표 활동을 전개하고 있다.

신민당 예천 지구당위원장으로 활동했지만 낙천에 반발하여 신민당을 탈당한 무소속 반형식 후보는 라이온스클럽조직, 예천농고 동문조직을 활성화하고 예천 반씨 문중표를 겨냥하고 있다.

고려대 법대 출신으로 오랫동안 정치인의 꿈을 키워왔던 무소속 황병호 후보도 기지개를 켜며 조직확대에 나섰다.

신민당 채문식 후보는 고향인 문경에서 54%인 36,500표를 쓸어 담았고 예천에서는 12% 수준인 6,737표 득표에 머물렀지만 문경 유권자가 상대적으로 많아 1위를, 구범모 후보는 예천에서 37%인

21,175표 득표에 머물렀지만 문경에서 27%인 18,205표를 득표하여 채문식 후보와 어깨를 나란히 할 수 있었다.

현석주 후보와 반형식 후보는 예천에서 나란히 1만 2천여표를 득표했지만 문경에서의 득표차로 3위와 4위를 차지했다.

□ 득표상황

후보자	정당	연령	주요경력	득표(%)
채문식	신민당	53	9대의원 (2선)	43,237 (35.1)
구범모	공화당	44	9대의원 (유정회)	39,380 (32.0)
현석주	무소속	54	국방부인력차관보	20,509 (16.7)
반형식	무소속	43	예천라이온스회장	15,431 (12.5)
황병호	무소속	37	대풍상사대표	4,482 (3.7)

경상남도

<마산 – 진해 – 창원> 김영삼 전 총재를 꾸준히 따라다닌 직계로서의 후광으로 공화당 박종규 후보와 동반당선된 신민당 황낙주

이도환 현역의원에게 박재규 경남대 이사장, 조정제 변호사, 박경환 경남대학장, 김학득 마산자애병원원장, 정태고 경남도선전부장

등이 도전했으나 공화당은 이들을 모두 낙천시키고 대통령 경호실장으로 있다가 윤영수 여사 저격 사격 때 물러난 박종규 후보를 공천했다. "아직도 속죄하는 기분"이라며 겸허한 자세를 보이다가도 "호랑이도 쥐를 잡는데도 전력을 다한다"면서 압도적인 득표를 기대했다.

신민당은 김종준 예비후보의 벽을 가볍게 넘은 황낙주 의원을 공천했고 공화당 공천에서 낙천한 조정제, 김성석 후보들이 무소속으로 등록하여 4파전이 형성됐다.

박종규, 황낙주의 양강후보에 정치신예인 무소속 조정제 후보가 젊은 패기와 함안 출향민 등을 기반으로 맹렬한 추격전을 전개했다.

지난 9대 총선 때 공화당은 김봉재, 최수룡, 김성은, 권오병, 박경환, 권경석, 하광호 등 기라성 같은 후보들을 제치고 부산지검 차장 검사와 중앙정보부 국장을 지낸 이도환 후보를 공천했고, 신민당은 마산의 황은환, 진해 – 창원의 황낙주 의원을 놓고 저울질을 하다가 황낙주 의원을 낙점했다.

낙천에 반발하여 6대 국회의원 의원을 지낸 최수룡 후보가 무소속으로, 김형돈 후보가 통일당으로 옮겨 출전했으나 양당 후보들 당선의 도우미 역할에 만족해야만 했다.

이번 총선에서 공화당 박종규 후보는 "내가 경호실장으로 있을 때 장관목도 잘랐는데 국회에 가면 까부는 장관을 가만두지 않겠다"고 거물임을 드러냈다.

"일부에서 나보고 무식하다고 하는데 나는 세계사격협회 부회장으로서 여러나라 말을 할 줄 안다"고 자찬한 박종규 후보는 "이왕 공천을 받은 이상 서민층의 어두운데를 치유하는 데 힘쓰겠다"며 교통망 확충, 진해 중앙시장 국유지 불하, 창원공업단지 건설 등을 공약으로 내걸었다.

3선 고지를 향해 달리고 있는 황낙주 후보는 20여년 전부터 진해를 중심으로 다져놓은 사조직과 지역의 급격한 공업화로 인한 야당 성향 유권자의 증대 등에 기대를 걸고 있다.

자신의 의정활동 기사가 크게 난 신문을 대량 구입하여 뿌린 황낙주 후보는 "오죽 서울에선 자나깨나 말조심, 공화당을 조심하는 유행어가 생겼다"며 재벌특혜금융, 성낙현 추문, 가짜교사증 발급 등 비정을 공격했다.

'피스톨 박'이라는 지명도와 동생인 박재규 경남대이사장의 도움을 받은 박종규 후보는 진해에서만 2위를 했을 뿐 마산에서는 63,069표, 창원에서도 19,201표로 1위를 차지하여 금메달을 차지했다.

마산의 야당성과 그동안의 악착 같은 지역구 활동은 물론 진해에서의 학교 경영과 학생 청년운동 경력의 기반에 김영삼 전 총재를 꾸준히 따라다닌 직계로서의 후광을 입은 황낙주 후보는 진해에서 40%인 18,890표로 1위를 하고 마산과 창원에서도 선전하여 2위로 당선을 일궈냈다.

떡장수 어머니에 사법·행정 양과에 합격한 수재라는 이미지와 함안 조씨와 마산상고를 기반으로 지식층에 바람을 일으키고 있는 무소속 조정제 후보는 "군림하는 세력때문에 기업도 사람도 자유스럽게 활동하지 못하는 기형적인 풍토는 개선돼야 한다"고 주장했다.

조정제 후보는 마산에서 22%인 36,258표를 득표했지만 진해와 창원에서 부진하여 당선권을 넘나들 수 없었다.

부산법대 동문회장 출신으로 공화당 조직부장을 지낸 김성석 후보도 창원공단의 노동자층을 파고들어 그런대로 만만치 않은 득표력을 보여줬다.

□ 득표상황

후보자	정당	연령	주요 경력	득표(%)
박종규	공화당	47	청와대경호실장	99,031 (39.3)
황낙주	신민당	49	9대의원 (2선)	91,844 (36.5)
조정제	무소속	41	서울지검검사	45,611 (18.1)
김성석	무소속	37	부산법대동문회장	15,291 (6.1)

<진주 – 삼천포 – 진양 – 사천> 김영삼 전 총재 보좌역의 경력과 삼천포 – 사천의 묻지마 투표로 국회단상에 오른 무소속 이상민

공화당은 최세경 현역의원은 물론 이위태 강남냉동 대표, 이홍수 진주지청 검사, 안병규 부산일보 기자 등을 제치고 구태회 유정회 의원을 공천했다.

국회 부의장을 지낸 구태회 의원은 럭키그룹 가족으로 4대 총선 이래 5선 의원으로 발돋움했다.

신민당도 민주당 시절엔 교통부 장관을 지낸 2대, 4대, 5대, 8대, 9대 의원으로 활약하고 전당대회의장인 정헌주 의원을 공천하여 중진 의원론이 대두됐다.

두 중진의원에 민주호국 학생연맹 위원장으로 8대 총선 때 신민당 공천으로 출마했던 박영식 후보가 통일당으로, 부산일보 기자 출신으로 한동안 김대중 비서로 활동했던 안병규, 김영삼 전 총재 보좌역 출신으로 신민당 중앙상무위원을 지낸 이상민, 동신물산과 강남냉동 대표인 이위태, 진주지검 검사 출신으로 변호사인 이흥수, 국회 농수산위원회 전문위원인 최인수 후보들이 도전하고 나섰다.

이들은 "그만큼 키워준 보은이 무엇인가, 얼굴도 보기 힘들었는데 이제와서 표를 달라고 하느냐"고 두 현역의원에 대해 '게으른 중진'으로 성토했다.

공화당 구태회, 신민당 정헌주 후보들의 중진론에 무소속 이상민, 안병규, 이위태 후보들이 거물(去物)론을 펼쳐 누군가를 떨어뜨려 버릴 기세이다.

"9대 국회 때는 고향이 그리워도 못오는 신세의 유정회 의원이었다"는 공화당 구태회 후보는 "고향에 공장하나 지은게 있느냐"의 추궁에 진주에 공해없는 공장 건설, 도서관 건립 등을 공약했다.

최세경 의원의 전폭적인 협조로 공화당 조직을 오롯이 인수한 구태회 후보는 럭키그룹 가족 1만 2천가구의 고향 편지 보내기 운동,

대동공업 종업원 5천 가구 등을 기반으로 뛰고 있으며, 사천 – 삼천포는 부인의 고향으로 "부인말 안 듣는 남편 있느냐"며 사위 뽑기운동을 전개했다.

"이번엔 마음먹고 싸우고 있다"는 신민당 정헌주 후보는 과거의 이름만 팔지 않겠다면서 고향인 사천과 진양 정씨 1만 가구와 진주의 야당 성향표를 겨냥하고 있다.

"거물(巨物)이 따로 있나, 꺾으면 거물(去物)된다"라는 구호로 진주지역을 휩쓸고 있는 무소속 이위태 후보는 "이곳처럼 수십년 동안 자연보호 잘되고 자연보존 잘된 곳 없다"면서 "인물보존도 이렇게 변화없이 오랫동안 잘되고 있는 곳이 이곳 외에 어디 또 있느냐"고 공격했다.

무소속 이상민 후보도 "이번에도 거물을 뽑는다고 공화당과 신민당 후보에게 표를 준다면 이제는 거물(巨物)이 아니라 여러분의 피를 빨아먹는 거머리를 뽑는 결과가 된다"고 공격했다.

지난 9대 총선 때 공화당은 정책위의장으로 활약했던 진주 – 진양의 구태회 의원을 낙천시키고 삼천포 – 사천에서 당선된 최세경 의원을 공천했다.

신민당은 지난 총선 때 낙선한 박영식, 부산일보 기자인 안병규 후보들을 따돌리고 정헌주 4선의원을 공천했다.

이에 3대와 5대의원을 지낸 황남팔 후보가 통일당 공천으로, 무료변론 등으로 기반을 잡은 정해규 후보와 한도실업 대표인 주동준 후보가 무소속으로 진주 – 진양표의 결집에 나섰다.

그러나 김해규 후보가 정헌주 후보에게 100표차로 석패하여 삼천포 – 사천 출신들이 독식하고 진주 – 진양 출신 국회의원이 없는 기현상이 연출됐다.

이번 총선에는 진주 – 진양의 민심을 달래기 위해 공천을 받은 구태회 후보는 국회부의장을 지낸 지명도와 공화당 조직을 가동하여 진주에서는 27%인 19,912표를, 진양에서도 31%인 14,214표를 득표하여 1위를 차지했고 삼천포와 사천에서도 이상민 후보에 뒤진 2위를 하였지만 큰 표차로 금메달을 확보했다.

김영삼 전 총재의 보좌역 경력을 최대한 활용한 이상민 후보가 중진의원에 대한 반발과 신진인물에 대한 돌풍으로 삼천포에서 43%인 10,788표로, 사천에서도 31%인 10,053표를 쓸어 담고 진주와 진양에서도 10,340표를 득표하여 안병규 후보를 2천 9백여표차로 따돌리고 국회 등원에 성공했다.

서울대 총학생회장 출신으로 이화여대 교수인 부인과 함께 도보로 전 지역구를 훑은 안병규 후보는 진주에서는 13,290표(18%), 진양에서도 11,011표(24%)를 득표하여 2위를 차지했으나 삼천포와 사천에서 3,917표에 불과하여 동메달에 머물렀다.

전주 이씨 문중과 진주농고 동문을 기반으로 상당한 재력으로 오랫동안 사조직을 가동한 이위태 후보는 진주에서 12,215표(17%)를 득표했을뿐 다른 지역에서의 득표력이 미미하여 4위로 뒤쳐졌고, 정헌주 후보는 어느 시·군에서도 1만여표 득표에도 실패한 참패로 정계은퇴 수순을 밟게 됐다.

고향인 사천을 기반으로 최세경 의원의 기반을 업은 최인수, 무료

변론의 적덕을 활용한 이흥수, 4H구락부를 중심으로 젊은층을 파고든 박영식 후보들의 득표력은 초라했다.

□ 득표상황

후보자	정당	연령	주요 경력	득표(%)
구태회	공화당	54	9대의원 (5선)	48,117 (27.5)
이상민	무소속	35	김영삼총재보좌관	31,181 (17.8)
안병규	무소속	40	부산일보기자	28,218 (16.1)
이위태	무소속	44	동신물산대표	22,699 (13.0)
정헌주	신민당	62	9대의원 (5선)	20,849 (11.9)
최인수	무소속	53	국회전문위원	8,354 (4.9)
이흥수	무소속	40	검사, 변호사	8,308 (4.8)
박영식	통일당	39	민주호국학생위원장	6,889 (4.0)

<충무 – 통영 – 거제 – 고성> 지난 총선에서 낙선한 부친의 후광으로 어렵게 신민당 공천을 받고 의정단상에 오른 충무-통영의 김동욱

지난 9대 총선 때 동반당선된 김주인, 최재구 의원, 이학만 전 의원, 장영택 외환은행 관리역, 박정만 경남대 이사를 놓고 고심한 공화당은 고성 출신인 최재구 의원을 공천했다.

신민당은 난산끝에 김기섭 전 의원의 아들로서 충무의 제일학원 원장인 김동욱 후보를 공천했다.

이에 김영삼 총재 비서실장인 김봉조, 재부 통영상고 동창회장인 공하종, 충무와 고성 전매서장을 지낸 김영철, 수협 영도지소장 출신인 윤병계, 경희대 총학생회장 출신인 이갑영 후보들이 무소속으로 도전했다.

지역정서가 강한 이 지역구는 유권자 7만 3천여명인 충무 – 통영은 김동욱, 공하종, 유권자 5만 6천여명인 거제는 김봉조, 윤병계, 유권자 5만 5천여명은 고성은 최재구, 이갑영, 김영철의 쟁패전이지만 공화당 조직과 재선의원의 경력을 자랑한 최재구 후보의 독주체제 속에 충무 – 통영의 신민당 김동욱, 거제의 무소속 김봉조, 고성의 무소속 이갑영 후보의 은메달 경쟁이 전망됐다.

지난 9대 총선 때에는 고성 출신인 최재구 의원과 정책위부의장이란 관록과 재력으로 거제 출신인 이학만 현역 의원을 제치고 공화당 복수 공천을 받은 김주인 후보가 충무 – 통영에서 당선된 신민당 김기섭 의원과 각각 제 고장의 명예를 걸고 한판 승부를 벌였다.

치열한 선거전은 거제에서 81%의 득표율을 올린 김주인 후보와 고성에서 68%의 득표율 올린 최재구 의원이 동반 당선됐다.

충무에서 53%, 통영에서 41%를 득표한 김기섭 의원은 표의 응집력에서 뒤떨어져 낙선의 고배를 마셨다. 시 · 군의 응집력이 메달의 색깔을 결정했다.

9대 총선 때 복수 공천에서 이번 총선에선 단수 공천을 받은 최재구 후보는 독주체제를 갖추고서 "웃분을 위해서라도 충무와 거제에서 보다 많은 표를 얻어야 한다"는 조바심으로 "그동안 당내사정으로 찾아뵙지 못했읍니다"라며 마을을 누비고 다녔다.

지난 총선에는 복수공천으로 정치금족령이 내려 거제대교를 건너가지 못했던 공화당 최재구 후보가 이번 총선에서는 콧노래를 부르며 거제 바닥을 훑고 다녔다.

신민당 공천을 놓고 한바탕 접전을 벌였던 신민당 김동욱 후보는 부친의 조직기반, 통영 중·고 동창조직, 카톨릭 신자들을 배경으로 표밭을 갈면서 "과거의 충무 – 통영은 제2의 모스코바라고 불릴만큼 야당세가 강했다"며 야당 바람이 다시 한 번 불어오기를 기다렸다.

등록 무효와 낙선으로 얼룩진 무소속 김봉조 후보는 "두 번의 한을 이번에 풀어달라"고 호소하며 독실한 기독교 신자임을 강조하며 전라도의 신민당(이철승계의 김동욱), 경상도의 신민당(김영삼계의 김봉조)바람이 불어오면 표의 향방을 예상을 뒤엎을 것을 기대하고 있다.

경희대 총학생회장 출신으로 한국 기독학생연합회 회장출신인 무소속 이갑영 후보도 30대의 젊은 패기를 앞세워 고향표와 문중표 결집에 나섰으나 이들의 승패는 고향의 결집에서 판가름 났다.

최재구 후보는 고향인 고성에서 46%인 22,706표를 득표하고 통영에서도 48%인 14,214표를 득표하여 충무와 거제에서의 상대적 부진을 딛고도 금메달을 확보했다.

부친인 김기섭 전 의원의 전폭적인 지원에 고무된 김동욱 후보는 부친의 정치적 기반인 충무에서 49%인 16,594표를 쓸어담고 통영에서도 31%인 8,971표를 득표하는 선전으로 거제, 고성에서 5천여표 득표에도 불구하고 턱걸이 당선을 일궈냈다.

신민당 김동욱 후보는 충무 - 통영에서 25,565표를, 무소속 김봉조 후보는 거제에서 23,190표를, 무소속 이갑영 후보는 고성에서 14,755표를 득표하여 그것이 곧 은메달, 동메달, 노메달을 결정했다.

8대 총선 때 등록 무효가 되었음에도 당선권에 육박하는 표를 얻었던 것에 큰 기대를 걸면서 김영삼 전 총재의 비서실장임을 십분 활용하고 있는 무소속 김봉조 후보는 거제에서 83%인 23,190표를 득표하여 기세를 올렸지만 거제대교를 넘어서는 5,939표 득표에 머물어 2천여표차로 패배했다.

이갑영 후보도 고향인 고성에서는 32%인 14,755표를 득표했으나 당선권과는 1만여표의 격차가 있었다.

□ 득표상황

후보자	정당	연령	주요 경력	득표(%)
최재구	공화당	48	9대의원 (2선)	55,045 (42.5)
김동욱	신민당	40	제일학원원장	31,800 (24.5)
김봉조	무소속	38	김영삼총재비서실장	29,129 (22.5)
이갑영	무소속	31	경희대총학생회장	21,009 (15.5)
공하종	무소속	40	통영상고동창회장	7,689 (5.9)
김영철	무소속	56	충주전매서장	3,237 (2.5)

| 윤병계 | 무소속 | 45 | 중앙수산회장 | 2,669 (2.1) |

<울산 – 울주> 공화당에서 제명된 김원규 의원의 지원과 중앙정보부장의 지명도로 높은 득표율을 기대했으나 50%에도 미달한 부진한 성적으로 당선된 무소속 이후락

동래군의 대부분이 부산에 편입되면서 동래군과의 병합에서 벗어난 이 지역구는 김원규 의원이 출마 포기를 선언한 가운데 서진식 무임소장관실 실장, 이규정 동학사 사장을 떨쳐내고 공화당은 서영수 국무총무실 기획조정관을 공천했다.

이에 이규정 후보가 무소속으로 출전했고 대통령 비서실장, 주일대사, 중앙정보부장, 남북조절위 공동위원장 등 화려한 경력을 자랑한 이후락 후보가 무소속으로 등록했다.

충남 대전시의원 출신으로 현대선박사 대표인 김재현 후보도 무소속으로 출전했고, 8대와 9대 의원을 지낸 최형우 의원이 신민당 공천으로 출전하여 5명의 주자가 두 자리 경쟁에 돌입했다.

"나를 당선시켜야 평양에 다녀온 체면이 서지 않겠는가, 오늘의 울산이 되기까지 씨를 뿌렸으니 열매를 맺도록 하는 것이 향토에 대한 의무"라는 무소속 이후락 후보는 청산가리를 꺼내들고 "죽음을 각오하고 김일성과 담판하러 갈 때 가지고 간 약"이라고 소개하자, 무소속 김재현 후보는 "싸움에 나가는 졸병도 극약을 안가지고 가

는데 소장 출신이 오죽 겁이 많으면 극약을 갖고 가겠는가"라고 비아냥댔다.

공화당원 2천여명이 자석에 끌리듯 공화당을 탈당하고 과거의 의리를 찾아 이후락 후보측으로 달려가고 6촌 처남인 김원규 의원의 과잉 지원에 공화당 서영수 후보는 "대통령께 충성을 맹세한 사람이 공천도 받지 않고 출마했다" "공화당은 나라위한 당이 아니라 사병 조직이었다" "부정축재자를 국회에 보낼 수는 없다"고 절규했다.

김원규 현역의원을 제명한 공화당은 이 지역구에서는 무소속 후보가 집권여당 후보이고 공화당 후보가 야당후보가 된 엇바뀐 상황이 됐다.

"나는 욕할 기회마저 없다"고 회심의 미소와 함께 여권의 싸움을 불구경하면서 경주 최씨 문중, 기독교 신자들의 지원을 기대하고 있는 신민당 최형우 후보는 "긴급조치 9호 탓으로 야당은 할말을 다 못한다"면서 "모 후보는 공무원 재직 13년 동안 690억원의 재산을 모았다"고 비난했다.

고려대 정외과 출신으로 반공학련 전국위원장을 지낸 무소속 이규정 후보는 '거함 HR(후락)호 격침'이라는 구호를 내걸고 정치공해 추방을 외치고 있다.

평양을 방문했을 때 찍은 김일성과 악수하는 사진과 함께 '살아서 다시 한 번 이 땅을 위해'라는 표어를 활용한 이후락 후보가 공화당에서 제명된 김원규 의원의 도움으로 70%이상의 득표를 기대했으나 50%의 득표율에도 미치지 못했다.

동갑계등을 활용하면서 "외래인이 70%로 야당 성향이 강한 울산에서 내가 당선권에서 제외된다는 것은 생각조차 할 수 없다"고 기염을 토한 신민당 최형우 후보가 30%의 득표율로 동반 당선되어 3선의원 반열에 올라섰다.

"공화당 조직을 못 가진 공화당 후보의 한(恨)"을 호소한 서영수 후보는 '정직한 정치인'을 내걸고 새마을 지도자, 향우회 침투에 안간힘을 쏟았으나 10%의 득표율에 허덕였다.

양산-동래가 해체되어 동래가 통합된 지난 9대 총선에선 공화당은 언양잠사, 대원어업 대표인 김원규 후보를 내세웠고, 신민당은 울산 - 울주에서 당선을 일궈냈던 최형우 의원을 공천하여 선두권을 선점했다.

동래의 유권자가 3만 4천여명에 불과하여 울산 출신들의 잔치가 된 선거전은 오랫동안 의료사업으로 기반을 닦은 김재호 후보가 무소속으로 도전해 보았으나 신흥공업도시라는 특성을 지닌 울산에서 공화당 후보와 철옹성을 구축한 신민당 현역의원을 넘어설 수는 없었다.

□ 득표상황

후보자	정당	연령	주요 경력	득표(%)
이후락	무소속	53	중앙정보부장	97,393 (48.3)
최형우	신민당	42	9대의원 (2선)	62,237 (30.9)
서영수	공화당	47	국무총리실기획관	21,365 (10.6)
이규정	무소속	36	반공학련위원장	13,731 (6.8)

| 김재현 | 무소속 | 57 | 대전시의원 | 6,796 (3.4) |

<의령 – 함안 – 합천> 정당 후보들과 무소속 후보들 간의 혈투에서 무소속 후보들을 꺾고 승리한 공화당 김상석과 신민당 이상신

지난 9대 총선 때 무투표 당선된 이상철 의원의 작고로 무주공산이 되자 방성출, 김창욱, 전달수, 변종봉, 김삼상 등 5명의 전직 의원들은 물론 이순기 삼익토건 대표, 권해옥 8대 총선 때 공화당 후보, 권수기 지구당위원장, 이봉출 해병대부사령관, 김상석 중앙당 총무부장 등이 공천 경쟁에 뛰어들어 혼전을 전개했으나 김상석 후보가 공천장을 받아들자 이에 반발하여 김창욱, 권해옥 후보들이 무소속으로 도전했다.

신민당은 3선인 이상신 의원이 공천을 받았고 김대중 대선후보 조직보좌역으로 활동했던 이준구 후보는 통일당으로, 한국물가조사회 이사장인 김재현 후보는 무소속으로 출전했다.

군별 대항전이 펼쳐진 선거권은 유권자 5만2천여명인 함안 출신인 김재현, 김창욱 후보, 유권자 7만 2천여명인 합천 출신인 이상신, 이준구, 권해옥 후보, 유권자 3만 9천여명인 의령 출신인 김상석 후보의 대결에서 김상석 후보가 이점을 안게 됐다.

지난 9대 총선 때 함안 – 의령의 조홍래 의원과 합천의 이상신 의원이 신민당 공천경쟁을 벌인 가운데 공화당은 김창욱, 변종봉, 방성출, 김삼상 전 의원들과 조정재 변호사, 지난 8대 총선 때 낙선한 전달수, 권해옥 후보들을 제치고 의령교육감을 지낸 이상철 후보를 내세웠다.

신민당의 공천 혈투는 5대 민의원을 지낸 이상신 의원이 조홍래 의원을 꺾은 여세를 몰아 이상철 후보와 함께 무투표 당선이라는 행운을 잡았다.

이번 총선에 이 지역구의 선거전은 고향표를 지켜내며 타 지역의 동창 등 학연, 씨족 등 문중표를 기반으로 얼마를 잠식하느냐가 승패의 갈림길이었다.

기라성 같은 후보들을 제치고 어렵게 공화당 공천을 받은 김상석 후보는 김해 김씨, 김해 허씨, 인천 이씨의 가락종친회 5천가구의 결집을 도모하면서 "이왕이면 여당 후보를 밀어 지역 개발을 앞당기자"며 분위기를 띄우고 있다.

유권자가 가장 많은 합천 출신인 신민당 이상신 후보는 3선의원이라는 이점을 살리며 합천 이씨 4천가구, 처가인 남평 문씨 3천 2백 가구는 물론 동갑계원 1천 7백명을 근간으로 다듬어 왔던 조직을 재점검하고 있다.

8대 총선 때 어렵게 공화당 공천을 받고도 낙선하고 9대 총선 때에는 이상철 후보에게 공천을 빼앗기고 낙담한 무소속 권해옥 후보는 이번이 설욕의 기회라며 안동 권씨 문중표에 매달리며 지금껏 다듬어 왔던 조직을 다듬고 있다.

함안- 의령에서 7대 총선 때 공화당 후보로 당선됐으나 8대 총선 때 신민당 조홍래 후보에게 불의의 일격을 맞고 쓰러진 무소속 김창욱 후보는 옛날의 조직과 변호사로서 맺은 인연을 찾아 표밭을 갈고 있다.

공화당의 김상석, 신민당의 이상신 후보들의 정당조직, 김해 김씨, 합천 이씨의 종중 조직에 맞서 무소속의 권해옥, 김창욱 후보들이 옛날의 조직을 복원하여 설욕을 다짐하며 정당 후보와 무소속 후보들 간의 혈투가 전개됐다.

의령출신인 김상석 후보는 의령에서 53%인 19,435표를 쓸어 담고 집권여당 후보임을 내세워 함안에서도 27%인 10,357표, 합천에서도 17%인 9,368표를 득표하여 선두권을 선점했다.

신민당 이상신 의원도 고향인 합천에서는 권해옥 후보에게 뒤진 16,734표로 2위에 머물렀지만 야당 성향표를 결집시켜 함안 – 의령에서 15,755표를 득표한 것이 합천에서 35%인 19,582표를 득표했지만 함안 – 의령에서 5,444표 득표에 거친 무소속 권해옥 후보를 따돌리고 국회 입성에 성공했다.

무소속 김창욱 후보는 연고지인 함안에서 28%인 10,733표를 득표하여 1위를 차지했지만 의령과 합천에서 1만여표 득표에 머물러 당선권에서 멀어졌다.

□ 득표상황

후보자	정당	연령	주요 경력	득표(%)
김상석	공화당	42	공화당 총무부장	39,160 (30.0)
이상신	신민당	49	9대의원 (3선)	32,489 (24.9)

권해옥	무소속	42	공화당지구당위원장	25,026 (19.2)
김창욱	무소속	52	7대의원, 변호사	21,997 (16.9)
김재현	무소속	37	재현 장학회장	8,008 (6.2)
이중구	통일당	41	김대중후보 보좌역	3,645 (2.8)

<밀양 – 창녕> 공화당 공천 난관을 뚫은 여세를 몰아 젊고 참신한 이미지로 박일 의원과 동반 당선된 창녕출신 하대돈

성낙현 의원의 여중생 성추행 사건으로 낙마하여 무주공산이 된 이 지역구에는 공천 희망자들이 즐비했으나 공화당은 창녕중, 부산고, 서울대 출신으로 국무총리 정보비서관을 지낸 하대돈 후보를 내세웠다.

신민당은 8대 총선 때 공정식 현역의원을 꺾고 밀양 지역에 기반을 다진 박일 의원을 공천하여 밀양과 창녕을 양분토록 했다.

이에 해병대사령관 출신으로 7대의원을 지낸 공정식 후보가 무소속으로 출전하여 밀양에서 박일 의원과 일전을 벼르고 있다.

창녕의 하대돈 후보와 대결코자 지난 총선에 출전하여 3위로 아쉽게 국회 등원에 실패한 신재기 후보가 재출전했고 마산 경찰서장, 부산 서구청장, 부산시 내무국장을 지낸 신화식 후보가 출전하여 창녕 하씨와 영산 신씨 문중대결을 펼쳤다.

또한 성도수산 대표로 연일개발공사 사장인 김정수, 동양개발산업

회장인 조용학 후보들도 출전하여 창녕표의 분산에 일익을 담당했다.

9대 총선 때 공화당은 신민당 공천으로 7대 총선 때 창녕에서 당선됐으나 3선개헌에 동참하여 의원직을 잃은 성낙현 후보를 15명의 공천 희망자들을 제치고 보은 차원에서 낙점했고, 신민당은 밀양의 박일 의원과 창녕의 김이권 의원을 놓고 저울질하다가 박일 의원을 공천하자 김이권 의원이 자의반 타의반 승복했다.

공화당 공천에서 낙천한 중소기업체 사장인 김형덕 후보가 밀양 표 밭을, 신재기 후보가 창녕 표밭을 겨냥하여 선거전에 뛰어들었다.

밀양에서 54%를 득표한 박일, 창녕에서 53%를 쓸어 담은 성낙현 후보가 사이좋게 동반당선됐다.

이번 총선에선 신민당 정책심의의장으로서의 원내 활동, 밀양 박씨 문중표를 공략한 신민당 박일 후보가 밀양에서 공정식 후보와 양분하였지만 30%인 29,483표를 득표하고 창녕에서는 밀양 박씨 문중과 신민당원들의 지지로 6천여표를 득표하여 1위를 차지했다.

방대한 공화당 기간조직을 활용하고 박정희 총재가 젊고 참신하여 지명했다는 점을 집중 홍보하면서 앞으로 성장주가 될 것임을 공약하며 표 모으기에 열중한 공화당 하대돈 후보는 고향인 창녕에서 36%인 20,312표를 쓸어 담고 밀양의 공화당원들의 지지로 가까스로 국회 입성에 성공했다.

유권자 9만 3천여명인 밀양은 신민당 박일, 무소속 공정식 후보가 제 8대 총선을 상기하여 혈투를 전개하고 있고, 유권자 7만 1천여

명인 창녕은 공화당 하대돈, 무소속 신재기, 신화식, 김정수, 조용학 후보들이 난립하여 2대 5의 불리한 상황에서 창녕주자를 선정해야만 했다.

창녕은 자유당 시절부터 몇번에 걸친 신영주·하을춘의 대결로 신·하(辛·河) 대전의 전통이 이어져 내려왔으며 이번 총선에서도 하대돈·신재기·신화식의 대결이 펼쳐졌다.

코리아 해럴드 동경지사장 출신으로 상당한 재력을 구비하고 지난 총선에서도 3위로 아쉽게 낙선한 신재기 후보와 마산 경찰서장, 부산시 서구청장, 내무국장을 지낸 경력을 가지고 서민적이고 폭넓은 대인관계가 강점인 신화식 후보의 영산 신씨 종중에서 단일화를 강력하게 종용했으나 서로의 양보만을 고집하여 두 신씨의 득표가 1천 6백가구의 창녕 성씨와 연합전선을 형성한 하대돈 후보보다 2천 7백여표 앞섰으나 함께 낙선했다.

창녕의 고질적인 씨족 대결이 하마터면 밀양 출신 두 후보에게 의원직을 넘겨줄 뻔하기도 했다. 성도수신 대표인 김정수, 동양개발 대표인 조용학 후보들의 출전도 창녕 출신 후보들의 혼전을 부추겼다.

밀양에서 공정식 후보가 25%인 24,681표를 득표하고 창녕에서 신화식 후보가 25%인 14,206표를 득표했지만 상대군에서 성적이 부진하여 다음 총선을 기대할 수밖에 없었다.

지난 총선에서 3위로 부상한 신재기 후보는 신화식 후보와의 문중 대결에서도 패배하여 5위로 밀려났다.

□ 득표상황

후보자	정당	연령	주요 경력	득표(%)
박 일	신민당	50	9대의원 (2선)	35,964 (26.8)
하대돈	공화당	43	국무총리정보비서관	30,011 (22.3)
공정식	무소속	52	7대 의원(밀양)	26,663 (19.8)
신화식	무소속	49	마산경찰서장	19,807 (14.7)
신재기	무소속	47	고려신문사 사장	12,911 (9.6)
김정수	무소속	44	성도수산 대표	5,949 (4.4)
조용학	무소속	45	동양개발산업회장	3,146 (2.3)

<김해 – 양산> 8년 동안의 정치적 공백을 메우기 위해 동분서주하여 50%가 넘는 득표력을 보여준 공화당 김택수

공화당은 김영병 현역의원과 노재필 전직의원을 탈락시키고 3선개헌 때 공화당 원내 총무였던 김택수 후보를 공천했다.

8년 동안 물구경을 못한 사막의 여행자가 오아시스를 만난 격인 김택수 후보는 정치에 대한 한 맺힌 갈증을 풀고자 동분서주했다.

6.7 대 의원과 대한체육회장을 지낸 김 후보는 "득표노력 순위에 따라 지역사업을 해주겠다"고 지역 책임자들의 득표 경주를 시키고 있다.

신민당은 신상우 현역의원을 공천했고 통일당은 중앙당 국제국장,

노동국장, 조직국장을 섭렵한 김창식 후보를 내세웠다.

부산시 승공회회장 출신으로 대동철강 회장인 김동주 후보가 양산에 편입된 동래군 지역을 기반으로 뛰고 있고, 대한국토건설단 단장 출신으로 창림기업과 삼덕중기 회장인 민병진, 김해농고 교사 출신으로 신민당 김해지구당 위원장을 지낸 윤복영, 청와대에 근무한 바 있는 이금조 후보가 무소속으로 출전했다.

"나는 주연 배우이며 조연하나 뽑으면 선거가 끝나니 조용하게 하자"는 공화당 김택수 후보는 "신민당 공천 심사 때 보니 8명이 주식회사의 주식분배보다 더 치사한 면을 보여줬다" "재벌들이 내놓은 정치자금을 신민당은 왜 받아갔느냐"고 신민당과 신상우 후보를 공격했다.

신민당 신상우 후보는 "국회에서 표결할 때 보면 공화당은 명령 일색으로 중진의원도 소신이 없더라" "무소속 의원들은 히죽히죽 웃으며 덮어놓고 여당에 따라가고 있다"며 공화당 김택수, 무소속 김동주 후보를 겨냥했다.

지난 9대 총선 때는 김해에서 신민당 윤복영 후보에게 대승을 거둔 공화당 김영병 의원과 양산 – 동래에서 대승을 거둔 신민당 신상우 의원이 공천을 받고 동반 당선을 기대했다.

신민당 공천에서 낙천한 통일당 김용관 후보와 경남도의원을 지낸 김환기 후보가 무소속으로 도전하고 있으나 승패가 일찍부터 판명되어 선거전이 흥미를 잃어갔다.

유권자가 세 배가 많은 김해 출신들이 난립하여 양산에서 67% 득표율을 올린 신상우 의원이 금메달을 차지하고 김해에서 42%를 득표한 김영병 의원이 은메달을 차지했다.

이번 총선에선 김해 김씨 문중 1만 2천 가구, 한일합섬 김해공장 종업원 6천여명, 공화당원 5천 5백명을 동원하며 "오랜만에 뛰어 보니 시원하고 힘이 난다. 열풍은 불고 있다"는 김해 출신인 김택수 후보는 대한체육회장이라는 명성과 한일합섬 사주의 동생이라는 재력을 겸비하여 고향인 김해에서 62%인 45,853표를 쓸어 담고 공화당원들의 눈부신 활약으로 양산에서도 38%인 22,471표 득표로 1위를 차지하여 부동의 금메달로 국회 등원에 성공했다.

3선을 노리면서 일찌감치 공천 부담이 없어 표밭 개간에 나서 젊은 박력과 능변을 발휘하고도 양산에서 20,985표로 2위에 머문 신상우 후보는 김해의 야당성향표를 결집하여 통일당이나 무소속 후보들을 따돌릴 수 있었다.

옛날 동래군의 반발표를 기대하고 은메달을 목표로 뛰고 있는 양산출신인 김동주 후보가 양산에서 1만여표를 득표하였지만 추격하기에는 역부족이었다.

통일당 김창식, 무소속 윤복영, 이금조, 민병진 후보들은 5%의 득표율도 올리지 못하여 출전하는데서 의미를 찾아야만 했다.

□ 득표상황

후보자	정당	연령	주요 경력	득표(%)
김택수	공화당	51	국회의원 (2선)	68,324 (52.4)
신상우	신민당	40	9대의원 (2선)	38,343 (29.4)

김동주	무소속	33	부산승공회회장	13,771 (10.6)
윤복영	무소속	52	김해농고교사	3,354 (2.6)
이금조	무소속	49	최고회의의장실근무	2,872 (2.2)
김창식	통일당	43	통일당 조직국장	2,633 (2.0)
민병진	무소속	43	삼덕중기 사장	1,022 (0.8)

<남해 – 하동> 하동유권자들은 남해 출신 후보들에게 12,939표 (26%)를 투표하여 하동 출신 후보들을 낙선시키고 남해 출신들을 당선시켜

신동관 의원에게 엄기표 7대의원, 최익명 남해고 이사장, 이원세 눌원문화재단 사무총장, 정영섭 동진산업 사장 등이 도전했으나 공화당은 청와대 경호실 출신인 신동관 의원에게 재입성의 기회를 줬다.

공천을 받은 신동관 의원은 귀향 활동 때 들르는 마을마다 삽과 괭이등 농기구를 마을 회관에 선물했다.

재향경우회 회장으로 5,6,7대 의원을 지낸 최치환 후보가 무소속 출마를 선언하고 "옛날의 영광을 되찾겠다"고 다짐하여 남해에서 신동관 의원과 한판 승부가 불가피했다.

신민당은 하동 출신인 문부식 의원을 공천하자 4.19 의거 상이용 사회장인 강상수, 하동 새마을지도자 회장인 이수종, 신민당 정책연구실 차장을 지낸 최종태 후보들이 도전하여 하동표의 분산이 불가피했다.

남해 출신인 최치환 후보는 "남해대교는 내가 국회의원이었을 때 건설사업비가 통과되었다" "금배지 달고 세운 다리 금배지 달고 건너게 해달라"고 호소했다.

하동 출신 문부식 후보는 "하동 군민들은 남해 사람에게 한 표도 뺏기지 말자"고 대응했다.

공화당 신동관 후보는 공천과정에서 잠깐 비쳤던 잡음을 일소하고 공화당 기간조직을 중심으로 활발한 조직다지기를 전개하면서 그동안 많은 지역사업을 했다는 업적 홍보에 열을 올렸다.

막강한 재력을 바탕으로 수종장학회를 설립하여 지역민심을 휘어잡고 '하동의 새 일꾼'이라는 기치 아래 문중 4백여호를 중심으로 표밭 개간에 열중한 무소속 이수종 후보의 등장은 "남해쪽에 두 사람을 모두 뺏길 수 는 없다"면서 하동 유권자들의 지역감정에 호소한 문부식 후보의 뒷덜미를 잡아당겼다.

지난 9대 총선 때 공화당은 청와대 경호실 차장을 지낸 남해 출신 신동관 의원과 하동에서 신민당 문부식 후보를 8,583표 차로 제압한 엄기표 후보를 복수공천했고, 신민당은 남해에서 낙선한 김동재 후보를 제치고 문부식 후보에게 공천장을 건네줬다.

남해, 창녕, 거제, 함안 군수를 섭렵한 박희수 후보가 무소속으로 출전하여 남해와 하동이 2대2의 균형을 이뤘다.

은메달을 놓고 하동에서 혈투를 전개한 공화당 엄기표 후보와 신민당 문부식 후보는 엄기표 후보가 승리했으나 남해군의 신민당원의 눈물겨운 투표로 문부식 후보가 엄기표 후보에게 727표 차로 앞서 꿈에 그린 국회 등원이 이뤄지도록 했다.

집권여당의 현역의원임을 최대한 활용한 신동관 후보는 남해에서 "우리도 인물 뽑아 고장 명예 다시 찾자"는 최치환 후보에게 뒤진 2위를 했지만 하동에서 9천여표를 득표하여 금메달을 확보했다.

울산의 이후락 후보와 함께 일찌감치 무소속 출마를 선언하고 옛날의 화려했던 영지를 되찾기 위해 나선 최치환 후보는 남해에서는 22,590표를 득표하여 1위를 달렸지만 하동에서의 득표가 미미하여 은메달에 만족해야만 했다.

문부식 후보는 하동에서 36%인 17,917표를 쓸어 담았지만 남해에서 1,934표 득표에 머물렀고, 이수종 후보가 하동에서 25%인 12,101표를 잠식하여 낙선의 고배를 마셨다.

남해의 대표 주자인 신동관, 최치환 후보는 남해에서 92%인 44,156표를 득표하였지만, 하동의 대표 주자인 문부식, 이수종 후보는 하동에서 66%인 32,532표를 득표하는데 머물러 남해 출신 후보들이 나란히 당선됐다.

남해군 유권자들은 하동 출신 두 후보에게 1,514표(5%)를 투표한 반면 하동군 유권자들은 남해 출신 두 후보에게 12,939표(26%)를 투표하여 하동 출신 두 후보를 낙선토록 했다. 공화당원들의 조직적인 활동과 최치환 후보의 재력이 작용한 측면도 있었다.

□ 득표상황

후보자	정당	연령	주요 경력	득표(%)
신동관	공화당	48	9대의원 (2선)	31,118 (32.4)
최치환	무소속	54	국회의원 (3선)	25,977 (27.0)
문부식	신민당	39	9대의원 (지역구)	19,851 (20.6)
이수종	무소속	40	새마을지도자회장	12,681 (13.2)
강상수	무소속	38	4.19부상자회장	4,025 (4.2)
최종태	무소속	40	신민당교무부장	2,473 (2.6)

<거창 – 산청 – 함양> 공화당 공천에서 낙천한 임채홍, 신민당 공천에서 낙천한 정영모 후보들이 한풀이 출전을 했으나 무위로

공화당은 정우식 현역의원에게 경남도당 선전부장인 임채홍, 중앙당 훈련원 교수인 정재경, 예비역 장성인 백남권, 육영사업가인 백상창, 대보제약 대표인 조연상, 이화요업 대표인 노인환 후보들이 도전하여 혼전을 전개하자 노인환 후보를 낙점했다.

주한 외국원조처(유솜)기획관과 경제기획원 총무과장 출신인 노인환 후보는 지난 총선에도 공화당 공천에서 낙천되자 무소속으로 출전하여 낙선했다.

신민당은 지난 총선에도 낙천한 정영모 후보의 신청을 무시하고 김동영 의원을 재공천했다.

신민당 선전국장 출신이지만 신민당 공천에서 낙천된 정영모 후보는 통일당으로, 공화당 공천에서 낙천한 임재홍 후보는 무소속으로 출전하여 4파전이 전개됐다.

김동영 후보의 거창, 정영모 후보의 산청, 노인환과 임채홍후보의 함양의 군별 대항전이 펼쳐졌다.

지난 9대 총선 때에는 제주도지사를 지낸 산청출신 정우식 의원이 거창 – 함양에서 3선을 일군 거물 정객 민병권 의원을 제치고 공화당 공천장을 거머쥐었고, 국회 전문위원 출신인 김동영 후보가 지난 8대 총선 때 낙선한 신중하, 정영모 후보들을 제치고 신민당 공천장을 받고 선거전에 뛰어들었다.

이에 경남도의원과 5대 민의원을 지낸 신중하 후보가 통일당 공천으로, 4대와 6대 의원을 지낸 김재위 후보와 구미전자 대표인 노인환 후보, 삼양라면 중역인 김진석 후보가 무소속으로 도전했다.

거창의 김동영, 신중하, 함양의 노인환, 김진석, 산청의 정우식, 김재위 후보들이 군 대항전을 펼친 선거전은 산청에서 61%를 득표한 정우식, 거창에서 34%를 득표한 김동영 후보들이 타군에서도 공화당과 신민당 당원들의 조직표를 활용하여 동반당선됐다.

유솜기획관 출신인 노인환 후보는 함양에서 38% 득표율을 올렸으나 산청과 거창에서 부진하여 3위로 밀려났다.

"함양군민의 공천은 임채홍이다"라고 절규한 무소속 임채홍 후보는 청년시절 모두를 공화당에 바친 나를 낙천시킨 것은 이변이라면서 "18년 동안 외지인(민병권, 정우식)에게 뺏긴 자리에 이번에는 함양 사람을 뽑자"며 지역구에 흩어진 나주 임씨 2천가구의 결집을 도모했다.

이번 총선에선 신민당 정책연구실장, 선전국장 출신으로 국회의원 일보 직전에서 항상 물러선 불운의 무소속 정영모 후보는 정우식 의원의 불출마로 4만 3천명의 유권자를 가진 산청표의 독식을 기대했다. 그러나 신민당 사무차장으로 김영삼의원 직계로 활약하여 5만 7천여명의 유권자를 가진 거창의 단일 후보인 김동영 후보의 적수가 되지 못했다.

함양출신인 노인환 후보는 함양에서 47%인 18,630표를 쓸어 담고 거창에서 26%로, 산청에서 27%로 2위를 차지하여 금메달을 차지했고 거창 출신인 김동영 후보는 거창에서 54%인 27,562표를 쓸어 담아 산청과 함양에서 부진한 성적에도 불구하고 턱걸이 당선을 일궈냈다.

산청 출신인 정영모 후보는 산청에서 43%인 14,743표를 쓸어 담고, 함양 출신인 임채홍 후보는 함양에서 30%인 11,961표를 득표했으나 다른 군에서 부진하여 당선될 수 없었다.

□ 득표상황

후보자	정당	연령	주요 경력	득표(%)
노인환	공화당	45	경제기획원총무과장	41,555 (33.7)
김동영	신민당	41	9대의원 (지역구)	39,766 (32.2)
임채홍	무소속	41	공화당경남선전부장	21,554 (17.4)
정영모	무소속	48	신민당 선전국장	20,771 (16.7)

3. 뭐래도 공화당을 오롯이 지지 – 비영남권

(1) 공화당 후보의 당선율은 91%이지만 신민당 후보의 당선율은 70%에 불과

지난 총선보다 4개 지역구가 증가했지만 증설이 없이 33개 지역구를 유지한 비영남권에서는 집권여당인 공화당이 30석, 제1야당인 신민당이 23석, 통일당이 2석, 그리고 무소속이 11석을 차지했다.

공화당 공천을 받고 출전한 민기식(청주 – 청원), 박 철(광주), 임인채(광산 – 나주) 후보들이 낙선하였지만 91%의 당선율을 올렸다.

신민당은 함영주(강릉 – 명주 – 삼척), 허경구(속초 – 양양 – 고성 – 인제), 신동준(대전), 윤완중(공주 – 논산), 양해준(임실 – 남원 – 순창), 진의종(고창 – 부안), 이중재(고흥 – 보성), 황호동(장흥 – 강진 – 영암 – 완도), 윤철하(해남 – 진도), 김택환(제주) 등 10명의 후보들이 낙선하여 당선율은 70% 수준을 맴돌았다.

통일당의 김현수(청주 – 청원), 김녹영(광주) 후보들이 당선됐고 김진만(강릉 – 명주 – 삼척), 함종윤(속초 – 양양 – 고성 – 인제), 임호(대전), 박 찬(공주 – 논산), 손주항(임실 – 남원 – 순창), 박용기(부안 – 고창), 한갑수(광산 – 나주), 김 수(고흥 – 보성), 윤재명(장

흥 - 강진 - 영암 - 완도), 임영득(해남 - 진도), 양정규(제주) 후보들은 무소속으로 도전하여 당선됐다.

무소속 당선자 11명 중 야권성향은 박찬, 손주항 당선자 외는 모두 여권성향으로 여권과 야권은 39명 대 27명으로 여권이 압도적이다.

50% 이상의 득표율을 올리며 압도적으로 당선된 후보들은 공화당의 김종필(66.6%), 신민당의 이철승(52.0%), 공화당의 장승태(51.0%)와 정일권(50.3%)후보 등을 들 수 있다.

그러나 20% 이하의 득표율이었지만 무소속 김진만(19.1%), 신민당 박병효(17.9%), 무소속 윤재명(16.5%), 신민당 조중연(15.0%), 무소속 박 찬(14.4%), 무소속 함종윤(12.2%) 후보들은 턱걸이 당선의 행운아들이다.

(2) 9대 국회의원 66명 중 52%인 34명 만이 귀환

9대 총선에서 대전은 무소속 임 호 후보가 당선됐으나 재검표에서 통일당 박병배 후보로 변경됐다.

9대 총선에서 66명의 당선자 중에는 유진산(금산 - 대덕 - 연기), 임충식(해남 - 진도) 의원은 사망하고 김인기(속초 - 양양 - 고성 - 인제), 황명수(천안 - 아산 - 천원), 김옥선(부여 - 서천 - 보령),

홍병철(제주) 의원 등 4명은 사퇴하거나 구속되어 이번 총선에 출마가 불가능했다.

공화당의 이해원(충주 – 중원 – 제천 – 단양), 김원태(진천 – 괴산 – 음성), 김제원(대덕 – 연기 – 금산), 이병주(공주 – 논산), 김종익(부여 – 서천 – 보령), 이병옥(부안 – 고창), 강기천(목포 – 무안 – 신안), 김상영(여수 – 여천 – 광양), 박삼철(순천 – 승주 – 구례), 윤인식(함평 – 영광 – 장성) 의원 등 10명은 낙천됐으며 신민당의 김명윤(강릉 – 명주 – 삼척) 의원은 낙천되자 무소속으로 출전했으나 낙선했다.

그리고 공화당 민기식(청주 – 청원), 박 철(광주), 임인채(광산 – 나주), 신민당의 유제연(서산 – 당진), 양해준(남원 – 임실 – 순창), 진의종(부안 – 고창), 이중재(고흥 – 보성), 황호동(장흥 – 강진 – 영암 – 완도), 통일당의 박병배(대전), 김경인(목포 – 무안 – 신안), 무소속 홍창섭(춘천 – 춘성 – 화천 – 양구 – 철원), 김탁하(정읍 – 김제), 강길만(순천 – 승주 – 구례), 박귀수(해남 – 진도), 양정규(제주) 의원 등은 낙선했다.

한영수(서산 – 당진), 이용희(옥천 – 보은 – 영동) 의원은 무소속에서 신민당으로, 김광수(무주 – 진안 – 장수) 의원은 무소속에서 공화당으로 옮겨 당선됐다.

박 찬(공주 – 논산) 의원은 신민당 공천에서 낙천되자 무소속으로 출전하여 당선되는 행운아가 됐다.

공화당의 손승덕, 김용호, 김효영, 정일권, 장승태, 이종근, 육인수, 김용태, 김종철, 장영순, 유기정, 채영철, 장경순, 문형태, 신형식,

길전식 의원과 신민당의 박영록, 엄영달, 이민우, 이충환, 한건수, 이철승, 김현기, 최성석, 박병효, 김윤덕, 고재청, 이진연 의원 등은 재당선의 기쁨을 누렸다.

또한 통일당의 김녹영, 무소속의 손주항 의원들도 당선되어 34명의 의원들이 당선되어 귀환율은 52% 수준이다.

(3) 비영남권 33개구 불꽃 튀는 격전의 현장으로

강원도

<춘천 – 춘성 – 철원 – 화천 – 양구> 공화당 원내총무를 지낸 김재순, 강원도지사를 지낸 4선의원 홍창섭이 동반하여 낙선

공화당은 신철균 강원도당 사무국장, 이수복 경일화성 대표, 송효순 유정회 의원들의 도전을 도외시하고 손승덕 의원을 재공천했다.

신민당도 5대와 8대 의원이었지만 지난 총선에서 3위로 낙선한 김준섭 후보를 재공천했고, 통일당도 참신한 야당인을 자처하며 지난 총선에 이어 재도전한 양건주 후보를 내세웠다.

지난 총선에서 춘천 – 춘성의 몰표로 당선되어 4선 의원에 등극한 홍창섭 의원이 70세를 넘긴 나이에도 불구하고 재도전했고, 서울체육회 이사로서 공화당 공천에서 3번 낙천하여 얻은 동정표를 겨냥한 이수복, 신민당 춘천 – 춘성 지구당위원장 출신으로 "정치생활 30년의 한을 풀겠다"며 야당투쟁경력을 과시한 유연국 후보들이 무소속으로 뛰어들었다.

또한 공화당 원내총무를 지낸 김재순 후보가 등록 직전에 출마를 선언하고 뛰어들어 <돌아온 장고> <흘러간 맬러디> 를 연상하면서 선거판세에 난기류를 형성했다.

철원 – 화천에서 6, 7, 8대 의원을 지내고 제1기 유정회 의원으로 활약한 김재순 후보는 평안도 동향 출신으로 철원 – 화천에 지역기반을 가진 김준섭 후보에게 크나큰 타격을 줄 뿐 아니라 공화당의 조직이 흔들리고 있는 것을 부인할 수는 없게 됐다.

무소속 홍창섭 후보는 "70대 고령이라고 해서 항간에서 나보고 너무 늙었다고 하는데 국회라는 곳은 씨름이나 권투하는 싸움도장이 아니다"고 노익장을 과시하고 있고, 무소속 김재순 후보는 "당선 후에 다시 한번 유권자의 투표를 통해 정당 가입여부와 입당할 정당을 결정하겠다"고 공화당 복당의 입장을 밝혔다.

친여정서에 젖어 있는 강원도에서 공화당, 신민당 공천후보의 양강체제를 4선의원의 9대 의원인 김재순, 홍창섭 의원의 도전으로 공천 후보와 현역 의원들의 한판대결이 펼쳐졌다.

지난 9대 총선 때 공화당은 원내총무로 활약한 4선의원 김재순, 춘천시장을 지낸 신철균, 강원도당 사무국장을 지낸 손승덕, 해군 참모총장을 지낸 김영관 후보들을 놓고 저울질하다가 손승덕 후보를 낙점했다.

신민당은 춘천 – 춘성의 홍창섭 지역구 의원을 낙천시키고 화천 출신인 김준섭 전국구 의원을 공천했다. 이에 강원도지사를 지낸 홍창섭 의원이 노익장을 과시하며 무소속으로 출전했다.

독학으로 행정 · 사법 양과를 합격하고 강원도 지방과장을 지낸 황석명, 6, 7대 총선에 출전했던 홍종남, 통일당으로 옮긴 양건주 후보들도 선거전에 뛰어들었다.

철원 – 화천 – 양구의 김재순 지역구 의원의 불출마와 친여정서가 짙은 지역정서에 힘입은 손승덕 후보가 부동의 1위를 차지했고, 춘천 – 춘성에서 김준섭 의원을 9,908표 차로 따돌린 홍창섭 의원이 철원 – 화천에서 3,699표 뒤진 것을 극복하고 은메달을 차지했다.

이번 총선에선 공화당 조직 외에 마을금고 조직을 활용하면서 "소박하게 항상 몸으로 부딪쳐 왔다"는 지역구 관리로 정평이 나있는 공화당 손승덕 후보는 춘천에서 23,677표(36%), 춘성에서 8,849표(33%)를 득표하여 1위를 차지하고 철원, 화천, 양구에서는 김재순 후보에게 뒤진 3위를 했지만 10만이 넘는 춘천, 춘성의 유권자 숫자로 490표차로 1위 당선을 일궈 냈다.

5대 총선 때 양구에서 당선된 강점을 지니고 기독교 신자들을 깊숙히 파고 든 신민당 김준섭 후보는 춘천, 춘성에서는 2위로 밀렸지만 철원에서 9,626표(34%), 화천에서 5,954표(35%)를 득표하여 1위를 차지하여 압도적인 표차로 당선됐다.

정치방학 중에도 <샘터>를 통해 지명도를 유지하여 온 무소속 김재순 후보는 정치활성화가 기대되는 10대에는 거물정객으로 소외감에 젖어 있는 지역주민에게 거물 갈증에 부채질을 했지만 춘천-춘성에서 입후보한 경력이 없는 약점으로 정치적 고향인 철원, 화천은 물론 양구에서도 2위를 했지만 춘천, 춘성에서 3, 4위로 밀려 당선권에서 멀어졌다.

"이번이 마지막이라는 약속을 세 번째 하게 됐다"는 빈정거림에도 불구하고 "나는 백살까지 살 예정이니 치사한 소리 말라"고 일축하면서 노익장을 과시한 무소속 홍창섭 후보는 초라한 성적을 거두고 정계를 은퇴할 수밖에 없었다.

이수복, 유연국, 양건주 후보들은 선전했지만 5% 득표율도 올리지 못했다.

□ 득표상황

후보자	정당	연령	주요 경력	득표(%)
손승덕	공화당	57	9대의원(지역구)	46,455 (30.5)
김준섭	신민당	54	국회의원(2선)	45,965 (30.2)
김재순	무소속	54	9대의원(4선)	29,024 (19.1)
홍창섭	무소속	72	9대의원(4선)	15,348 (10.1)
이수복	무소속	47	서울체육회 이사	6,707 (4.4)
유연국	무소속	64	정당인	5,354 (3.5)
양건주	통일당	38	전당대회 부의장	3,446 (2.2)

<원주 – 홍천 – 횡성> 지난 총선에서 동반당선된 공화당 김용호, 신민당 박영록 후보가 이번 총선에서도 메달 색깔도 같이 동반당선

공화당의 3선 의원인 김용호 의원에게 강원도 교육감인 김병열, 영남화학 실장인 현홍균을 비롯하여 안명한, 장원준, 이교선 등이 공천에 도전했으나 김 의원의 옹벽을 넘어서지 못했다.

신민당도 강원도지사 출신으로 3선의원인 박영록 의원이 공천장을 건네받자 경기매일신문 회장인 정현우 후보가 통일당 공천으로, 원주여상교장, 강원도 교육감을 지낸 김병열, 경주경찰서장 출신으로 병원장인 김학규, 통일당 중앙상무위원을 지낸 이종원 후보들이 무소속으로 출전하여 6파전이 형성됐다.

"굶으며 앉아 있는 것보다 빚이라도 얻어다 돈을 벌어야 잘 살게 되게 아니냐"는 공화당 김용호 후보는 "총력안보구축과 지역개발을 위해서는 다시 한번 밀어달라"고 호소했다.

"어느 집에서든 맏며느리는 본의 아니게 욕을 많이 먹게 되는 법"이라며 방어하고 있는 김용호 후보는 "어제까지 공화당에 몸 담고 있던 사람이 하루아침에 등을 돌렸다"고 공화당 출신 후보들을 맹렬하게 공격했다.

"이제 황소는 늙어서 일은 하지 않고 먹세만 늘어 아무거나 닥치는 대로 먹어 치운다"다고 공화당을 공격한 신민당 박영록 후보는 "공화당이 모든 일을 잘했다 하더라도 농민들에게 비싸게 팔아 비료공장이 국영기업체 중 유일하게 흑자를 냈다는 것은 이해할 수

없다"고 역설했다.

박영록 후보는 "재벌기업에 대한 특혜융자가 3조 7천 8백원인데 혼자 헤아리면 무려 254년이 걸린다"고 재벌기업에 대한 특혜융자를 신랄하게 비난했다.

"일부 부유층은 그들의 손자가 늙어 죽을 때까지 먹고 살 재산을 모아놓고 있다"는 공화당 출신인 무소속 김병렬 후보는 "청중이 적게 모인 것은 정치부재 때문"이라고 공화당을 꼬집었다.

통일당 정현우 후보는 "신민당은 민족의 반역자, 국민의 배신자"라고 신민당을 비난했다.

"공화당은 서울사람들 비위 맞추느라 농민을 돌볼 생각조차 않는 사람들"이라는 무소속 이종원 후보는 "나에게 표를 주지 않으려면 선명야당인 통일당 정현우 후보를 밀어 달라"고 호소했다.

무소속 김학규 후보의 부인은 "출마한 사람이 감옥에 갇혀 있으니 죽은 것과 다름없어 소복차림을 했다"면서 유세장을 돌아다녔다.

공화당과 신민당의 공천후보들이 지난 총선에 이어 이번 총선에도 동반당선을 기약한 상황에서 강원도교육감 출신이라는 경력만을 움켜쥐고 무소속 김병열 후보가 힘차게 추격전을 전개하고 있는 양상이다.

원주 – 원성에 횡성 – 평창 선거구에서 횡성을, 홍천 – 인제 선거구에서 홍천을 병합시킨 지난 9대 총선때에는 공화당은 원주 – 원성에서 당선된 김용호 의원을, 신민당은 원주 – 원성에서 낙선한 박영록 전 의원을 공천했다.

횡성에서 5대 의원을 지낸 양덕인 후보가 신민당 공천에서 낙천하자 통일당으로 옮겨 출전하여 파수꾼으로 역할에 충실했다.

강원도 지사를 지낸 명성을 발판 삼아 박영록 후보가 원주 - 원성을 뛰어넘어 홍천과 횡성에서도 김용호 후보와 공화당의 조직을 부수고 부동의 1위를 차지했다.

김용호 의원은 소극적인 선거운동으로 30%대 득표율로 2위에 턱걸이했다.

이번 총선에서도 신민당 박영록 후보는 원주에서는 20,923표(36%), 원성에서는 9,058표(30%)로 1위는 물론 홍천에서도 15,335표(32%)로 1위를 하여 간발의 차로 지난 총선에 이어 금메달을 확보했다.

공화당 김용호 후보는 횡성에서 15,756표(45%)로 1위를 하였을 뿐 원주, 홍천, 원성에서 2위로 밀렸지만 어렵지 않게 동반당선 됐다.

무소속 김병열 후보는 원성에서 8,533표(28%)로 2위를 했지만 원주에서 1만 2천여 표를 득표하여 3위에 머물러 낙선의 굴레를 둘러썼다.

후발주자 3파전을 전개한 통일당 정현우, 무소속 이종원, 무소속 김학규 후보들은 나름대로 선전하여 5%대 득표율을 올렸다.

□ 득표상황

후보자	정당	연령	주요 경력	득표(%)
박영록	신민당	55	9대의원(3선)	55,424 (32.9)

김용호	공화당	57	9대의원(3선)	55,038 (32.7)
김병열	무소속	56	강원도 교육감	29,741 (17.6)
정현우	통일당	39	경기매일신문회장	9,811 (5.8)
이종원	무소속	37	통일당 상무위원	9,590 (5.7)
김학규	무소속	50	경주경찰서장	8,931 (5.3)

<강릉 – 명주 – 삼척> 국회부의장을 지낸 6선의원으로 거물론을 전개했음에도 1,138표차로 턱걸이 당선한 무소속 김진만

공화당이 지난 총선과 같이 김진만, 최돈웅 후보들을 제치고 김효영 의원을 공천하자 6선의원으로 국회부의장을 지낸 김진만 후보가 무소속으로 출전하여 거물돌풍이 동해안의 선거파고를 높여갔다.

신민당도 아파트 특혜분양시비에 휘말린 김명윤 의원을 공천에서 배제하자, 김명윤 의원도 이철승 대표가 사돈지간인 김진만 후보를 지원하기 위해 자신을 낙천시키며 무명의 함영주 후보를 공천했다고 주장하면서 무소속으로 출전했다.

한양대 강사 출신인 함영주 후보는 김명윤 현역의원은 물론 김기현, 김재철, 김필기, 최경식, 힘영회 후보들의 도전을 물리치고 값진 공천장을 받아냈다.

삼일중학재단이사인 김재철, 강릉지원판사를 지낸 이관형, 목사 출신으로 신민당지구당부위원장을 지낸 정인수 후보들도 무소속으로 등록했다.

"여야를 중재할 무소속의 구심점"을 표방한 김진만 후보는 "공화당 안에 기라성 같은 인물들이 나섰는데 그 속에 다시 뛰어들어봐야 별로 설 땅도 없을 것 같고 또 국내의 여건으로 보아 여야관계가 순탄치만은 않을 듯한 10대 국회에서 여야 양면에 많은 친구를 가진 내가 조정역을 맡은 게 내 소질을 살리는 길이라 생각해서 무소속 출마를 결심했다"고 해명했다.

"공화당에서 커 나온 김진만 후보가 야당표나 부동표를 흡수하려 하지 않고 공화당 조직을 잠식하고 있다"며 김효영 후보 진영에서 비난하자, 김진만 후보는 "알 사람은 알아주는 김진만이니 무리하지 않고 뛰겠다"고 대응했다.

'강원도 대들보는 나에게'라는 구호를 내건 김진만 후보는 누구와 싸운다기 보다는 중앙정계 복귀를 위해 선거라는 요식을 치른다고 강조하고 있으나, 김효영 후보 측은 거물론에 인물론으로 대응하면서 김효영 후보가 학벌이 낫고 참신성이 있다고 주장했다.

"정계거물 다시뽑아 향토발전 이룩하자"는 김진만 후보는 "박정희 대통령에 대한 충성심은 변함이 없다" "당선되면 완충적인 입장에서 올바른 정치를 위해 최선을 다하겠다"고 다짐했다.

무소속 김명윤 후보는 "국회의원 선거때마다 돈만 있으면 당선된다는 버르장머리를 고쳐야 한다"고 공격하자, 김진만 후보는 "돈 많다는 것이 결코 부끄러운 일이 아니며 돈을 벌어야 이 고장 발전을 시킬 수 있다"고 대응했다.

김효영 후보와 김진만 후보가 삼척출신인 점을 상기하여 신민당 함영주 후보는 "국회의원 두 사람을 모두 삼척지방에 빼앗길 수 없으므로 한 사람이라도 교체해야 한다"고 주장했다.

그리하여 이번 선거전은 공화당 김효영 후보가 독주체제를 완비한 상황에서 신민당 공천을 받은 함영주, 낙천한 김명윤 현역의원의 이전투구와 6선경력을 지닌 삼척의 김진만, 변호사로 지역기반을 구축한 강릉의 이관형의 지역대결이 펼쳐졌다.

지난 9대 총선 때 공화당은 경월주조 회장으로 강릉 최씨 문중을 배경으로 철옹성을 구축한 강릉 – 명주 최돈웅 의원과 5선 중진으로 자리매김된 삼척의 김진만 의원을 공천에서 배제하고 경남도지사, 석탄공사 총재를 역임한 김효영 후보를 공천했다.

신민당은 울진출신이지만 5대 총선 때 강릉에서 검사생활을 한 인연으로 당선됐던 김명윤 후보를 최경식 전 의원 등 토박이 출신들을 제치고 공천했다.

강릉지원장 출신인 조건묵, 대학강사 출신인 함영주, 오랫동안 정당생활을 한 통일당 황재호 후보들이 "강릉출신을 공천하지 않은 것은 강릉을 푸대접하는 것"이라며 지역정서에 매달려 추격전을 전개했으나 공화·신민 양당의 옹벽을 넘어서지 못했다.

이번 총선에선 친여정서에 젖은 지역정서와 공화당 조직을 활용한 김효영 후보는 강릉에서 10,924표(23%)로, 삼척에서 50,493표(43%)로 1위를 차지하여 명주에서 2위로 밀렸지만 압도적인 승리를 가져왔다.

동곡장학금 등을 들어 고향을 무시했다는 여론을 잠재우고 지역개발엔 거물이 나서야 한다고 주장한 김진만 후보는 삼척에서 24,101표(21%)로 2위를 했지만 명주와 강릉에서 3, 4위로 밀려 당선이 어려웠으나 삼척의 유권자가 강릉 - 명주보다 1만 6천여명 많아 턱걸이 당선의 행운을 잡았다.

무료변론을 하면서 신구교 협의회 및 지학순 주교 재해본부에 관여하고 광부들의 복지향상에 노력한 무소속 이관형 후보는 고향인 명주에서 29%인 17,901표를 득표하여 1위를 차지했지만 강릉에서 2위, 삼척에서 3위로 밀려 1,138표차로 대어(大魚)를 잡았다가 놓쳐버렸다.

함영주 후보는 제1야당의 공천장에다 강릉상고 동문과 강릉 함씨 5천 가구를 중심으로 뛰었으나 지난 총선 때 3위에서 4위로 밀려났다.

원내활동의 실적을 홍보하며 낙천경위를 변명한 무소속 김명윤 후보는 강릉에서조차 5,450표(12%)를 득표하여 함영주 후보에게도 밀린 5위로 초반부터 당선권에서 멀어졌다.

젊은 패기를 앞세운 정인수, 김재철 후보는 젊음을 포효했으나 다음 총선을 기약해야만 했다.

□ 득표상황

후보자	정당	연령	주요 경력	득표(%)
김효영	공화당	54	9대의원(지역구)	74,479 (33.5)
김진만	무소속	59	9대의원(6선)	42,386 (19.1)

이관형	무소속	39	강릉지원판사	41,248 (18.6)
함영주	신민당	38	한양대 강사	26,363 (11.9)
김명윤	무소속	53	9대의원(2선)	21,456 (9.7)
정인수	무소속	31	사목위원회장	10,081 (4.5)
김재철	무소속	27	삼일중학재단이사	5,987 (2.7)

<속초 – 인제 – 고성 – 양양> 민주당, 신민당을 거쳐 유정회 의원으로 활동했음에도 고향의 몰표로 국회 입성에 성공한 함종윤

육군참모총장 출신으로 국무총리를 지낸 정일권 의원이 3선을 향해 공화당 공천을 받고 조국근대화를 위해 묵묵히 일해 온 공화당을 지지해달라고 호소했다.

신민당은 김희관 위원장, 최정식, 이만성 후보들을 제치고 미국 하와이대 강사와 고려대 조교수인 허경구 후보를 공천했고, 대전지방 국세청 조사국장을 지낸 김기완, 강원도와 경북도지사를 역임한 박경원, 영동여상 교사인 이찬수, 5대에는 민주당 민의원으로 신민당 생활을 했으나 유정회 1기 의원으로 발탁된 함종윤 후보가 무소속 후보로 출전했다.

공화당 정일권 후보는 "강원도 출신의 국회의장을 선출하는 것은 여러분의 영광이니 이번에도 몰표로 밀어달라"고 호소했다.

무소속 박경원 후보는 "10년 간의 도지사 생활을 거울삼아 지역사회 발전에 평생을 바치겠다" "나를 돕고 있는 선거참모들을 모처에서 팔다리를 묶고 입을 봉하는 등 공갈 협박하고 있다. 이것이 민주주의 공명선거냐"고 공화당을 공격했다.

"긴급조치 치하에서 싸우는 유일한 민주정당임을 웅변으로 증명한 것"이라는 신민당 허경구 후보는 "성(城) 쌓고 남은 돌과 같은, 석양낙조(夕陽落照)같은 인간들이 지조없이 개구멍 드나들 듯 이리저리 돌아다니다 별볼일 없는 공화당의 들러리로 나왔다"며 무소속 후보들을 공격하고 "동해에 떠오르는 맑은 아침 햇살과 같고 패기 넘치는 자신을 밀어 달라"고 호소했다.

신민당 허경구 후보는 "몰표는 공산국가에나 있는 것이다"라고 정일권 후보가 국회의장 선거에서 세 명을 제외한 나머지 국회의원의 압도적 지지를 받았다고 자랑하자 반박했다.

무소속 함종윤 후보는 "3대 때부터 8대 때까지 여섯 번 출마해 계속 2등으로 떨어져 진부령 고개를 여섯 번이나 울고 넘었는데 이번엔 웃고 넘는 진부령이 되게 해 달라"고 호소했다.

이리하여 공화당 정일권 후보가 금메달을 확정한 가운데 인제 출신인 신민당 공천을 받은 허경구, 예비역 장성 출신으로 강원도지사를 지낸 무소속 박경원, 양양 출신으로 유정회 의원을 지낸 함종윤 후보가 은메달을 놓고 혈투를 전개한 형국이다.

속초 – 고성 – 양양 지역구에 인제가 편입된 지난 9대 총선 때에는 박정희 대통령의 사위인 한병기 의원이 불출마를 선언하자 공화당은 박경원 전 강원도지사, 김종호 6대와 7대 의원을 제치고 국무총리를 지낸 정일권 후보를 실향민표를 겨냥하여 내세웠다.

신민당은 지난 총선 때 속초 – 양양 – 고성에서 낙선한 함종윤, 홍천 – 인제에서 낙선한 장원준 후보들을 뒤로 하고 공화당 의원으로 활약한 김종호 후보를 영입하여 공천했다.

이에 속초 토박이로 서울지법 부장판사를 지낸 김인기 후보가 무소속으로 출전하여 이번 선거는 여야관계가 아닌 중화(中和)된 무의미한 선거전이라고 절규했다.

당선보다는 무투표 당선을 막기 위해 출전했다는 김인기 후보가 과부가 시집을 가도 40세 이전에 가야하므로 이제는 개가(改嫁)할 수 없다면서 변절 시비에 휘말린 김종호 후보를 꺾고 여의도 입성에 성공했다.

9대 총선 때 전국최고득표율, 전 투표구에서의 승리의 기록을 깨뜨리지 않으려는 정일권 후보는 실향민이 많은 속초에서 63%인 19,651표를 득표하는 등 인제, 고성, 양양을 휩쓸어 60%의 득표율로 부동의 1위를 차지했다.

신민당에서 유정회로 전향한 무소속 함종윤 후보는 고향인 양양에서 27%인 5,474표를, 속초에서 12%인 3,761표를 득표하여 2위를 차지하는 990표차 진땀승을 거두고 국회에 입성하는 행운을 잡고 진부령을 웃으며 넘게 됐다.

육군장성에다 고성출신이면서 강원도지사를 지낸 박경원 후보는 속초와 고성에서는 함종윤 후보를 이겼지만 양양에서의 표차를 줄이지 못하고 석패했다. 정일권 후보와의 군인과 실향민표의 중첩이 석패의 한 축을 담당했다.

혜성처럼 등장한 허경구 후보는 매끄럽지 못한 신민당 조직과 당원인수, 정치신인으로서의 인지도 부족 등으로 고향인 인제에서도 16%인 3,643표 득표에 머물러 1천 5백여 표차로 낙선자 대열에 합류했다.

무소속 이찬수 후보와 무소속 김기환 후보들은 경력에 걸맞지 않게 초라한 성적을 거두었다.

□ 득표상황

후보자	정당	연령	주요 경력	득표(%)
정일권	공화당	50	9대의원(2선)	58,251 (50.3)
함종윤	무소속	54	9대의원(2선)	11,779 (12.2)
박경원	무소속	56	강원도지사	10,789 (11.2)
허경구	신민당	35	고려대 조교수	10,258 (10.6)
이찬수	무소속	38	영동여상교사	3,991 (4.1)
김기환	무소속	57	대전국세청 국장	1,551 (1.6)

<영월 - 평창 - 정선> 지난 총선에서 동반당선된 신민당 엄영달, 공화당 정승태 의원이 이번 총선은 메달 색깔을 바꾸어 동반당선

체신부장관을 지낸 3선의원인 공화당 장승태 의원에게 국회도서관 과장이였던 전승표, 회사 사장인 문병태, 사업가인 박영훈, 회사장인 정규태 후보들이 공천신청을 해 보았으나 무위에 그쳤다.

신민당도 엄영달 의원에게 신민선 후보들이 도전해 보았으나 현역의원의 벽을 넘어서지 못했다.

현역의원의 동반당선을 저지하기 위해 신민당 영월 – 평창 지구당 위원장으로 활약했던 통일당 원성희 후보와 신민당 정책심의회 조사부장으로 활약했던 무소속 신민선 후보가 출전했다.

그러나 지명도에서 **훨씬** 미치지 못한 이들이 동반당선을 저지하기에는 지역이 너무 넓고 재력이 구비되지 않아 역부족일 것으로 전망되어 선거 초반부터 흥미를 잃은 선거구가 되어갔다.

지난 9대 총선 때 공화당은 영월 – 정선 지역구 의원인 장승태, 평창 – 횡성 지역구 의원인 이우현 의원을 복수공천하면서 월경금지를 특별하게 지시했다.

신민당은 신인우 전 의원과 원성희, 정봉철 후보들을 제치고 지난 총선 때 영월 – 정선에서 1만여 표차로 낙선한 엄영달 후보를 내세웠다,

영월 엄씨 5천 가구와 광산촌 야당성향표를 결집시킨 엄영달 후보가 부동의 1위를 차지한 선거전에서 영월 – 정선에서 선전한 장승태 의원이 평창 지역의 몰표를 기대한 이우현 의원을 큰 표차로 따돌리고 은메달을 차지했다.

배재학원 이사장인 김익로 후보는 선거법 위반과 무소속의 한계로, 통일당 정규태 후보는 지명도에 뒤져 저력을 발휘하지 못했다.

지난 총선에서 동반 당선됐고 이번 총선에도 공화당과 신민당의 공천을 받고 출전한 장승태, 엄영달 의원의 당선을 의심 하는 사

람은 아무도 없었다.

다만 지난 총선에서는 정선의 탄광촌에 거주하는 유권자들의 몰표에 힘입어 엄영달 의원이 금메달을 차지하고 평창의 이우현 의원과 복수공천을 받은 장승태 의원이 은메달을 차지했다.

그러나 이번 총선에서는 장승태 의원이 공화당의 단독 공천을 받았고 신민당원으로 활동했던 통일당 원성희, 무소속 신민선 후보들이 신민당을 탈당하고 출전하여 야권성향표의 잠식이 필연으로 금메달과 은메달의 메달 주인이 바뀔 것으로 전망됐다.

공화당 장승태 후보는 적지인 영월에서도 47%인 21,368표를 득표하여 1위를 하는 등 평창과 정선에서 압도적 승리로 부동의 1위를 굳혔다.

신민당 엄영달 후보는 영월에서 33%인 15,194표로 2위를 하는 등 평창, 정선에서도 상대 후보들의 부진으로 2위를 확보하여 동반당선을 일궈냈다.

신민당 정책위 조사부장 출신인 무소속 신민선 후보가 신민당 영월 – 평창 지구당 위원장 출신인 통일당 원성희 후보를 꺾고 값진 동달을 목에 걸었다.

□ 득표상황

후보자	정당	연령	주요 경력	득표(%)
장승태	공화당	56	9대의원(3선)	67,280 (51.0)
엄영달	신민당	49	9대의원(지역구)	45,330 (34.4)

| 신민선 | 무소속 | 38 | 효자상 수상 | 10,370 (7.9) |
| 원성희 | 통일당 | 40 | 지구당위원장 | 8,892 (6.7) |

충청북도

<청주 – 청원> 육군참모총장 출신인 3선의원 민기식, 국회부의장 출신으로 4선의원인 이충환 후보들을 제치고 당선된 통일당 김현수

육군참모총장 출신으로 3선의원인 공화당 민기식 의원에게 육사8기출신으로 한국화학연구소장인 김종고, 7대의원인 정태성, 6대의원인 신관우, 유정회 의원인 이성근 후보들이 도전해 보았으나 계란으로 바위치기였다.

김영모 후보를 가볍게 제압하고 신민당 공천을 받은 이민우 의원이 민기식 의원과 동반당선을 꿈꾸고 있는 가운데 4·19 동지회 충북연합회장, 신민당 청원지구당 위원장으로 활약했지만 신민당 공천에서 밀려나자 지난 총선에는 통일당 후보로 출전했던 김현수 후보가 젊은 패기를 앞세워 통일당 공천으로 다시 출전했고, 청주시의원 출신으로 청주상공회의소 부회장으로 활약하고 있는 박학래 후보가 무소속으로 도전하여 4파전이 전개됐다.

무소속 박학래 후보는 선거중반에 선거법 위반으로 구속되어 사실상 3파전으로 압축되어 지난 총선과 같이 동반당선이 기대됐다.

신민당 최병길 의원의 청주와 공화당 민기식 의원의 청원이 통합된 지난 9대 총선에서 공화당은 민기식 의원을 공천했고, 신민당은 최병길 현역의원을 낙천시키고 청주시의회 부의장 출신으로 4, 5대 의원과 7대 전국구 의원을 지낸 이민우 후보를 공천했다.

신민당 청원지구당 위원장을 지낸 김현수 후보가 통일당 공천으로, 자유당 출신으로 4대의원과 초대 참의원을 지낸 오범수 후보가 무소속으로 도전했다.

육군참모총장 출신으로 공화당 조직을 활용한 민기식 의원이 부동의 1위를 확정지었고, 이민우 후보도 청원에서는 오범수 후보에게 뒤졌지만 청주의 야당세에 힘입어 오범수 후보를 7천여 표차로 따돌리고 턱걸이 당선을 일궈냈다.

이번 총선에서 공화당 민기식 후보는 "어차피 야당도 하나는 될 테니 걱정말고 한표라도 나에게 달라"고 호소했고, 신민당 이민우 후보는 "박학래 후보가 참석지 못하고 우리만 연설을 하니 서운하다"고 박학래 후보의 구속을 애닯아했다.

육군참모총장 출신으로 1971년 8대 총선 때부터 조직을 관리해온 공화당 민기식 후보의 낙선은 누구도 예상치 아니한 이변이었다.

 충북의 수도인 청주에서 여촌야도의 본성이 되살아났고, 유권자 입장에서는 사소한 선거법 위반으로 청주시의원으로 낯익은 무소속 박학래 후보의 구속으로 인한 반감이 집권여당에 대한 실망과 젊은 패기를 앞세워 선명논쟁을 일으킨 통일당 김현수 후보에게 표쏠림 현상을 불러왔다.

김현수 후보가 예상을 뛰어넘어 간발의 차로 청주와 청원에서 1위를 차지하여 행운의 당선자가 됐고, 이민우 후보는 민기식 후보에게 청주에서는 207표 뒤졌지만 청원에서 1,774표 앞서 손바닥에 땀을 흠뻑 적시고 국회에 재입성했다.

그리하여 지난 총선때에는 잠시 숨고르기를 했던 여촌야도현상이 회생하여 민기식 후보가 희생양이 됐다.

□ 득표상황

후보자	정당	연령	주요 경력	득표(%)
김현수	통일당	40	4·19 충북회장	54,655 (31.3)
이민우	신민당	62	9대의원(4선)	52,788 (30.2)
민기식	공화당	56	9대의원(3선)	51,221 (29.3)
박학래	무소속	56	청주시의원	16,013 (9.2)

<충주 – 중원 – 제천 – 단양> 지난 총선때에는 출전이 불가능했던 이택희, 복수공천을 받고 당선했던 이종근 후보가 동반당선

지난 9대 총선 때 복수공천했던 이종근, 이해원 후보를 놓고 저울질하던 공화당은 당선된 이해원 의원을 탈락시키고 낙선한 이종근 후보를 공천하는 결단을 내렸다.

지난 총선에는 피선거권을 상실하여 출전이 불가능했던 8대의원인 이택희 후보의 공천이 유력한 가운데 이 후보의 비서 출신인 윤대희, 서울지검 검사출신인 임경규 후보들이 공천을 기대했으나 신민당의 공천장은 이택희 후보에게 떨어졌다.

지난 총선때에는 통일당 후보로 출전하여 4위로 낙선한 조종호 후보가 이번 총선에는 무소속으로 재도전했고, 무극중 재단이사장인 허 탁 후보가 통일당 후보로 출전했다.

서울지검 검사출신으로 젊은 변호사로 명성을 쌓고 있는 임경규 후보도 무소속으로 도전했다.

제천 – 단양의 이해원 의원을 떨쳐내고 공화당 단수공천을 받은 이종근, 피선거권을 회복하고 신민당 공천을 받은 이택희 후보에게 제천- 단양의 맹주가 되고자 무소속 임경규, 조종호 후보가 출전하여 충주 – 중원과 제천 – 단양의 지역대결이 펼쳐졌고 지난 총선엔 영동출신인 최 극 후보가, 이번 총선엔 음성출신인 허 탁 후보가 원정출전하여 민심을 엿보았다.

지난 9대 총선 때 공화당은 8대 총선 때 충주 – 중원에서 신민당 이택희 후보에게 패배한 이종근 전 의원과 제천 – 단양에서 당선된 성균관대 교수 출신인 이해원 의원을 복수공천했다.

신민당은 이택희 의원의 피선거권 상실로 출전이 불가능하자 최극 영동지구당 위원장을 공천하는 어처구니 없는 해프닝을 연출했다.

보수적인 지역정서를 감안하여 지역출신을 발굴하거나 단양에 기반을 가진 재선의원인 조종호 후보를 공천했더라면 신민당은 1석을 건져올릴수도 있었다.

통일당 조종호 후보는 단양에서 46%인 13,754표를 쓸어담았지만 다른 시·군에서 부진하여 이해원 의원에 3,930표차로 연거푸 패배했지만 최 극 후보는 2만 5천여 표를 득표하여 꼴찌를 차지했다.

이번 총선에서 공화당 이종근 후보는 "지난 8대 선거 때 나를 여당중에 야당이라고 해서 중앙정보부장이던 김형욱이가 경찰에 낙선시키도록 지시하여 떨어졌다"고 푸념했다.

이번 총선에서 공화당과 신민당의 공천을 받고 동반당선의 꿈을 그린 이종근, 이택희 후보는 7대 총선이래 1승 1패 1무의 성적을 갖고 있다.

돈과 인연이 먼 그의 생활자세와 지역구민과의 밀착성으로 끈끈한 관계를 유지하고 있는 공화당 이종근 후보는 월경금지의 원칙을 준수하느라 제천 – 단양은 생소한 편이다.

그러나 월경금지의 원칙과 상관없이 전 지역구를 누비고 다닌 민주당 이택희 후보는 "80년대 야당의 주역, 내 손으로 키워주자"는 구호를 내걸고 예비중진의 태동을 기치로 내세웠다.

서울지검 검사출신으로 신민당 공천에서 탈락한 무소속 임경규 후보는 충주에도 변호사사무실을 개설하고 표밭을 개간했다.

4대 와 5대 국회의원을 지내고 윤보선 전 대통령의 비서실장을 지낸 무소속 조종호 후보는 통일당을 탈당했지만 윤보선 전 대통령의 소극적인 지지로 당선될 수 있는 고지를 스스로 포기해야만 했다. 임경규 후보와 제천 – 단양 표의 반분은 동반낙선을 가져왔다.

공화당 이종근 후보는 충주에서 45%인 22,272표를 득표하여 1위를 하고 중원과 단양에서 1위를 차지하여 1위 당선을 굳혔고, 신민당 이택희 후보는 제천에서는 33%인 22,176표로 1위를 했지만 충주, 중원에서는 2위, 단양에서는 3위로 밀려 2위에 만족해야만 했다.

무소속 조종호 후보는 고향인 단양에서 9,064표(26%)를 득표하여 2위를 했을 뿐 다른 시·군에서 부진하여 제천에서 선전한 임경규 후보에게 3위자리마저 내주었다.

무소속 임경규, 조종호 후보의 이전투구는 유권자 12만 2천여 명의 제천 – 단양이 유권자 11만 2천여 명의 충주 – 중원의 국회의원 독식을 바라만 보아야 했다.

□ 득표상황

후보자	정당	연령	주요 경력	득표(%)
이종근	공화당	54	9대의원(3선)	76,693 (38.7)
이택희	신민당	44	8대의원(충주)	72,580 (36.6)
임경규	무소속	38	서울지검검사	21,927 (11.1)
조종호	무소속	56	국회의원(2선)	20,886 (10.5)
허 탁	통일당	44	무극중재단이사장	6,021 (3.0)

<영동 – 보은 – 옥천> 영동출신인 이광호 후보의 선전에 힘입어 최극 후보를 꺾고 신민당 복수공천 내전에서 승리한 이용희

4선 의원으로 육영수 여사의 오빠인 육인수 의원에게 이광호 원양어협이사, 남상완 회사대표, 김복수 경남매일기자, 정구중 6대의원, 김광제 중앙당 조직부차장 등이 공화당 공천에 도전해 보았으나 난공불락의 요새였다.

신민당은 지난 총선때에는 무소속으로 당선됐다가 신민당에 입당한 이용희 의원과 이철승계로 알려진 최 극 지구당위원장이 복수공천을 받아 신민당 내전을 치르게 됐다.

민주회복국민회의 영동지부 사무국장인 이재인 후보는 통일당으로, 북대전로타리크럽 회장인 안정준, 대법원비서관회의 회장인 염종훈, 원양어업 상무이사인 이광호, 농협중앙회 기획실장과 강원, 전남, 전북, 경남지부장을 섭렵한 전년규 후보들이 무소속으로 등록했다.

'내고장 발전은 내고장 인물로'란 구호를 즐겨쓰고 지역간의 쟁패전 양상을 짙게 띠고 있는 이 지역구는 육인수, 이용희, 염종훈 후보는 옥천 출신이고 최극, 안정준, 이광호 후보는 영동 출신이고 이재인, 전년규 후보는 보은출신이다.

이곳의 최대혈전은 뭐니뭐니해도 복수공천을 받은 이용희 의원과 최극 위원장 간의 신민내전이다.

"그렇지 않아도 알량한 살림을 둘로 쪼개다간 난파선이 된다"는 당원들의 불만속에 두 명의 사공을 태운 신민호의 갈길은 어지럽다.

"지난 6년간을 허비하지 않았습니다"며 1년에 200일씩은 지역구에 내려와 승용차 대신 버스를 타고 때론 걸으면서 주민들과 접촉했다는 이용희 후보의 믿음은 6년간의 인간적인 투자에 대한 보답, 1천 6백가구에 달한 경주 이씨 문중들을 기간으로 한 사조직이다.

4연패(四連敗)의 고초를 이겨내 온 최 극 후보는 "그동안 고생을 생각해서도 기회가 주어져야 한다"는 동정론이 영동을 중심으로 선풍처럼 일고 있고 신민당 위원장으로서의 기간조직을 운용할 수 있다는 이점을 안고 있다.

지난 9대 총선 때 옥천 – 보은 의원인 육인수, 영동 의원인 정구중, 영동에서 6대의원을 지낸 이동진 후보가 각축전을 전개한 공화당은 육영수 여사의 오빠인 육인수 의원에게 돌아갔고 옥천 – 보은 지구당위원장 이용희, 영동 지구당위원장 최 극, 5대 의원을 지낸 박기종, 자유당 출신으로 보은에서 3대와 4대 의원을 지낸 김선우 후보들이 혈투를 전개한 신민당은 의아하게도 김선우 후보를 낙점했다.

공화당 공천에서 낙천한 이동진, 신민당 공천에서 낙천한 이용희, 박기종 후보들이 등록하여 거대한 공화당 조직과 육여사의 오빠라는 위력으로 금메달은 따논 당상인 육인수 의원을 올려놓고 영동의 이동진, 옥천의 이용희, 보은의 박기종 후보들의 혈투는 충북도의회 의장을 지낸 이용희 후보가 영동에서 45% 득표율을 올린 이동진 후보를 766표차로 따돌리고 여의도 입성에 성공했다.

대왕제사 사장인 무소속 성백준 후보가 이동진 후보의 뒷덜미를 잡아채는 음덕을 입기도 했다.

이번 총선에서도 "많은 사람이 나오니 시끄러운 법이죠, 지연이나 혈연보다는 정책대결이 돼야한다"며 느긋한 입장인 공화당 육인수 후보는 고향인 옥천에서 49%인 21,997표로, 후보자들의 지명도가 낮은 보은에서도 37%인 15,366표를 득표하여 부동의 1위를 차지했다.

'옥천군 보은면 영동리'라는 풍자어 속에서도 신민당 이용희 후보는 영동에서는 5,782표(12%) 득표에 머물렀지만 고향인 옥천에서 15,599표(35%), 보은에서도 7,984표(19%)를 득표하여 행운의 당선을 가져왔다.

신민당 최 극 후보는 고향인 영동에서 32%인 15,846표를 득표하여 1위를 차지했지만 보은과 옥천에서 부진하여 당선권에서 벗어났으며 이용희 후보와의 표차는 9,873표였다.

영동출신인 무소속 이광호 후보의 1만 7천여 표의 선전은 복수공천을 받은 신민당 최극 후보의 낙선을 가져왔다.

그리하여 유권자 5만 3천여 명인 영동과 유권자 5만 1천여 명인 옥천의 쟁패전은 영동의 전패, 옥천의 완승으로 끝맺음했다.

□ 득표상황

후보자	정당	연령	주요 경력	득표(%)
육인수	공화당	58	9대의원(4선)	48,758 (36.1)
이용희	신민당	46	9대의원(지역구)	29,365 (21.7)
최 극	신민당	45	당 논설부장	19,492 (14.4)
이광호	무소속	44	원양어업협회상무	17,061 (12.6)
이재인	통일당	39	민주국민회의대표	9,693 (7.2)

전년규	무소속	42	농협경남도지부장	5,092 (3.8)
염종훈	무소속	45	대법원 법원서기관	3,303 (2.5)
안정준	무소속	40	대전 로타리클럽회장	2,309 (1.7)

<괴산 – 진천 – 음성> 유권자가 가장 적은 진천출신들이지만 공화당 · 신민당 공천을 받아 동반당선된 오용운과 이충환

김원태 의원을 비롯하여 4선의원인 안동준, 충북도지사 출신으로 마사회 회장인 오용운, 국회 전문위원출신으로 박애병원장인 김사달, 3선의원인 이정석, 보사부 장관을 지낸 오원선 후보 등이 각축전을 전개한 공화당 공천은 진천출신인 오용운 후보에게 돌아갔다.

5선의원으로 신민당 최고위원인 이충환 의원의 출전이 결정되자 신민당과 공화당의 공천자가 모두 진천출신으로 음성출신인 이정석, 괴산출신인 안동준 후보들이 공화당을 탈당하고 무소속 출마를 저울질하다 이정석 전 의원은 꿈을 접었으나 안동준 전 의원은 출마를 선언했다.

8대 총선에도 입후보했던 채영만 후보가 증평을 중심으로 한 지지기반을 기대하며 통일당으로 출전하여 4파전이 전개됐다.

지난 9대 총선때 괴산의 김원태 의원이 진천 – 음성의 3선 의원인 이정석, 괴산에서 4선의원이 된 안동준, 보사부장관을 지낸 오원선 후보들을 꺾고 공화당 공천을 받아냈고 지난 8대 총선때 진천 –

음성에서 낙선한 이충환 후보가 괴산에서 낙선한 김태욱 후보를 제치고 신민당 공천을 받았다.

3대엔 자유당, 5대엔 민주당, 6대에는 민정당 공천으로 당선된 이충환 후보가 고향인 진천에서 54% 득표율을 올려 1위를 했고 4대에는 자유당, 8대에는 공화당 공천으로 당선된 김원태 의원이 괴산에서 39% 득표율로 2위를 차지했다.

3대엔 자유당, 5대엔 무소속, 6대와 7대엔 공화당 공천으로 당선된 무소속 안동준 후보는 괴산표를 김원태 의원과 양분하다 보니 3위로 밀려났고, 통일당 오성섭 후보는 음성 대표로 출전했으나 음성의 응집력이 뒤떨어져 4위로 밀려났다.

이번 총선에서는 현역의원을 누르고 공천을 받은 여세를 몰아 2천여 가구의 해주 오씨 문중을 발판으로 도지사 재직시절 맺은 인연을 찾아 조직을 확대하면서 "공천 안됐다고 무소속 출마를 한다는 것은 이해할수 없는 일"이라고 무소속 안동준 후보를 비난한 공화당 오용운 후보는 안동준 후보의 텃밭인 괴산에서 37%인 22,272표를 득표하여 1위를 차지하는 등 진천과 음성에서 1위를 확보하여 큰 표차로 1위를 굳혔다.

'따놓은 당상'이란 소문속에서도 "선거란 씨름과 같아 순식간에 엎어진다"면서 치밀한 선거 전략으로 전력투구한 신민당 이충환 후보는 고향인 진천에서도 34%인 16,611표를 득표한 것이 괴산에서 안동준 후보에게 954표 뒤진 것을 극복하고 은메달을 차지하여 6선의원 반열에 올라섰다.

괴산의 대표주자로 순흥 안씨 문중을 비롯한 사조직을 구축하여 선거전의 명수로 알려진 무소속 안동준 후보는 고향인 괴산에서도 26%인 15,237표 득표에 머물러 꿈을 이루지 못했으며, 지난 총선에 이어 연패한 것은 집권여당에서 이탈한 무소속 후보의 한계를 실감케 했다.

"직업정치인이 되거나 재벌의 앞잡이 노릇하는 국회의원은 되지 않겠으며 세비는 모두 지역사회에 희사하겠다"고 선언한 허탁 후보는 패기의 채영만 후보에 밀려 충주 – 중원 – 제천 – 단양에 등록했다.

□ 득표상황

후보자	정당	연령	주요 경력	득표(%)
오용운	공화당	51	충북도지사	57,103 (42.8)
이충환	신민당	60	9대의원(5선)	40,058 (30.0)
안동준	무소속	58	국회의원(4선)	24,361 (18.3)
채영만	통일당	34	정당인	11,810 (8.9)

충청남도

<대전> "어린애하고 씨름을 하더라도 정신을 차려야 한다"는 선거격언을 잊고 추락한 공화당 김용태와 통일당 박병배

지난 총선에서도 격돌했던 공화당 김용태, 통일당 박병배, 무소속 임 호 후보에 김태룡 후보의 뒤를 이어 신민당 유진산 총재의 비서관으로 활약한 신동준 후보가 등장하여 선두 4파전을 전개하고 있다.

대전일보 편집부국장으로 한국기자협회 충남지부장인 박정규, 중앙일보 동대전지사장인 심정보 후보들이 후발주자로 추격전을 전개하고 있다.

야당과 무소속 싸움에서 비교적 안정세를 유지하고 있는 김용태 의원은 '개미처럼 파고들어 벌처럼 물어오자'는 득표활동 표어를 내걸고 10만당원 배가운동을 벌이고 있다.

'중단 없는 전진의 기수'의 홍보에 심혈을 기울인 공화당 김용태 후보는 "일본의 명치유신은 48년이나 걸려 위업을 달성했지만 우리는 지난 17년동안 전세계가 선망하는 최대 부강국가가 되었다"고 유신홍보 전사가 됐다.

1천여 가구의 평산 신씨 기반을 갖고 유진산 총재의 후광을 업고 야당붐 조성에 안간힘을 쏟은 신민당 신동준 후보는 "25년 간의 야당생활로 견습을 마쳐 정치숙련공이 된 나를 밀어달라"고 역설했다.

충남 경찰국장출신으로 노익장을 과시하면서 원내외 활동상을 담은 유인물을 대량으로 배포하고 있는 통일당 박병배 후보는 "공화당은 정부 잘한다고 찬송가만 불러 지긋지긋하고 신민당은 반대조차 제대로 안해 밥맛 없다"고 주장했다.

"전통있는 야당도시 대전에서 제1 야당인 신민당을 밀어 달라"는 신동준 후보와 "정부를 견제하고 경종을 울리는 것은 통일당 밖에 없다"는 박병배 후보의 야당선명 논쟁은 일정선을 넘어 인신공격까지 오가는 이전투구를 벌였다.

9대 총선때는 8대 총선 때 자웅을 겨룬 네 후보가 재대결을 펼친 흥미로운 선거전이 펼쳐졌다.

8대 총선 때 갑구에서는 신민당 박병배 후보가 공화당 임 호 후보를 242표차로 꺾고 4선의원이 됐고, 을구에서는 공화당 김용태 후보가 신민당 김태룡 후보를 6,869표 차로 꺾고 3선의원이 됐다.

원내총무로 활약한 공화당 김용태 의원이 중진의원임을 내세워 부동의 1위를 차지했고 무소속으로 출전한 임 호 후보가 신민당을 뛰쳐나와 통일당으로 출전한 박병배 의원을 48표차로 설욕하고 국회에 입성했으나 재검표결과 24표차로 승패가 엇갈려 박병배 의원이 뒤늦게 국회에 입성하여 5선의원이 됐다.

지난 총선때 당선됐다가 선거소송에서 박병배 의원에게 24표차로 역전패하여 도중하차하여 9%에 달하는 이북유권자들을 중심으로 한 동정여론으로 돌풍을 일으킨 무소속 임 호 후보가 이번 총선에선 압승을 거두고 지난 총선에서의 패배를 설욕했다.

대전고 동창회장으로 금풍산업 사장인 친형 김규태의 도움을 받았고 원내총무로 활약한 위상도 있었지만 4선의원이란 식상함으로 공화당 김용태 후보는 1만 2천여표 뒤진 2위로 내려앉았다.

40년 동안 공직에 있으면서 취직시켜 준 수혜자만도 10만명이 넘으며 대전토박이를 주장하고 있는 통일당 박병배 후보는 정치신인인 신동준 후보에게도 뒤진 4위로 내려 앉았다.

무소속 심정보 후보는 "이번 총선이 흥미가 없는 까닭은 지난 6년 간 의원들이 국민을 시원하게 해주지 못했기 때문"이라며 "자신을 국회로 보내주면 6년 묵은 체증을 풀어주겠다"고 역설했지만 득표력은 초라했다.

여촌야도의 복고풍 속에서도 신민당 신동준 후보와 통일당 박병배 후보가 여권성향 후보인 무소속 임 호, 공화당 김용태 후보에게 완패하는 모습을 보여주었다.

□ 득표상황

후보자	정당	연령	주요 경력	득표(%)
임 호	무소속	57	국제인권이사	74,919 (34.4)
김용태	공화당	61	9대의원(4선)	62,924 (28.9)
신동준	신민당	45	당총재비서관	36,589 (16.8)
박병배	통일당	60	9대의원(5선)	34,956 (16.1)
박정규	무소속	45	대전일보 편집부국장	4,995 (2.3)
심정보	무소속	42	중앙일보기자	3,288 (1.5)

<천안 – 아산 – 천원> 신민당원들의 장악력, 지명도, 재력면에서 열세였지만 야당성향표의 결집으로 국회등원에 성공한 정재원

제헌국회때부터 출마하여 4선의원의 관록을 지니고 한국화약이란

재벌그룹을 배경으로 한 김종철 의원이 이번 총선에서도 공천을 받고서 '당선은 받아 놓은 밥상'이라는데 만족치 않고 북일고와 한국화약 방계회사의 관련표 다지기에 박차를 가하고 있다.

황명수 의원의 피선거권 상실로 불출마가 불가피하자 은메달을 놓고 9명의 주자들이 뛰어들었다.

물결사 대표로서 신민당 홍보대책 위원으로 강필선, 박동인, 이원창, 하제홍 예비후보들을 뚫고 신민당 공천을 받은 정재원, 오랫동안 야당생활을 하여 잔뼈가 굵어진 통일당 이진구, 제8대 신민당 전국구 의원으로 활약한 강필선, 천안시 체육회이사인 조일환, 충남도의원을 지낸 황규영, 민주당 공천으로 제5대 민의원에 당선된 성기선, 충남도의원 출신으로 중도사퇴한 김영석, 황명수 의원 비서관을 지낸 이원창, 한국기술검정공단 국장 출신인 조일묵 후보들이 그들이다.

천안 – 천원의 김종철 의원과 아산의 김세배 의원이 통합으로 피할수 없는 공천경쟁을 벌인 9대총선에서 공천장을 받은 김종철 의원이 천안지역을 휩쓸어 부동의 1위를 했고, 8대 총선때 아산에서 김세배 후보에게 패배한 신민당 황명수 후보와 신민당 공천의 가망이 없자 통일당으로 옮겨 출전한 강필선 전국구 의원의 은메달 경쟁이 치열했다.

낙선했지만 지명도를 한껏 부풀린 황명수 후보가 "철새처럼 선거 때가 되면 공천을 받으려고 애쓰다가 안되니까 분당을 했다"고 공격하여 아산에서 28%포인트 차의 득표율로 턱걸이 당선을 일궈냈다.

이번 총선에서도 유상현, 김재홍, 권연옥, 이규형 예비후보들을 가볍게 제친 4선의원으로서 지명도와 재력 면에서 압도적인 공화당 김종철 후보는 고향인 천원에서 32%인 15,513표로 1위를 하고 천안과 아산에서도 공화당원들의 활약으로 금메달을 확정지었다.

신민당 정재원 후보는 신민당의 장악력이 부족하고 정치신인으로서의 지명도도 낮고 재력 면에서도 열세지만 야당성향이 강한 지역에서 제1야당의 공천후보임을 내세워 천안에서 34%인 16,378표로 1위를 하고 천원에서도 김종철 의원에 이어 13,373표(28%)로 2위를 하여 은메달을 차지할 수 있었다.

8대의원이라는 지명도와 2개의 극장과 정미소 등을 가진 재력면에서도 우월하고 통일주체 국민회의 대의원으로 활약한 유인명을 사무장으로 옹립하여 기반을 다진 무소속 강필선 후보는 아산에서 25%인 16,166표로 1위를 했지만 천안과 천원에서 너무나 부진하여 당선권에서 벗어났다.

"아산의원 내보내자"는 군민들의 여망을 업고 온양고 동문을 주축으로 표밭을 누빈 통일당 이진구 후보가 아산에서 18%인 11,688표를 잠식하여 강필선 후보와 동반낙선의 빌미가 됐다.

김영석 후보가 사퇴하면서 지지를 선언한 여세를 몰아 표밭을 누빈 황규영 후보와 꾸준하게 사회사업을 벌여 온 조일환 후보들은 1만여 표 이상을 득표하는 선전을 했다.

황명수의원 비서관 출신인 이원창, 세계기능올림픽 우승의 주역인 조일묵, 5대 민의원 출신인 성기선 후보들의 득표력은 보잘 것 없었다.

유권자 8만 8천여 명인 아산이 통일당 이진구, 무소속 강필선, 성기선, 이원창 후보들이 난립되어 경쟁하다가 천안출신들에게 국회의원 2석을 헌납했다.

□ 득표상황

후보자	정당	연령	주요 경력	득표(%)
김종철	공화당	57	9대의원(4선)	41,491 (26.3)
정재원	신민당	35	물결사대표	38,156 (24.2)
강필선	무소속	60	8대의원(전국구)	23,090 (14.6)
이진구	통일당	38	지구당위원장	17,558 (11.1)
황규영	무소속	48	충남도의원	11,640 (7.4)
조일환	무소속	42	천안체육회이사	10,389 (6.6)
이원창	무소속	41	정당인	6,151 (3.9)
조일묵	무소속	41	기술공단검정국장	4,905 (3.1)
성기선	무소속	58	5대의원(아산)	4,539 (2.8)
김영석	무소속	65	충남도의원	사퇴

<대덕 - 금산 - 연기> 대덕의 최경수, 금산의 유한열, 연기의 이준섭 후보들이 삼각편대를 이뤘으나 공화·신민 공천후보들이 완승

김제원 현역의원에게 진기식 관광운수업 대표, 최경수 대전극장

사장, 이준섭 중앙정보부 충남지부장이 도전하자 공화당은 고령인 김제원 의원을 낙마시키고 이준섭 후보를 공천했다.

신민당은 유진산 의원이 유고되자 지역적 기반을 가진 김정신, 박천식, 송석린, 송준빈 후보들이 공천을 갈망했으나 유진산 전 의원의 아들인 유한열 후보를 내세웠다.

중앙당 사무국장인 이천영 후보가 통일당 공천으로, 공화당 공천에서 낙천한 최경수, 신민당 공천에서 낙천한 송준빈, 송석린 후보는 물론 금산군번영회장으로 활약했던 장재복 후보들이 무소속으로 출전했다.

집권여당의 공천을 받은 공화당 이준섭, 유진산 총재의 후광을 업은 신민당 유한열, 대전극장과 대전주정 대표로서 재력을 구비한 무소속 최경수 후보가 3각편대를 이뤘다.

유권자 7만 4천여 명인 대덕은 무소속 최경수, 유권자 5만 9천여 명인 금산은 신민당 유한열, 유권자 5만 4천여 명인 연기는 공화당 이준섭 후보의 텃밭이었다.

지난 9대 총선때 공화당은 대덕 – 연기의 김제원 의원과 금산의 박성호 의원 가운데 김제원 의원을 낙점했고, 신민당은 지난 8대 총선때 낙선한 송좌빈·김정신 후보들의 꿈을 저버리고 유진산 신민당 대표가 고향찾아 낙향하여 신민당 공천으로 출전했다.

"유진산이라는 사람이 어떻게 생겼는가 보자"는 유권자들의 성원으로 유진산 의원이 1위를, 경향신문 사장 출신으로 공화당의 방대한 조직을 활용한 김제원 의원이 동반당선됐다.

"선명야당을 국회에 보내 견제세력을 구축하자"며 선명논쟁을 벌인 송좌빈 후보는 파수꾼 역할만을 충실히 수행했을 뿐이다.

이번 총선에선 해병대령 출신으로 중앙정보부 충남지부장 출신인 공화당 이준섭 후보는 "나라위해 선봉 설 분, 내 지역도 맡겨보자"는 구호를 내걸고 인삼규제법의 현실화, 대덕전원도시 개발등의 공약을 내걸고 고향인 조치원을 중심으로 표밭갈이에 나섰다.

그동안 선친의 후광과 선친이 이뤄놓은 조직을 기반으로 움직이고 있는 신민당 유한열 후보는 선친의 음덕으로 금산을 중심으로 빠르게 조직을 정비하고 민주전선 5만부를 배부하며 대덕과 연기로의 진출을 시도했다.

공화당 공천에서 낙천한 대전 극장과 대전 주정 대표인 무소속 최경수 후보는 재력을 바탕으로 도전하고 있으나 추격하는데 역부족을 실감했다.

공화당 이준섭 후보는 대덕에서 21,552표(34%), 연기에서 24,290표(53%)로 1위를 차지하여 압승을 거두었고, 신민당 유한열 후보는 금산에서 45%인 21,504표를 득표하여 동반당선을 일궈냈다.

무소속 최경수 후보가 대덕에서 15,248표(24%)를 득표했으나 당선권과는 너무나 멀리 떨어졌고 통일당 이천영, 무소속 송석린, 장재복, 송준빈 후보들의 득표율은 미미했다.

☐ 득표상황

후보자	정당	연령	주요 경력	득표(%)

이준섭	공화당	44	중정충남지부장	63,585 (41.1)
유한열	신민당	40	지구당위원장	52,135 (33.7)
최경수	무소속	42	대전주정대표	22,180 (14.3)
송석린	무소속	45	정아공사대표	6,484 (4.2)
장재복	무소속	46	금산번영회장	5,063 (3.3)
이천영	통일당	38	당 교무국장	2,909 (1.9)
송준빈	무소속	44	경향신문 상무	2,360 (1.5)

<논산 – 공주> 논산 출신 국회의원을 뽑자는 여론이 비등했지만 논산 유권자는 공주출신 후보들에게 54% 유권자들이 투표

공화당 이병주 의원에게 정석모 충남도지사, 김태형 변호사, 임덕규 동국대 강사, 주동준 삼민기업 중역 등이 도전하여 정석모 후보가 공천장을 받아들였다.

신민당은 박 찬 현역의원을 공천에서 탈락시키고 김형중 후보에게 공천장을 건네주었으나 김 후보가 공천장을 반납하여 을지모타사 대표인 윤완중 후보를 내세웠다.

이에 공천에서 탈락하자 지구당 해체를 결의했고 그리고 공천 재심을 신청하는 등 천의 얼굴을 했던 박찬 후보가 "어설픈 품위론이 공천 탈락의 이유가 되는지 유권자의 심판을 받기 위해 나왔다"며 무소속으로 출전했다.

그리하여 신민당 세력이 양분되어 공천후보와 현역의원의 이전투구가 전개됐다.

공군작전사령부 본부장 출신으로 대화전자 대표인 백승대 후보가 통일당 공천으로 출전했고, 고려대 강사인 강병진, 대한합기도 무무관 충남지회장인 김형대, 대림복장 상무이사인 이종길, 대건중고 동창회장인 임덕규 후보들이 무소속으로 출전하여 10명의 주자들이 난립됐다.

그리하여 유권자 11만 5천여 명인 논산은 통일당 백승대, 무소속 김형대, 이희원, 임덕규 후보들이, 유권자 9만여 명인 공주는 공화당 정석모, 신민당 윤완중, 무소속 강병진, 박 찬, 이종길 후보들이 난립하여 공화당 정석모 후보가 앞서 달리고 있는 상황에서 은메달을 놓고 공주의 윤완중, 박 찬, 논산의 백승대, 임덕규 후보들이 혈투를 전개했다.

내무부 차관과 충남도지사 때의 치적을 내세우고 있는 공화당 정석모 후보는 "막대기라도 논산사람 택하겠다"는 지역분위기를 의식하여 '공주의 아들, 논산의 사위'를 내걸고 "향토위해 일할 인물을 뽑자"고 호소했다.

신민당 공천파동으로 당조직 정비가 늦었던 윤완중 후보는 8대 총선때 출마했던 지명도를 활용하고 5천 5백 가구의 파평 윤씨 문중과 계명동지회 회원을 중심으로 표밭을 갈고 있다.

"공주군 논산면 시대를 면하자"며 지역감정에 편승한 백승대 후보도 수원 백씨 문중을 중심으로 공주지역 표밭갈이에 열중이다.

자신의 조직이 당조직의 성격보다 사조직이었음을 상기하면서 공천탈락에도 조직의 동요가 없다는 무소속 박찬 후보는 공천 탈락에 대한 동정여론을 표로 붙잡기 위해 총력을 기울이고 있다.

대건고 총동창회장으로 대건고 동문을 통해 '논산의 인물'이라는 이미지를 유권자에게 심기 바쁜 무소속 임덕규 후보는 재력을 바탕으로 2천 2백가구의 나주 임씨 문중표밭도 갈고 있다.

대한합기도 무무관 충남회장으로 대한요식업 논산군 조합장인 무소속 김형대 후보와 고려대 출신으로 대학생 연합회회장으로 젊은 신예를 앞세운 무소속 이희원 후보의 선전이 아이러니하게도 논산 출신 국회의원 배출을 저지했다.

9대 총선때는 공주의 이병주 지역구 의원이 최준문 동아그룹회장, 양순직 3선의원, 윤덕병 한전이사 등을 꺾고 공화당 공천장을, 공주에서 낙선한 박 찬 후보가 김한수 논산 현역의원의 구속으로 출마가 불가능한 틈새를 비집고 이세규 전국구 의원을 제치고 신민당 공천장을 받아냈다.

양강체제를 넘어서기 위해 원미섬유 부사장인 무소속 오수득 후보와 3, 7대의원을 지냈으나 3선개헌을 반대하다가 공화당에서 제명된 통일당 김달수 후보가 논산과 공주표를 겨냥하여 추격전을 전개했지만 추격하는데 머물렀다.

군법무관 생활을 거친 무소속 박종배, 서울의대 강사인 무소속 김인영 후보들도 함께 뛰었다.

이번 총선에선 공화당의 조직과 충남도지사 시절의 인연을 찾아나선 정석모 후보는 고향인 공주에서 48%인 34,333표로 1위를 차지했을 뿐 아니라 논산에서도 44%인 43,429표를 득표하여 압도적인 승리를 가져왔다.

재선의원으로 고정표를 가지고 있는 무소속 박찬 후보는 공주에서 20%인 14,307표를 득표하고서 논산에서 4위이지만 9천여 표를 득표하여 행운의 당선을 일궈냈다.

"막대기라도 논산 출신 후보를 국회에 보내자"는 여론을 등에 업고도 백승대 후보는 10,943표, 임덕규 후보는 10,717표 득표에 머물러 논산출신 후보들의 국회등원은 좌절됐다.

논산의 유권자들은 공주 출신인 정석모, 박 찬 후보에게 54%인 53,056표를 투표했다.

논산 출신인 통일당 백승대, 무소속 김형대, 무소속 이희원, 무소속 임덕규 후보들은 논산 표밭을 나눠가져 국회등원에 모두 실패했다.

□ 득표상황

후보자	정당	연령	주요 경력	득표(%)
정석모	공화당	48	충남도지사	77,762 (46.7)
박 찬	무소속	53	9대의원(2선)	23,934 (14.4)
윤완중	신민당	32	을지모타사 대표	17,329 (10.4)
백승대	통일당	41	공군작전본부장	12,736 (7.6)
임덕규	무소속	41	서강대 강사	12,526 (7.5)
김형대	무소속	37	요식조합지부장	7,775 (4.7)
이희원	무소속	32	대학생연합회장	5,705 (3.4)
이종길	무소속	28	대림복장 상무	3,091 (1.9)
강병진	무소속	42	고려대 강사	2,914 (1.8)

| 임길수 | 무소속 | 38 | 공인회계사 | 2,737 (1.6) |

<부여 – 서천 – 보령> 12명의 공천경쟁에서 승리한 여세를 몰아 난형난제인 무소속 후보들을 뚫고 2위로 당선된 신민당 조중연

공화당이 김종익 현역의원을 은퇴시키고 그의 동생인 김종필 전 국무총리를 공천하자 지구당의 한 간부는 "김종익 위원장 때는 표의 다수확보책을 강구해야 했으나 그럴 필요가 없어졌다"며 "전국 제일의 공명선거 지역이 되는 것만이 목표"라면서 "김종필 전 국무총리는 지역적인 인물이 아니라 전국적인 인물이므로 지역에서 표가 적게 나오면 지역구민의 수치"라는 점등 인물론을 강조했다.

김옥선 의원의 의원직 사퇴로 무주공산인 상태에서 신민당 공천경쟁은 전국 1위를 차지했다.

김형옥, 김홍조, 나필렬, 노승삼, 노승우, 백남치, 신영석, 신준희, 신태현, 이긍규, 이대형, 이원범, 조중연, 주범노 등 14명의 후보들이 신청한 공천은 민정당 시절부터 중앙당 상무위원으로 활동한 조중연 후보에게 떨어졌다.

또한 신민당 공천에서 낙천한 김옥선 전 의원의 조카로서 김 전 의원의 비서관을 지낸 김 전 의원의 후광을 기대하고 있는 김형옥, 경향신문 정치부 기자로서 지난 9대 총선에서 3위로 낙선한 신준희, 신민당 선전부장출신인 김홍조, 뉴욕한국유학생회 회장으로 미국 롱우드대 교수인 나필렬, 현대 민족문제연구소장인 백남치 후보 등이 우후죽순처럼 신민당을 탈당하고 무소속으로 출전했다.

기자협회회장 출신으로 이철승 대표로부터 공천귀뜸을 받고 한산 이씨 문중을 가간조직으로 득표활동을 전개했던 이긍규 후보는 등록직전 꿈을 접었으나 공화당지구당위원장 출신으로 서울시립병원장을 지낸 윤세민 후보가 통일당으로, 수도여고교사로서 지난 보궐선거 때는 서울 종로 – 중구에 출전했던 한상필 후보가 무소속으로 출전하여 9명의 주자들이 난립했다.

"국민은 호랑이로 얕보면 물린다"는 공화당 김종필 후보가 전 지역구를 휩쓸고 있는 가운데 서천의 조중연, 김형옥, 백남치, 나필렬, 보령의 윤세민, 신준희, 한상필 후보의 고향표 이삭줍기 은메달 확보전쟁이 벌어졌다.

9대 총선 때 부여의 김종익, 서천의 이상익, 보령의 최종성 의원들의 각축전은 김종필 국무총리의 형인 김종익 의원이 공화당의 낙점을 받았고, 8대 총선때 낙선한 권영길(부여), 김옥선(서천), 신준희(보령)의 패자부활전은 김옥선 후보가 신민당 공천장을 거머쥐고 선두권에 올라섰다.

이에 신준희 후보가 신민당을 탈당하고 통일당으로 출전하여 보령에서 37% 득표율을 올렸으나 서천의 김옥선 후보는 50%, 부여의 김종익 의원이 53% 득표율을 올려 3위에 머물 수밖에 없었다.

4대 총선때 자유당 공천으로 부여에서 당선된 한광석 후보가 줄전했으나 유권자들의 철저한 외면을 받았다.

이번 총선에선 중앙정보부장, 공화당 의장, 국무총리를 섭렵하여 인물론을 내세운 공화당 김종필 후보는 고향인 부여에서 74%인 62,535표를 쓸어 담고 서천과 보령에서도 부동의 1위로 65%가 넘는 득표율을 올렸다.

신민당 공천을 어렵게 확보한 여세를 타고 1천세대의 풍양 조씨의 기반에다 그동안 배부한 달력으로 알려진 지명도를 바탕으로 역주한 신민당 조중연 후보는 난형난제인 무소속 후보들을 제치고 서천에서 22%인 12,852표를 득표하는 등 부여와 보령에서 신민당 당원들의 활약으로 턱걸이 당선을 일궈냈다.

서천에서 선전한 백남치, 김형옥 후보와 보령에서 선전한 윤세민, 한상필 후보가 선전을 했으나 나필렬, 김홍조 후보들의 득표력은 미약했고 지난 총선에서 석패한 신준희 후보는 등록이 무효됐다.

□ 득표상황

후보자	정당	연령	주요 경력	득표(%)
김종필	공화당	52	국무총리	134,513 (66.6)
조중연	신민당	41	당 중앙정책위원	30,333 (15.0)
백남치	무소속	34	민족주의연구소장	9,536 (4.7)
김형옥	무소속	33	국회의원비서관	7,936 (3.9)
윤세민	통일당	53	서울시립병원장	7,489 (3.7)
한상필(여)	무소속	51	수도여상교사	6,450 (3.2)
나필렬	무소속	41	미 롱우드대 교수	3,085 (1.5)
김홍조	무소속	38	신민당 선전부장	2,529 (1.3)
신준희	무소속	39	통일당 대변인	등록무효

<홍성 - 청양 - 예산> 지난 9대 총선에 이어 청양 - 홍성의 공화당 장영순, 예산의 신민당 한건수 의원들이 연거푸 동반당선

지난 총선에도 동반 당선했던 공화당 장영순 의원과 신민당 한건수 의원이 이번 총선에서도 어렵지 않게 도전자들을 물리치고 각 당의 공천을 받고 출전하여 동반당선을 의심하는 사람은 아무도 없었다.

검찰총장과 법무부장관, 3선의원으로 철옹성을 구축한 장영순 의원에게 성진산업 대표인 성종환, 중앙당 상무위원인 이상근, 실업인인 고기영, 회사원인 송요욱 후보들이 도전해 보았으나 부질없었고, 홍익대 사무처장 출신으로 국회 전문위원을 거쳐 3선의원인 한건수 후보에게 무명의 성백걸 후보가 도전했으나 도전 자체에 의미가 부여됐을 뿐이다.

두 의원의 4선 등정의 동반당선을 저지하기 위해 지난 총선에도 출전했던 김성식 후보가 통일당으로, 예산농고 교사와 국학대 교수 출신인 윤규상 후보가 무소속으로 도전했다.

9대 총선 때는 청양 - 홍성의 공화당 장영순 의원과 예산의 신민당 한건수 의원이 공화당·신민당의 공천장을 거머쥐고 양당 수석부총무로서 어깨동무하며 동반당선의 거리낌은 없었다.

이들은 피차 상대방을 건드리지 않기로 신사협정을 체결한 상황에서 지구당위원장으로 활약한 통일당 김성식, 서울신문 사회부장 출신인 무소속 정달선 후보들이 도전해 보았으나 40% 득표율과 한 자리수 득표율로 격차는 너무나 컸다.

이번 총선은 유권자 7만 1천여 명인 홍성에 주민등록을 옮기고 무주공산인 청양을 아우르고 있는 공화당 장영순 후보에게 예산출신인 신민당 한건수, 통일당 김성식, 무소속 윤규상 후보가 도전하는 형국이다. 선명야당론을 전개한 통일당 김성식 후보는 "공화당과 신민당은 야합을 했다" "머슴을 오래두면 요령을 피운다" "예의도 도덕도 없다"고 현역의원들을 공격했고, 무소속 윤규상 후보는 "무소속은 50만원 씩 내고 연설 한번으로 선거운동을 하게 하는 선거법을 고쳐야 한다"고 절규했다.

공화당 장영순 후보는 홍성에서 42%인 26,564표로, 청양에서 48%인 16,594표로 1위를 차지했을 뿐 아니라 예산에서도 27%인 17,210표로 1위를 차지하여 전 지역구를 석권했다.

신민당 한건수 후보는 고향인 예산에서 26%인 16,751개 표로 2위를, 홍성과 청양에서 2위를 확보하여 동반당선의 꿈을 이뤘다.

"새 일꾼으로 세대교체를 해야한다"고 절규한 통일당 김성식 후보는 홍성 – 청양에서, 무소속 윤규상 후보는 예산에서 3위로 발돋움했지만 당선과는 거리가 있었다.

□ 득표상황

후보자	정당	연령	주요 경력	득표(%)
장영순	공화당	54	9대의원(3선)	60,368 (38.4)
한건수	신민당	56	9대의원(3선)	44,663 (28.4)
김성식	통일당	39	당 중앙상위부의장	28,578 (18.2)
윤규상	무소속	53	국학대학교수	23,645 (15.0)

<서산 – 당진> 신민당 복수공천을 받은 한영수 의원은 고향인 서산에서 33%, 유제연 의원은 고향인 당진에서 31% 득표율로 당선과 낙선이 엇갈려

지역대립의식이 강한 이 지역구는 유권자 13만 8천명의 서산에서 공화당 심현직, 신민당 한영수, 무소속 박완교 후보가, 유권자 8만 9천명의 당진에서 신민당 유제연, 무소속 김현욱, 무소속 이명휘 후보들이 출전하여 3대 3 균형을 유지하고 있다.

공화당은 <백의의 아픔> <가까이서 본 박정희 대통령>을 출판한 휘문출판사 대표로 지구당위원장으로 활동한 이명휘, 지난 9대 총선때 공화당 후보로 출전하여 낙선한 박완교, 재경서산군민회장으로 중앙화학 사장인 심현직, 충남도경국장을 지낸 차의영, 서산 JC 회장인 박태권, 중앙상무위원인 송두섭, 농협중앙회장을 지낸 김윤환과 김두현, 박승규, 이상희 전 의원 등이 공천경합에 뛰어들었으나 사전선거운동 혐의를 받은 이명휘 후보를 배제하고 서령중고이사장으로 활약한 심현직 후보로 교체했다.

신민당은 서산 출신인 한영수, 당진 출신인 유제연 현역의원을 복수공천하여 1명이라도 살아남기를 바랬고 공화당 공천을 기대했던 김용재 제헌의원의 아들로 남오레곤주립대와 단국대 교수인 김현욱, 재경 서산군민회장으로 지역기반을 닦은 박완교, 명휘출판사 대표인 이명휘 후보들이 무소속으로 도전했다.

유권자 13만 3천여 명인 서산에서는 공화당 심현직, 신민당 한영수, 무소속 박완교 후보들이 출전했고 유권자 8만 4천여 명인 당진에서는 신민당 유제연, 무소속 김현욱, 이명휘 후보들이 출전했다.

무소속 이명휘 후보가 "공화당 공천을 강도당했다"며 무소속으로 출전하여 "돈만 있으면 다 된다는 폐습을 이 고장에서 몰아내야 한다"면서 심현직 후보의 금품공세를 성토했다.

이명휘 후보는 4천여 세대의 전주 이씨 문중을 기반으로 지난날의 공화당 조직원들의 동정표를 기대했다.

당초 무소속 출마를 위해 물심양면으로 기반을 다져 온 심현직 후보는 공화당 공천으로 날개를 달았으나 사전선거운동 혐의로 입건된 것이 큰 상처가 됐다.

유도회 서산연합회장으로 유도회 기반, 서령학원 이사장으로 사조직을 활용한 심현직 후보는 "여당의원 내세워 지역발전 이룩하자"며 여권성향표 끌어오기 운동에 주력했다.

무소속 박완교 후보는 이번이 마지막이라면서 지난 날의 공화당 조직과 새마을 금고 운영으로 인한 회원들의 후원을 기대했다.

신민당 유제연 후보는 "공화당 정부가 우리 국민당 1인당 17만원 꼴씩 외국에 빚을 지게 해놓고 있다"면서 양수기 보급 등 농촌사업에 힘을 기울인 점을 역설하고 있다.

9대 총선때 공화당은 박승규 서산 지역구 의원, 원용석 무임소장관을 지낸 전 의원, 이상희 서산 7대의원, 차의영 충남도경국장, 이명휘 명휘출판사 대표 등을 제치고 박완교 조양기업 대표를 공천했다.

당진에서 당선된 유제연 의원이 서산에서 국민당 공천으로 낙선한 한영수 후보등을 제치고 신민당 공천을 받았다.

낙천에 불만을 가진 차의영 후보와 한영수 후보가 무소속으로 출전하여 4파전이 전개됐다.

젊은 패기를 앞세우며 똑똑하다는 평가를 받은 한영수 후보가 서산에서 51% 득표율로 박완교 후보를 큰 표차로 따돌렸고, 유제연 의원도 당진에서 5·16 혁명 후 국가재건최고회의 최고위원으로 활약한 차의영 후보를 43% 득표율로 제치고 동반당선의 기쁨을 맛보았다.

이번 총선에선 공화당 공천후보임을 최대한 활용한 심현직 후보는 서산에서 34%인 38,886표로 1위를, 당진에서 15,813표(23%)로 2위를 차지하여 1위 당선을 확정지었다.

참신한 이미지를 내세우며 청장년층을 파고들며 신민당 대변인임을 강조한 한영수 후보는 서산에서 33%인 37,112표를 득표하여 2위를 했지만 당진에서 31%인 20,886표를 득표한 유제연 후보를 1만 4천여 표차로 따돌리고 복수공천에서 당선을 일궈 냈다.

무소속 박완교 후보는 서산에서 15,095표(13%), 무소속 이명휘 후보는 당진에서 14,215표(21%)로 3위를 차지했을 뿐이다.

제헌의원인 부친 김용재의 후광을 업고 천주교도들의 협조를 얻으며 젊은 층을 파고든 무소속 김현욱 후보는 1만 5천여표로 꼴찌를 차지했다.

인구면에서 불리한 당진의 세 후보들의 선전이 서산출신 두 후보들의 당선을 도와줬다.

□ 득표상황

후보자	정당	연령	주요 경력	득표(%)
심현직	공화당	58	유도회 서산지회장	54,699 (30.5)
한영수	신민당	43	9대의원(지역구)	40,874 (22.8)
유제연	신민당	43	9대의원(2선)	26,799 (15.0)
이명휘	무소속	47	공화당지구당위원장	23,764 (13.3)
박완교	무소속	54	재경서산군민회장	17,655 (9.9)
김현욱	무소속	39	미국 오레곤대교수	15,217 (8.5)

전라북도

<전주 – 완주> 지난 총선에서 동반당선된 이철승 – 유기정 의원들이 군소후보들의 추격에도 아랑곳 하지않고 동반당선을 이뤄내

지난 9대 총선때 동반당선된 신민당 이철승 대표와 공화당 유기정 의원이 이번 총선에서도 공천을 받고 선두권을 달려가고 있는 상황에서 민중당지구당위원장 출신인 통일당 유충성, 전주 대건신협 이사장인 양윤모, 이철승 대표 공보비서였던 임광순, 합동택시와 신흥주유소 사장인 조형익 후보들이 무소속으로 출전했다.

"내년 5월 전당대회에서 또 다시 당수로 선출될 수 있도록 시민적 결의를 과시하기 위해서라도 전국 최고 득표자로 뽑아보내자"는 분위기에 휩싸인 신민당 이철승 대표는 "철없는 참새들이 어찌 봉황의 뜻을 알겠느냐"고 양당정치의 건전한 발달의 필요성을 강조했다.

이철승 대표와 국민학교 동기동창인 공화당 유기정 후보는 "공화당은 희생정신을 발휘해 국민을 위해 황소같이 일했다"면서 2만여 명의 공화당 조직과 3천5백 가구에 이르는 유씨 문중 및 전주공고 동창등을 기반으로 조직확대에 심혈을 기울였다.

그러나 이철승 대표 측으로부터 "통반장 등 행정조직을 동원해서 무더기로 입당 작업을 벌이고 있다" "의사당 관광안내나 하는 것이 의원의 할 일이냐"는 비난도 받았다.

이철승 대표의 공보비서였던 무소속 임광순 후보는 "비서였던 내가 이 대표를 이기는 놀라운 기적을 만들어달라"고 호소했다.

9대 총선때에는 전주의 이철승 신민당 의원과 완주의 유기정 공화당 의원이 자웅을 겨루는 선거전에 4대 의원이었던 통일당 이옥동, 7대 의원이었던 무소속 유범수 후보가 출전하여 4파전이 전개됐다. "이번 선거는 시베리아 벌판에서 썰매를 타고 툰드라 지방을 달리는 기분"이라는 이철승 의원이 관록을 내세워 1위를, 삼화인쇄소 대표로 자수성가한 입지전적인 인물인 유기정 의원이 공화당 조직으로 2위를 차지하며 동반당선됐다.

완주군수 출신인 유범수 후보는 자유당 출신이지만 선명야당을 부르짖은 통일당 이옥동 후보를 제치고 15%가 넘는 득표율로 3위를 차지했다.

이번 총선에서도 신민당 이철승 후보는 전주에서 56%인 73,465표를 쓸어담고 완주에서도 26,939표(36%)로 1위를 차지하여 제1야당 대표의 체면을 유지했다.

유씨 문중과 전주공고 동문기반의 중첩으로 표의 잠식을 당한 공화당 유기정 후보는 유충성, 양윤모, 임광순 후보들의 부진을 딛고 전주와 완주에서 2위를 확보하여 동반당선됐다.

□ 득표상황

후보자	정당	연령	주요 경력	득표(%)
이철승	신민당	55	9대의원(5선)	100,404 (52.0)
유기정	공화당	56	9대의원(2선)	52,533 (27.2)
유충성	통일당	41	지구당위원장	12,980 (6.7)
임광순	무소속	39	산외농장대표	12,148 (6.3)
양윤모	무소속	43	대건신협이사장	10,375 (5.4)
조형익	무소속	40	합동택시사장	4,573 (2.4)

<군산 – 이리 – 옥구 – 익산> 군산 – 옥구 유권자들은 채영석 후보의 잠식과 응집력의 부족으로 이번에도 의원 배출에 실패

지난 9대 총선때 동반당선된 공화당 채영철, 신민당 김현기 의원

들이 이번 총선에도 각 당의 공천을 받고 재출전하여 나란히 선두권을 선점한 가운데 중앙대교수로 8대 총선때 군산 – 옥구에서 당선된 강근호 후보가 통일당으로 출전하여 선두권 진입을 위해 발버둥치고 있다.

공화당 중앙상임위원으로 전북농지개량조합장을 지낸 채영석, 신민당 공천을 노렸으나 뜻을 이루지 못한 오승엽, 김중석, 최기창 후보들이 무소속으로 도전했다.

이번 선거전은 이리 – 익산의 공화당 채영철, 신민당 김현기 후보와 군산 – 옥구의 통일당 강근호, 무소속 채영석 후보의 지역대결이 펼쳐졌다.

이승홍 부산제당 대표, 고병만 청와대 경호실 직원, 채기묵 한일역사대표등의 도전을 가볍게 뿌리친 공화당 채영철 후보는 당조직을 재정비하고 마한회, 병인생동갑계 등 사조직까지 동원하여 총력전을 전개하고 있다.

신민당 인권옹호위원장으로 중진반열에 오른 김현기 후보는 4천여 가구의 경주 김씨 문중이 큰 힘이 되고 있으며 부가가치세 폐지투쟁, 노풍 피해 대책 등으로 중소상인과 농민들에게 다가가고 있다.

통일당 강근호 후보는 군산고 동문들의 지원에 기대를 걸고 진주 강씨 문중을 발판으로 종교계등을 파고들며 "이번에도 안 뽑아주면 군산 – 옥구 지역은 12년간 버려진 지역이 되고 말 것"이라면서 지역감정에 호소하고 있다.

'내고장 군산·옥구'를 외치며 군산중, 이리농고, 중앙대 동문들의 지원에 기대를 걸고 있는 무소속 채영석 후보는 "진짜 평강 채씨는 옥구출신인 나다"면서 문중의 집중지원을 호소하고 있다.

"선거전이 아니라 정치 지도노선에 대한 투쟁"이라며 경주 최씨 문중지원을 기대한 무소속 최기창 후보는 "두 현역의원은 선거운동을 중단하고 국회로 돌아가 부가세 철폐, 노풍피해보상 등을 매듭지으라"고 촉구했다.

전북 아마추어 복싱연맹회장으로 대동공업 이리지점장인 무소속 오승엽 후보는 "당선되면 내 재산공개는 물론 모든 세비를 불우학생 장학금으로 내놓겠다"고 약속했다.

신민당 강근호 의원의 군산 – 옥구와 신민당 김현기 의원의 이리 - 익산이 통합된 9대 총선에서 김현기 의원이 신민당 공천으로 출전하자 강근호 의원은 통일당으로 옮겨 상경했고, 공화당은 이리 – 익산에서 김현기 의원에게 패배한 전북일보사장을 지낸 채영철 후보를 내세웠다.

통일당은 3선의원으로 문교부 장관을 지낸 윤택중 후보를 내세워 양일동 대표와 강근호 의원이 전폭적으로 지원토록 했다.

군산 – 옥구를 대표하여 군산시장과 옥구군수를 지낸 채기묵 후보가 무소속으로 출전하여 군산-옥구지역을 휩쓸어 통일당 윤택중 3선의원을 제압하는 일익을 담당했다.

지난 8대 총선에서는 낙선했지만 야권 후보들의 분열의 틈새를 비집고 이리 – 익산에서 50%득표율을 올린 채영철 후보가 1위를, 7대와 8대 의원을 지내면서 구비한 조직력에 그동안 지역사업과 주민들의 취직실적으로 호평을 받은 김현기 의원이 30%대 득표율로 턱걸이 당선됐다.

이번 총선에서는 김중석, 오승엽, 최기창 후보들의 신민당 탈당과 무소속 출마에도 불구하고 6천명 이상의 관광 알선 등 부녀조직을 크게 활용하고 군옥지구의 임해공단, 이리공단의 확장을 공약으로 제시한 김현기 후보는 이리에서 33%인 24,322표로 1위를 차지하여 군산과 옥구에서 22,390표로 3위에 머물렀지만 큰 표차로 금메달을 차지했다.

평강 채씨 문중표가 채영석 후보, 채규희 신민당 인권위 부위원장의 출전으로 3갈래가 된 공화당 채영철 후보는 지난 총선에서는 금메달 당선을 이뤘지만 이리에서 13,163표(27%), 익산에서 16,902표(25%) 득표에 머물렀지만 군산과 옥구에서 16,266표, 11,448표를 득표하여 은메달을 확보했다.

통일당 강근호 후보는 군산에서 32%인 21,998표로, 옥구에서 33%인 15,317표로 부동의 1위를 차지했지만 이리와 익산에서 각각 8천여표 득표에 머물러 3위로 밀려났다.

"9대 국회의원들은 최장의 임기에 최소의 일을 했다"는 무소속 채영석 후보는 군산과 옥구에서 12,977표를 득표하여 강근호 후보의 뒷덜미를 잡아당겼다.

군산 – 옥구 유권자들은 채영석 후보의 잠식에도 원인을 찾을 수 있겠지만 응집력의 부족으로 이리 – 익산 후보들에게 이번 총선에서도 금뱃지를 헌납했다.

□ 득표상황

후보자	정당	연령	주요 경력	득표(%)
김현기	신민당	53	9대의원(3선)	62,622 (27.5)
채영철	공화당	51	9대의원(지역구)	57,779 (25.4)
강근호	통일당	44	8대의원(군산)	53,913 (23.7)
채영석	무소속	43	농지개량조합장	23,532 (10.3)
오승엽	무소속	36	대동공업지사장	13,594 (6.0)
김중석	무소속	35	유진오박사보좌역	8,402 (3.7)
최기창	무소속	40	지구당부위원장	7,871 (3.4)

<진안 - 무주 - 장수> 지난 총선에서 동반당선됐던 최성석, 김광수 의원들이 이번 총선에도 메달색깔을 바꾸어 동반당선

전휴상, 길병권, 전정구 전 의원들과 황인성 전 전북지사가 하마평에 오르내리고 김형수, 오상현 후보가 공천을 신청한 공화당은 지난 총선에서는 무소속으로 출전하여 당선됐다가 공화당에 입당한 김광수 의원을 공천했다.

신민당도 송원영 원내총무 비서관을 지낸 김덕규 후보가 공천을 신청했으나 최성석 의원에게 공천장을 건네줬다.

원광교 교사 출신으로 신민당 진안지구당 위원장을 지낸 이복동 후보가 통일당 공천으로, 신안성국교교사 출신으로 송원영의원 비서를 지낸 김덕규, 전북관내 8개 경찰서장을 섭렵하고 재향경우회 전북지부장인 김봉관, 중앙정보부 정치담당관 출신인 오상현, 동명이인으로 전북대 진안군향우회장을 지낸 이상옥과 재경전북대봉사단장을 지낸 이상옥, 성동경찰서장과 전북도 민방위국장을 지낸 허재송 후보들이 무소속으로 출전하여 9명의 후보들이 난립했다.

내고장 인물을 앞세우는 지역감정에 호소하고 있는 이번 총선은 유권자 3만 1천여명인 장수에서는 신민당 최성석, 무주에서는 공화당 김광수, 무소속 김덕규 후보들이 출전했지만 유권자 4만 3천여 명인 진안에서는 통일당 이복동을 비롯하여 무소속 김봉관, 오상현, 이상옥, 허재송, 이상옥 후보 등 6명이 난립했다.

대한교과서 사장을 지낸 공화당 김광수 후보는 1만 7천명의 공화당원들을 재점검하고 목정장학회를 조직하여 2백명에게 장학금을 지급한 사실과 자신의 의정활동 기사가 게재된 신문을 대량구매하여 살포하는 홍보전략을 구사했다.

오랜 병석에서 털고 일어나 공천파동에서 보여준 주민들의 뜨거운 성원에 탄복한 신민당 최성석 후보는 "25년의 야당생활에서 4번 낙선하고 9대때 처음으로 당선됐는데 이번에도 출마를 포기할 수는 없다"면서 조직을 추스렸다.

신민당 공천에 도전했던 무소속 김덕규 후보는 김해김씨 종친회와 고대동문회를 파고들었고, 중앙정보부 정치담당관이었던 무소속 오상현 후보는 공화당 공천에서 낙천했지만 고향인 진안을 중심으로 표밭갈이에 여념이 없었다.

전북 8개군 경찰서장을 섭렵하고 지난 총선에도 출전했던 무소속 김봉관 후보는 재향경우회를 중심으로 "한 번만 더 도와달라"고 읍소했다.

한자까지 동명이인인 진안군 백운면 출신으로 전북대 진안군향우회장 출신인 이상옥과 진안군 진안면 출신으로 재경전북학우회장 출신인 이상옥 후보들이 나름대로 표밭을 가꾸고 있으며 성동경찰서장과 전북도 민방위국장을 역임한 무소속 허재송 후보는 사전선거운동 혐의로 입건되어 위축된 상태이다.

진안의 전휴상 의원과 장수 – 무주의 길병전 의원이 공화당 공천을 놓고 혈투를 전개하여 전휴상 의원이 승리한 9대 총선에서 신민당은 연전연패한 최성석 후보에게 재기의 기회를 제공했다.

공화당 공천에서 밀린 대한교과서 사장을 지낸 김광수, 진안경찰서장을 지낸 김봉관, 무주 경찰서장을 지낸 김현모 후보들이 선거전에 뛰어들었다.

무주의 김광수, 진안의 전휴상, 김봉관, 장수의 최성석, 김현모 후보들이 지역을 기반으로 쟁패전을 벌인 선거전은 연전연패로 인한 동정여론을 등에 업고 분산된 여권성향표에 비해 야권성향표를 결집시킨 최성석 후보가 예상을 뒤엎고 1위를 차지했다.

국회 농수산위원장을 지낸 4선의원인 전휴상 의원은 압도적인 승리로 의원 배지는 따놓은 당상으로 여겼지만 예상을 뒤엎고 진안에서도 그동안 쌓아 온 명성과 관록이 식상함으로 돌변하여 무소속 김봉관 후보에게도 뒤지는 참패를 맛보았다.

김광수 후보는 풍부한 재력과 사조직을 동원하여 무주에서 58%득표를 쓸어담은 여세를 몰아 장수에서 50%를 쓸어담은 최성석 후보에 이어 2위로 국회등원에 성공했다.

유권자가 가장 많은 진안출신인 전휴상 의원과 김봉관 후보는 혈투를 전개하여 진안표를 반분하는 선전을 했으나 3, 4위로 아쉽게 금뱃지를 놓쳐버렸다.

이번 총선에선 공화당 김광수 후보는 고향인 무주에서 52%인 14,344 표를 쓸어담고 진안에서도 10,383표(27%)로 1위를 차지하여 여유있는 승리를 가져왔고, 신민당 최성석 후보는 고향인 장수에서 51%인 14,098표를 쓸어담고 진안과 무주에서도 각각 4천여 표를 득표하여 국회입성에 성공했다.

무소속 오상현 후보는 고향인 진안에서 26%인 10,508표를 득표하였지만 무주와 장수에서 부잔하여 1만여 표차로 무릎을 꿇었다.

무소속 김덕규 후보는 무주에서 4,767표를, 진안면 이상옥 후보는 진안에서 4,500표를, 무소속 김봉관 후보는 진안에서 3,412표를 득표하여 선전했고 진안 출신 후보들의 난립으로 진안 출신 국회의원을 이번 총선에서도 배출하지 못했다.

□ 득표상황

후보자	정당	연령	주요 경력	득표(%)
김광수	공화당	52	9대의원(지역구)	33,026 (35.7)
최성석	신민당	45	지구당위원장	23,475 (25.4)
오상현	무소속	38	중정 정치담당관	13,362 (14.4)
김덕규	무소속	36	신안성국교교사	7,446 (8.0)
이상옥	무소속	27	재경전북학우회장	5,953 (6.4)
김봉관	무소속	54	전북지역경찰서장	4,606 (5.0)

허재송	무소속	45	성동경찰서장	2,496 (2.7)
이상옥	무소속	27	전북대진안향우회장	1,503 (1.6)
이복동	통일당	36	원광고교교사	737 (0.8)

<남원 – 임실 – 순창> 3개군의 군별대항전에서 유권자는 가장 많으나 응집력이 약한 남원을 공략하여 성공한 설인수와 손주항

지난 총선에서 동반당선한 신민당 양해준, 무소속 손주항 의원들이 재출격한 상황에서 전북교육감 출신으로 오랫동안 원외위원장으로 활약해온 설인수 후보가 유광현 전 의원, 최영식 임협화학 대표 등의 도전을 가볍게 뿌리치고 공화당 공천을 받고 출전하여 3파전의 혈전을 벌이고 있다.

월간고시계 주간으로 왕자인쇄 대표인 통일당 오연근, 남원 재향군인회장과 4H 연합회장인 강인원, 순천농전과 목표교육대 부교수인 소병남, 중앙대 대학원생인 신순원 후보들이 무소속으로 등록하여 후발주자 4파전을 전개했다.

3개군 대항전은 유권자 8만 1천여 명인 남원에선 양해준, 강인원, 소병남 후보가, 유권자 4만 7천여 명인 임실에선 손주항, 오연근 후보가, 유권자 4만 1천여 명인 순창에선 설인수, 신순원 후보가 고장의 명예를 걸고 표지키기에 나섰다.

9대 총선에서는 전북도지사 출신인 임실 – 순창의 이정우 의원과 5대, 6대, 7대 총선에서 차점낙선하고 8대 총선때 기사회생한 남원의 양해준 의원이 공화당과 신민당의 공천을 받고 지역구를 양분했다.

7년째 달력을 돌려오다 사전 선거운동 혐의로 구속된 무소속 손주항 후보가 동정여론과 후보가 아무도 없는 순창출신이란 뜬 소문으로 돌풍을 일으키며 금메달을 차지했다.

남원에서 56%인 38,506표를 쓸어담은 양해준 의원이 신민당원들의 지원에 힘입어 텃밭인 임실 – 순창에서 손주항 후보에게 어처구니없이 안방을 내준 이정우 의원을 7천여 표차로 따돌리고 국회 재입성에 성공했다.

이번 총선에선 부안군수와 전북도 문화사회국장을 거쳐 중앙도서관장, 전북도 교육감 등 화려한 경력을 바탕으로 한 공화당 설인수 후보는 주민등록을 남원으로 옮기고 교육감시절 다져진 자모회와 육성회를 근간으로 조직을 확대하면서 설씨 문중표도 공략하고 있다.

"공약을 남발하는 것은 정치적 속임수를 쓰는 것"이라고 공약을 하지 않는 것으로 소문난 신민당 양해준 후보는 "남원을 지키자"는 바람이 크게 일 것을 기대했다.

"표를 구걸하지는 않겠다"는 무소속 손주항 후보는 뛰면 뛴 만큼 표가 나온다는 철칙을 신봉하며 원내활동만 잘하면 재선된다는 신념을 갖고 있다.

그러나 손주항 후보는 "제수가 경찰에 맞아 낙태했다"는 허위사실 유포혐의로 선거법 위반이 되어 구속됐다.

전주 동중학교교사, 한국상업은행 임원, 월간 고시계 주간, 왕자인

쇄사 대표인 통일당 오연근 후보는 20년간 야당생활을 결산하고 신임을 묻기 위해 나섰다고 출마변을 밝혔다.

4H 남원군 연합회장, 남원군 재향군인회회장으로 남원 농업센타 대표인 무소속 강인원 후보는 독농가 및 4H 등 10년동안 닦아온 기반을 토대로 남원일대를 돌고 있고 순천농전, 목포교육대 부교수 출신인 무소속 소병남 후보는 진주 소씨 문중과 남원공고 학연을 찾아 표밭을 갈고 있다.

남원읍의 시 승격과 상하수도, 고등교육기관의 신설 등을 공약하며 2만 2천명에 이르는 당원 조직을 통한 득표전을 전개한 공화당 설인수 후보는 고향인 순창에서 70%가 넘는 26,345표를 쓸어담고 집권여당의 프리미엄으로 남원과 임실에서도 2위를 차지하여 여유있게 금메달을 확보했다.

평소 지역구민들에게 친필서한을 보내면서 유권자와의 거리감을 좁히고 자신의 원내활동 실적을 대대적으로 홍보한 무소속 손주항 후보는 고향인 임실에서 55%인 21,961표를 석권하고 남원과 순창에서 상대적으로 선전하여 남원에서 40%인 28,928표를 득표한 신민당 양해준 후보를 3천여표차로 꺾고 국회입성에 성공했다.

남원 양씨의 혈연과 오랫동안 정성을 들여온 유림회 기반을 주축으로 하며 서편제 등 국악발전을 공약한 양해준 후보는 재향군인회와 각종 계 조직을 통한 농민표를 개척한 강인원, 남원 농고 동창회와 제자들을 주축으로 선전한 소병남 후보들이 남원에서 9천여 표를 잠식한 것이 낙선의 빌미가 됐다.

3개군의 군별 대항전에서 응집력이 강한 순창과 임실에서는 의원을 배출했으나 유권자가 월등하게 많은 남원은 응집력이 부족하여 의원배출에 실패했다.

무소속 강인원, 소병남 후보들의 표분산에도 기인되기도 했다.

□ 득표상황

후보자	정당	연령	주요 경력	득표(%)
설인수	공화당	51	전북교육감	54,576 (37.3)
손주항	무소속	44	9대의원(지역구)	37,631 (25.7)
양해준	신민당	51	9대의원(2선)	34,314 (23.5)
강인원	무소속	36	4H 남원연합회장	8,600 (5.9)
신순원	무소속	26	중앙대 변론회장	5,331 (3.7)
소병남	무소속	47	목포교대 부교수	4,245 (2.9)
오연근	통일당	49	월간고시계 주간	1,486 (1.0)

<정읍 – 김제> 지난 총선을 반면교사로 삼아 이번 총선에서는 35% 유권자가 결집하여 정읍 출신 신민당 김원기 후보를 당선시켜

지난 총선에서 당선된 공화당 장경순 의원과 무소속 김탁하 의원이 선두권을 달리자 정읍에서는 장경순, 김탁하 의원은 물론 유정회 백영훈, 성북구 조세형 후보까지 김제 출신이지만 정읍은 무의원 지역이라며 탈피를 강조했다.

이번 총선에서도 정읍에서는 같은 값이면 내고장 인물을 강조하며 지난 총선때 출전했던 은종숙, 중앙상무위원 이광호, 남부산업대표 이원배, 원내총무실 전문위원 김형래, 호남고동창회이사 이의관, 이철승대표 공보비서 임광순 후보들이 거명되었지만 언론인 출신으로 참신한 이미지로 급부상한 김원기 후보가 신민당 공천을 받았다.

신민당 공천에 불복한 이원배, 이의관 후보와 공화당 공천에 불복한 체신부 차관을 지낸 김형수, 전북 청년회의소 소장인 최낙도 후보들이 무소속으로 등록했다.

또한 변호사 생활 31년을 맞은 김기옥 후보가 통일당으로, 국방대 교수인 유창열 후보가 무소속으로 등록하여 9명의 주자들이 난립했다.

군별 대항전이 팽배한 이 지역구는 유권자 11만 7천여 명인 정읍에서는 신민당 김원기, 무소속 김형수, 이원배, 이의관 후보들이 뛰고 있고 유권자 10만 8천여 명인 김제에서는 공화당 장경순, 통일당 김기옥, 무소속 김탁하, 유창열, 최낙도 후보들이 뛰고 있다.

내장산 관광개발 등 지역사업 공약과 내고장인물 키우기를 내세우며 4선을 향해 줄달음친 공화당 장경순 후보는 "김탁하 의원이 이 고장 일은 자기가 다했다고 하니 정말 어처구니 없는 일"이라며 "무소속이 무슨 일을 어떻게 할 수 있단 말이냐"고 반격했다.

지난 총선에서의 압도적 1위 당선의 재판을 다짐하고 있는 무소속 김탁하 후보는 철저한 점조직을 활용하며 경주 김씨 문중과 남성고 동문을 주축으로 하고 있다.

"이번 선거가 유신체제 6년에 대한 비판이므로 공화당에 표를 주면 오만불손한 공화당이 더욱 국민을 깔보게 된다"고 역설한 신민당 김원기 후보는 "김옥선 의원 파동 때 무소속 의원들이 김 의원 제명에 앞장섰다"고 무소속 의원들을 비난했다.

제1야당의 지지로 정치풍토를 개선하여 웅도 정주의 면모를 새롭게 하자고 호소한 김원기 후보는 "이번에는 2번 찍어 이 고장을 빛내자"는 구호를 외치며 이곳의 대성인 도강김씨 문중을 파고들고 있다.

신민당을 탈당하고 통일당 공천을 받은 김기옥 후보는 무료변론의 과실에 기대를 걸면서 지난 총선에서 699표차로 석패한 유갑종 전 의원의 지지세에 기대를 걸고 있다.

공화당 공천에서 낙천한 무소속 김형수 후보는 경주 김씨 문중과 지역 지지세에, 신민당 공천에서 낙천한 무소속 이원배 후보는 전주 이씨 문중과 정읍농고 동문에 기대를 걸고 있다.

9대 총선 때는 신민당 공천으로 박두선 현역의원을 꺾은 정읍의 유갑종 의원과 공화당 공천으로 신민당 김기옥 후보를 가볍게 제압하고 3선에 오른 김제의 장경순 의원의 양강체제가 굳어질 것으로 전망됐다.

그러나 유갑종 의원이 신민당을 탈당하고 통일당 공천으로 출전하자 신민당은 전북도의원 출신으로 정읍 환표사건 적발에 공을 세운 은종숙 후보를 공천했다.

고려목재 대표인 김탁하, 연초생산조합 상무인 송정덕, 행정고시 출신으로 국회 전문위원인 정영환 후보들이 무소속으로 출전하여 혼전을 벌였다.

공화당 공천에서 번번히 낙천되어 '들락날락 김탁하'라는 별명을 가진 김탁하 후보는 "앞으로는 국회에서 날치기 사회가 필요없을 터니 거물 안보내도 된다"고 절규하여 김제에서 48%를 득표하여 예상을 뒤엎고 1위로 당선됐다.

김제 유권자들은 장경순 의원을 김제에서 굳이 밀어주지 않아도 당선된다는 확신으로 30% 득표율도 올리지 못했지만 정읍의 공화당원들의 지원으로 정읍에서 32% 득표율을 올린 유갑종 의원을 699표차로 가까스로 따돌리고 긴 한숨을 토해 냈다.

유권자가 많은 정읍은 네 후보가 표를 분산시켜 김제출신 두 후보의 당선을 바라만 보게 됐다.

이번 총선에선 현직장관인 공화당 장경순 후보는 김제에서 36%인 30,947표를 쓸어담고 정읍에서는 집권여당의 프리미엄으로 20,685표(20%)를 득표하여 1위를 확정지었다.

전통적으로 야당세가 강한 정읍출신인 신민당 김원기 후보는 정읍에서 35%인 35,090표를 쓸어담고 김제에서도 1만여 표를 득표하여 동반당선을 일궈냈다.

지난 총선때 부동의 1위로 당선된 무소속 김탁하 후보는 김제에서 21,641표(25%)를 쓸어담았으나 정읍에서 8천여 표 득표에 그쳐 김원기 후보의 적수가 되지 못했다.

정읍에서는 청와대 정무비서관 출신인 김형수 후보가 15,306표(15%)를 득표하여 3위를, 정읍농고 재경동창회장인 이원배 후보가

9,181표(10%)를 득표하여 4위를 차지했다. 김제에서는 장경순 의원 비서관 출신으로 서해방송 보도국장과 전북 JC회장을 역임한 무소속 최낙도 후보가 10,059표(12%)를 득표하여 5위를 차지했다.

□ 득표상황

후보자	정당	연령	주요 경력	득표(%)
장경순	공화당	57	9대의원(4선)	51,632 (28.0)
김원기	신민당	41	동아일보 조사부장	45,703 (24.8)
김탁하	무소속	45	9대의원(지역구)	29,824 (16.2)
김형수	무소속	56	체신부 차관	17,159 (9.3)
최낙도	무소속	40	전북청년회의소장	11,867 (6.5)
이원배	무소속	45	서울남부산업대표	11,358 (6.2)
이의관	무소속	34	호남고 동창회이사	6,135 (3.3)
김기옥	통일당	62	변호사	5,896 (3.2)
유창열	무소속	41	국방대 교수	4,631 (2.5)

<고창 - 부안> 고창에서는 34%인 2만 4천여 표를 득표하여 1위를 했지만 부안에서 상대적으로 부진하여 이호종 후보에게 금뱃지를 넘겨준 신민당 진의종

신민당은 진의종 의원과 김상흠 지구당위원장이 혈투를 전개하고 있는 가운데 공화당은 이병옥 의원에게 이존일 전북신문사장, 이

호종 은성실업사장, 노동채 새교육신문사장, 성정기 풍천화학사장, 임균석 새마을지도자 들이 도전하는 형국이다.

이호종, 진의종 후보들이 확정되자 통일당은 김일범 후보를 출전시켰고 신민당 경리부장 출신인 김종수, 도정업자로 전북곡물협회장을 지낸 박용기, 청년운동가로 알려진 정균환 후보들이 도전하여 부안에서 김일범, 김종수, 박용기 후보가, 고창에서 이호종, 진의종, 정균환 후보들이 3대 3 균형을 이뤘다.

4선의원인 이병옥 의원을 누르고 공화당 공천을 받은 이호종 후보는 공화당 창당 준비위원장과 사무국장출신으로 지구당 활동에 꾸준하게 참여해 와 조직요원의 절대적 지지를 받고 있으며, 1만 7천명의 당원을 2만명으로 늘려 1당원 5표 확보작전에 나섰다.

전주 이씨 혈연기반과 지역사람 수백 명을 취직시켜준 인연, 고대동우회 등의 지원을 묶어 4만 표를 목표로 뛰고 있다.

지난 총선때 무소속으로 당선돼 신민당에 입당한 진의종 의원은 사조직과 당조직을 통합시키는 작업에 전념하면서 대대적인 당원 단합대회를 개최하여 기세를 올릴 예정이다. 지난 5대 총선때 31표차로 고배를 마셨던 선친의 인연찾기와 혈연찾기에 안간힘을 쏟고 있는 김일범 후보는 젊은 패기를 주무기로 내세우고 있다.

무소속 박용기 후보는 도정업 등 자신이 경영하는 여러 기업과 관련된 사조직과 밀양 박씨, 자유당계 인사들의 호응이 주무기이다.

무소속 김종수 후보는 껌과 과자를 꼬마들에게 나눠주며 '나는 부안의 카터'라고 선전하고 있다.

지난 9대 총선때는 3선의원인 부안의 공화당 이병옥 의원이 고창의 신민당 진의종 현역의원을 따돌리고 신민당 공천을 받은 김성수 선생의 아들인 김상흠 후보와 쌍벽을 이뤘다. 이에 진 의원은 "당선되면 다시 신민당에 입당하겠다"고 선언하고 무소속으로 출전했다.

이병옥 의원과 국민학교 동기동창으로 고창 경찰서장을 지낸 김정기 후보도 무소속으로 출전하여 4파전이 형성됐다.

5대와 6대 의원을 지낸 김상흠 후보는 출생지는 부안이지만 두 차례나 당선을 일군 정치적 연고는 고창으로 지역적 사랑을 받지 못해 최하위로 밀려났고, 진의종 의원이 유일한 고창 출신으로 고창에서 38%인 24,851표를 쓸어담아 턱걸이 당선을 일궈냈다.

이번 총선에선 풍부한 재력을 활용하여 밀양 박씨 문중을 파고든 무소속 박용기 후보가 고향인 부안에서 40%가 넘는 24,123표를 쓸어담고 고창에서도 18%인 12,818표를 득표하여 간발의 차로 1위를 확정했다.

이병옥 의원의 적극적인 협조로 공화당 조직을 오롯이 인수한 공화당 이호종 후보는 고향인 고창에서 진의종 후보에게 463표 뒤졌으나 부안에서 공화당과 신민당의 경쟁에서 승리한 여파로 2,110표 차로 격차로 벌여 1,647표차로 여의도 입성에 성공했다.

김상흠 위원장과의 앙금이 가시지 않은 신민당 진의종 후보는 고창에서는 24,212표(34%)를 득표하여 1위를 차지했지만 부안에서 상대성적에서 부진하여 금뱃지를 넘겨주고 말았다.

젊은 패기를 앞세운 후발주자 김종수, 정균환, 김일범 3인방은 올

망졸망한 득표력을 보여주었다.

□ 득표상황

후보자	정당	연령	주요 경력	득표(%)
박용기	무소속	58	전북곡물협회장	36,941 (28.9)
이호종	공화당	48	은성산업대표	36,478 (28.5)
진의종	신민당	56	9대의원(2선)	34,831 (27.2)
김종수	무소속	35	신민당경리부장	7,346 (5.7)
정균환	무소속	34	정치인	6,675 (5.2)
김일범	통일당	38	지구당위원장	5,784 (4.5)

전라남도

<광주> 반여권정서로 집권여당의 대변인을 무너뜨리고 동반당선을 일궈낸 신민당 이필선과 통일당 김녹영

지난 9대 총선에서 동반당선됐던 공화당 박철 의원, 통일당 김녹영 의원이 또 다시 동반당선을 위해 동분서주하고 있는 가운데 5대 의원 출신으로 신민당 중앙상무위원 이필선 후보가 틈새를 비집고 들어와 삼각편대를 형성하고 있다.

박 철 의원에게는 정형래 광산여고 이사장과 안광양 반공연맹청년회장이 도전해 보았으나 무위로 돌아갔고, 이필선 후보는 나주에서 8대 의원을 지낸 나석호 전 의원을 비롯하여 최인영, 윤민식 후보들과의 경쟁을 뚫고 공천장을 받아냈다.

중앙정보부 출신으로 재향군인회 전남지회장으로 활동한 박영기, 전남일보사 사업부장 출신으로 새청년운동본부장으로 활동하고 있는 유주영, 새마을금고 광주지부장인 장휴동, 붕남학원 이사장인 지근수 후보들이 무소속으로 등록하여 후발주자 밑바닥 경쟁을 벌였다.

공화당 박철 후보는 집권당의 대변인으로서의 활약상을 적극 활용하여 국가적인 거목으로 성장하도록 적극적인 지원을 호소했다.

29세의 나이로 5대의원에 당선됐던 신민당 이필선 후보는 광주의 순수토박이로서 "정치는 조직과 인격에 바탕을 두어야한다" "위선과 기만에 찬 선동을 버리고 자기철학을 내세우라"고 현역의원들을 맹공했다.

"답답해서 못살겠다. 민주회복 이룩하자"는 구호를 내건 통일당 김녹영 후보는 민주회복동지회의 권유에 따라 출전을 포기한 이기홍 변호사의 지원을 기대하며 이필선 후보와의 선명논쟁을 벌였다. 선명논쟁에서 이기는 자가 국회 등원에 성공할 것으로 보였다.

금성사 호남센타대표로 마을금고 지부장인 무소속 장휴동 후보는 "생선장사 아들이 국회의원에 입후보했다"면서 양동시장 일대의 표밭을 개간하면서 "정의가 이기는 사회, 상식이 통하는 사회를 건설하겠다"고 기염을 토했다.

한국산업진흥회장으로 새청년운동 본부장인 무소속 유주영 후보는 "노동자 복지향상에 발벗고 나서겠다"며 광주공고 동문을 찾아나섰고, 농장을 경영하며 붕남학원 이사장인 무소속 지근수 후보는 광주고 동문들을 결속시키고 있다.

재향군인회 전남지회장인 무소속 박영기 후보도 재향군인회를 중심으로 표밭갈이에 나섰다.

9대 총선 때에는 5선의원으로 국회부의장을 지낸 신민당 정성태 의원과 김남중 전남일보 사장을 꺾고 국회에 등원한 통일당 김녹영 의원이 쌍벽을 이루며 국회 재입성을 기대했다.

그러나 전남매일신문 사장, 전남도 사무국장 출신으로 공화당 전국구 의원인 박철 후보가 공화당 공천장을 받아들고 야당만 키워주는 선거가 아니라 여당도 키워주는 형평유신을 역설하며 지역구를 누볐다.

야당의 거목으로 백전노장의 관록을 내세운 정성태 의원은 이기홍 지구당부위원장의 출전으로 인한 조직표 잠식과 김녹영 의원과의 선명논쟁에서 패배하여 12.5% 득표율로 정계은퇴를 강요받았다.

이번 총선에선 동구와 서구로 나뉜 광주에서 신민당 이필선 후보가 제1야당 후보를 내세워 의외의 승리를 거두었고, 통일당 김녹영 후보는 선명논쟁을 벌였으나 현역 의원의 이점을 살리지 못하고 2위 당선을 가져왔다.

박 철 후보는 집권여당의 대변인이라는 이점을 살리지 못하고 광주의 반여정서로 낙선의 고배를 마셨다.

□ 득표상황

후보자	정당	연령	주요 경력	득표(%)
이필선	신민당	49	5대의원(광주)	83,586 (36.4)
김녹영	통일당	53	9대의원(2선)	66,558 (29.0)
박 철	공화당	49	9대의원(2선)	48,595 (21.2)
장휴동	무소속	36	마을금고지부장	15,955 (6.9)
유주영	무소속	39	전남일보사업부장	5,803 (2.5)
박영기	무소속	49	중앙정보부 간부	4,815 (2.1)
지근수	무소속	43	붕남학원이사장	4,306 (1.9)

<목포 – 무안 – 신안> 김대중 납치사건과 관련된 민주전선 대량 배포와 선명성 논쟁의 이전투구에서 패배한 통일당 김경인

해병대사령관 출신인 강기천 의원이 버티고 있는 이 지역구에 정판국 8대의원, 박찬훈 대한지적협회장, 박정모 예비역대령, 김병근 해태제과 판매부장, 이복주 공화당 중앙위원, 장두석 회사장 등이 도전했으나 공화당은 채영철 유정회 의원을 낙점했다.

낙천한 강기천 의원은 "공화당 공천은 오직 당 총재가 결정한 일로 누가 공천을 받든 여당의 승리를 위해 당무를 소홀히 해서는 안된다"는 격려로 지구당을 인수한 채영철 의원은 부친인 목포지구당 초대 사무국장 최향춘의 사조직을 기반으로 최씨 종친 6천가구, 완도향우회, 목포고 동창회를 중심으로 지지세 확산에 나섰다.

야권에서는 신민당 임종기 후보와 통일당 김경인 의원이 김대중 납치사건과 관련한 입씨름과 선명논쟁으로 이전투구를 전개했다.

신민당 임종기 후보가 '김대중씨 사건과 일지(日紙)보도'란 특집이 실린 민주전선 1만여부를 살포하자, 김대중 후보와 숙질간인 김경인의원이 이의 해명서를 올린 뒤에도 이 문제는 계속 뜨거운 이슈가 돼 왔다.

김대중 후보 변호사로 활동한 무소속 김기열 후보는 수년동안 계속되 온 안부편지와 부가세, 노풍피해 등이 담긴 앙케이트를 유권자에 돌려 지명도를 높여왔다. 3대, 4대, 5대 총선때에 이 지역에서 당선을 이뤘으나 서울에서 활동한 유옥우 4선의원도 무소속으로 등록하여 지명도를 무기로 옛조직의 재점검에 열을 올렸다.

공화당 최영철 후보는 "지금까지 뽑은 국회의원은 말로만 민주정치를 부르짖었지만 진정한 심부름꾼은 없었다"면서 '내고장 건설의 새기수'라는 기치를 내세우며 참신한 이미지를 부각시켜 나갔다.

"네 후보가 모두 자기 옛집을 버리고 떠나버렸지만 나만은 끝까지 옛집을 지켰다"는 신민당 임종기 후보는 "3분의 1은 주머니속에, 또 남은 3분의 1은 공화당에 있고 남은 3분의 1을 갖고 거지짓거리를 하고 있다"고 공화당을 비난하면서 통일당과의 경쟁을 자조했다.

"나는 과거 4번이나 국회의원에 당선됐지만 국회 해산 등으로 한번도 임기를 채워본 일이 없다"는 무소속 유옥우 후보는 "국민이 원하는 바를 알지 못하는 당은 여야를 막론하고 당이 아니다"고 양당공격을 감행했다.

9대 총선때에는 목포에서 신민당 공천으로 당선된 김경인 의원이 통일당 공천으로, 무안에서 당선된 임종기 의원이 신민당 공천으로 출전하여 선명논쟁을 벌인 와중에 해병대사령관 출신으로 신안의 정판국 현역의원을 꺾고 공화당 공천장을 받은 강기천 후보가 회오리 바람을 일으켰다.

김경인 의원이 "여당의 견제를 위해 선명야당 후보인 나를 국회에 보내달라"고 호소하여 임종기 의원을 꺾고 은메달을 확보했고, 56%의 득표율로 1위를 차지한 강기천 후보는 불법선거가 발각되어 공화당으로부터 제명을 당했으나 의원직은 유지했다.

이번 총선에선 전남의 제2도시인 목포는 집권여당인 최영철 후보에게 40%인 21,316표를 안겨 주어 부동의 1위를 차지하게 했다.

제1야당 후보임을 내세우고 선명논쟁에서 비껴 선 신민당 임종기 후보는 고향인 무안에서 47%인 21,923표를 쓸어담고, 목포에서도 16,172표(21%)를 득표하여 2위를 함으로써 동반당선의 기틀을 마련했다.

김대중 납치사건에 대한 구구한 변명에도 불구하고 통일당 김경인 후보는 정치적 고향인 목포에서도 임종기 후보에게 뒤진 3위를, 태생적 고향으로 119개 유인도인 신안에서도 유옥우 후보에게도 뒤진 3위에 그쳐 금뱃지를 넘겨줄 수밖에 없었다.

김대중 전 대선후보와 숙질 간인 김경인 후보와 목포상고 동기동창인 임종기 후보의 대결은 임종기 후보의 승리로 마감됐다.

지난 1975년 민주회복운동에 참여했고 김대중 후보 고문변호사로 활약한 김기열 후보가 8대에는 신민당 전국구의원으로 활동한 거물정객 유옥우 4선의원을 20표차로 꺾고 탈꼴찌했다.

□ 득표상황

후보자	정당	연령	주요 경력	득표(%)
최영철	공화당	42	9대의원(유정회)	66,730 (38.8)
임종기	신민당	51	8대국회의원	45,256 (26.3)
김경인	통일당	54	9대의원(2선)	27,134 (15.8)
김기열	무소속	43	광주지법판사	16,501 (9.6)
유옥우	무소속	63	국회의원(4선)	16,491 (9.5)

<여수 – 광양 – 여천> 유권자가 21%수준에 불과한 광양출신들이지만 정당공천의 위력으로 국회에 재입성한 이도선과 박병효

김상영 현역의원에게 김중태 8대의원, 박준호 8대의원, 황상기 회사장, 김광영 공군사관학교 교수, 양승언 회사 전무들이 도전했으나 공화당 공천장은 유정회 수석부총무로 활약한 이도선 의원에게 돌아갔다.

공군사관학교와 공군대 교수로서 고향인 광양에 꾸준히 간행물을 보내온 김광영 후보가 무소속으로 출전했다.

신민당 공천에서 박병효 현역의원에게 밀려나 공천에 군침을 흘렸던 뉴서울슈퍼마켓 번영회장, 현대언어학술연구회장인 신순범 후보가 무소속으로 출전했다.

여수수고 출신인 김용일 후보는 통일당으로, 김상영 의원 비서관 출신인 유현수, 동아식산 전무인 윤창근, 보안사령부 조사정보군무사 출신인 한원희 후보들이 무소속으로 출전하여 8명의 주자들이 뛰게 됐다.

"여수시를 대륙붕 석유개발, 수산개발의 전진기지로 만들겠다"는 포부를 밝힌 공화당 이도선 후보는 광양출신임을 의식해 "충무공 이순신도 충청도 출신이지만 여수에서 훌륭한 업적을 남기지 않았느냐"면서 "정치수준이 높은 여수, 여천주민들의 지역감정을 극복하는 것은 시간문제"라며 낙관했다.

광양출신임에도 출신지를 드러내지 않은 신민당 박병효 후보는 "부친이 공무원 생활 중 잠시 광양에 근무할 때에 출생했다"는 사실을강조했다.

신민당 조직의 노출을 피해 단합대회를 삼가고 있는 박 후보는 "가세는 빈한한 신민당이지만 활발한 원내활동 끝에 우등으로 졸업했으니 계속 지지해달라"고 호소했다.

9대 총선때 3위로 석패한 무소속 신순범 후보는 "지난 9대때 동메달 딴 나에게 이번에는 금메달을 안겨달라"고 호소했다.

9대 총선때는 여수의 김상영, 여천의 김중태, 광양의 박준호 의원들이 공화당 공천경쟁을 벌였으나 김상영 의원이 승리했고, 전주경찰서장을 지낸 박병효 후보가 혜성처럼 나타나 지난 총선때 출전하여 석패한 이은태, 이선행 후보들을 따돌리고 신민당 공천을 받고 선두권으로 진입했다.

신민당 공천에서 밀려났지만 지역구에서 벌인 구호활동 등의 적공과 웅변술을 무기로 지역구를 누빈 무소속 신순범, 30년 동안 병원을 운영하며 공화당 지구당위원장으로 활약한 무소속 유경식 후보가 추격전을 전개했으나 양당 공천후보들은 따라잡지 못했다.

무주공산인 광양출신임을 내세운 박병효 후보가 공화당 현역의원을 꺾고 금메달을 차지했다.

공화당의 조직을 최대한 활용한 이도선 후보는 고향인 광양에서 이번 총선에선 58%인 20,281표를 쓸어담고, 여천에서도 35%인 21,092표로 1위를 차지하여 압승을 거두었다.

제1야당 후보임을 내세운 박병효 후보는 비록 7표차이지만 여수에서 15,462표(26%)를 얻어 이도선 후보를 꺾은 여세로 광양과 여천에서 부진하고도 국회 재입성에 성공할 수 있었다.

무소속 신순범 후보는 고향인 여천과 여수에서 각각 1만여 표를 득표하고 기세를 올렸지만 광양에서 부진하여 박병효 후보의 적수가 되지 못했고, 김광영 후보는 광양에서 8천여표를 득표하는 저력을 보여줬다.

"수산인의 대변자를 뽑자"는 캐치프레이즈를 내걸고 도서지방 어민들의 호응을 기대한 김용일 후보도 여천에서 7천여 표를 득표했다.

선거전은 "광양나무도 여수에 심으면 여수나무가 된다"는 설득으로 광양출신인 이도선, 박병효 후보가 여수 – 여천 출신들을 누르고 동반당선됐다.

□ 득표상황

후보자	정당	연령	주요 경력	득표(%)
이도선	공화당	45	9대의원(2선)	56,828 (37.4)
박병효	신민당	41	9대의원(지역구)	27,194 (17.9)
신순범	무소속	44	현대언론연구소장	22,863 (15.1)
김광영	무소속	40	공군사관학교교수	17,032 (11.2)
김용일	통일당	43	신민당지구당위원장	12,686 (8.4)
한원희	무소속	38	보안사령부정보사	6,281 (4.1)
유현수	무소속	34	김상영 의원비서관	5,655 (3.7)
윤창근	무소속	33	동아식산 전무	3,265 (2.2)

<순천 – 구례 – 승주> **30대의 젊음과 패기를 내세워 공화당과 신민당의 공천을 받고 동반당선된 유경현과 허경만**

박삼철 의원의 낙마로 동아일보 정치부차장 출신으로 혜성처럼 나타나 공화당 공천을 받은 유경현 후보는 참신한 인물로서의의 이미지와 김우경, 박삼철 전 의원들의 적극적인 지지로 공화당의 조직을 안정시켰다.

순천대의 종합대 승격, 송광사 – 선암사 도립공원 유치, 구례읍의 상수도시설 등을 공약한 유경현 후보는 초대 순천시장을 지낸 외조부, 순천도립병원장을 지낸 부친의 후광과 순천 중·고 동문들의 지원을 기대하고 있다.

박용구 위원장을 제치고 신민당 공천을 받은 허경만 후보는 4천 5백가구의 가락종친회, 순천중·순천사범고 동문들의 지원을 기대하고 있다.

"전통야당 되살려 신민당에 표 모으자"는 구호를 내건 허 후보는 여수 허봉용 밀수사건때 순천지청 검사직을 사직한 것이 시비거리가 되고 있다.

넥타이보다 잠바차림 위주로 두더지 작전을 펼쳐 온 무소속 강길만 의원은 백씨가 운영하는 순천여상고 교직원과 진주 강씨 문중들의 지원에 기대를 걸고 있다.

지난 총선에 이어 공화당 공천에서 낙천한 조규순 후보는 "내 인생에 이번이 마지막 기회"라며 안간힘을 쏟으며 옥천 조씨 문중, 상공회의소, 로터리클럽 표밭을 갈고 있다.

사단법인 전국학원 총연합회장인 위찬호 후보는 충무공 동상건립, 학교문고 설치 및 농촌지원사업등을 주무기로 농촌지역을 집중 공략하고, 신민당 공천에서 낙천하자 통일당으로 옮긴 박용구 후보는 "이념에 뭉친 동지들이여 허봉영 밀수사건을 상기하자"는 현수막을 내걸고서 "공천쇼크로 사경을 헤매는 열일곱살 난 자식을 살려달라"고 호소했다.

신민당 허경만 후보는 "정부의 비정을 추궁할 능력도 없으면서 하루아침에 신민당을 버리고 신민당에 칼을 겨누는 그런 태도 때문에 낙천된 것"이라고 박용구 후보를 비난했다.

조연하 의원의 구속으로 무주공산인 9대 총선에서 공화당은 김우경, 성동준, 신용우, 강계중, 강길만, 조규순 후보들을 제치고 중앙정보부 전남지부장을 지낸 박삼철 후보를 내세웠고, 신민당은 신안출신인 박용구 중앙당 조직부장을 내세웠다.

공화당 공천에서 낙천한 강길만, 7대 총선 때 광양 – 구례에서 당선된 이현재, 전남도의원 출신인 통일당 조종한 후보들이 선거전에 뛰어들었다.

유신과업과 농민소득 증대에 힘쓰겠다는 박삼철 후보가 선두를 달리는 가운데 은메달을 놓고 박용구, 이현재, 강길만 후보들이 각축전을 전개했다.

재일거류민단 간부로 재력가인 강길만 후보가 진주 강씨 문중들의 전폭적인 지원으로 광양출신이라는 핸디캡을 극복하지 못한 이현재 후보를 2천여표차로 제압했다. 신민당 공천을 받은 박용구 후보는 야당성향표 결집에 실패하여 10%대 득표율에 허덕였다.

이번 총선에선 동아일보 정치부 기자 출신으로 참신한 이미지로 공천장을 건네받은 공화당 유경현 후보는 "나를 밀어주면 나라와 내 고장을 위해 큰 일을 하여 정치우량아가 되겠다" "무책임하고 쓸데없는 비방만 일삼는 신민당은 이가 갈린다"고 신민당을 비난하며 친여세력을 결집시켰다.

지역적 기반이 있는 조동회, 추진규, 조규순 예비후보들을 가볍게 꺾고 공화당 공천을 받은 유경현 후보는 구례에서 30%인 8,291표를 득표하고 승주에서도 26%인 13,730표를 득표하여 1위를 하고 순천에서 허경만 후보에게 2천여 표 뒤진 것을 극복하고 금메달로 국회등원에 성공했다.

지난 총선에 출전했던 박용구, 이현재 후보는 물론 김영길, 이기우 후보들을 따돌리고 변호사 명성 하나로 신민당 공천을 받은 허경만 후보는 순천에서 28%인 12,755표로 1위를 하고 구례에서도 선전하여 승주에서 조규순 후보에게 378표 뒤진 것을 극복하고 동반당선을 일궈냈다.

도정업으로 재력을 쌓아 순천 상공회의소장과 순천 로타리클럽회장을 지낸 무소속 조규순 후보는 옥천 조씨 문중표에 힘입어 승주에서 11,277표를 득표하여 기세를 올렸으나 순천과 구례에서의 상대적인 부진으로 당선권에서 멀어졌고, 무소속 강길만 후보는 고향인 승주에서도 7,880표(15%)득표에 그쳐 4위로 밀리며 현역의원의 위용을 찾아볼 수 없었다.

모든 국민학교에 이순신 동상 건립에 정열을 쏟은 무소속 위찬호 후보는 선전했으나 지난 총선에도 출전했던 통일당 박용구 후보의 성적은 초라했다.

□ 득표상황

후보자	정당	연령	주요 경력	득표(%)
유경현	공화당	38	동아일보 기자	32,651 (26.6)
허경만	신민당	39	광주지검 검사	29,246 (23.8)
조규순	무소속	61	순천상공회의소장	22,526 (18.4)
강길만	무소속	49	9대의원(지역구)	17,863 (14.5)
위찬호	무소속	47	28사단 대대장	15,254 (12.4)
박용구	통일당	48	신민당지구당위원장	5,288 (4.3)

<나주 – 광산> 행정고시 출신으로 인물론을 내세워 집권여당의 임인채 현역의원을 물리치고 국회단상에 오른 무소속 한갑수

공화당 임인채 현역의원에게 나석호 8대의원, 한갑수 경제연구원 연구위원, 오중열 8대의원, 나창주 무임소장관실 정책실장, 김수영 조선대교수, 김영환과 유철호 통대의원 등이 도전했으나 공화당은 임인채 의원에게 재출격의 기회를 제공했다.

농수산부 농정국장 출신인 한갑수 후보가 낙천에 불만을 품고 무소속으로 출전했다.

신민당도 민주전선 편집국장출신인 조홍규, 김대중 후보 비서출신인 김장곤 후보들이 공천을 기대했으나 김윤덕 의원의 재공천으로 무위로 끝나자 무소속, 통일당으로 출전하여 5파전이 전개됐다.

공천고개를 넘은 김윤덕 의원은 "치마입은 나를 바지입은 점잖은 사람들이 북치듯 치는데 뭐라 해도 원내 1급 발언자"라면서 "제2의 박순천처럼 국가적인 인물로 키워달라"고 호소했다.

신민당 조직을 발판으로 여성유권자들에게 큰 기대를 걸고 있는 신민당 김윤덕 후보는 부군인 유홍근 대야통상 대표의 외조를 받으면서 "10대 국회만은 국민편에 설 수 있는 국회가 되도록 투쟁하겠다"고 선언했다.

무소속 한갑수 후보는 '새인물을 내세우자'는 캐치프레이즈를 내걸고 나주중, 광주고, 서울대 동문 기반을 주축으로 선거전을 벌이고 있다.

나주중고 동창기반을 배경으로 득표기반 확대에 주력해 온 통일당 김장곤 후보는 김상현 전 의원을 선거사무장으로 앉혀 김대중의 이미지를 업는다는 전략이다.

유일한 광산출신인 조홍규 후보는 정일형 전 의원의 비서관 출신으로 '정치적 부자'임을 강조하면서 "허수아비라도 광산출신 후보를 찍어주자"는 여론을 득표로 연결시키는데 안간힘을 쏟고 있다.

지난 9대 총선때에는 다섯번이나 공천에서 떨어지고 전국구 22번에 등재됐으나 등원에 실패한 전남도당사무국장 출신인 임인채 후보가 오중열 광산군 현역의원, 이호범 7대의원, 박만영 전 전남도경국장등을 꺾고 공화당 공천장을 받아들였고, 신안출신이지만 시가(媤家)가 나주라는 연고로 신민당 공천을 받은 김윤덕 전국구의원이 신민당의 주자로 나섰다.

이에 유일한 광산출신으로 6대와 7대 국회의원이었지만 3선개헌에 반대하여 공화당을 탈당했던 박종태 후보가 무소속으로, 신민당 어민국장 출신으로 선명성을 내세운 김장곤 후보가 통일당으로 출전하여 4파전이 전개됐다.

"당선되면 모든 일은 광산부터 먼저 챙기겠다"고 약속한 임인채 후보가 오중열 의원의 헌신적인 지원으로 1위를, "시부모 뒷바라지로 피눈물 나는 서러운 생활을 하고 있다"는 김윤덕 후보가 2위를 차지하여 동반당선됐다.

이번 총선에서도 제1야당인 신민당의 공천후보임을 내세운 김윤덕 후보는 신안출신이지만 나주출신들을 제치고 나주에서 21,377표(25%)를 득표하여 1위를 하고 광산에서도 9,611표(19%)를 득표하여 2위를 함으로써 금메달 당선을 확정지었다.

행정고시 출신으로 인물론을 내세운 무소속 한갑수 후보는 나주에서 김윤덕, 김장곤 후보에 뒤진 19,816표(23%)를 득표하고 광산에서도 조홍규, 김윤덕 후보에 뒤진 7,741표(15%)로 3위에 머물렀지만 무소속 조홍규 후보에게 169표 앞서 행운의 당선자가 됐다.

유일한 광산 출신인 조홍규 후보는 광산에서 45%인 22,357표를 쓸어담았지만 나주에서 5,031표를 득표하여 169표 차로 행운의 여신의 미소를 받지 못했다.

공화당 전남도당 사무국장 출신으로 한국양잠협회 회장인 임인채 후보는 고향인 나주에서도 김윤덕, 김장곤, 한갑수 후보들에게 밀린 4위를, 공화당원을 최대한 활용할 수 있는 광산에서도 조홍규, 김윤덕, 한갑수 후보들에게 밀린 4위를 하여 집권여당의 현역의원의 자취를 어느 곳에서도 찾아볼 수 없었다.

통일당 김장곤 후보는 고향인 나주에서 125표 차로 2위를 했지만 광산에서 상대적으로 부진하여 연패의 늪에서 헤메게 됐다.

그리하여 9대 총선때에서도 나주출신인 임인채, 나주가 시가인 김윤덕 후보를 선출한 광산은 이번 총선에서도 나주에 연고가 있는 한갑수, 김윤덕 후보를 선출하여 12년간 국회의원이 없는 군으로 전락됐다.

눈물작전, 선명론, 동정론이 뒤범벅된 선거전은 신민당 김윤덕, 무소속 한갑수 후보들의 당선으로 귀결됐다.

□ 득표상황

후보자	정당	연령	주요 경력	득표(%)
김윤덕	신민당	43	9대의원(2선)	30,988 (23.3)
한갑수	무소속	43	농수산부 농정국장	27,557 (20.8)
조홍규	무소속	34	민주전선 편집국장	27,388 (20.6)
임인채	공화당	49	9대의원(지역구)	24,175 (18.2)
김장곤	통일당	39	신민당지구당위원장	22,685 (17.1)

<담양 – 곡성 – 화순> 지난 총선에서 동반당선됐던 공화당 문형태, 신민당 고재청 의원이 이번 총선에도 거침이 없이 동반당선

지난 총선에 동반당선됐던 합동참모회의의장 출신으로 체신부 장관을 지낸 문형태 의원이 김상진, 기대웅 예비후보들을 가볍게 제압하고 공화당 공천을 받고서 3선의원 고지를 향해 질주하고 있고, 신민당 대변인으로 지명도를 높인 신민당 고재청 의원도 김만수 예비후보의 저지에 아랑곳 없이 신민당 공천을 받고 재선고지 점령에 거칠것이 없어보였다.

삼광식품 대표인 양동희 후보가 통일당 후보로, 지난 9대 총선때는 통일당 공천으로 출전하여 동반당선의 파수꾼 역할을 했던 심상준 후보가 무소속으로, 초대 전남도의원 출신으로 옥과고 교장인 조용기 후보가 무소속으로 출전하여 곡성군표를 놓고 심상준 후보와 한판 승부를 펼치게 됐다.

군별 대항의식이 강한 이 지역구는 유권자 6만여 명인 화순은 공화당 문형태, 통일당 양동희 후보가, 유권자 5만 2천여 명인 담양은 신민당 고재청 후보가, 유권자 4만 3천여 명인 곡성은 무소속 심상준, 무소속 조용기 후보들이 출전하여 지역 표심을 파고들었다.

공화당원들의 조직과 지명도를 활용한 문형태, 담양에서 유일하게 출전한 고재청 후보들이 유리한 가운데 양동희, 심상준, 조용기 후보 중 동메달 획득에 관심이 쏠렸다.

지난 9대 총선때는 화순의 공화당 문형태 의원, 담양의 신민당 고재청 의원, 곡성의 통일당 심상준 후보들이 고장의 명예를 걸고 한판승부를 펼쳤다.

예비역 육군대장으로 현역의원의 이점을 살린 문형태, 민주당 창당 준비위원 출신으로 제주 고씨 문중 기반을 활용한 고재청 의원이 유권자가 가장 적은 곡성 출신 심상준 후보를 따돌리고 동반당선됐다.

이번 총선에서 공화당 문형태 후보는 고향인 화순에서 62%인 31,185표를 쓸어담고 담양과 곡성에서 2위 성적을 올려 금메달로 국회 입성에 성공했고, 신민당 고재청 후보도 고향인 담양에서 44%인 20,523표를 쓸어담고 화순에서 2위를 하여 동반당선을 일궈냈다.

무소속 조용기 후보는 고향인 곡성에서 14,136표(39%)를 득표하여 1위를 했지만 유권자가 가장 적고 표의 응집력도 떨어져 당선을 바라볼 수 없었다.

지난 총선때 곡성군표를 휩쓸었던 무소속 심상준 후보는 이번 총선에서는 의기소침하여 소기의 성과를 거두지 못했다.

□ 득표상황

후보자	정당	연령	주요 경력	득표(%)
문형태	공화당	56	9대의원(2선)	59,942 (46.1)
고재청	신민당	49	9대의원(지역구)	34,233 (26.3)
조용기	무소속	50	전남도의원	22,398 (17.3)
양동희	통일당	38	삼광식품대표	7,280 (5.6)
심상준	무소속	45	통일당지구당위원장	6,110 (4.7)

<고흥 – 보성> 조영황 변호사가 김 수 후보의 옥중 출마를 부각시켜 동정여론이 일어나 엇갈린 승자인 김수와 패자인 이중재

지난 9대 총선때 고흥의 공화당 신형식 의원과 보성의 신민당 이중재 의원이 사이좋게 동반당선되어 이번 총선에서도 철옹성을 구축하여 당선을 의심하는 사람은 아무도 없었다.

광주지방법원 판사출신으로 변호사를 개업중인 김 수 후보가 김해 김씨 종친회당 건립과 각급학교 충무공동상 건립을 지원하며 사전선거운동을 벌이다 1차 선거운동 단속에서 적발되어 구속영장이 발부되자 도피행각을 벌이다가 자수하여 구속됐다.

이를 두고 이중재 의원의 각본에 신형식 장관의 연출이라는 루머가 나돌아 해명과 동정의 붐을 진정시키느라 애간장을 태웠다.

3선의원에 건설부 장관인 신형식 의원은 "30년 동안이나 다져온 기반인데 뭐가 두려워 정정당당히 대결하지 못하겠느냐"면서 "절대로 공화당 쪽에서 김 수 후보와 관련해 왈가왈부한 일이 없다"고 결백을 내세웠다.

4선의원으로 조직의 명수라는 별명을 얻은 이중재 의원은 광주 이씨 문중을 중심으로 1만 4천여 명의 신민당원을 확보해 놓고 있으며 신형식 의원마저도 "이중재 의원의 조직은 의외로 튼튼하다"고 부러워할 정도였다.

이런 두 의원의 철옹성에 패기와 재력을 뒷받침한 김 수 후보가 법률상담 명목으로 꾸준히 자연부락을 순방하는 한편 김해 김씨 종친 및 광주고 동창들을 찾아 포섭전략을 구축하면서 운동원에게 오토바이를 사주는 등 지지기반 구축에 주력했다.

9대 총선때는 고흥의 공화당 신형식 의원과 보성의 신민당 이중재 의원이 쌍벽을 이루며 공존하며 동반당선을 꿈꾸면서 선두다툼을 벌였다.

양강의 구도에 대한국민회 경남도 위원장을 지낸 통일당 전창권, 고려시멘트 대표인 무소속 박진, 경남관광 중역인 무소속 안종천 후보들이 힘겨운 추격전을 전개했으나 추격에 머물렀다.

고흥에서 66% 득표율을 올린 신형식 의원이 금메달을, 보성에서 42%득표율을 올린 이중재 의원이 은메달을 차지했다.

이번 총선에선 고흥~녹동간 도로확장 등 지역사회 개발에 기여한 공로로 지역민심을 휘어잡은 공화당 신형식 후보는 고향인 고흥에서 55%인 50,281표를 쓸어담고 적지인 보성에서도 22,437(36%)를 득표하여 의외의 1위를 함으로써 금메달을 확정지었다.

이중재 후보는 고향인 보성에서 김 수 후보를 2,456표 앞서 동반당선을 기대했으나 고흥에서 구속으로 인한 동정여론을 일으킨 김 수 후보에게 상상할 수도 없는 17,725표차라는 의외의 결과로 금뱃지를 인계하여 주었다.

고흥출신 조영황 변호사가 김수 후보의 선거사무장을 맡아 김 후보의 옥중출마 사실을 부각시켜 동정여론을 들끓게 한 결과의 소산으로 이번 총선의 최대 이변을 연출한 지역구의 하나가 됐다.

□ 득표상황

후보자	정당	연령	주요 경력	득표(%)
신형식	공화당	51	건설부장관	72,718 (47.8)
김 수	무소속	39	광주지법판사	46,829 (30.8)
이중재	신민당	53	9대의원(4선)	31,560 (20.7)

<장흥 - 강진 - 영암 - 완도> 지역구 관리부실이 발목을 잡은 황호동 현역의원을 꺾고 6년만에 재기에 성공한 무소속 윤재명

4선의원인 사무총장이 버티고 있음에도 정간용 8대의원, 신방현 단국대 학생회장, 이동식 조선대 동창회장, 윤재명 7대와 8대의원, 손은봉 대한 웅변협회장이 공천에 도전했으나 무위에 그치고 길전식 의원이 공천을 받아냈다.

이에 공화당 원내 부총무를 지낸 윤재명 의원이 무소속으로, 황호동 현역의원도 신민당 공천을 받고 출전했다.

재경 전남대학생 학우회장 출신인 오석보 후보는 통일당으로, 신민당, 민정당, 신한당 완도지구당 위원장 출신으로 완도지역 미역가공협회장인 이선동, 재중 완도학우회장으로 시사통신 기자인 이정채, 신민당 중앙상무위원 출신으로 신일공업 대표인 최수영 후보는 무소속으로 출전했다.

"집권당 사무총장 출신지역 치고는 지역 개발이 너무 안돼 있다"는 따가운 눈총에 시달린 길전식 의원은 완도~제주 간 카페리 취항, 완도에 대형 부두 건설 등 지역 개발 사업을 공약하면서 "도내 최고득표율로 뽑아달라"고 호소했다.

"올림픽 대표 선수 출신" "흉허물 없는 인간성" 부각에 심혈을 기울인 황호동 의원은 강진농고 동문들을 파고 들고 있으나, 지난 6년간 지역구 관리를 부실하게 해 온 것을 인정하면서 면책들에게 자전거를 사주고 "한 번 더 시켜보자"는 여론 형성에 주력하고 있다.

강진 – 영암 선거구에서 재선을 일군 무소속 윤재명 후보는 옛 조직의 부활과 재경 목포 문태고 동창회장으로서 인맥과 4천 3백 가구에 달하는 파평 윤씨 문중을 찾아 조직 확대에 나섰다.

통일당보를 배포하며 얼굴 알리기에 나선 오석보 후보는 해주 오씨 3천가구를 방문하여 표밭 갈이에 분주했다.

지난 총선 때 석패한 정간용 후보의 뒤를 이어 완도 군민들의 전폭적인 지원을 기대한 무소속 이선동 후보는 무소속 이정채 후보의 등장으로 완도표의 잠식을 우려하고 있다.

지난 9대 총선 때 공화당은 장흥의 길전식, 완도의 정간용, 영암 - 강진의 윤재명 의원들이 공천 혈투를 전개하자 윤재명 의원을 뿌리치고 길전식, 정간용 의원들을 복수 공천했다.

신민당도 강진 출신인 황호동, 완도 출신인 이선동, 장흥 출신인 오석보 후보들이 경쟁을 벌이자 장흥, 완도 출신이 아닌 강진의 황호동 후보를 내세워 강진, 완도, 장흥의 군별 대항전이 펼쳐졌다.

올림픽 한국대표 역도 선수인 황호동 후보가 강진에서 52%를 쓸어 담고 신민당원들의 활동으로 완도에서 78%를 쓸어 담은 정간용 의원을 2천여표 차로 따돌리고 여의도 입성에 성공했다.

이번 총선에선 "얼굴보기 어렵다"는 지역민들의 원성을 2만 7천여 명의 당원조직과 지역 개발 공약으로 극복한 공화당 길전식 후보는 고향인 장흥에서 28,126표(51%)를, 영암에서도 18,042표(42%)를 득표하여 1위를 차지했고 완도에서는 이선동 후보에 뒤진 2위를, 강진에서는 윤재명, 황호동 후보에 뒤진 3위를 하였지만 7만 4천여 표로 금메달을 확정지었다.

강진 - 영암 지역의 옛날 조직을 부활하고 파평 윤씨 문중을 결집시킨 무소속 윤재명 후보는 고향인 강진에서 길전식, 황호동 후보를 꺾고 10,869표(27%)를 득표하여 1위를 지킨 저력을 바탕으로 영암에서 8,591표(20%)로 2위를 하고 장흥과 완도에서 3위를 하는 선전으로 이선동, 황호동 후보들을 꺾고 2위 당선을 일궈냈다.

신민당 완도 지역위원장 출신으로 완도군 미역가공협회장으로 활동하고 있는 무소속 이선동 후보는 고향인 완도에서는 22,360표(42%)를 득표하여 부동의 1위를 차지했지만 다른 군에서 부진하여 2천여 표차로 낙선했다.

지역구 관리부실이 발목을 잡은 신민당 황호동 후보는 고향인 강진에서도 윤재명 후보에 뒤진 9,822표(25%)득표에 그치고 완도에서 2천여 표 득표에 머물러 현역의원이지만 4위로 밀려났다.

그리하여 유권자가 제일 많은 완도와 영암에서는 국회의원을 배출하지 못하고 장흥(길전식), 강진(윤재명)출신들이 지역을 대표하게 됐다.

□ 득표상황

후보자	정당	연령	주요 경력	득표(%)
길전식	공화당	53	9대의원 (4선)	74,668 (39.6)
윤재명	무소속	46	국회의원 (2선)	31,167 (16.5)
이선동	무소속	44	완도미역가공협회장	28,244 (15.0)
황호동	신민당	41	9대의원 (지역구)	27,687 (14.7)
오석보	통일당	39	재경전남학우회장	14,386 (76.4)
최수영	무소속	33	신민당중앙상무위원	8,947 (4.8)
이정채	무소속	28	시사통신기자	3,237 (1.7)

<해남 – 진도> 진도 출신 조시환 전 위원장의 도움으로 법조 선배인 신민당 윤철하 공천 후보를 꺾고 국회에 등원한 무소속 임영득

임충식 의원의 사망으로 무주 공산이 된 이 지역구는 임영득 변호사, 김안일 예비역 육군소장, 김봉호 통대의원, 고기채 경희대 교수, 박순배 동일기업 대표 등이 각축전을 전개하다가 공천장은 김봉호 통대의원에게 돌아갔다.

신민당도 지난 총선에 출전했던 조시환 지구당 위원장, 김정균 당보국장, 윤철하 변호사, 박준 변호사들의 이름이 오르내리다가 윤철하 후보가 공천장을 받고 출전했다.

 임영득 변호사가 공화당을 탈당하고 무소속으로 출전하고 현역의원인 박귀수 의원이 재출격하여 4파전이 전개됐다.

지산중학교 교장인 김성자, 공화당 공천을 기대했던 경성고 교사인 이익균 후보등이 무소속으로, 흥국오랜지 사장인 박문수 후보가 통일당으로 출전하여 후발 3파전이 전개됐다.

 선거초반 공천후유증에 시달린 공화당 김봉호 후보는 "지역 사회 발전을 위해 새 일꾼이 되겠다"면서 새로운 이미지 부각에 진력하면서 "해남의 토착인물을 뽑아달라"고 호소했다.

민주화회복운동 참여 실적과 김대중 대선 후보 고문 변호사로 활동해온 사실을 부각시킨 신민당 윤철하 후보는 2천 세대에 달하는 파평 윤씨 문중, 천주교, 기독교의 교회세력, 농민회에 기대를 걸고 있으나 신민당 조직원들이 조시환 전 지구당위원장을 필두로 임영득 후보쪽으로 넘어간 것이 못내 아쉽기만 하다.

임충식 전 의원의 조직을 물려받은 무소속 임영득 후보는 고시양과를 합격한 인물로, 20년간 공직생활과 경험 등을 내세우고 공화당·신민당 공천 반발 세력을 아우르며 정당보다는 인물 위주의 선택을 호소했다.

"제2의 박순천이 되겠다"는 김성자 후보는 "의원직을 남편으로 삼고 지산중학교 학생들을 자식으로 삼아 평생을 보내겠다" "여자라고 얕보아서는 안된다. 10년 전 맨주먹으로 세운 학교를 이제는 학생 수 1천 5백명이 넘는 큰 학교로 키웠다"며 맹렬여성 또순이의 지지를 부탁했다.

9대 총선 때 합참의장과 국방부 장관을 지내고 해남에서 8대 총선 때 당선된 임충식 의원이 진도의 손재형 의원을 꺾고 공화당 공천장을 받아들고 독주 체제를 완비했다.

해남 유권자의 절반에도 미치지 못한 진도에서 신민당 조시환, 통일당 조대환, 무소속 박귀수 후보들이 출전하여 은메달을 놓고 혈투를 전개했다.

진도에서 20년간 의료봉사를 통해 인술을 베푼 박귀수 후보가 공화당 공천에서 낙천했지만 해남 출신인 홍광표, 윤철하 후보들을 제치고 신민당 공천을 받고서 정통 야당인 신민당 공천을 받은 자기야말로 여당의 독주를 막는데 최적임자라는 조시환 후보를 2천여표 차로 꺾고 은메달을 차지했다.

이번 총선에서 통대의원 시절의 조직, 김해 김씨 문중, 해남중·

고 동문의 지지를 기대한 공화당 김봉호 후보는 고향인 해남에서 윤철하, 임영득 후보와의 이전투구에서 승리하여 23,317표(30%)를 득표하여 1위를 차지한 저력으로 진도에서 4위로 밀렸지만 금메달 당선을 가져왔다.

광주고법 판사 출신으로 야권성향표와 파평 윤씨 문중표를 기대한 윤철하 후보는 해남에서는 임영득 후보에게 363표 앞섰지만 진도에서 예상을 뒤엎고 4,976표차 차나 뒤져 금뱃지를 놓쳐버렸다.

지난 총선에 출전하여 동메달을 차지한 진도 출신 조시환 전 신민당 지구당위원장의 전폭적인 지원을 받은 임영득 후보는 해남에서는 20,954표(27%)로 3위로 밀렸지만 진도에서 예상을 뒤엎고 윤철하 후보를 5천여표 앞서 행운의 열차를 탑승할 수 있었다.

오랫동안 의료활동으로 기반이 탄탄하고 6년간의 의정생활로 조직을 확대한 무소속 박귀수 후보는 고향인 진도에서 12,948표(35%)를 득표하여 1위를 했지만 해남에서 부진하여 금뱃지를 넘겨주고 말았다.

해남의 절반에도 미치지 못한 유권자 4만 6천여 명인 진도에서 박귀수 의원의 종친인 박문수 후보가 통일당으로, 맹렬여성인 김성자 후보가 함께 출전하여 1만여 표를 잠식한 결과였다.

한국사학재단 진흥과장인 이익균 후보는 참신한 이미지로 승부를 걸었으나 득표력은 초라했다.

□ 득표상황

후보자	정당	연령	주요 경력	득표(%)
김봉호	공화당	44	전남도의원	28,862 (25.4)
임영득	무소속	45	농수산부차관보	27,172 (23.9)
윤철하	신민당	51	광주고법판사	22,730 (20.0)
박귀수	무소속	51	9대의원(지역구)	18,534 (16.3)
김성자(여)	무소속	37	지산중학교장	9,202 (8.1)
박문수	통일당	35	홍국오렌지사장	3,612 (3.2)
이익균	무소속	40	경성중고 교사	3,396 (3.0)

<영광 – 함평 – 장성> 조기상, 김연관 후보의 영광표 분산으로 동반당선의 기쁨을 누린 공화당 김재식(장성)과 신민당 이진연(함평)

윤인식 의원이 버티고 있음에도 공화당은 정현도 전 전남도의원, 김재식 전 전남도지사, 이원형 변호사, 정화영 학원장, 박종진 8대의원, 노진환 유정회의원 들이 도전하여 오리무중인 공천장은 전남지사, 동림산업 대표, 한국 4H 연맹 부총재인 김재식 후보에게 떨어졌다.

신민당은 정병원 중앙상무위원을 제치고 이진연 현역의원이 공천장을 받아내자, 조영규 제헌의원의 아들로 서울 장훈고 교장인 조기상 후보가 영광군의 몰표를 기대하며 통일당으로 출전했고, 통일당 중앙상무위원인 김연관 후보가 무소속으로 출전하여 조기상 후보의 영광에서의 독주를 막아냈다.

유권자 6만 7천여 명인 영광, 유권자 5만 5천여 명인 함평, 유권자 5만 2천여 명인 장성의 통합선거구인 이 지역구의 승패는 누가 자기 지역의 표를 잘 지켜내고 다른 지역의 표를 얼마만큼 침범하느냐에 달려 있다.

"16년 만에 장성출신이 공화당의 공천을 따냈다"며 장성주민들의 결속을 호소한 공화당 김재식 후보는 7천여 세대의 김해 김씨 문중의 지지를 기대하면서 함평의 박경원 내무부장관 지지세력의 규합에 나섰다.

전남도지사의 관록을 배경으로 한 지명도를 활용하고 있는 김재식 후보는 영광의 정헌조 전 의원 지지세력의 협력에도 기대를 걸고 있다.

4천 세대의 전주 이씨 문중의 지원을 기대하고 있는 신민당 이진연 후보는 여교사를 지낸 부인의 연줄을 찾아 표밭을 개간하면서 윤인식 의원의 공화당 공천에서 낙천에 따른 함평의 결속을 기대했다.

연산군 때 귀양살이 온 후예임을 자처한 통일당 조기상 후보는 부친 조영규 전 의원이 쌓아놓은 표밭을 기반으로 "수년 동안 고향 의원을 내보내지 못한 영광사람들은 이제는 내고장 사람을 내보자는 것이 숙원"이라며 영광의 결속을 호소했다.

또한 조기상 후보는 "권력정치와 재벌정치가 결탁한 현재의 정치는 패권정치"라고 선명논쟁에 불을 붙이자, 이진연 후보는 9대 임기중 의원 자격을 상실하고 도중하차한 신민당 의원들은 생육신이라고 비유하며 맞불을 놓았다.

영광출신으로 통일당 중앙상무위원으로 활약한 무소속 김연관 후보는 조선대 동문과 금성 김씨 문중을 찾아들었다.

지난 9대 총선때는 영광의 박종진 의원과 함평의 윤인식 의원을 놓고 저울질한 공화당은 윤인식 의원을 공천했고, 신민당은 함평의 이진연, 영광의 정헌조, 조영규 후보들을 놓고 저울질하다가 이진연 후보를 공천하여 선거전은 함평출신들의 잔치가 됐다.

이에 2대와 6대 의원을 지낸 정헌조 후보가 영광군민들의 지지를 기대하며 무소속으로, 신민당 장성 – 담양 지구당위원장으로 활약한 김상복 후보가 장성군민들의 몰표를 기대하여 통일당으로 출전했다.

함평의 윤인식 의원은 함평에서 41%의 득표율을 올리고 영광과 장성에서 공화당 조직을 동원하여 선전함으로써 부동의 1위를 차지할 수 있었다.

"10월 유신을 적극 지지한다"는 이진연 후보는 함평에서 37%의 지지율에 허덕였지만 신민당원을 주축으로 야당붐 조성에 성공하여 동반당선의 행운을 누릴 수 있었다.

마지막 정치생명을 판가름할 배수진을 친 정헌조 후보는 영광에서 43%의 득표율을 올렸지만 장성과 함평에서 부진하여 1,124표 차로 이진연 후보에게 무릎을 꿇었다.

고교교장으로 덕망을 쌓아온 통일당 김상복 후보도 장성에서는 42%

득표율로 1위를 차지했지만 영광, 함평에서 부진하여 최하위를 차지했다.

이번 총선에서 공화당 김재식 후보는 고향인 장성에서 77%인 35,234표를 쓸어담고 영광과 장성에서도 집권여당 후보의 프리미엄으로 2위를 함으로써 압도적인 당선을 가져왔고, 함평출신인 이진연 후보는 함평에서 58%인 24,598표를 득표하고 영광에서도 8,094표(15%)를 득표하여 192표차라는 아슬아슬한 승리를 만끽했다.

영광출신인 조기상 후보는 영광에서 51%인 27,959표를 득표하고도 함평, 장성에서 상대적인 부진으로 여의도 문턱에서 주저앉았다.

유권자가 가장 많은 영광은 조기상, 김연관 후보의 득표가 분산이 되지 않았으면 의원을 배출할 수 있었다는 아쉬움만 남겼다.

□ 득표상황

후보자	정당	연령	주요 경력	득표(%)
김재식	공화당	54	전남도지사	60,339 (42.8)
이진연	신민당	45	9대의원(지역)	37,723 (26.8)
조기상	통일당	40	서울장훈고교장	37,531 (26.6)
김연관	무소속	34	통일당중앙상무위원	5,421 (3.8)

제주도

<제주 – 북제주 – 남제주> 제주도 법률고문임을 활용하여 프로권투연맹회장인 양정규 현역의원을 꺾어버린 무소속 변정일

공화당 홍병철 의원이 뇌물수수의혹으로 구속되어 출마가 여의치 아니하자 지구당위원장 대리인 고유진, 공화당훈련원 교수인 고문승, KBS해설위원으로 지난 총선에선 신민당 후보로 출전한 김택환, 통대의원이었던 정일봉 후보 외에도 무소속 양정규 의원까지 오르내렸지만 공화당은 현오봉 유정회 의원을 낙점했다.

신민당은 오정보, 신두완 후보들을 놓고 저울질하다가 신민당 출판국장 출신으로 제주지구당 위원장으로 활약한 오정보 후보를 내세웠다.

"공화당 공천을 못 받으면 안 나겠다"고 선언한 김택환 후보는 출전을 포기했지만 재일제주고씨 종문회장 출신으로 재일교포 모국성묘단 인솔단장으로 활약한 고한준, 서울지법판사출신으로 제주도 법률고문으로 활약하고 있는 변정일, 홀트아동복지회장과 한국사회사업가협회장을 맡고 있는 부청하, 7대와 9대 의원을 지낸 양정규 후보들이 무소속으로 출전하여 6파전을 전개했다.

눈물의 귀향보고회를 가진 홍병철 의원의 출전이 불가능하여 5선 의원으로 유정회 정책위의장으로 활약한 공화당 현오봉, 현역의원으로 프로권투연맹회장으로 지명도가 높은 양정규 의원이 쌍벽을

이루며 동반당선이 전망됐다.

서울법대 출신으로 제주도 법률고문으로 활약한 무소속 변정일 후보와 홀트아동복지회장 출신으로 사회사업가인 무소속 부청하 후보가 추격전을 전개하는 양상이다.

신민당 오정보 후보는 "여러분이 20년간 키워 온 현오봉 의원은 대통령의 보살핌이 있어야 출마가 가능하니 슬프다"고 야유 섞인 동정을 쏟아냈고, 공화당 현오봉 후보는 "이번에 당선되면 6선으로 요직을 맡게 되니 여러분의 영광"이라고 지지를 호소했다.

지난 9대 총선때 공화당은 남제주의 현오봉 4선의원을 탈락시키고 대통령 경호실 기획처장 출신인 제주 – 북제주의 홍병철 의원을 낙점했다.

신민당은 강대헌 변호사, 강보성 남제주고 교장, 이일호 동화수산 대표, 강봉찬 우신공업 대표들을 제치고 동아일보 기자출신인 김택환 후보를 공천했다.

이에 공화당 공천에서 낙천한 양정규, 신민당 공천에서 낙천한 강보성, 강대헌, 이일호, 강봉찬 후보들이 우수죽순처럼 선거전에 뛰어들었다.

홍병철 의원이 친여정서에 흠뻑 젖은 지역정서와 공화당 조직을 활용하여 부동의 1위를 차지한 가운데 7대의원을 지낸 양정규 후보가 7대의원 시절의 업적과 제주 양씨 문중들의 전폭적인 지원으로 남제주에서 난형난제의 혼전을 벌인 강보성, 강대헌 후보들을 간발의 차로 꺾고 은메달을 차지했다.

이번 총선에선 남제주 출신인 공화당 현오봉 후보는 북제주에서 25%인 13,209표를 득표하여 1위를 하고 남제주에서 26%인 18,116표로 2위를 하여 금메달을 확보했고, 그의 부인의 이름으로 가가호호 빠짐없이 연하장을 돌린 변정일 후보는 남제주에서 27%인 18,436표를 쓸어담고 제주시에서 선전하여 은메달을 차지했다.

무소속 양정규 후보는 제주시에서는 16,880표(25%)로 1위를 차지했지만 남제주에서 부진하여 변정일 후보에게 1,271표차로 금뱃지를 넘겨줬다.

무소속 부청하 후보는 제주시와 북제주에서는 1만표 이상을 득표했으나 남제주에서 부진하여 당선권에 멀어졌다.

"권세 주변에서 영화를 누린 후보들이 나왔지만 나는 오직 민주회복을 위한 투쟁으로 수난을 겪어왔다"는 신민당 오정보 후보는 제1야당 후보로서의 위명을 찾을 수 없었고, 풍부한 재력을 활용하여 제주 고씨 문중표를 기대한 무소속 고한준 후보는 지지표의 확산에 한계를 드러냈다.

그리하여 지난 9대 총선때는 한라산 북쪽인 산북의 홍병철, 양정규 후보들이 당선됐으나 이번 총선에서는 남제주 출신들인 산남의 현오봉, 변정일 후보들이 동반 당선됐다.

□ 득표상황

후보자	정당	연령	주요 경력	득표(%)
현오봉	공화당	54	9대의원(5선)	44,229 (24.0)

변정일	무소속	35	서울지법 판사	41,805 (22.6)
양정규	무소속	45	9대의원(2선)	40,534 (22.0)
부청하	무소속	34	홀트아동복지회장	26,841 (14.5)
오정보	신민당	45	당 출판국장	16,294 (8.8)
고한준	무소속	52	모국 성묘인솔단장	15,013 (8.1)

<참고자료>

○ 역대 국회의원 선거총람 (중앙선거위원회 2016. 11)

○ 제13대 총선(1988. 4. 26) 이야기 (선암각. 2018. 11)

○ 해방 후 정치사 100장면 (가람기획, 1994년 7월)

○ 주요 중앙일간지

- 동아일보 : 1961. 5. 15 ~ 1978. 12. 15

- 경향신문 : 1978. 11. 1 ~ 1978. 12. 15

- 조선일보 : 1978. 11. 1 ~ 1978. 12. 15

- 한국일보 : 1978. 11. 1 ~ 1978. 12. 15

○ 주요 지방일간지 (1978. 11. 1 ~ 1978. 12. 15)

- 대전일보   - 전북일보

- 전남일보   - 영남일보

- 매일신문   - 부산일보

- 경남일보